Vinho e mercado
FAZENDO NEGÓCIOS NO BRASIL

VALDINEY FERREIRA

Vinho e mercado
FAZENDO NEGÓCIOS NO BRASIL

FGV EDITORA

Copyright © 2019 Valdiney Ferreira

Direitos desta edição reservados à
FGV EDITORA
Rua Jornalista Orlando Dantas, 37
22231-010 | Rio de Janeiro, RJ | Brasil
Tels.: 0800-021-7777 | 21-3799-4427
Fax: 21-3799-4430
editora@fgv.br | pedidoseditora@fgv.br
www.fgv.br/editora

Impresso no Brasil | *Printed in Brazil*

Todos os direitos reservados. A reprodução não autorizada desta publicação, no todo ou em parte, constitui violação do copyright (Lei nº 9.610/98).

Os conceitos emitidos neste livro são de inteira responsabilidade dos autores.

1ª edição: 2019

Preparação de originais: Angela Ramalho
Revisão: Fatima Caroni e Michele Mitie Sudoh
Projeto gráfico de miolo e diagramação: Abreu's System
Capa: Studio 513
Foto da capa: Mauro Pezzotta

Ficha catalográfica elaborada pela Biblioteca Mario Henrique Simonsen/FGV

Ferreira, Valdiney C. (Valdiney Cesario)
    Vinho e mercado: fazendo negócios no Brasil / Valdiney Ferreira. - Rio de Janeiro : FGV Editora, 2019.
    348 p.

    ISBN: 978-85-225-2166-1

    1. Vinho – Brasil. 2. Vinho e vinificação – Brasil. 3. Vinícolas – Brasil. 4. Indústria vinícola – Brasil. I. Fundação Getulio Vargas. II. Título.

CDD – 641.22

Sumário

Apresentação   7

1. **Brasil — importador importante no mercado mundial de vinhos**   9

2. **Fazendo negócios de vinhos no Brasil**   39

   Democratizar o acesso ao vinho dos brasileiros   41
   Ari Gorenstein

   Paixão de fazer diferente, mas sem frescuras   77
   Rogério Salume

   Do queijo Flora a uma grande importadora de alimentos e vinhos focada no atendimento   109
   Adilson Carvalho Jr.

   O varejo do vinho nos supermercados   131
   Carlos Cabral

   Cinema, música e vinhos, *un marriage parfait*   153
   Marcelo Copello

   Reinventando uma loja do varejo de vinhos   169
   Bernardo Larreta de Azevedo Rodrigues

   Só vinhos brasileiros? Por que não?   193
   Karina Bellinfanti e Marcelo Rebouças

Enogastronomia, grandes adegas e vinhos "em copo"   219
Marcelo Torres

Um novo posicionamento para o vinho brasileiro   245
Diego Bertolini

A importância do enoturismo nos negócios do vinho   269
Ivane Fávero

O impacto das tecnologias emergentes nos negócios e as novas ferramentas da publicidade on-line   291
Marcos Figueira

Descomplicando a importação de vinhos   319
Plínio Simões Barbosa

3. Um breve resumo do ano de 2018   **343**
Valdiney C. Ferreira

Apresentação

A maior razão para a existência deste livro e um dos seus objetivos principais é apresentar um panorama crítico e atual do mercado de vinhos no Brasil por meio de depoimentos de proprietários e executivos falando sobre as estratégias, as práticas empresariais e a trajetória evolutiva de empresas importantes de diferentes portes que atuam na cadeia de negócios do setor vitivinícola.

Não menos importante é o outro objetivo: abordar temas como as novas ferramentas da publicidade on-line, importação e enoturismo, sem a pretensão de esgotar esses assuntos nem de servir de referência teórica. Antes, a ideia é trazer informações úteis que auxiliem os executivos e profissionais atuantes nas diferentes funções das empresas a planejar eficientemente a gestão dos negócios na busca da melhor e mais racional forma de estruturar e rentabilizar suas operações.

De olho nos objetivos citados, a opção da entrevista com empresários e executivos do setor utilizando a metodologia da história oral foi percebida como o melhor procedimento, mesmo porque, para efetuá-la, é imprescindível a realização prévia de uma pesquisa consistente dos temas abordados e do histórico das atividades da empresa retratada. Dessa forma minimiza-se a possibilidade de deixar de lado assuntos importantes. Concluída essa etapa, os conteúdos teóricos, históricos e documentais das entrevistas permitiram a montagem de um painel amplo e representativo das estratégias e práticas empresariais de importantes *players* do mercado de vinhos no Brasil. Exceção à opção da entrevista é o texto "Descomplicando a importação de vinhos".

Para situar melhor o atual momento do universo abordado, abre o livro o texto "Brasil: importador importante no mercado mundial de vinhos", no qual são analisadas algumas variáveis que explicam a trajetória da indústria do vinho no Brasil nas últimas décadas e sinalizam respostas para perguntas complexas como: a indústria de vinhos do Brasil estaria pronta para suprir as demandas do mercado interno e competir no agressivo mercado mundial? Que estratégias de mercado podem ser utilizadas para melhorar o posicionamento dos diferentes tipos de vinhos brasileiros na mente dos consumidores? Uma estratégia de atuação em nichos de produtos para públicos geracionais específicos seria conveniente tanto para o mercado interno quanto para o mercado mundial? O que fazer para ampliar a base de consumidores do mercado interno? A competição no território nacional com os vinhos importados ocorre em condições de igualdade do ponto de vista tributário?

Seguem-se os depoimentos por nós transcritos, editados e revistos pelos depoentes. A eles os nossos agradecimentos.

Valdiney C. Ferreira

1.
Brasil — importador importante no mercado mundial de vinhos

O Brasil e a sua inserção no mercado mundial de vinhos

Qual lugar o Brasil ocupa no cenário vitivinícola mundial? O de um grande país produtor-exportador que importa para aproveitar as oportunidades do mercado mundial e ampliar sua diversidade de produtos, ou o de um produtor mediano que, por diferentes motivos, precisa importar para atender às demandas dos seus consumidores? Existiriam outras razões para explicar seu atual status reconhecido de importador importante?

Para encontrar as melhores respostas a essas questões, facilitaria retroceder algumas décadas e analisar acontecimentos destacados no mercado mundial de vinhos. Verificar o que se passava nas principais regiões produtoras dos hemisférios Norte e Sul permitirá entender as profundas transformações que ocorreram no mercado brasileiro que o levaram à situação presente. Os dados listados a seguir ajudam a compreender quem somos na comparação com outros *players* mundiais. Os números de produção, consumo, importação, exportação, áreas de vinhedos e consumo *per capita* anual referentes a 2017 permitem situar o Brasil em relação aos demais países membros da Organização Internacional da Vinha e do Vinho (OIV).[1]

---

[1] A OIV é uma organização intergovernamental de natureza técnico-científica reconhecida internacionalmente por seus trabalhos sobre vinhedos, vinhos, bebidas à base de vinhos, uvas de mesa, uvas-passas e outros produtos cujo ingrediente principal são os vinhos. Em novembro de 2018, a OIV tinha 47 países-membros (o Brasil e os maiores produtores de vinhos entre eles), e 14 organizações e territórios como membros observadores. A instituição mantém um banco de dados com informações diversas sobre a vitivinicultura em cerca de 80 países.

- Produção: 3.400 milhares de hectolitros (2017) — 14º mundo.
- Consumo: 3.300 milhares de hectolitros (2017) — 17º mundo.
- Importação: 1.187 milhares de hectolitros (2017) — 20º/25º mundo.
- Exportação: 33,2 milhares de hectolitros (2017).
- Vinhedos: 86 milhares de hectares (2017) — 18º do mundo.
- Consumo *per capita*: 1,6 litro/ano (2017) — 19º do mundo (entre os consumidores mundiais com mais de 2.400 milhares de hectolitros).[2]
- Rendimento médio dos vinhedos: 39,5 hectolitros por hectare.

O mercado brasileiro de vinhos nunca mais seria o mesmo

Observando a evolução do mercado brasileiro de vinhos desde o final dos anos 1970, pode-se verificar que ele passou por transformações tão radicais e profundas que nunca mais seria o mesmo. Foram muitos os fatores na origem dessas transformações, mas é possível destacar alguns que, por sua magnitude, geraram reações positivas que fortaleceram a indústria do vinho no Brasil; e outros que ainda hoje dificultam o seu desenvolvimento e crescimento. Numa ordem cronológica e usando como ponto de partida a vinda das multinacionais de bebidas nos anos 1970, destacaríamos os seguintes eventos como aqueles que mais decisivamente influenciaram essas transformações.

- A convivência das vinícolas brasileiras, por mais de 20 anos, com cinco grandes multinacionais de bebidas — Martini Rossi/De Lantier, Heublein, Moët & Chandon, Seagram's do Brasil/Maison Forestier, National Distillers/Almadén — que aqui desembarcaram com o objetivo de produzir e comercializar vinhos.
- A saída total do mercado de vinhos de quatro dessas cinco multinacionais, provocando forte desalinho de demanda e oferta em toda a cadeia da ainda incipiente vitivinicultura do Brasil.
- A descoberta de novas regiões produtoras de vinhos, o que viabilizou a modernização das práticas de condução dos vinhedos, a diversidade das

---

[2] Consumo *per capita* ano de 1,6 litro definido como o cociente do consumo de vinhos (OIV, 2017) dividido pela população total brasileira (IBGE, jul 2017); considerando-se apenas a população maior que 18 anos ele subiria para 1,9 litro.

castas utilizadas, a escala de produção para a viticultura e a melhoria da relação custo-qualidade dos vinhos produzidos.
- A abertura das fronteiras e dos portos brasileiros para a importação de vinhos em momento que coincide com a entrada no mercado mundial dos excedentes de produção gerados em boa parte pelos países produtores do Hemisfério Sul: Argentina, Chile, África do Sul, Austrália e Nova Zelândia.
- A alteração de política fiscal que incluiu os vinhos no método da substituição tributária (Imposto sobre Circulação de Mercadorias, ICMS-ST), em que um produtor ou importador, ao vender seu produto para outro contribuinte, é obrigado a recolher antecipadamente o ICMS que seria devido pelos contribuintes que participarão das etapas posteriores da circulação do vinho, até que ele chegue ao consumidor final.

A longa convivência com as multinacionais, além de fomentar uma grande revolução técnica e mercadológica na viticultura brasileira — como novas técnicas de plantio das uvas, introdução de novas variedades europeias e práticas modernas na relação comercial com os produtores de uvas —, também contribuiu para a formação de mão de obra especializada para trabalhar em suas unidades e em toda a cadeia da vitivinicultura. Os novos profissionais não se motivaram apenas para exercer suas atividades nas multinacionais quando elas ainda operavam no mercado brasileiro, mas também para criar novas vinícolas de médio e pequeno portes com foco na produção de vinhos finos,[3] no uso de tecnologias novas em suas unidades de produção e na prática de um enoturismo incipiente. Por força da demanda crescente de profissionais especialistas, também foram criadas escolas de nível técnico e superior, garantindo a formação de grande número de tecnólogos em enologia e de enólogos que se tornaram fundamentais para promover a modernização e a melhoria da qualidade dos vinhos brasileiros. Enfim, a longa convivência viabilizou a modernização de toda a infraestrutura demandada pela indústria do vinho no Brasil (Ferreira e Ferreira, 2016: 27-36).

Por sua vez, a saída do mercado brasileiro de quatro das cinco multinacionais num curto intervalo de tempo diminuiu drasticamente o consumo de uvas

---

[3] No Brasil, são chamados "vinhos finos" aqueles elaborados a partir da fermentação das uvas da espécie *vitis vinifera* europeia; a *vitis vinifera* é uma das cerca de 60 espécies diferentes de *vitis*.

viníferas,[4] fechou inúmeros postos de trabalho, reduzindo fortemente a demanda por profissionais, obrigando os produtores de uvas viníferas sem compradores e os profissionais sem oportunidades a buscar alternativas para sobreviver na indústria do vinho. Uma delas foi partir para a criação dos seus próprios vinhos em pequenas e médias unidades vinícolas. Entre os anos 1980 e 2015 surgiram cerca de 130 novas vinícolas produtoras de vinhos finos no Brasil.

A descoberta de novas regiões produtoras, as chamadas "novas fronteiras do vinho brasileiro", contribuiu com importantes diferenciais produtivos para a viticultura e novas possibilidades de manejo dos vinhedos. O resultado foi a produção de vinhos de elevada qualidade e com melhor relação de custo-benefício. Essas novas regiões, além de terem maior uniformidade de clima, diferenças de solos e *terroir*,[5] espaços generosos, mão de obra disponível, ofereceram também boas condições de infraestrutura e a proximidade de diferentes mercados. Cabe destacar a Fronteira Gaúcha, também conhecida como Campanha Gaúcha, o vale do rio São Francisco e a Serra Catarinense (Ferreira e Ferreira, 2016:36-39).

Mas foi sem dúvida a abertura dos portos, com a liberação das importações de vinhos no início dos anos 1990, que provocou o impacto mais dramático no mercado. Por conta dos altos custos das importações, que implicavam preços muito elevados para os produtos, a participação dos vinhos importados na comercialização de vinhos finos era pequena, girando ao redor de 15%. Contudo, foi somente a partir da segunda metade da década de 1990, quando os excedentes da produção de vinhos dos países do Hemisfério Sul entraram com força nos mercados mundiais, que tal posicionamento econômico efetivamente se fez sentir no mercado de vinhos do Brasil.

---

[4] Uva vinífera é a espécie europeia de *vitis* mais utilizada (*vitis vinifera*) e adequada à elaboração de vinhos de qualidade.

[5] *Terroir*: palavra francesa sem uma tradução precisa em qualquer outro idioma. Poderia ser definido como a relação íntima entre o solo, a topografia local e o microclima particular de um lugar específico, que, na sua interação, permite a geração de um tipo de uva que expressa livremente sua identidade, qualidade e tipicidade em um grande vinho, sem que se consiga explicar claramente as razões. Muito mais que uma palavra, *terroir* é um conceito completo e complexo agrupando um conjunto de fatores que influenciam o desempenho dos vinhedos, a qualidade das uvas colhidas, participando, portanto, da personalidade final do vinho como se fosse a assinatura de uma determinada região produtora.

Foi em 1995 segundo informações do Ministério do Desenvolvimento, Indústria e Comércio Exterior (MDIC),[6] que as importações de vinhos da Alemanha, impulsionadas pelos "vinhos da garrafa azul", atingiram, em valores US$FOB (da sigla em inglês de Free On Board, ou "livre a bordo"), mais de US$ 30 milhões, ou cerca de 35% das importações brasileiras totais. E, de acordo com dados do MDIC/Instituto Brasileiro do Vinho (Ibravin),[7] foram necessários menos de 10 anos para que o volume das importações de vinhos ultrapassasse o volume de comercialização[8] dos vinhos finos brasileiros. No ano de 2003 os importados alcançaram 51% de participação no segmento de vinhos finos. Entraram no Brasil 29,3 milhões de litros de vinhos importados de diferentes países, enquanto a comercialização de vinhos finos brasileiros foi de 28,2 milhões de litros. Entre 1998 e 2004, a taxa de crescimento composta anual (CAGR, na sigla em inglês de Compound Annual Growth Rate)[9] das importações foi positiva e bastante elevada (CAGR= +8,7%), enquanto a comercialização de vinhos brasileiros finos (tranquilos + espumantes) foi negativa (CAGR = −5,3%). Verificando as origens dessas importações, constata-se que o Chile, com 7,3 milhões de litros, já era o maior exportador para o Brasil, com 27% de participação; e a Argentina, com 5,8 milhões de litros, era o terceiro, representando 19,8% de participação, muito

---

[6] O MDIC é um órgão integrante da estrutura da administração pública federal direta, cuja missão é formular, executar e avaliar políticas públicas para promover a competitividade, o comércio exterior, a inovação, o investimento nas empresas e o bem-estar do consumidor. Por meio da Secretaria de Comércio Exterior (Secex), realiza ações e executa diversos programas voltados para a promoção do comércio exterior e exportações brasileiros. Mantém um inestimável acervo de dados referentes às guias de importação e exportação desde 1989. Essa base de dados é atualizada mensalmente, disponibilizando com presteza os dados mais recentes.

[7] O Ibravin se define como um espaço de diálogo que busca conciliar as opiniões de agricultores, vinícolas, cooperativas e membros do governo para o desenvolvimento da cadeia vitivinícola brasileira. É competência sua estimular e fiscalizar a área produtiva do setor, além de divulgar os produtos derivados da uva e do vinho nos mercados interno e externo. Em seu conselho de administração está a representação do setor vitivinícola, por intermédio das entidades associativas; o órgão é reconhecido pela OIV como o responsável por conduzir as demandas das vinícolas brasileiras no ambiente internacional.

[8] Os números da "comercialização" de vinhos brasileiros são os dados de faturamento das empresas vinícolas do Rio Grande do Sul, que representam cerca de 90% da produção total de vinhos do Brasil, e são as únicas que possuem cadastro vitivinícola (2018).

[9] A CAGR é frequentemente usada em finanças e negócios para determinar a variação média ao longo do tempo da receita, do lucro ou outra métrica de negócios; também é chamada de taxa de retorno "uniformizada", pois mede o crescimento como se ele tivesse aumentado a uma taxa anual composta constante.

próxima da tradicional Itália, com 6.4 milhões de litros, detinha o segundo lugar. Somados, esses dois grandes produtores de vinhos do Hemisfério Sul estavam, em 2003, na origem de 46,8% das importações brasileiras. A Alemanha com seus vinhos de garrafa azul não mais fazia parte da elite dos exportadores para o Brasil, substituída por Itália, Portugal e França, nessa ordem.

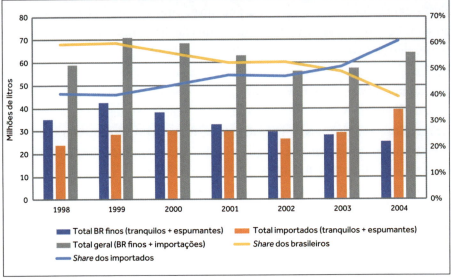

Gráfico 1
Comercializações de vinhos brasileiros finos e importações

Fonte: MDIC/Ibravin.

Desde então as importações cresceram continuamente, atingindo em 2017 o total de 118,7 milhões de litros de vinhos. Na observação do mercado de vinhos totais (brasileiros + importados), que inclui também os vinhos de mesa,[10] os dados evidenciam que, entre 2012 e 2017, ou seja, num período que abrange apenas seis anos, a participação de mercado dos vinhos importados na comercialização de vinhos totais passou de 25% para 36%. Os vinhos brasileiros, embora mantendo ampla liderança do mercado, tiveram sua participação reduzida de 75% para 64%.

---

[10] No Brasil são classificados como vinhos de mesa aqueles obtidos a partir da fermentação de uvas pertencentes às espécies *vitis labrusca*, *vitis rupestris*, *vitis riparia*, *vitis bourquina*, entre outras, também conhecidas como uvas americanas ou uvas de mesa.

Gráfico 2
Participação de mercado dos vinhos brasileiros e importados

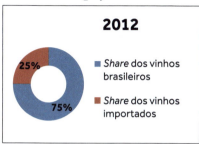 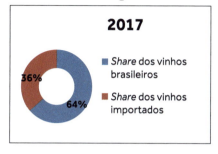

Fonte: MDIC/Ibravin.

Não há dúvida de que a liderança de mercado dos vinhos brasileiros está sendo fortemente desafiada pelos vinhos importados. Embora seja positiva a evolução do volume comercializado de vinhos totais (brasileiros e importados), aumentando 318,4 milhões de litros (2012) para 325,6 milhões de litros (2017), a taxa de crescimento composta anual foi pequena (CAGR = +0,4%) no período. Acrescenta-se que essa é uma evolução sobre base de consumo pequena, se considerarmos o tamanho da população brasileira, superior a 200 milhões de habitantes, e o volume de 325,6 milhões litros.

A política fiscal, que passou a cobrar o ICMS das bebidas quentes — entre elas os vinhos — com o ICMS-ST, é praticada atualmente nos estados da federação onde é maior o consumo de vinhos. Uma das consequências disso é o significativo aumento dos preços de venda para o consumidor final, variável determinante na decisão de compra, inibindo fortemente o aumento do consumo. Isso ocorre porque, ao obrigar os participantes da cadeia de negócios a antecipar os impostos, a medida aumenta a demanda de capital, o valor que cada um investe na venda e aquisição dos produtos.[11]

Outra consequência observada com a prática da cobrança do ICMS-ST é o favorecimento de importadores e produtores que fazem vendas diretas a consumidores finais não contribuintes do ICMS, como pessoas físicas e pessoas jurídicas de prestação de serviços. Essa condição desobriga o fornecedor do recolhimento do imposto, o que se torna uma grande vantagem competitiva.

---

[11] Para melhor compreensão do mecanismo e das consequências do ICMS-ST na cadeia de negócios do vinho, ver, neste livro, o artigo de Plínio Barbosa.

A abertura do mercado brasileiro para as importações na década de 1990 e a prática da cobrança de ICMS-ST por quase todas as unidades da federação são as duas variáveis que contribuem mais fortemente para o aumento da importação de vinhos. Mas pode-se considerar exagerado e oportunista atribuir somente a elas a razão para o aumento contínuo das importações. A transformação do mercado brasileiro em um importante importador de vinhos, com ampla oferta de produtos, também é consequência, como veremos a seguir, de outros fatores. Dentre eles destacaríamos: a exposição a um excedente estrutural de produção mundial que, embora tenha se reduzido a partir de 2006, manteve-se constante ao longo dos últimos 40 anos; o aumento explosivo na geração de excedentes de produção nos países produtores do Hemisfério Sul, em especial Argentina e Chile; e uma indústria nacional com produção crescente de vinhos e espumantes de uvas viníferas, mas ainda sem condições efetivas de atender a todas as demandas do mercado interno. O fato concreto é que, na atualidade, o mercado de vinhos no Brasil, mesmo com baixo consumo ante seu potencial, é um dos mais diversificados do mundo, sendo estimada a presença no país de algo em torno de 30 mil rótulos vindos de 30 países, ou seja, de praticamente todas as grandes e importantes regiões produtoras do planeta.

A produção mundial de vinhos sempre superou o consumo, gerando um excedente estrutural permanentemente

A observação dos dados da produção mundial de vinhos, quando confrontada com o consumo mundial, evidencia que desde o início dos anos 1970 gerava-se um excedente estrutural que evoluiu consistentemente até atingir o pico com a média de 64 milhões de hectolitros no quinquênio 1986-1990, um aumento de quase 95% em relação à média do quinquênio 1971-1975. Esse excedente estrutural da produção contribuiu para o excesso de oferta, transformando-se numa fonte permanente de tensão sobre o comércio mundial de vinhos, dificultando as vendas e pressionando para baixo os preços, principalmente dos vinhos de entrada de gama (segmentos básicos e popular *premium*), e de gama média (segmentos *premium* e *superpremium*), que, somados, representam algo em torno de 95% do volume total de vinhos comercializados. A prática comum na Europa, onde eram produzidas as maiores quantidades de vinhos e consequentemente de excedentes, era os governos investirem grandes somas e financiarem os produtores para que vinhos em geral de qualidade inferior fossem encaminhados para a destilação e retirados do mercado.

Gráfico 3
Produção, consumo e excedentes mundiais de vinhos

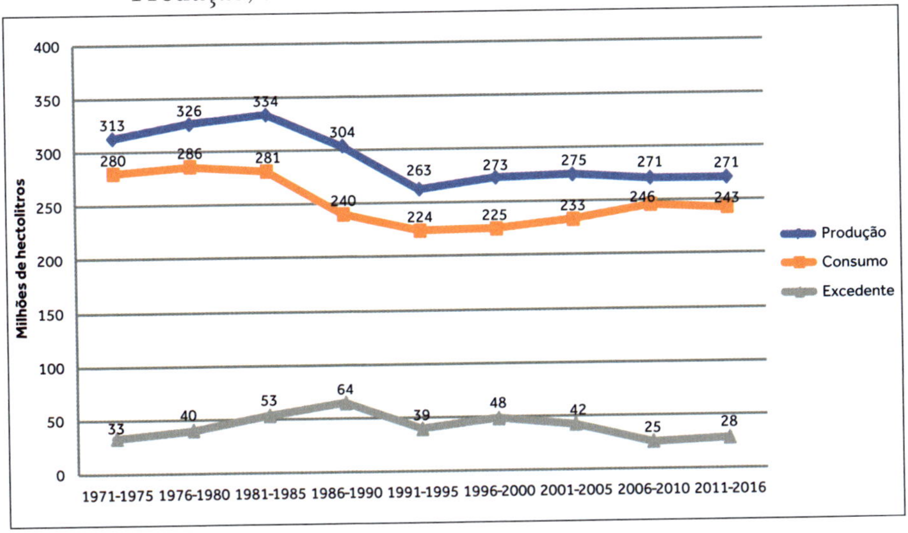

[Gráfico de linhas com dados de Produção, Consumo e Excedente em Milhões de hectolitros, por quinquênio de 1971-1975 a 2011-2016:

Produção: 313, 326, 334, 304, 263, 273, 275, 271, 271
Consumo: 280, 286, 281, 240, 224, 225, 233, 246, 243
Excedente: 33, 40, 53, 64, 39, 48, 42, 25, 28]

Fonte: OIV.

Tais condições de mercado levaram, entre o final dos anos 1970 e o final dos anos 1990, a uma redução voluntária da superfície mundial dos vinhedos, de 10,2 milhões de hectares para 7,7 milhões de hectares. Quase 25% dos vinhedos, ou 2,5 milhões de hectares de vinhas, desapareceram. Foi a partir do último período, na virada do milênio, que a área mundial plantada de vinhedos passou a se manter estável em torno dos 7,7 milhões de hectares.

As consequências práticas da erradicação dos vinhedos tornaram-se bastante evidentes a partir do quinquênio 2006-2010, quando se observa significativa redução dos excedentes mundiais de vinho, entre outros fatores, em decorrência de uma queda expressiva na produção, que se manteve estável em torno de 270 milhões de hectolitros, e de uma recuperação no consumo, que desde a virada do milênio também permaneceu estável acima de 240 milhões de hectolitros.

A queda na produção mundial pode ser atribuída principalmente à redução da área plantada de vinhedos entre os maiores e mais tradicionais países produtores europeus — o mesmo não aconteceu em outras regiões produtoras ao redor do mundo —, quando foram eliminados vinhedos que produziam vinhos de baixa qualidade. Entre o final dos anos 1970 e o início do novo milênio a superfície média plantada de vinhedos na Europa diminuiu de 7,3 milhões de hectares para 5 milhões de hectares — ou seja, 2,3 milhões de hectares ou 31,5% da área de vinhedos foram erradicados. A partir daí ela tem se mantido estável, em cerca de 4 milhões de hectares.

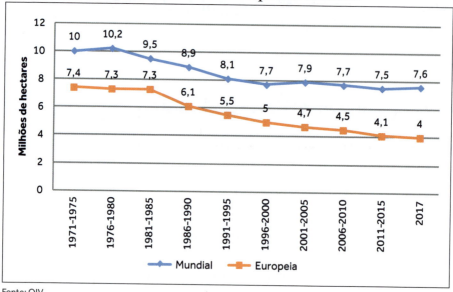

Gráfico 4
Superfície mundial e europeia de vinhedos

Fonte: OIV.

Em 2008 a União Europeia aprovou uma política de incentivo com ajudas financeiras para erradicar 175 mil hectares de vinhedos considerados de baixa qualidade (o projeto inicial previa 10% da área plantada, ou 400 mil hectares) em seu território. Contudo, observando os dados sobre os vinhedos europeus, verificamos que desde então a redução dos vinhedos foi ao redor de 500 mil hectares. Os maiores objetivos da política eram: melhorar a competitividade dos vinhos europeus, que estavam perdendo mercado para os denominados vinhos do Novo Mundo, procedentes em sua maioria de África do Sul, Argentina, Austrália, Chile e Estados Unidos; reduzir os excedentes de produção bastante onerosos para os cofres dos respectivos países-membros; retirar do mercado de vinhos os produtores menos competitivos. Os valores envolvidos foram pagos pelos governos nacionais.

A evolução do preço médio dos vinhos no mercado mundial não superou a inflação acumulada na zona do Euro entre 2000 e 2017

Mesmo com a redução dos vinhedos e a estabilidade na produção de vinhos, pode-se observar nos dados divulgados pela OIV que a evolução do preço médio por litro dos vinhos exportados no mercado mundial no período de 2000-2017 foi de € 2,27 (2000) para € 2,81 (2017). Houve uma correção de 23,8%, inferior, portanto, à inflação na zona do euro, que foi de 37% nesse período. É possível, pois, admitir que a tensão sobre os preços dos vinhos exportados no mercado mundial permaneceu. Que outros fatores poderiam justificar essa contínua pressão sobre os preços? A entrada dos excedentes de produção dos novos países produtores do Novo Mundo estaria entre eles?

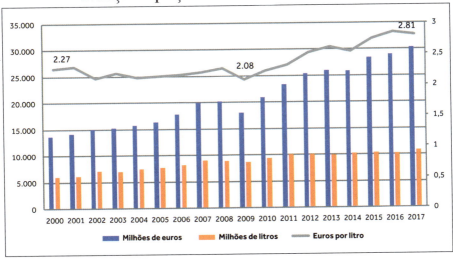

Gráfico 5
Evolução do preço unitário no mercado mundial

Fonte: OIV.

Tabela 1
Inflação acumulada na zona do euro

	2000	2001	2002	2003	2004	2005	2006	2007	2008	2009
Inflação anual	2,56%	2,09%	2,32%	2,02%	2,36%	2,28%	1,92%	3,11%	1,64%	0,92%
Inflação acumulada	102,562	104,710	107,138	109,299	111,874	114,422	116,624	120,253	122,228	123,349

	2010	2011	2012	2013	2014	2015	2016	2017	2000-2017
Inflação anual	2,22%	2,75%	2,22%	0,85%	-0,17%	0,23%	1,14%	1,35%	
Inflação acumulada	126,084	129,553	132,434	133,555	133,328	133,634	135,158	136,982	37,0%

Fonte: Global-rates.

Os principais produtores do Novo Mundo aumentaram em mais de 35% a superfície plantada dos seus vinhedos, gerando novos excedentes de vinho

Na contramão do que acontecia no Velho Mundo, entre os anos 1995 e 2005 os cinco principais países produtores do Hemisfério Sul (África do Sul, Argentina, Austrália, Chile e Nova Zelândia), além dos Estados Unidos, iniciaram grandes plantações de novos vinhedos de elevado rendimento, aumentando a superfície plantada de 876 milhares de hectares para 1.107 milhares de hectares, um acréscimo de 231 milhares de hectares contra uma redução de mais de 608 milhares de hectares na Europa no mesmo período. Contudo, esses novos vinhedos do Hemisfério Sul, entre 2000 e 2005, apresentaram um rendimento médio de 86 hectolitros de vinho por hectare, *versus* 51 hectolitros por hectare dos vinhedos europeus, ou seja, uma diferença de produtividade ao redor de 70%,[12] em consequência sobretudo de fatores como condições climáticas, horas de exposição das vinhas ao sol durante o ciclo vegetativo, densidade dos vinhedos, irrigação e a cultura de produtividade elevada nos vinhedos. Essa tendência prosseguiu, e na safra de 2016 os vinhedos dos Tops 3 Europa tinham se reduzido dos 3.565 milhares de hectares do quinquênio 1986-1990 para 2.451 milhares de hectares (− 31,2%), enquanto os vinhedos dos produtores do Hemisfério Sul, somados aos dos Estados Unidos, aumentaram de 876 milhares de hectares para 1.198 milhares de hectares (+ 36,8%).

---

[12] Estimativa da France Agrimer com base em dados da OIV.

Tabela 2
Evolução da superfície de vinhedos: Top 3 Europa x Novo Mundo

Milhares hectares	1986 - 1990	1991 - 1995	1996 - 2000	2001 - 2005	2014	2016	Δ%
Espanha	1506	1290	1184	1200	974	976	-35,2%
França	996	940	915	894	789	785	-21,2%
Itália	1063	985	909	863	690	690	-35,1%
Total Top 3 Europa	**3565**	**3215**	**3008**	**2957**	**2453**	**2451**	**-31,2%**
EUA	329	331	376	410	448	443	34,7%
Argentina	259	209	208	211	226	224	-13,5%
Chile	124	124	147	186	213	214	72,6%
África do Sul	100	102	112	131	132	130	30,0%
Austrália	59	65	106	159	154	148	150,8%
Nova Zelândia	5	6	11	10	38	39	680,0%
Total Novo Mundo	**876**	**837**	**960**	**1107**	**1211**	**1198**	**36,8%**

Fonte: OIV.

Esses novos vinhedos de elevada produtividade do Hemisfério Sul provocaram um aumento expressivo da capacidade de exportação dos países do Novo Mundo. Segundo dados da OIV, entre 1986-1990 e 2010, a capacidade acumulada de exportação dos excedentes dos Tops 4 dessa região aumentou em 199%, passando de 8,1 milhões para 24,2 milhões de hectolitros. Exportar não era apenas uma opção, mas a única saída para a indústria do vinho desses países. E o Brasil, pelo seu grande potencial de consumo, tornou-se um destino importante da oferta.

No período 2006-2010, Argentina e Chile, países próximos ao Brasil, produziram, sozinhos, um excedente médio anual de 10,2 milhões de hectolitros de vinhos. Na safra de 2010 o excedente aumentou para 12,2 milhões de hectolitros, mantendo a partir daí a média de 11,8 milhões de hectolitros, entre 2011-2017. No caso específico do Brasil, esses países ainda se beneficiaram das vantagens alfandegárias concedidas como a isenção total do imposto de importação, o que viabilizou que se posicionassem com alguma facilidade como os dois maiores exportadores para o mercado brasileiro.

Entre o quinquênio de 1986-1990 e o ano de 2010 a diferença absoluta entre a produção de vinhos e o consumo na Argentina aumentou da média de 2,1 milhões de hectolitros (11% da produção) para 6,5 milhões de hectolitros (40% da produção). Também no Chile algo semelhante ocorreu com o excedente de produção, passando da média de 0,6 milhão de hectolitros (15% da produção) para 5,7 milhões de hectolitros (65% da produção). Essas mudanças colocaram definitivamente esses dois países entre os grandes *players* exportadores do mercado mundial.

A tabela 3 compara a evolução do excedente de produção dos Tops 3 Europa, dos Tops 4 Novo Mundo e do déficit dos Estados Unidos, que desde 2012 se tornaram o maior consumidor mundial, ultrapassando a França.

Tabela 3
Top 3 Europa e Top 4 Novo Mundo (excedentes de produção)

Milhões de hectolitros	1986 - 1990	2006-2010	2010	Δ% 1986-1990/2006-2010	Δ% 1986-1990/2010
Espanha	16,1	24,2	24,5	50,3%	52,2%
França	22,9	15,1	15,1	-34,1%	-34,1%
Itália	29,1	22,4	23,9	-23,0%	-17,9%
Total Top 3 Europa	**68,1**	**61,7**	**63,5**	**-9,4%**	**-6,8%**
África do Sul	4,4	6,3	5,9	43,2%	34,1%
Argentina	2,1	4,1	6,5	95,2%	209,5%
Austrália	1,0	6,9	6,1	590,0%	510,0%
Chile	0,6	6,1	5,7	916,7%	850,0%
Total Top 4 Novo Mundo	**8,1**	**23,4**	**24,2**	**188,9%**	**198,8%**
EUA - Top importador	-2,6	-7,1	-6,7	173,1%	157,7%

Fonte: OIV.

Com as exportações de vinhos aumentando, o mercado se globalizou, dando origem ao chamado "vinho internacional"

As transformações ocorridas na vitivinicultura no Novo Mundo, em paralelo à redução do consumo de vinho nos principais e tradicionais países produtores do Velho Mundo provocaram o aumento expressivo das exportações, estimulando a globalização do mercado.

Mesmo com a redução da área de vinhedos e da produção de vinhos nos principais países produtores europeus, um apreciável volume de excedentes se juntou àqueles gerados pelos novos e produtivos vinhedos das Américas, acelerando as exportações mundiais que passaram da média de 44 milhões de hectolitros (4,4 bilhões de litros) no quinquênio 1986-1990 para 108 milhões de hectolitros (10,8 bilhões de litros) em 2017; isto é, um aumento ponta a ponta de 145%. Entre 2001 e 2017 a taxa de crescimento anual composto do consumo mundial foi baixa (CAGR = +0,43%), enquanto a das exportações mundiais foi muito mais elevada (CAGR = +3,88%).

Segundo a OIV, a previsão de exportação mundial de vinhos em 2017 é de 108 milhões de hectolitros, um crescimento expressivo, de 5,9% em relação a 2016, representando 44,4% do volume total de vinhos consumidos. Isso quer dizer que para cada 10 garrafas consumidas 4,4 garrafas atravessaram pelo menos uma fronteira nacional antes de chegar à taça dos consumidores. No período mais curto e próximo entre 2010 e 2017, o consumo mundial teve um CAGR = +0,12%, inferior, portanto ao CAGR = +0,43% observado no período de 2001 a 2017. Ocorreu também redução na exportação, com a CAGR reduzindo-se de +3,9% para +2%. A observação dos números do comércio mundial na segunda década do milênio mostra certa estabilidade nas exportações, com média ao redor de 101 milhões de hectolitros.

Gráfico 6
Relação entre exportação e consumo

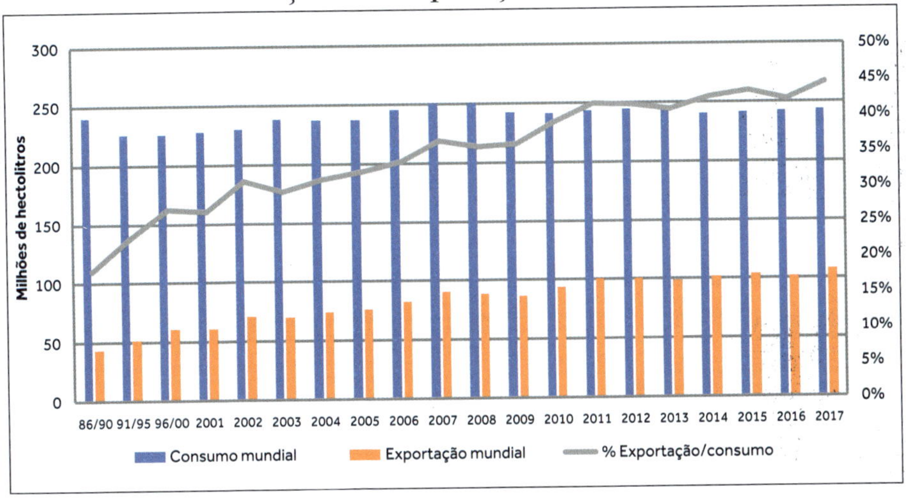

Fonte: OIV.

O grande xadrez do mercado mundial redesenha o mercado brasileiro de vinhos, que se posiciona como importante importador mundial

Com a aceitação ainda tímida por parte do mercado consumidor brasileiro dos vinhos finos aqui produzidos — exceção para os vinhos espumantes —, as fronteiras e portos abertos, consumidores ávidos por novidades e por conhecer os vinhos do mundo, o Brasil se transformou num país importador importante para o comércio mundial. Segundo dados do MDIC e do Ibravin, num período de 14 anos, as importações brasileiras saltaram da média de 50 milhões de litros (2004-2018) para 118,7 milhões de litros (2017), com um crescimento ponta a ponta de 137%. Entre 2010 e 2017 o crescimento foi ainda mais rápido, com taxa de crescimento composto anual bastante elevada (CAGR = +6,7%), aumentando de 75,3 milhões de litros para 118,7 milhões de litros, um crescimento de 58% ponta a ponta.

No período de 2010-2017 o Chile manteve a liderança inconteste, atingindo o volume de exportação de 51,6 milhões de litros. A taxa de crescimento anual foi das mais elevadas (CAGR = +10%), e o crescimento ponta a ponta foi de 94,7%. Entre os cinco maiores países exportadores, cresceram com taxas elevadas Portugal (CAGR = +10,6%), França (CAGR = +7,6%) e Espanha (CAGR = +21,5%). A Espanha tem se destacado nos últimos anos com sua tradicional política agressiva de preços;[13] entre 2016/2017 suas exportações para o Brasil cresceram 62,5%, evoluindo de 4,8 milhões de litros para 7,8 milhões de litros. O crescimento entre 2010 e 2017 das importações de vinhos espanhóis foi expressivo, alcançando 290%.

Os principais exportadores não se alteraram ao longo dos anos, com exceção da Alemanha, que, após o sucesso com os vinhos da garrafa azul no final dos anos 1990, não mais recuperou seu posicionamento, saindo do grupo dos 10 maiores exportadores para o Brasil. Com a queda de quase 50% em volume das suas exportações entre 2016/2017 ficaram com o *market share* de apenas 0,1%.

Tabela 4
Importações por países (milhões de litros)

	Chile	Argentina	Itália	França	Portugal	Espanha	Outros	Total
2010	26,5	18,1	13,0	4,3	8,1	2,0	3,3	75,3
2011	26,7	17,7	13,2	5,1	8,6	2,6	3,7	77,6
2012	30,4	15,6	11,6	5,0	9,8	3,3	3,8	79,5
2013	28,4	13,4	9,2	4,7	9,3	3,5	3,7	72,2
2014	35,6	14,2	9,7	4,8	9,8	3,6	3,5	81,2
2015	36,9	13,0	9,3	5,0	10,0	4,0	3,7	81,9
2016	43,5	14,5	9,0	5,0	10,9	4,8	4,4	92,1
2017	51,6	16,1	13,5	7,2	16,4	7,8	6,1	118,7
CAGR 10-17	10,0%	-1,7%	0,5%	7,6%	10,6%	21,5%	9,2%	6,7%

Fonte: MDIC.

---

[13] Segundo dados da OIV, em 2016 o preço médio por litro das exportações da Espanha no mercado mundial foi de € 1,18, *versus* a média de € 2,85 dos 11 campeões mundiais de exportação. O preço médio do Chile foi de € 1,84, e da França, o mais elevado, foi de € 5,89.

O comportamento dos vinhos brasileiros na comercialização de vinhos no período de 2012 a 2017

Não houve contribuição dos vinhos brasileiros no pequeno crescimento em volume observado na comercialização total de vinhos (importados + brasileiros), que passou de 318,4 milhões de litros (2012) para 325,6 milhões de litros (2017), com CAGR = + 0,4%. Ao contrário, houve uma queda, reduzindo-se seu volume de 238,9 milhões de litros (2012) para 206,9 milhões de litros (2017) com CAGR = −2,8%.

Gráfico 7
Comercialização (milhões de litros)

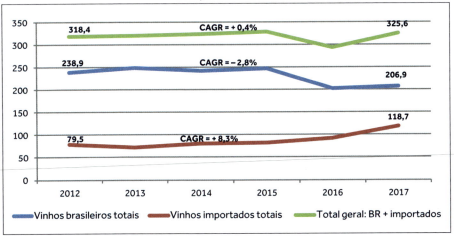

Fonte: MDIC/Ibravin.

Contudo, para a melhor compreensão do que está ocorrendo nas comercializações de vinhos no mercado brasileiro, é importante estratificá-lo nos cinco diferentes segmentos, como no gráfico 8, para verificar como evoluiu a participação de cada segmento de produtos no período.

O vinho de mesa brasileiro foi o que mais perdeu participação de mercado, reduzindo sua presença de 64,5% (2012) para 53,4% (2017), com CAGR = −3,3%. Importante suporte da indústria do vinho no Brasil ao longo de sua história, segundo o Ibravin, esse tipo reduziu sua comercialização em cerca de 13%, quando se comparam os 205,4 milhões de litros (2012) aos 173,7 milhões de litros (2017). Uma redução de quase 32 milhões de litros que podem ter sido substituídos parcialmente ou na sua totalidade pelos vinhos importados, que no mesmo período cresceram em 39,2 milhões de litros, ao passarem de 79,5 milhões de litros (2012) para 118,7 milhões de litros (2017).

No intervalo em questão, os vinhos importados tranquilos foram os que mais ganharam participação de mercado, subindo de 23,3% para 34,8%, com CAGR = +8,8%. É importante destacar que a importação de vinhos, quando realizada pelas grandes superfícies do varejo (HM/SM) e pelas empresas "puros-sangues" do comércio on-line (.com), que podem vendê-los diretamente para consumidores que não são contribuintes do ICMS, se beneficia fortemente da não obrigatoriedade da cobrança do ICMS via ST.

A observação da comercialização dos espumantes e dos vinhos finos brasileiros evidencia informações importantes que permitiriam definições mais assertivas acerca de estratégias de posicionamento e comerciais para eles. Enquanto os vinhos espumantes brasileiros aumentaram sua participação no mercado de 4,6% para 5,3% (CAGR = +3,4%), o inverso ocorreu com os vinhos finos, que tiveram a sua participação reduzida de 5,9% para 4,8% (CAGR = −3,7%).

Gráfico 8
Participação de mercado dos diferentes tipos de vinho

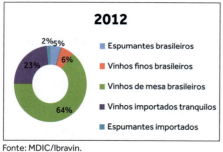 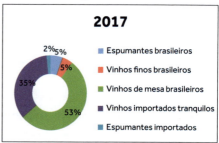

Fonte: MDIC/Ibravin.

No segmento das "borbulhas", as brasileiras ganham a confiança do mercado e defendem bravamente a liderança nos vinhos espumantes

Diferentemente do que ocorre no mercado de vinhos total no Brasil, no nicho dos vinhos espumantes os brasileiros têm mantido o crescimento contínuo ao longo dos últimos 10 anos e sustentado uma larga liderança de mercado, com participação superior a 70%. Em 2017 os vinhos espumantes brasileiros, com a comercialização de 17,4 milhões de litros, detiveram uma fatia de 76% (17,4/22,9) desse segmento.

Gráfico 9
Participação de mercado dos espumantes brasileiros e importados

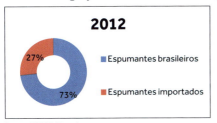 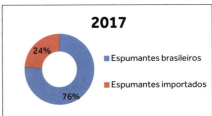

Fonte: MDIC/Ibravin.

A participação dos espumantes brasileiros atingiu o ápice de 82% em 2015 (18,8/22,9) e 2016 (16,9/20,6), mas em 2017 as importações de vinhos espumantes importados aumentaram (5,5/22,9), principalmente os originários da França, Espanha e Itália, e a participação brasileira diminuiu seis pontos percentuais.

Tabela 5
Share dos espumantes brasileiros na comercialização

Comercialização (milhões de litros)	2007-2011	2012	2013	2014	2015	2016	2017	CAGR12/17
Espumantes brasileiros	11,0	**14,7**	15,9	16,8	18,8	16,9	**17,4**	3,4%
Espumantes importados	3,8	**5,3**	4,3	4,3	4,1	3,7	**5,5**	0,7%
Total de espumantes comercializados	14,8	**20,0**	20,2	21,1	22,9	20,6	**22,9**	2,7%
Share dos espumantes brasileiros (%)	74,3%	73,5%	78,7%	79,6%	82,1%	82,0%	76,0%	

Fonte: MDIC/Ibravin.

Num mercado em que a comercialização de vinhos total foi de 325,6 milhões de litros (2017), os espumantes brasileiros e os espumantes importados, com 22,9 milhões de litros, detiveram juntos participação de 7% (22,9/325,6). Considerando apenas o segmento de vinhos finos totais (espumantes brasileiros + espumantes importados + finos brasileiros + tranquilos importados), de 151,7 milhões de litros, os vinhos espumantes totais detêm participação aproximada de 15% (22,9/151,7). Entre 2012 e 2017 a comercialização dos espumantes brasileiros teve taxa de crescimento composta anual bastante expressiva (CAGR = +3,4%), aumentando sua participação no mercado de vinhos total de 4,6% (14,7/318,4) para 5,3% (17,4/325,6). Fazer investimentos em promoções dentro e fora do Brasil, focadas em nichos regionais e etários para expandir a base de consumo desses vinhos, seria sem dúvida uma estratégia excelente. Internamente o clima tropical é favorável, e o mercado consumidor reconhece o bom posicionamento de qualidade e preço dos espumantes brasileiros ante os importados.

Os vinhos finos tranquilos brasileiros vêm perdendo terreno, precisando se posicionar melhor no mercado para fazer frente ao avanço dos importados

Como em geral acontece em praticamente todos os mercados mundiais importantes para os negócios do vinho, a maior parcela do mercado total é a dos vinhos tranquilos. Não é diferente no mercado brasileiro. Somando os vinhos finos tranquilos brasileiros com os importados tranquilos, constata-se que em 2017 foram comercializados 128,8 milhões de litros (15,6 + 113,2), representando uma participação de quase 40% do mercado de vinhos total (128,8/325,6). Se considerarmos no mesmo ano apenas o segmento de vinhos finos totais, com a comercialização de 151,7 milhões de litros, a participação dos vinhos tranquilos totais foi de 85% (128,8/151,7). Os vinhos tranquilos importados, com 113,2 milhões de litros em 2017, lideram largamente esse segmento, com 88% de participação (113,2/128,8), e os brasileiros com 15,6 milhões de litros comercializados têm aproximadamente 12% de participação (15,6/128,8).

Gráfico 10
Participação de mercado dos finos brasileiros e importados

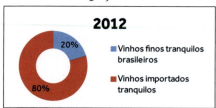
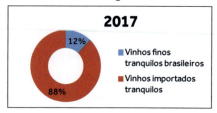

Fonte: MDIC/Ibravin.

No período de 2012 a 2017 a taxa de crescimento composto anual dos vinhos finos brasileiros foi negativa (CAGR = −3,7%), enquanto a dos importados foi bastante elevada (CAGR = +9,9%), o que explica a perda de participação de oito pontos percentuais em relação a 2012. Trabalho árduo será necessário em diversas frentes (comercial, fiscal, de marketing) para melhorar no mercado interno, seu posicionamento em relação ao custo, à qualidade, na mente dos consumidores, e para recuperar a participação de vendas dos anos anteriores. Não faltam vinhos de qualidade reconhecida no portfólio das vinícolas brasileiras, mas é duro competir com os vinhos importados, vindos de praticamente todas as grandes regiões produtoras do mundo. Os sérios problemas climáticos da safra de 2016 justificam parcialmente a queda na participação de quase seis pontos percentuais entre 2016 e 2017.

As importações cresceram, o preço unitário caiu, com os vinhos tranquilos detendo participação superior a 95%

A evolução das importações brasileiras de vinhos ao longo dos últimos seis anos foi sempre positiva, com algumas informações se destacando. Os volumes variaram de 79,5 milhões de litros (2012) para 118,7 milhões de litros (2017), com CAGR = +8,3%. Considerando os valores totais (US$FOB) gastos, de US$ 301,03 milhões (2012) e US$ 362,01 milhões (2017), verificamos que a taxa de crescimento foi pequena, com CAGR = +3,8%, pela redução do valor unitário (US$FOB/litro) das importações em quase 20%, de US$ 3.78 para US$ 3.05. Nos três segmentos de produtos importados (vinhos, espumantes e champanhes) houve redução nos preços unitários, e o champanhe foi o único no qual houve queda no volume importado, evidenciando que o mercado brasileiro o tem substituído por vinhos espumantes (Cavas, Proseccos, *crémants*, *mousseaux*) de menores preços. Ajustando o valor médio das importações de 2012 (US$ 3.78/litro) pela inflação americana acumulada no período 2012-2017 de 9,2%, esse valor se modificaria (US$ 4.13/litro), e a redução aumentaria para 26%. Estaríamos importando melhor, ou apenas comprando maiores volumes de vinhos básicos com preços inferiores?

Gráfico 11
Evolução das importações: valor, volume e preço unitário

Fonte: MDIC.

Na hora de importar, a opção clara do mercado brasileiro é trazer vinhos tranquilos das diferentes regiões produtoras do mundo, com a participação em volume dos espumantes reduzindo-se a menos de 5%. Entre 2012 e 2017, a importação em volume de champanhe reduziu-se em mais de 50%, diminuindo drasticamente sua participação nas importações totais. O mercado consumidor brasileiro vem substituindo o champanhe por outros vinhos espumantes de menor preço, oriundos do próprio Brasil, da Itália (Prosecco), Espanha (Cavas) e França (*crémants*, *mousseaux*).

Gráfico 12
Participação dos tipos de vinho nas importações

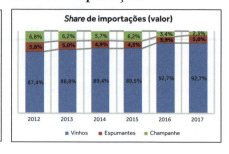

Fonte: MDIC.

As grandes superfícies de varejo e as empresas "puros-sangues" do comércio on-line aumentam sua participação na importação de vinhos

O número de *players* importadores operando no mercado brasileiro é de algumas centenas. Para efeito de compreensão desse universo, é possível alocá-los em três grandes grupos, em função do seu foco de distribuição. Acrescentaríamos a estes a VCT do Brasil, que importa e distribui os produtos da *viña* Concha y Toro.

- Os tradicionais importadores-distribuidores como Interfood, Casa Flora/Porto a Porto, Mistral, World Wine/La Pastina, Grand Cru, Cantu Vinhos, Decanter Vinhos Finos, Adega Alentejana, Wine Brands, Zahil etc.
- As grandes superfícies de varejo (HM/SM) como Grupo Pão de Açúcar, Grupo Zaffari, Walmart Brasil, Supermercados Zona Sul, Carrefour, Grupo Angeloni, Supermercado Verdemar etc.
- As empresas "puro-sangue" do comércio on-line (.com) como Wine, Evino etc.
- A importadora-distribuidora dos produtos da *viña* Concha Y Toro (VCT Brasil).

O gráfico 13 mostra a evolução da participação em valor (US$FOB) de cada um desses grupos, patenteando que, no período de 2014 a 2017, importantes alterações ocorreram tanto nas importações de vinhos tranquilos como na dos espumantes. Como os vinhos tranquilos têm participação em valor superior a 90% no total das importações, são eles que definem a tendência do mercado. Contudo, em linhas gerais, a tendência coincide tanto no caso dos vinhos tranquilos quanto no dos vinhos espumantes. As grandes superfícies de vendas do varejo e as empresas "puro-sangue" do comércio on-line têm aumentado sua participação sobretudo em detrimento das importadoras-distribuidoras. Sem entrar no mérito da adoção de políticas estratégicas empresariais mais ou menos eficazes em cada grupo, o fato é que as empresas do comércio on-line e as grandes superfícies do varejo (HM/SM) vêm se posicionando melhor para fazer frente aos desafios representados pelas grandes distorções da política tributária brasileira. Refiro-me aqui à inclusão dos vinhos na cobrança do ICMS via substituição tributária (ICMS-ST), o que na prática tem contribuído para aumentar sensivelmente os preços de venda dos vinhos. Quem faz importações diretas e vende diretamente aos consumidores sem passar por intermediário obrigado a recolher ICMS fica numa posição muito vantajosa para aplicar uma política estratégica de margens (*mark up*) e ganhar em participação.

O gráfico com a participação nas importações em valores (US$ FOB) dos vinhos tranquilos e vinhos espumantes dos principais grupos importadores nos últimos quatro anos (2014 a 2017) evidenciam o crescimento acentuado da participação das grandes superfícies de varejo (HM/SM) e empresas do comércio on-line. Tomando como exemplo os vinhos tranquilos, que representam mais de 95% das importações, as variações da participação total desses dois grupos aumentaram de 20,8% para 37,6%, em detrimento principalmente dos importadores-distribuidores, que tiveram sua participação reduzida de 70,1% para 54,6%. O cenário é semelhante no segmento dos vinhos espumantes.

Gráfico 13
Participação dos diferentes importadores nas importações: valor

Fonte: MDIC/Ibravin.

As vendas[14] totais de vinhos no mercado brasileiro vêm se reduzindo ano após ano, e o volume de vendas de 2017 foi 22,2% inferior em relação a 2011

A crise econômica instalada nos últimos anos no Brasil forçou os consumidores, tanto no mercado *off trade* quanto no *on trade*, a buscarem bebidas alcoólicas substitutas mais econômicas do que os vinhos, pressionando fortemente suas vendas. As cervejas tipo *premium* são os concorrentes principais, ocupando nos pontos de vendas das pequenas e das grandes superfícies de varejo importantes

---

[14] Os dados de vendas totais (*off trade + on trade*) têm origem nas estatísticas oficiais da Euromonitor International, associações do comércio, imprensa comercial, entrevistas comerciais, pesquisa de empresas, verificações de lojas.

áreas, antes preenchidas pelos vinhos. Mesmo com o crescimento, ano após ano, das vendas de espumantes e das importações de vinhos, estas não têm sido suficientes para compensar a perda das vendas de vinhos tranquilos e outros.[15] As vendas totais de vinhos, de 311,8 milhões de litros em 2017, sofreram uma queda expressiva de 8,6% em relação aos 341,2 milhões de litros de 2016. De acordo com os dados estatísticos da Euromonitor International, estas foram as menores vendas desde 2004.

A exceção foram os vinhos espumantes, que entre 2011 e 2017 mantiveram vendas com taxa de crescimento composta anual positiva (CAGR = +4,4%), o mesmo percentual de crescimento de 2017 em relação a 2016.

Os vinhos tranquilos totais vêm amargando quedas anuais sucessivas nas vendas, com taxa composta anual de crescimento negativa (CAGR = −4,7%). Considerando que as importações gerais cresceram em bom ritmo (CAGR = +9,4%) no período entre 2012 e 2017, é possível deduzir que os grandes perdedores são os vinhos brasileiros de mesa, seguidos pelos vinhos tranquilos finos brasileiros.

Gráfico 14
Volume de vendas dos diferentes tipos de vinho (milhões de litros)

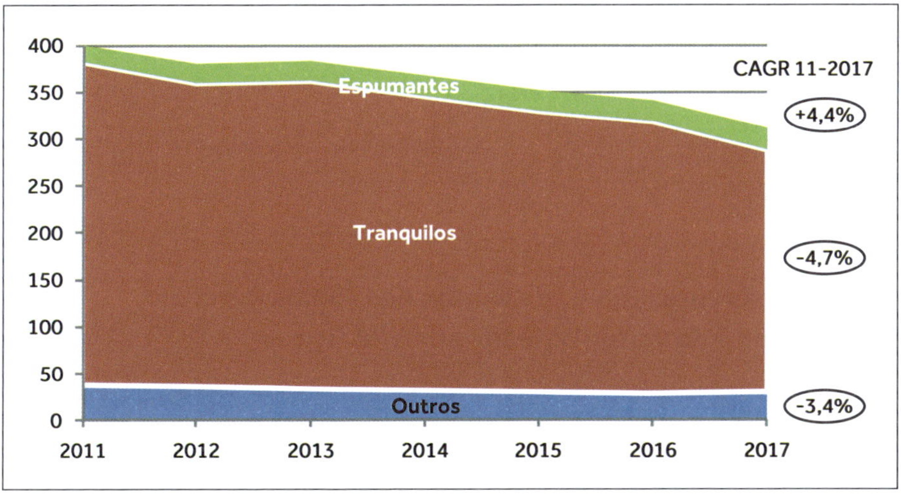

Fonte: Euromonitor.

---

[15] Nos dados referentes aos "outros" estão incluídas as vendas dos vinhos fortificados ou generosos (Porto, Jerez), Vermouth, e Sake.

VINHO E MERCADO

O crescimento ano a ano em volume dos diferentes tipos de vinho evidencia que entre 2012 e 2017 o único segmento que manteve variação sempre positiva em relação ao ano anterior foi o dos vinhos espumantes. Ao contrário, os vinhos tranquilos não fortificados decresceram em praticamente todos os anos (à exceção de 2013). Como este segmento representa mais de 80% das vendas totais, isso explica por que foram declinantes as vendas totais de vinhos no mercado brasileiro nesse período.

Gráfico 15
Crescimento ano a ano dos diferentes tipos de vinho

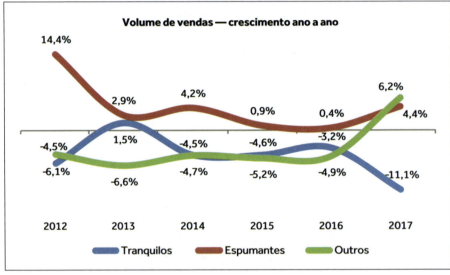

Fonte: Euromonitor.

Entre os diferentes canais de vendas dos vinhos, a maior participação é do varejo baseado em lojas físicas

Segundo as estatísticas do Euromonitor International, em 2017 o varejo baseado em lojas (*store based retailling*) dominou amplamente as vendas, com participação de 97,1%. Os restantes 2,9% foram vendidos pelos varejos do mercado on-line (*non store retailling* ou *internet retailling*), canal cuja participação vem crescendo nos últimos anos.

Num recorte mais fino, as vendas de 97,1%, em 2017, do varejo baseado em lojas foram distribuídas, com 94,7% efetuadas pelos varejistas de supermercados (*grocery retailers*), e 2,4% para os varejistas mistos (*mixed retailers*). Os 94,7% dos varejistas de supermercados, por sua vez, se distribuíram entre supermercados (34,3%), hipermercados (20%), lojas especializadas (28,7%), mercados e mercearias (10,9%) e outros (0,8%).

As lojas especializadas, que detiveram 28,7% de participação nas vendas, estão sendo fortemente pressionadas pelos varejistas de supermercados e do mercado on-line, que fazem importações diretas e vendem diretamente ao consumidor não contribuinte do ICMS, conseguindo assim evitar a cobrança do ICMS/ST.

Highlights

A evolução dos dados dos diferentes segmentos do mercado brasileiro de vinhos indica que, ao longo das últimas três décadas, o Brasil passou por profundas transformações, tornando-se um produtor e consumidor importante entre os Tops 20 do mercado mundial.

A convivência da indústria brasileira de vinhos, por quase três décadas, com grandes multinacionais de bebidas modificou irreversivelmente as práticas de todos os elos da cadeia de produção de vinhos no Brasil.

A abertura, na década de 1990, do mercado brasileiro para as importações foi um fator relevante, que transformou o Brasil em destacado importador de vinhos. Em 2017 entraram no país quase 120 milhões de litros, o que o torna um destino importante das exportações mundiais.

A geração expressiva no mercado mundial de excedentes estruturais da produção de vinhos, com destaque para Argentina e Chile, contribuiu muito para o aumento contínuo das importações brasileiras. Esses dois países somados aumentaram seus excedentes de 2,7 milhões de hectolitros em 1986-1990 para 12,2 milhões de hectolitros em 2010. Neste último ano, segundo a OIV, os excedentes mundiais dos Tops 3 Europa e Tops 4 Novo Mundo foram de 87,7 milhões de hectolitros, e as exportações mundiais alcançaram 94 milhões de hectolitros.

O aumento contínuo das importações está ameaçando a liderança dos vinhos do Brasil no mercado interno. No período entre 2012 e 2017 a participação brasileira reduziu-se de 75% para 64% (CAGR = −2,8%), enquanto as importações aumentaram de 25% para 36% (CAGR = +8,3%), crescendo quase 50%.

A observação estratificada por segmentos do mercado indica que quem perdeu participação foram os vinhos de mesa, de 64,5% para 53,4% (CAGR =

−3,3%) e os vinhos finos, de 5,9% para 4,8% (CAGR = −3,7%); a exceção foram os espumantes, que aumentaram a participação de 4,6% para 5,3% (CAGR = +3,4%).

As comercializações de vinhos do mercado brasileiro no período de 2012 a 2017 mostraram uma pequena evolução, passando de 318,4 milhões de litros para 325,6 milhões de litros (CAGR = +0,4%); no quinquênio 2007-2011 a média foi de 313,9 milhões de litros.

O salto dos vinhos importados no período de 2012 a 2017 foi bem mais robusto, com as importações totais passando de 79,5 milhões de litros para 118,7 milhões de litros (CAGR = +8,3%); no quinquênio 2007-2011 a média das importações foi de 66,2 milhões de litros.

Entre os importadores, os grupos que mais cresceram nos últimos quatro anos (2014-2017) foram as grandes superfícies de varejo (HM/SM) e lojas "puro-sangue" do comércio on-line, passando, em "valores", sua participação nas importações, que eram algo em redor de 21% (2014), para quase 38% (2017).

No período entre 2012 e 2017 os vinhos espumantes foram os únicos que mantiveram crescimentos sempre positivos de vendas ano a ano.

Referências bibliográficas

ANDERSON, Kym; NELGEN, Signe. *Global Wine Markets, 1961 to 2009*: a statistical compendium. Adelaide: University of Adelaide Press, 2011.
CARDEBAT, Jean-Marie. *Économie du vin*. Paris: La Découverte, 2017.
CASTAING, Yohan. *Strategies et marketing du vin*. Paris: Dunod, 2013.
CUBERTAFOND, Martin. *Entreprend dans le vin*. Paris: Groupe Eyrolles, 2015.
EUROMONITOR INTERNATIONAL *Passport*: wine in Argentina Country Report, 2016, 2017, 2018.
_____. *Passport*: wine in Brazil Country Report, 2015, 2016, 2017, 2018.
_____. *Passport*: wine in Chile Country Report, 2016, 2017, 2018.
_____. *Passport*: wine in France Country Report, 2016, 2017, 2018.
FERREIRA, Valdiney; FERREIRA, Marieta. *Vinhos do Brasil*: do passado para o futuro. Rio de Janeiro: FGV Editora, 2016.
GALLO, Jerôme; CHARTERS, Steve. *Économie et management du vin*. Paris: Pearson France, 2014.
Ibravin. Disponível em: www.ibravin.org.br. Acessos em: jan.-dez. 2018.

MORA, Pierre (org.). *Wine business case studies*: thirteen cases from the Real World of Wine Business Management. São Francisco: The Wine Appreciation Guide, 2013.

ORGANIZAÇÃO INTERNACIONAL DA VINHA (OIV). *The State of Viticulture in the World and Statistic Information, 2018.* Paris: Organization Internationale de la Vigne et du Vin, 2018.

_____. *World Viticultural Statistic Vine and Wine Outlook, 2010-2011.* Paris: Organization Internationale de la Vigne et du Vin, 2015.

_____. *Conjoncture Vitivinicole Mondiale, 2017.* Paris: Organization Internationale de la Vigne et du Vin, 2017.

_____. *Statistical Report on World Vitiviniculture, 2018.* Paris: Organization Internationale de la Vigne et du Vin, 2018.

_____. *World Vitivinicultural Statistics, 2013-2014.* Paris: Organization Internationale de la Vigne et du Vin, 2018.

ROBSON, Jancis. *The Oxford Companion to Wine.* Oxford: Oxford University Press, 1994.

_____ et al. *Wine Grapes.* Nova York: Harper Collins, 2012.

ROUDIL, Marcelo; ANTOINE-GENY, Olivier. *Manuel pratique du commerce du vin.* Paris: Féret, 2013.

SEGUIN, Gérard; ROUZET, Emmanuelle. *Le marketing du vin*: savoir vendre le vin. 4ª ed. Paris: Dunod, 2017.

SMITH, David et al. *International Business of Wine*: a world of producers, buyers & cellars. Create Space, 2014.

2.
Fazendo negócios de vinhos no Brasil

DEMOCRATIZAR O ACESSO AO VINHO DOS BRASILEIROS

Entrevista com Ari Gorenstein,
CEO da Evino

São Paulo, 8 de dezembro de 2017

O que se identificava naquela altura era um líder de mercado nadando de braçada, sem um challenger *muito claro — sem um segundo* player *tentando alcançá-lo, nem com o mesmo ritmo e potencial — e vários* players *pequenos, fragmentados, com atuação pouco profissional e crescimento pouco alavancado.*

ARI GORENSTEIN

Ari, antes de entrar nas atividades da Evino, eu gostaria de lhe conhecer um pouco melhor, saber da sua formação, onde nasceu, o que estudou, enfim, saber um pouco da sua trajetória antes da entrada na indústria do vinho.
Ari Gorenstein. Meu nome é Ari Gorenstein, tenho 37 anos, sou de São Paulo, paulistano. Quando jovem, ingressei na Escola Politécnica da Universidade de São Paulo (USP), onde cursei engenharia de produção, uma engenharia industrial com ênfase em mecânica. Entrei na universidade em 1997, e em 2001 tive oportunidade de morar fora do Brasil pela primeira vez. Na ocasião eu tinha uma bolsa de graduação do tipo sanduíche, de intercâmbio. Eu me interessei por morar no exterior, conhecer outros países e cursar algumas matérias diferentes daquelas que eu teria ocasião de cursar na Escola Politécnica. Prestei minha candidatura, e tinha de eleger um entre três países: França, Estados Unidos e Alemanha. Eu não falava alemão, falava inglês, mas não gostaria de conviver com a cultura americana. Também não falava francês, porém me pareceu mais fácil aprender essa língua que o alemão. Como entre a aprovação e a ida decorreriam seis meses, achei que daria para dominar pelo menos um conhecimento básico para me virar por lá.

Em que ano foi sua ida efetiva para o exterior?
A.G. — Em 2001 fiz todo o processo seletivo, com provas, entrevistas etc. Após três meses de curso intensivo na Aliança Francesa de São Paulo, consegui aprender o básico do francês, o suficiente para ser aprovado, e fui fazer um ano da graduação em Lyon, próximo do vale do Rhône. Chegando a Lyon deparei com um monte de bolsistas brasileiros, também em intercâmbio, e acabei vivendo um pouquinho naquele mundo de brasileiros fora do Brasil. Era muito bacana, muito legal, mas eu sentia falta de respirar um pouco mais o que era de fato a sociedade francesa e o ambiente estudantil francês. Então busquei algumas maneiras de me socializar com eles dentro da universidade.

Eu estava no Institut National des Sciences Appliquées (Insa) de Lyon, e havia lá associações, grêmios estudantis para os mais variados temas, como fotografia, cinema, teatro, esportes variados, peteca, vôlei, futebol, entre muitas outras coisas. Entre eles, havia um Clube de Enologia. Eu me interessei pelo clube, embora não conhecesse nada de vinho nem fosse consumidor assíduo da bebida. Eu tinha 20 e poucos anos, e o que mais bebia quando estava na USP era cerveja. Pensei que aquela alternativa seria bem legal. Iria beber vinho com os franceses, provavelmente de graça, no 0800, poderia me desinibir praticando um pouquinho mais de francês. Seguramente não deveria haver tantos estrangeiros interessados no tema. Animei-me, fiz a inscrição e comecei a participar. À noite, uma vez por semana, havia encontros em que se aprendia a degustar vinhos, se faziam os experimentos com o *Nez du Vin* para aprender sobre os aromas, enfim, toda a parte instrumental a fim de formar um enófilo. Havia um pouco da parte técnica da produção dos vinhos e também se organizavam viagens nos finais de semana para conhecer os vinhedos. Como estávamos na França, onde o vinho é um produto forte na cultura local, grande parte dos franceses tinha um amigo, um primo ou às vezes mesmo o pai que produzia vinhos na região do Rhône. Isso para mim foi muito bacana, foi meu primeiro contato com o vinho. Eu descobri os vinhedos, visitei as plantações e vinícolas, vi como se produzia, conversei com produtores.

Foi uma grande oportunidade, porque você conheceu por dentro a indústria do vinho no país produtor com a mais elevada tradição.
A.G. — Sim. E também, como eu era bolsista, com orçamento limitado, isso me animou a comprar vinhos nos supermercados que custavam € 5 ou € 6. Eram vinhos de boa qualidade. No Brasil, eu precisaria de um orçamento muito maior para ter acesso a eles. Minha mesada seria insuficiente para bancar um padrão de consumo daquele nível. Foi no Insa, quando ainda via o vinho apenas como *hobby*, como alguma coisa que facilitaria meu contato com a cultura local, que tive o contato inicial com a bebida. Eu não podia imaginar que o vinho me cativaria a ponto de transformá-lo na minha opção profissional e de construção de um negócio.

Naquele momento seus pensamentos eram apenas os de um enófilo em potencial. Em que ano você voltou da França?
A.G. — Sim, eu era um enófilo em potencial, uma cabeça de aventureiro que queria entender o que era aquela bebida, saber por que ela era tão fascinante. De fato, eu comecei a me envolver com o vinho nessas circunstâncias, por puro acidente de percurso. Poderia nunca ter tido contato com o mundo do vinho. Eu voltei da França em 2002 e segui a trajetória prevista na Escola Politécnica, onde me formei, e comecei a carreira de um engenheiro padrão. Antes de me formar fiz um estágio na Gol Linhas Aéreas, na área de finanças, e depois outro estágio

no planejamento estratégico da indústria petroquímica Braskem. Meu primeiro trabalho profissional foi com consultoria na área de logística, especificamente em consultoria de transporte, para otimização de malhas, transporte de carga e de passageiros. Seguindo esse caminho com foco na logística, pensei em como poderia me aprofundar, já que minha formação em engenharia de produção, embora tivesse me dado uma base sólida em logística e *supply team*, não foi extensa. Então comecei a buscar oportunidades para me equipar melhor nesse tema pela via acadêmica.

Eu também tinha muita vontade de voltar a morar fora do Brasil. Gostara bastante da experiência na França e fiquei interessado em voltar. Encontrei um mestrado em logística, transporte e desenvolvimento sustentável, na época financiado pela Fundação Renault, em Paris, que me interessou, porque tinha muito a ver com o que eu estava fazendo profissionalmente. Vi ali a oportunidade de voltar à Europa e me aprofundar no tema em que exercia minha atividade. Foi um pouco a mesma história de quando eu era estudante: postulei minha candidatura, passei por um processo seletivo, fui aprovado e parti para Paris, onde fiquei um ano e meio. O curso acontecia nas três grandes escolas de engenharia parisiense; École des Mines de Paris, École des Ponts et Chaussées e École Polytechnique. Havia módulos ministrados nas três escolas. E aí tive oportunidade de retomar o contato com bons vinhos, de ler bastante sobre eles e de aproveitar os finais de semana e feriados para viajar por França, Itália, Portugal, Hungria, Romênia, enfim, por outros vinhedos europeus.

Foi nessas viagens pelos vinhedos europeus que você começou a pensar que os negócios do vinho poderiam ser uma alternativa profissional?
A.G. — Essas viagens eram por puro *hobby*. Nunca me ocorreu exercer uma atividade profissional ou mudar minha carreira para essa indústria. O meu estágio final foi na Renault, porque havia um contato próximo com a empresa, por conta da Fundação Renault. Fui atuar na logística interna, que é a parte que eles chamam de *materials handling engineering* (ou engenharia de manuseio de materiais). É o setor onde, na fábrica, os processos são otimizados, tanto do ponto de vista da economia quanto no da movimentação de peças e suprimentos. É o *supply team* mais interno à fábrica.

Voltei ao Brasil com o mestrado concluído e fui trabalhar na General Motors, onde fiquei quase um ano. Depois voltei para a consultoria em transportes, e aí surgiu o dilema de ver minha carreira enveredando para um lado demasiadamente técnico — o que era natural, porque eu investi nisso. Mas foi nesse momento que percebi que a carreira na indústria automobilística é muito difícil. A progressão costuma ser lenta, porque os executivos estão lá há muito tempo. Acho que eu já era de uma geração que buscava uma evolução profissional mais rápida, e comecei a ver poucas perspectivas de ascensão num *timing* que me parecia razoável. Além disso, eu percebia que estava enveredando por uma carreira extremamente técnica, que poderia me confinar e limitar os horizontes para a ascensão profissional. Minha percepção é de que eu estava vivendo uma crise de identidade precoce.

Em que ano isso aconteceu?
A.G. — Em 2006. E aí eu comecei a pensar o que poderia fazer de diferente para mudar minha trajetória. O que me ocorria era fazer um MBA de negócios fora do Brasil, mais generalista, para abrir um pouco a cabeça, respirar outras indústrias, outros negócios. Mas o vinho estava sempre ali soprando na minha orelha. Eu ficava pensando: "Que atividade dá para exercer e que eventualmente pudesse conciliar com essa paixão (eu já tinha sido picado pela mosquinha do vinho) e a ambição profissional." Havia algumas possibilidades nos negócios do vinho. A primeira era empreender, abrir uma importadora. Eu sempre me senti mais atraído pelo universo do comércio e do marketing do vinho que pelo da produção propriamente dita. Como eu era engenheiro de produção, outra possibilidade aparentemente mais coerente era ir para o Sul do Brasil ou para algum outro polo produtivo e tentar conciliar minha atividade de engenheiro com a condução de uma indústria. Essa opção não me seduzia tanto.

    Foi nesse momento de dúvida que comecei a ver que, se a minha opção fosse exercer uma atividade na área de importação, marketing ou comércio de vinho, eu precisaria me equipar minimamente. Até aquele momento meu *curriculum vitae* era o de um engenheiro com *hobby* em vinhos. Eu precisaria convencer alguém a me contratar pelo meu *hobby*, e não pela minha atividade principal, e não me parecia razoável que isso ocorresse. Seria preciso me equipar academicamente a fim de ter a bagagem que me tornasse elegível para pleitear qualquer posição na indústria do vinho. O que encontrei no Brasil foi a parte técnica de viticultura ou enologia. Na época não havia outras formações específicas.

Você se refere a uma formação em gestão, marketing ou empreendimento nos negócios do vinho?
A.G. — Exato. Como não existia nada parecido, fui buscar no exterior. E lá fora encontrei duas possibilidades de formação que na época me pareceram bem interessantes. Uma é o mestrado itinerante da OIV, que circula pelos cinco continentes, atendendo a toda a cadeia de negócios do vinho, desde plantio das uvas, produção dos vinhos, até as partes mais próximas do consumidor, como importação e comercialização. Esse mestrado da OIV era caro não somente do ponto de vista de inscrição, taxas de matrícula; era ainda mais caro do ponto de vista logístico, porque você teria de voar para Tóquio, Austrália, Napa Valley nos Estados Unidos. Na época eu não tinha como financiar uma brincadeira dessas. E havia um mestrado financiado pela Erasmus Mundus, conduzido por um consórcio de universidades; um Master Vintage capitaneado pela École Supérieure d'Economie d'Agricultures de Angers, num polo de seis ou sete universidades parceiras, um curso com conteúdo programático similar ao da OIV, mas com possibilidade de financiamento integral. Os módulos aconteciam em três países, sendo menos itinerante que o curso da OIV.

Eu me candidatei à formação, mas imaginava que minhas chances eram remotíssimas. Achava que não teria chance de ser aprovado porque não vinha de família de produtores e não tinha um histórico profissional tão defensável. Contudo, para minha surpresa, as etapas foram se seguindo — provas, testes, entrevistas, conversas —, e acabei aprovado. No momento em que recebi a informação, foi aquele susto... Opa!... [risos]. Eu levei um baita susto, tive que deixar para trás tudo que eu fazia. Pedi demissão do emprego, conversei com a família, que ficou meio na dúvida sobre o negócio do vinho. Eles questionaram um pouco o que eu estava fazendo, mas me deram carta branca. Normalmente minha família apoia as minhas decisões, mas nesse caso não tinham opinião formada. Não era uma família com experiência na indústria do vinho, que conhecesse seus meandros.

Eles não tinham qualquer interesse na atividade ligada aos negócios do vinho?
A.G. — Não, nem de investir para que eu empreendesse em qualquer elo da cadeia de negócios. Até porque não dispúnhamos nem dispomos de capital familiar ou patrimônio para fazer esse tipo de aposta. Esse momento foi um divisor de águas em que eu tinha de decidir praticamente sozinho se dava essa guinada

na minha carreira ou não. E aí, refletindo bastante, concluí que na pior das hipóteses seriam dois anos sabáticos, nos quais eu teria uma experiência de vida fascinante, em contato íntimo com a indústria do vinho, conhecendo pessoas de vários países, circulando por universidades distintas. Isso foi o suficiente para eu tomar a decisão de seguir em frente com a aposta.

Em que ano você tomou a decisão de partir para esse mestrado?
A.G. — Foi entre 2006 e 2007. Eu larguei as coisas que estava fazendo e fui cursar o mestrado. Fiz módulos de viticultura em Angers, no vale do Loire; módulos de enologia em Budapeste, na Hungria; módulos mais de comércio e marketing de vinhos no vale do Douro, na Universidade de Trás-os-Montes, em Portugal. Fiz viagens também para Itália, Romênia, Grécia, e depois fui concluir os estudos na Borgonha. Fiquei quatro meses em Beaune, no sindicato do Bureau Interprofessionnel des Vins de Bourgogne (BIVB). Meu desafio foi preparar um estudo sobre o que seria o mercado de vinhos de alta gama no Brasil, que deveria ficar no repositório do sindicato como material para os exportadores que tinham interesse em exportar ou começar a prospectar o mercado brasileiro. Era basicamente um estudo de levantamento de dados do que era o cenário brasileiro em 2008.

Depois tive de preparar a missão da delegação da Borgonha que viria para a Expovinis daquele ano, tentar agendar reuniões de negócios para eles, preparar toda a parte logística e operacional da viagem, mas principalmente informá-los com seminários e palestras sobre a realidade do consumo e do mercado de importação no Brasil. Foi bastante interessante. Eu trouxe-os para cá, acompanhei-os e finalizei a aventura com o BIVB. Na sequência concluí o curso e voltei para o Brasil. Como precisava me manter financeiramente, busquei dentro do mercado de importação de vinhos alguma posição na área comercial, no marketing de produtos, ou na parte de desenvolvimento de portfólio estratégico. Isso foi bastante difícil, porque a indústria de importação de vinhos no Brasil, mesmo no caso das empresas maiores, em geral é formada por empresas familiares comandadas pelo patriarca e com a família na gestão. Algumas estão começando agora a se profissionalizar, mas na época a maioria era de empresas familiares com espaços reduzidos para um profissional externo.

Talvez você destoasse, com sua formação mais sólida nos negócios do vinho. Sua preparação foi para empreender, mas era demais para as empresas atuantes no mercado?
A.G. — Eu fiz questão de me preparar, porque não tinha a menor ideia do que fazer no futuro. Poderia até criar meu próprio negócio. Nas ofertas para os cargos mais baixos, de fato, eu parecia superqualificado. Talvez ninguém tenha apostado em mim por não conseguir me remunerar à altura do que eu trazia como bagagem, ou por achar que eu não estaria disposto a ser sub-remunerado para entrar no mercado. Eu era jovem e seguramente aceitaria, na época, a fim de abrir portas para atuar.

Perderam uma oportunidade e ainda incentivaram a criação de um concorrente com músculos fortes [risos].
A.G. — Talvez. Nesse momento voltei a atuar na parte de logística. Eu tinha um bom relacionamento com a empresa de consultoria para a qual exerci anteriormente atividades, e como *freelancer* acabei atuando em três ou quatro projetos em tempo parcial, trabalhando em casa, no contato com o cliente. Com isso eu obtinha manutenção financeira garantida. Em paralelo, ainda como *freelancer*, fiz algumas consultorias pontuais nos negócios do vinho treinando brigadas e criando cartas de vinhos para restaurantes. Também ministrei aulas sobre vinhos em confrarias ou para grupos de amigos que queriam algum tipo de formação no assunto. Coisas bem informais.

Sempre no mercado de São Paulo? Não lhe ocorreu fazer uma incursão de trabalho com a indústria do vinho no Sul ou no Nordeste?
A.G. — Fiquei sempre em São Paulo. Outras regiões não me atraíram, porque aqui, de uma forma ou de outra, eu tinha como me manter e conseguir meu ganha-pão. Então, voltei a atuar na área de logística como *freelancer*, conciliando as duas atividades. E continuei buscando uma oportunidade no mercado de vinhos, porque, para ser franco, não apareceram tantas consultorias assim. Num determinado momento, um colega de escola que estava trabalhando numa importadora de vinho (ele é mais do varejo, tendo vindo do Walmart, do Carrefour) tinha assumido uma posição de diretoria para estruturar a força de vendas e atuar mais na parte comercial. A importadora se chamava Wine Society. Ele sabia que eu tinha formação técnica, que conhecia vinhos, e me chamou para

ajudá-lo e prestar consultoria na ampliação de portfólio. Era uma importadora que atuava num nicho muito focado de vinhos australianos em *bag-in-box* (BiB). Ela atuava no nicho do nicho, num momento em que o mercado de vinho não estava preparado para esse produto. Mas acabei aceitando, era um desafio interessante e eu daria consultoria para ampliar o portfólio.

Mapeando as origens e os mercados para essa ampliação, no primeiro momento optamos por começar com Argentina e Chile, porque estes países nos pareciam indispensáveis no catálogo. Fizemos a curadoria, a seleção de produtos e incorporamos os vinhos desses países no catálogo. O terceiro país que decidimos adicionar foi a Espanha, porque na época ela já vinha mostrando potencial de crescimento com vinhos de relação qualidade e preço excelentes, bem acima da curva. Com o estudo do mercado, concluímos que havia um potencial interessante, e que a gente deveria cadastrar novos rótulos espanhóis. Na ocasião eu organizei uma missão de prospecção na Espanha, baseada em Madri, e dali partimos para Castilla y León, rodamos bastante pela Ribera del Duero, La Rioja, Rueda, para tentar captar rótulos novos. Foi nessa ocasião que, por conta das viagens e reuniões de conselho, conheci também os investidores que financiavam a importadora.

Um pouco mais tarde, esse meu amigo decidiu deixar a importadora e voltar para o varejo, aceitando uma oferta, se não me engano, do Walmart ou do Dia. Ele também não conseguira fazer uma transformação impactante na importadora, havia a percepção de que eles tinham errado a mão lá atrás, quando montaram a empresa — um dos fundadores, que era australiano, dera uma diretriz estratégica pouco apropriada ao negócio. Então os investidores decidiram contratar uma pessoa adequada, com um processo seletivo rigoroso, para tocar o negócio. Como eles me conheciam, porque eu os ajudara com os projetos de consultoria, e sabiam que eu conhecia bastante o business e o mercado, me convidaram para tocar interinamente as atividades por dois, três meses, que seria o tempo que julgavam necessário para procurar e recrutar alguém. Como eu estava fechando o ciclo de um projeto na consultoria de logística, percebi a oportunidade e me posicionei: "Acho que em duas ou três semanas eu consigo me liberar e assumir *full time*".

Assumi integralmente a atividade: a gestão da força de vendas das duas lojas físicas existentes na ocasião e toda a estratégia de penetração das marcas novas que estávamos trazendo; cadastro e estratégia para a formação da brigada de vendas e de canais para alavancar essas marcas. Os três meses se passaram sem que conseguissem contratar alguém com o perfil idealizado. Enquanto isso, o negócio começou a progredir. Tínhamos colocado um pouco mais de energia, ajustado o foco no mercado *on trade*, onde conseguimos cadastrar os vinhos em três clientes importantes. Conseguimos também um número de chamadas interessante, pois a recepção dos vinhos espanhóis foi bastante boa, e o negócio começou a apontar para um norte favorável. Foi quando os investidores desistiram de contratar alguém no mercado e me perguntaram se eu queria assumir de maneira definitiva. Eu respondi imediatamente que aceitava, porque aquele era o meu objetivo. Foi quando, de fato, comecei a liderar as atividades de uma importadora de vinhos e a pensar em todos os desafios que isso traz.

Quanto tempo durou a experiência na Wine Society?
A.G. — Foi uma trajetória de 10 meses à frente da Wine Society, num total de pouco mais de 12 meses dirigindo a importadora. Foi nesse momento que meu caminho se cruzou com o de Marcos Leal, outro cofundador da Evino. Ele também é engenheiro elétrico pela Escola Politécnica, entramos no mesmo ano na universidade, e, por conexões em comum na Linkedin, ele me achou. Na época ele estava trabalhando como *business developer* na Project A Ventures, um fundo de investimentos alemão que em 2012 tinha se implantado no Brasil. Eles estavam mapeando oportunidades do mercado para investir e montar empreendimentos, criando *startups* no país. A Project A Ventures tinha um mandato da Alemanha para investimentos em e-commerce, mobile[16] e tecnologias voltadas para o universo on-line.

Alguns investimentos que eles já tinham experimentado fora do Brasil foram naturalmente os candidatos imediatos para iniciar algum tipo de *copycat,* ou para trazer o business para cá. No exterior eles tinham um e-commerce de produtos naturais e de saúde, com toda a parte de suplementos vitamínicos e *snacks*, que foi o primeiro empreendimento que começaram a explorar no Brasil. Como avaliaram que havia oportunidade de investimento e um mercado interessado e interessante, montaram a Natue, o primeiro business da Project A aqui. O segundo business que passaram a olhar com carinho foi o e-commerce de

---

[16] Mobile commerce: é a entrega do produto adquirido via comércio eletrônico diretamente às mãos do consumidor.

vinhos, porque na Europa, mais especificamente na Alemanha, eles já tinham no portfólio a Wine in Black, um *flash sale*[17] de vinhos com atuação na França, Áustria e outros mercados. O Marcos estava encarregado de entender os *unit economics* do mercado de vinhos on-line no Brasil. O que se identificava naquela altura era um líder de mercado nadando de braçada, sem um *challenger* muito claro — sem um segundo *player* tentando alcançá-lo, nem com o mesmo ritmo e potencial — e vários *players* pequenos, fragmentados, com atuação pouco profissional e crescimento pouco alavancado. O Marcos precisava entender um pouco as margens com que se operava, como é que funcionava toda a parte logística, os trâmites da burocracia de importação. Por ter visto meu perfil, ele me chamou para um café, e iniciamos uma negociação. No final, foram três ou quatro cafés, um almoço com consultoria gratuita explicando um pouco do que eu conhecia, do que eu tinha aprendido.

O Marcos Leal tinha alguma experiência com os negócios do vinho?
A.G. — Ele não tinha *background*. O Marcos também é engenheiro de formação, com MBA em negócios na London Business School; tinha trabalhado em consultoria estratégica na Booz Allen e na Rocket Internet, outro fundo de investimento alemão. Na Rocket ele capitaneara três *ventures*, ou investimentos, então, tinha bastante experiência na área digital, e no e-commerce. Nós começamos a discutir a tese do que seria um *flash sale* de vinhos no Brasil, como esse negócio progrediria, qual seria a estratégia de entrada, as margens que se poderia esperar. Ao longo das discussões acabamos chegando à conclusão de que o negócio poderia prosperar, que havia espaço para um novo *player*. O fundo deu carta verde para se fazer o *seed investment*,[18] colocar o primeiro *round* de investimentos. E o segundo passo foi montar o time que conduziria esse *venture* e a *startup*. Eles foram fazer *hunting* para contratar, sempre com a premissa de ter dois cofundadores com perfis complementares para tocar o *business*. Como me conheciam, precisavam de alguém mais do negócio da indústria de vinho para tocar a parte comercial, montar portfólio, que entendesse um pouco de vendas e do canal. Eu acabei aparecendo como um dos candidatos imediatos. Parti para

---

[17] *Flash sale*: desconto ou promoção oferecida por uma empresa de e-commerce durante um curto período de tempo.
[18] *Seed investment*: ou capital semente, é o modelo de financiamento para projetos empresariais em estágio inicial.

as entrevistas com os alemães, com o Olivier, que era o CEO do fundo no Brasil e hoje é o terceiro co-CEO da Evino, dividindo comigo e com Marcos. Acabei sendo aprovado para tocar o negócio.

Isso foi em 2013?
A.G. — Sim, eu fui contratado em fevereiro de 2013. O dia 18 de fevereiro de 2013 foi meu primeiro dia na empresa, que ainda não tinha nome e funcionava dentro do escritório da Project A, que incubava os *ventures* na época. Éramos eu e a primeira cofundadora da Evino, a Thais Felipelli, também engenheira. Juntamo-nos e começamos a contratar as pessoas para montar o *core team*. A história da Evino começa nesse momento.

Primeiro a gente entendeu o tamanho do mercado endereçável, o que era o tamanho do mercado de vinhos no Brasil. Mapeou um pouco em todos os canais, como funcionava, qual era o direcionamento, o papel da grande distribuição, dos importadores, quais eram as dinâmicas do mercado. Nós percebemos que on-line havia um grupo nadando de braçada, com dois pilares de negócio importantes: um de assinaturas e outro de e-commerce tradicional. Mas ninguém surfava nesse business no modo *flash sale* de vinho, um modelo no qual se apresenta permanentemente uma oferta rotativa. O mix de produtos, a vitrine, está sempre mudando; os produtos são sempre oferecidos para os clientes em condições promocionais, em geral agressivas; a dinâmica de calendário e a dinâmica comercial flutuam em torno de campanhas temáticas. Pode ser uma campanha de vinhos varietais, de vinho francês, de vinhos de uma região vinícola como o Piemonte. Não havia ninguém exercendo uma atividade com esse viés, e o mercado parecia ter tamanho suficiente para acomodar alguém nessa atividade. O on-line de vinhos no Brasil era isso: uma terra dominada por um único *player*, sem ninguém o desafiando de maneira clara. E nós tínhamos apetite suficiente para tentar ser o *playoff*, que ninguém fazia a menor ideia do que poderia ser. Todos sonhávamos grande, tínhamos enormes ambições. Ao longo do caminho o negócio foi tomando rumos bem distintos daquele previsto.

De qualquer forma o começo da Evino foi bastante sólido. Havia um grupo de investidores, executivos com perfis complementares interessantes, como o Marcos Leal.
A. G. — O Marcos se juntou posteriormente. A primeira fundadora foi a Thais, que também tinha um perfil de negócios. Ela era engenheira mecatrônica, com

MBA no Massachusetts Institute of Technology (MIT). Tinha passado também por *venture capital*, o capital de risco, não lembro se também numa consultoria estratégica; sua bagagem era bastante sólida. Ela se juntou ao time no primeiro *sprint*. Depois a Thais sofreu um acidente, e em determinado momento tanto o fundo quanto quem estava à frente da operação no Brasil acabaram considerando que ela não estava se desempenhando tão bem, e foi desligada.

O Marcos seguia como desenvolvedor de negócios na Project A, mas demandava estar mais à frente do business, gerando impacto direto. Ele atuava mais na avaliação dos negócios e deu muito suporte no início, ajudando em várias frentes. Mas tinha saudade de tocar um negócio, de fazer as coisas progredirem, e não ficar só mapeando oportunidades. Acabou optando por tomar a liderança. Debatendo com o fundo, chegamos à conclusão de que ele seria uma boa aposta. O nome original da Evino ainda era Épicerie. Nós gostávamos desse nome, apoiado pelo Olivier, que é francês. Quando montamos o business sempre tivemos a certeza de que ele seria muito focado no vinho; mas tínhamos a ambição de agregar produtos satélites, como produtos gourmets, toda a parte de acessórios e principalmente de alimentos finos; nós tínhamos a ambição de agregar embutidos, queijos, especiarias, condimentos, toda a parte de conservas, porque considerávamos que eles tinham aderência ao perfil do cliente que consumia vinho. Por isso o nome era Épicerie, que significa "empório" ou "mercearia", em francês.

Um perfil que guarda semelhança com o importador-distribuidor tradicional do passado?
A.G. — Isso vem da zona cerealista. O vinho acabou sendo o desdobramento de outros negócios como cebola, tomate, alho, azeite e outras coisas.

O vinho acabou pegando carona nesses produtos da importação. O cenário econômico brasileiro em 2013 estava bem confuso. Como isso foi explicado para os investidores?
A.G. — Os investidores tinham acabado de se instalar no Brasil, eles tinham capital e alocação de capital com melhor uso e maior probabilidade de sucesso; e o *seed investment* não era vultoso, nada exorbitante, era o que se tinha planejado, então, o cenário não assustou. Eu diria que esse cenário econômico instável até favoreceu o que foi o embrião da Evino. Quando o negócio nasceu

nós oferecíamos vinhos cuja curadoria e toda a parte de *sourcing* e *hunting* era feita localmente. Eu e o time de compras na maioria das vezes fazíamos todo o *hunting* junto às importadoras e distribuidoras que importavam vinhos. Nós não importávamos. Já se havia discutido essa possibilidade para quando o negócio ganhasse alguma tração, alguma escala; mas na época era ainda um experimento, nós comprávamos 100% dos produtos localmente.

Nesse quadro de instabilidade, certas importadoras atravessavam dificuldades, precisavam gerar caixa. Algumas acabaram encerrando as atividades e fechando as portas. Esse era ainda o momento no qual muitos aventureiros, pelo *glamour* e pela ambição, tinham entrado no mundo do vinho. Quando veio o cenário um pouquinho menos favorável, esse pessoal encerrava as atividades ou buscava alternativas rápidas para escoar seus estoques de produtos. Foi nesse cenário que a Épicerie, no começo, e depois a Evino operaram.

A Épicerie ficou quantos anos se abastecendo no mercado interno?
A.G. — Ainda hoje eventualmente a Evino se abastece no mercado interno, mas num percentual muito pequeno. No primeiro ano ela foi praticamente 100% abastecida pelo mercado interno; no segundo ano houve pilotos de importação; do terceiro e quarto anos em diante, tomou-se estrategicamente a decisão de aumentar ao máximo o *share* das importações. Mas, no início, deparar com empresas que precisavam movimentar seus estoques com maior agilidade acabou sendo favorável ao negócio. Permitia-nos encontrar as ofertas, porque o *flash sale* precisa oferecer descontos e muitas *deals* com produtos de qualidade para gerar recompras e engajar os clientes. Em cenários econômicos mais favoráveis, talvez fosse difícil encontrá-las. Na época havia muitas oportunidades que, com o passar do tempo, foram ficando escassas. E não só isso: até em termos de quantidade a empresa que queria movimentar 50, 60 caixas deixou de ser relevante para a escala que o negócio tomou. Foi nesse momento que começamos a repensar a cadeia de suprimentos.

Em que momento, ainda como Épicerie, vocês perceberam que a dispersão não era interessante, que era melhor fechar o leque de opções? A decisão foi de quem já estava no negócio — no caso, você e o Marcos Leal?
A.G. — Exato. Percebemos rapidamente que era necessário reduzir o leque de opções. Eu acho que ocorreram duas coisas para facilitar a decisão. Primeiro,

os pilotos, os pequenos *trials* que a gente fez com produtos da categoria gourmet para ver a aderência nunca foram exitosos. Não conseguimos provar que o cliente com o perfil de comprador de vinho necessariamente se interessaria pela oferta gourmet. Não sei se fomos habilidosos e competentes na curadoria, na época, mas os resultados foram frustrantes na maior parte dos casos. O segundo ponto é que, operando somente com o vinho, verificamos que havia crescimento, alavancagem, e o rumo que o negócio tomou foi positivo e bem favorável. Logo, foi um pouco dos dois. A oferta gourmet nunca se provou uma boa frente de negócios, ao contrário do vinho. Por isso decidimos mergulhar de cabeça nesse produto.

Houve muita pressão, no início, da parte dos investidores, com o ponto de equilíbrio?
A.G. — Bastante. Acho que no primeiro ano nem tanto, porque nesse momento a margem de contribuição era secundária. Nós precisávamos primeiro provar a atração, que havia clientes ávidos por aquela proposta de valor, por aquele modelo de negócios que a gente oferecia. Precisávamos testar e avaliar primeiro nossa capacidade de adquirir clientes, saber de que maneira trabalhar os canais digitais para trazer tráfego para a loja e adquirir *bits*; como conseguir que as pessoas se cadastrassem, manifestassem interesse em receber as ofertas e se convertessem em clientes. E depois provar a recorrência. O modelo de negócios depende de você poder investir a fim de trazer um cliente para a sua loja, e depois extrair valor dele ao longo do tempo. O cliente deve estar satisfeito com a dinâmica do negócio, aprovar a qualidade dos produtos e dos serviços. Então, no começo era gastar dinheiro para provar que esses pilares fundamentais do negócio ficavam de pé. Os pilares se mostraram firmes, comprovando que tínhamos um negócio que podia prosperar e andar com as próprias pernas. Mas isso requer queimar um pouco de dinheiro para trazer os clientes e fazer as experiências. Chegamos a passar por bons apertos. Houve momentos em que tínhamos clareza do recurso financeiro que devíamos alocar para testar e provar experimentos, e sabíamos também que, na sequência, novas captações seriam necessárias a fim de ter *funding* para outros *rounds* — e, claro, investidores apostando no negócio para acelerar e crescer.

A base de investidores mudou em algum momento?
A.G. — Mudou. Em 2014 se juntou ao negócio um investidor privado de um *family office* brasileiro que durante as rodadas de captação de investimentos nos conheceu e se interessou pelo negócio. Ele era bastante simpático com o negócio do vinho, um amante do produto que decidiu fazer essa aposta. Nesse momento já tínhamos provado algumas coisas, mas ainda havia muitas outras que só provaríamos ao longo do caminho. O investidor acreditou nas pessoas envolvidas, no modelo de negócio, e decidiu investir conosco. Quando ele entrou, já chegou com uma mentalidade clara de que precisávamos fazer com que o negócio crescesse com as próprias pernas o mais rápido possível. Era preciso que se financiasse e prosperasse com seus próprios recursos. E aí, com essa mentalidade, fomos trabalhar na margem de contribuição, na otimização da eficiência da alocação de recursos, no marketing, no redesenho de toda a cadeia de suprimentos e de valor. Foi quando migramos para um foco maior nas importações diretas. Fizemos um trabalho árduo de redução de custos em todo o processo. Antevíamos que o efeito de escala nos ajudaria nesse caminho, tanto para a negociação com os fornecedores quanto para diluir uma série de custos fixos.

Em que momento e por que motivo o nome foi mudado para Evino?
A.G. — Acredito que foi no final de 2013, pois a empresa não tinha ainda completado um ano. Nós fomos acionados judicialmente por uma empresa que tinha uma marca fantasia similar à da Épicerie, e alegava que havia superposição de marcas que lesaria sua atividade econômica. A tese principal do advogado de direito e propriedade intelectual que nos defendia era de que a probabilidade de perdermos a ação era muito remota, mas que o trâmite em julgado demoraria muito. Nossa percepção era de que tínhamos algum valor adicional, e que o mercado tinha algum conhecimento de nossa marca Épicerie, portanto, ela tinha algum valor. Se a gente a fortalecesse ao longo de quatro, cinco anos, e depois a perdesse, estaríamos jogando fora um ativo importante. Mesmo não dimensionando o porte que a empresa poderia tomar num cenário de sucesso, o risco de perder um ativo importante para a companhia era razoavelmente grande, e nos pareceu temerário. A gente percebia que a possibilidade de os negócios caminharem bem estava aumentando, que a trajetória se mostrava boa.

E a questão de formação de times? Vocês estavam sólidos, no topo da administração da Épicerie e, na sequência, da Evino. Mas como estava a estrutura na base?
A.G. — No começo do business, a Épicerie se valia muito do suporte que o fundo nos dava como incubadora de *startups*, e se valia muito de recursos da Alemanha, porque usávamos *chart services* da Project A. Recursos humanos, departamento financeiro, toda a parte administrativa de suporte era usada de maneira compartilhada com outros *ventures* da Project A. Todo o time de tecnologia original era baseado na Alemanha. O *product owner*, os desenvolvedores e gerentes de projeto vinham de lá. Aqui no Brasil a gente tinha um time de designers, copywriters e redatores.

Os alemães faturavam esses custos nos resultados da Épicerie/Evino?
A.G. — Tudo era faturado e entrava num acordo, com algumas ineficiências tributárias entre Brasil e Alemanha. Mas a gente remunerava e pagava pelas horas consumidas, num acordo que era bem transparente. No começo, isso ajudou muito a acelerar o negócio, com poucos recursos humanos, com times mais enxutos nas áreas em que a prerrogativa era ter gente. A área de operações do nosso primeiro centro de distribuições era uma sala com cerca de 40 metros quadrados. Ali ficava todo o time de operações: empacotamento, expedição dos pedidos e atendimento aos clientes. Como precisávamos contar com profissionais na parte mais operacional do e-commerce, como marketing, design, jornalismo, redação, fotografia, nós tratamos de nos equipar para ter um bom time comercial e de compras. No início as áreas que não faziam parte do *core*, acabávamos consumindo externamente. Mas pouco depois optamos por internalizar a maioria das áreas, e então fomos ao mercado contratar — sempre de forma muito racional para formar times bons e enxutos, o que é um mantra na Evino. O fato de começar com times reduzidos sempre ajudou. A cultura de *startup* também favoreceu para que as pessoas se empoderassem no negócio e trabalhassem com o senso de dono, o que é muito importante. Sempre fizemos e continuaremos a fazer com que todos estejam comprometidos com o negócio, e que por conta disso trabalhem dentro e fora do seu escopo e da sua atribuição de forma colaborativa. Nós conseguimos, desde o começo até hoje, ter times versáteis, sólidos e muito comprometidos com as entregas. Isso é fundamental no e-commerce.

O ano de 2016 foi importante na contratação de pessoas para o middle management, *a gerência média da base e para o nível executivo. O que demandou essas contratações?*
A.G. — Em 2016 a gente já tinha provado o suficiente do negócio para ter crenças e ambições de crescimento mais arrojadas e agressivas. Aprendemos muita coisa. Uma das principais é a ideia de que para crescer é preciso ter gente boa ao seu lado. Pessoas competentes, profissionais, ambiciosas, com um *mindset* semelhante. Não é só gente tecnicamente boa, é gente que tenha o mesmo comprometimento, a mesma cultura, que tenha sintonia com o que se espera, com os valores que a gente prega e com as crenças disseminadas dentro da companhia. Em 2016 ficou muito claro que realmente precisávamos nos equipar no *middle management*.

Nas diretorias e nas gerências havia necessidade de profissionais que conseguissem conduzir o negócio para o porte e a dimensão que já antevíamos àquela altura. Obviamente, dentro de casa nós tínhamos alguns talentos que desenvolvemos ao longo do caminho; mas, até pela idade da companhia, não tínhamos outros recursos ou outras habilidades. Então fomos para o mercado fazer *hunting* e trouxemos uma série de profissionais. Alguns deles estão conosco até hoje. Outros não vingaram e foram substituídos. Esse foi um momento de aposta elevada em recursos humanos e que se mostrou acertada. Conseguimos tomar as decisões não somente acertadas, mas no tempo certo. Muitas vezes você toma uma decisão certa que, em momento prematuro, se torna errada. O bacana é que quando ela é prematura, ou tardia, você logo percebe. Eu acho que essa opção, em 2016, de fortalecer o time trazendo talentos de fora foi correta. Muitas daquelas apostas estão dentro dos vários departamentos da Evino.

O mercado começou a perceber de fato a marca Evino em 2016. A que se deve isso?
A.G. — Eu acho que há dois pilares fortes por trás disso. O primeiro é o ponto de vista da consciência, do conhecimento, o segundo é a relevância; o *recall* da marca é a nossa presença. Nós exercemos uma atividade digital, transacionamos no meio digital. E trazemos tráfego para a Evino investindo nos principais canais de desempenho on-line, o que dá uma exposição digital muito forte à nossa marca nas mídias sociais, fruto de *posts* orgânicos ou, na maior parte dos casos, patrocinados e impulsionados. Com isso a exposição da marca é muito presente, muito mais on-line que off-line. Nós investimos forte para isso. Eu acho que o primeiro pilar para esse conhecimento, notoriedade e visibilidade

é a exposição. Óbvio que com muita exposição você se torna conhecido. Mas o segundo pilar é muito importante. É o carinho muito grande com os valores e com a nossa plataforma de marca, o que ela representa, o que a gente quer comunicar, acredita e entende por Evino — e como traz tudo isso para os *touch points* que a marca passa para o cliente visualmente, no logotipo, na interface, na comunicação e até no tom de voz.

Sempre dizemos que a Evino veio para o mercado a fim de democratizar o acesso ao vinho para o brasileiro. Isso é também suportado em várias frentes. Primeiro trazendo vinhos de custo-benefício totalmente "fora da curva", vinhos que cabiam no bolso dos brasileiros, determinados rótulos que algum tempo atrás eles não imaginavam comprar com o seu tíquete ou rótulos de determinada origem. E também adotando um discurso de desmistificação do vinho, trazendo-o para um universo mais jovial, despretensioso, coloquial, tirando-o do pedestal, e fazendo do vinho o que ele é: uma bebida fermentada agrícola que combina com um belo jantar formal, uma pizza simples, vendo novela, assistindo ao futebol, na varanda, na piscina. O vinho cabe em circunstâncias as mais variadas. Na marca Evino, fizemos questão de incorporar todos esses ativos e valores. Percebemos hoje que conseguimos construir uma marca com identidade firmemente proprietária, uma marca com a qual nossa audiência se identifica muito. Isso acaba trazendo engajamento, fidelidade, criando embaixadores, influenciadores, líderes de opinião que defendem a Evino e abraçam a nossa maneira de ser, nossos valores e a proposta de valor da companhia.

Quando montamos o negócio, eu capitaneava basicamente duas frentes: o *supply chain*, toda a parte comercial de seleção, curadoria, compra local; e depois a importação dos vinhos e a parte de operações. Basicamente toda a cadeia de suprimentos, nacional e internacional (*inbound* e *outbound*). Na Evino nós entendemos por relacionamento com o cliente todo o *customer service*[19] e a operação do centro de distribuição, incluindo a parte de armazenagem, movimentação, manuseio, e depois a distribuição, contando com os parceiros logísticos.

Em outubro de 2016, o Olivier, que é hoje o terceiro co-CEO, entrou no negócio e começou a me provocar e ao Marcos, que tocava toda a parte de tecnologia, financeira e o marketing de desempenho. O Olivier começou a questionar algumas coisas, e em determinado momento ele falou: "Normalmente, o *supply*,

---

[19] *Customer service*: estratégia por trás de um atendimento excepcional ao cliente.

quer dizer, o time de compras, tem de estar muito perto do time de vendas. E muito provavelmente a tecnologia junto com o time de operações, que é um time altamente demandante de ferramental e instrumentos. Por que vocês não trocam esses chapéus?" A questão ficou meio no ar, e à medida que fomos conversando e a ideia evoluindo, concluímos que a sugestão era saudável para o negócio e individualmente para nós, que vínhamos percorrendo um longo caminho sempre com o mesmo desafio. Pareceu-nos que essa oxigenação traria frutos positivos tanto individualmente, para a carreira e progressão de cada um, quanto para o business. E fizemos a inversão de chapéus. Então, há pouco mais de um ano eu toco toda a parte de marketing e de performance.

E a opção pelo flash sale? *Ela elimina automaticamente a possibilidade de vocês operarem com o clube de vinhos? Como vocês entendem isso?*
A.G. — No começo do negócio nós tínhamos simpatia pela ideia das assinaturas. Havia muita gente operando assim no Brasil e no mundo. No Brasil havia poucos, mas com êxito. A ideia atrai muito pela recorrência intrínseca que ela traz, a previsibilidade de receita, por você saber ou imaginar que sabe o dia de amanhã, por ter uma base de clientes minimamente comprometida com a empresa. Em 2014 lançamos o clube. Era o nosso *business model* de assinaturas. Uma das belezas da Evino é que sempre fomos muito rápidos em inovar e nos reinventar. Somos adeptos da premissa de testar e, se for o caso, quebrar a cabeça logo, mas consertar e desligar logo também. Não insistimos no erro. Acreditamos que fazendo rápido e aprendendo rápido, mesmo quando você falha, se planejou e tem a contingência para aquilo que se propôs a testar e provar, isso traz aprendizados para o negócio. E não só isso: perpetua o senso da inovação contínua, que é saudável para exercitar o business e exercitar o mercado.

Por isso, em 2014 lançamos o Lote Épicerie, depois o Clube Evino, e o operamos durante um tempo. Aprendemos — na comparação entre o custo investido para trazer o cliente de clube e a recorrência que ele representa *versus* o cliente de *flash sales* — que também havia enorme recorrência e fidelidade; apesar de ele não ter compromisso mensal conosco, era um cliente com altíssima recorrência também. Então o *trade-off* entre os dois modelos não nos pareceu tão favorável ao modelo de assinaturas. Em complemento, o que a gente vê no mercado, também, são muitos modelos de assinatura que divergem pouco entre si. As assinaturas são X garrafas por um valor Y, que o cliente recebe na sua casa mensalmente, e mais um determinado conteúdo editorial em revista. Ele também tem acesso a certos patamares de desconto ou benefícios adicionais com aquele parceiro. Mas, na prática, salvo a qualidade do vinho, que diverge de um serviço para outro, esses são modelos de negócios muito similares, no qual o consumidor não tem necessariamente a percepção clara de qual serviço oferece um valor diferenciado. Seria pelo rigor da curadoria que está sendo feita, pela atratividade dos produtos? Do ponto de vista do cliente, qual seria o diferencial percebido em nosso clube, o nosso direito de vencer? Como a gente se estabeleceria e traria um diferencial percebido pelo cliente — isso nunca ficou provado.

A gente ainda se desafia e se questiona se conseguiríamos trazer algum tipo de inovação; e temos exercitado bastante isso ao longo do tempo, tentando entender como reinventar o modelo de assinaturas de vinho, ou como agregar um diferencial importante nesse modelo. Ao mesmo tempo, aprendemos com a experiência que sabemos fazer *flash sales* com excelência. Nossos clientes reconhecem a Evino como uma conselheira de vinhos de altíssima qualidade, uma boa operadora de seleção, envio, recomendação. Do ponto de vista pedagógico, damos informações e dados que os clientes gostam muito de ler. Conseguimos observar isso pelas nossas *newsletters*, que obviamente são promocionais, transacionais, mas também carregam muito conteúdo: fotos com imagens bonitas, textos, educação sobre o universo do vinho, a bebida, o serviço, o consumo e as regiões viníferas etc. O cliente se encanta com isso. Ele consome a Evino também como entretenimento. Quando olhamos a métrica das *newsletters* via *open rates*, que diz o percentual de cliente que recebe e lê, os números são excelentes. Os clientes gostam de abrir e ver, comprando ou não. Querem saber o que a Evino separou de informações para ele.

Vocês acreditam que a questão da recorrência de venda, e mesmo a fidelidade, é resolvida pelo número e atratividade das ofertas. O cliente volta mesmo não tendo o compromisso de uma assinatura mensal? O flash sale *substituiria a recorrência do clube?*
A.G. — Substituiria, a recorrência é altíssima. Aprendemos a trabalhar a recorrência e a engajar os clientes com várias estratégias. Mas acho que a principal delas é o conteúdo. O cliente se interessaria pelo conteúdo, e não somente pelo que você tem para vender. Todo mundo vende, mas o cliente está interessado em ver como você vende. Outra das belezas do *flash sale* que é nosso modelo de

negócio é que ele está ancorado na novidade. Você deve ter oferta fresca, produto novo e lançamentos de produtos inéditos.

Construímos essa máquina dentro da Evino no *hunting*, na seleção e na curadoria, com um time de sommeliers muito competente, ativo, disciplinado, que opera com uma carga de trabalho violentíssima, a fim de trazer essa enormidade de *deals* o tempo todo. O fato de você ter sempre conteúdo e produto novo legitima um contato frequente e muito recorrente. Nós geramos muitos *touch points* com nossos clientes via *newsletters*, por outros canais tipo Customer Relationship Management (CRM), canais internos não pagos: SMS, *newsletter*, notificação num aplicativo iOS ou Android, uma notificação no próprio navegador, no Chrome. Como a gente tem sempre coisa nova para contar, ofertas legais para apresentar, novidades para comunicar, o cliente não se incomoda. Verificamos na prática que isso não é invasivo, embora existam aqueles que não gostam — este está livre para cancelar e não assinar o serviço de informação. Mas na maioria dos casos o sujeito quer ter acesso a essas novidades, quer saber tudo que está acontecendo, quer abrir todas as *newsletters* para o dia em que achar um produto que tenha valor.

Parece que o maior valor para a Evino é o flash sale, *que garante a fidelidade do cliente com suas ofertas e inovações. Que outros valores a Evino entrega e que podem ser a chave para o sucesso no seu curto tempo de vida?*
A.G. — Eu acho que conseguimos desenvolver inúmeros valores nos quais acreditamos e que entregamos aos nossos clientes com elevado nível de excelência. Do ponto de vista da tecnologia, construímos um site cuja interface transforma a experiência de compra numa operação bastante amigável. Isso porque as ofertas são muito atrativas, e também porque é *flash sale*. Repito: esse modelo de negócio demanda uma curadoria forte, com um número de ofertas e promoções enxuto, facilitando todo o processo e a jornada até a decisão do cliente. Ele não entra no site e depara com uma enorme oferta de produtos. A curadoria faz uma seleção especial para facilitar aquele momento de compra. O design da plataforma é cuidadoso, para que a navegação não gere qualquer tipo de atrito e a experiência de compra seja muito fluída e amigável. Minha percepção é de que atingimos esse objetivo no desktop e no mobile, via um site responsivo para os smartphones.

Também tivemos um cuidado imenso com o nível de serviço que prestamos. Na nossa operação, a velocidade da entrega é muito rápida. E mais que isso: com visibilidade para o cliente de todo o fluxo transacional do pedido, com informações sobre o pagamento — pedido pago, cartão aprovado, boleto conciliado —, a entrega — pedido em preparação, pedido saiu do setor, pedido em trânsito, pedido entregue em casa. Tudo é muito visível e transparente. Para o cliente isso traz conforto e confiança.

Vocês acreditam que isso demonstra o compromisso forte com a qualidade do atendimento ao consumidor?
A.G. — Muito forte. Nós temos um indicador importante para e-commerce chamado *net promoter score*, que basicamente pergunta para a sua base de clientes se ela indicaria a Evino para um amigo e qual a probabilidade dessa indicação. A medição gera uma nota de corte que indica os *promotores*, uma faixa mediana que indica os *neutros* e uma nota mais baixa que indica os *detratores*. E aí, com o cálculo do percentual de promotores menos o percentual de detratores, é definido o índice. A Evino atualmente tem um *net promoter score* entre 85% e 90%, muito acima da média de mercado. Você só encontra índices desse nível em *players* americanos que operam com altíssima excelência.

O índice de 90% de promotores é excelente. A curva é ascendente?
A.G. — Sim. A curva do nosso *net promote score* é ascendente. Temos também um índice de satisfação do *customer service* bem elevado, resultante do trabalho de uma brigada competente no *front* de atendimento que dá suporte bem amigável aos nossos clientes em três canais: telefone, chat e e-mail. Eles fazem uma abordagem menos transacional, mais como a de um amigo do outro lado da linha tentando resolver seu problema com um discurso muito próximo. Essa brigada é motivada. Do ponto de vista de recursos humanos, nosso time é bastante capaz. Normalmente as células de atendimento aos clientes são ambientes de grande tensão. Aqui nós formamos um time jovem, mas muito engajado, que consegue reverter as situações mais estapafúrdias. Isso também é um ativo importantíssimo da companhia.

Outra coisa que conseguimos foi fazer da Evino algo muito melhor que apenas um site de promoções e de compra. A empresa é um destino certo para o cliente amante do vinho que também deseja consumir informação. Do ponto de vista de conteúdo, estamos colados com o que a marca comunica como nossos valores. Buscamos sintonizar nosso tom de voz para, sem arrogância, sermos provocadores, questionadores, transgressores ao operar com o vinho, que por muito tempo no Brasil teve aura de bebida sofisticada e talvez até mistificada. A Evino entrou no mercado quebrando códigos e paradigmas estabelecidos. Observe nosso vídeo, que chamamos de "vídeo manifesto". A mensagem é "Pode". Nós queremos "empoderar" o cliente. Pode tomar vinho em copo americano? Pode. Pode colocar o cubo de gelo no vinho rosé? Pode. Pode tomar vinho no gargalo? Pode. Você decide. Você faz do seu jeito, para o seu gosto. Você deve pensar o vinho para satisfazer o seu gosto, e descobrir as circunstâncias na sua vida e rotina onde o vinho se encaixe. Garanto que são muitas mais circunstâncias do que os brasileiros imaginam.

Acho que conseguir trazer essa conotação coloquial e jovial para o vinho tem sido uma chave com a qual conseguimos conectar e engajar uma bela audiência. E percebemos as mudanças nos nossos clientes, que antes consumiam pouco vinho, praticamente só bebiam cerveja e destilados. Havia outros que não apreciavam vinhos europeus, só bebiam vinhos sul-americanos. Com a Evino eles começaram a descobrir outras possibilidades, e se encantaram. Isso nos traz uma felicidade imensa.

Quais os números das importações da Evino em 2017? Como foi a evolução nos últimos anos e como está a dispersão das vendas em termos regionais?
A.G. — O crescimento das importações de 2017 em relação a 2016 deve fechar entre 140% e 150%. Em 2016 crescemos 125% em relação a 2015. Temos esse *triple-digital growth* (que são três anos com crescimento maior que 100% sobre o ano anterior) bastante atípico. Mais que duplicamos em 2016, e em 2017 em relação ao ano anterior. Para 2018 projetamos mais uma vez duplicar o tamanho do negócio, mas de forma equilibrada, saudável, crescer com as próprias pernas, algo também atípico no universo e-commerce, em que usualmente são necessárias injeções contínuas de capital.

Do ponto de vista da distribuição regional somos bastante concentrados no eixo São Paulo-Rio. Em seguida vem a região Sudeste como um todo, que consideramos bem importante. Mas precisamos melhorar o posicionamento no Centro-Oeste e no Nordeste. A questão é que o Brasil é um país de dimensões continentais, com dificuldades grandes de infraestrutura e logística. Acabamos de voltar da China, vimos que, do ponto de vista de infraestrutura e logística, é um absurdo o que os chineses conseguem fazer!

No Brasil o custo logístico tem assimetrias bem grandes. A Evino opera a partir de um centro de distribuição único, no Espírito Santo, e nossos custos para atender aos clientes acabam variando muito, dependendo da praça onde ele está situado. Esse custo logístico depende basicamente da distância até nosso centro de distribuição e da qualidade da infraestrutura na rota. Como consequência dessas duas variáveis, muda muito o custo de frete. Nossa política de frete grátis acaba contemplando algumas regiões, mas não outras. O resultado é que não temos no Brasil uma distribuição plenamente aderente no consumo de vinho nem no PIB *per capita* da população. Eu acredito que algumas assimetrias observadas no país são consequências diretas, entre outras, do custo logístico, que varia enormemente.

Estamos buscando, ao longo do tempo, ganhos de escala importantes que, no futuro, nos permitam acessar outras regiões com custos menores. Só com custos de frete menores poderemos atingir as praças mais distantes e efetivamente contribuir para a maior democratização do vinho. A distribuição regional é um tema que olhamos bem de perto. Todo o tempo nós estamos negociando, e desenvolvendo parcerias novas com transportadores e fornecedores de serviço de distribuição que nos garantam boa capilaridade com custos não proibitivos. Na busca dos vinhos já somos capazes de estressar ao máximo e ser muito eficiente em termos de custo, mas na logística ainda temos alguns desafios.

A logística é tema vital para o e-commerce no Brasil. O eixo São Paulo-Rio responde por 80% das vendas da Evino? É superável o desafio de operar o e-commerce do vinho em outros mercados no Brasil?
A.G. — O eixo São Paulo-Rio ainda não chega aos 80%. No Brasil, e mesmo em outros países, o cliente do e-commerce tem resistência imensa a pagar pelo frete, ou a pagar valores que superem determinada proporção em relação ao custo da mercadoria. Isso acaba afastando da Evino um grande público. Esse é um tema que olhamos com muito carinho, e a otimização de malha de logística está sempre na ordem do dia.

Do ponto de vista fiscal, é fundamental que as empresas puro-sangue do e-commerce operem a partir de determinados estados? Vocês, por exemplo, posicionaram um único centro de distribuição no Espírito Santo.
A.G. — Essa questão é complicada no Brasil porque sempre é uma equação de engenharia tributária, envolvendo os benefícios e o custo logístico. Depende

muito do *modus operandi* da empresa; se ela trabalha no B2B, B2C, ou seja, se trabalha para a pessoa jurídica ou para o consumidor final. Há um emaranhado de variáveis com muito dinheiro na mesa, é preciso dedicar energia para gerar valor e construir negócios equilibrados. Somadas a complexidade tributária e a dificuldade logística, gera-se uma equação de difícil solução, e cada um dará sua solução específica.

Como vocês do e-commerce puro veem a entrada das grandes superfícies de varejo no mercado do vinho? Em 2016, entre os 16 maiores importadores brasileiros havia cinco cadeias de supermercados.
A.G. — O grande varejo ainda é, no Brasil, o primeiro canal de vendas de vinho, o que mais movimenta volumes e valores nas vendas. Nós acreditamos que, à medida que eles se tornam mais competentes na seleção, na gestão da cadeia de suprimentos e na cadeia de valor, mais eles proporcionarão ao mercado consumidor vinhos de qualidade e preços acessíveis. Acho que eles prestam um serviço grande ao setor permitindo que os clientes tenham acesso a produtos de qualidade por aquele canal. Mas penso que ainda há um grande trabalho de merchandising e de ponto de venda a ser feito.

Quando comparamos as grandes superfícies brasileiras com a de países mais maduros no universo de venda de vinhos, observamos um abismo entre o trabalho de ponto de venda, de merchandising e de *trading*. Mas à medida que tenhamos um trabalho mais efetivo no ponto de venda, isso funcionará a favor do setor de vinhos. Se você me perguntar onde é melhor o cliente comprar, se no supermercado ou on-line, eu diria que é on-line. Ele não terá de carregar a garrafa, passar pela caixa, pô-la no porta-malas do carro e levá-la até a casa. Além disso, ele não vai contar, salvo raras exceções, com varejos equipados com sommeliers ou atendentes para a seleção de vinhos. Na ampla maioria, é livre serviço, e livre serviço quer dizer que o consumidor vai até a gôndola na seção de vinhos e tem de selecionar o que levar sem muita orientação — ao contrário do e-commerce, em que ele encontra muito mais conteúdo e riqueza de informação.

Os consumidores dos supermercados estão também experimentando a compra on-line?
A.G. — Muitos estão começando a buscar a compra on-line. O grande varejo tem seus clubes de fidelidade e os cartões de créditos, em que conseguem

muita inteligência, muitos dados sobre os clientes. Isso permite a mineração de dados para processar os dados e entender o perfil de consumo, permitindo ser mais assertivo na seleção e recomendação do produto. Faz todo sentido que os clientes entrem on-line com foco na categoria de vinhos. Eu tenho a crença de que, quanto mais qualidade e assertividade na recomendação de produtos que façam sentido para os clientes, mais serviço bom eles estarão prestando na disseminação do vinho. E isso ajudará a aumentar o consumo de vinho no Brasil, o que é superimportante. Um trabalho benfeito melhorará a cultura do consumo de vinho. Um trabalho malfeito não favorecerá a ninguém.

Os supermercados acreditam que operam com o consumidor na base da cadeia do consumo de vinho, enquanto o e-commerce puro operaria um pouco acima. Isso pode ter sido verdade no passado, mas olhando a proposta da Evino vemos a venda de vinhos básicos semelhantes aos que as grandes superfícies estão comercializando. As fronteiras já não estariam tão bem definidas? Outra questão percebida pelos supermercados é que a exposição de vinhos de preços elevados nas lojas físicas fica comprometida por razões de segurança.

A.G. — Nós fazemos *benchmarking*[20] com os varejistas especializados, ou não tão especializados, porque nos cadastramos, recebemos e avaliamos toda a sua comunicação. E percebemos que no canal de distribuição das grandes redes de varejo existe algum domínio do canal on-line. Mas eles não têm a *expertise*, e fica nítido que faltam alguns ativos para conseguirem desenvolver um trabalho de excelência on-line. Concordamos com a limitação, por razões de segurança, de ofertarem um mix de produtos mais amplo em termos de valor agregado.

Estamos construindo na Evino um repositório de produtos e mix de promoções que atende aos mais variados públicos e bolsos. Com esse mix é possível acompanhar a jornada do consumidor ao longo da sua evolução. Temos vinhos para o iniciante, e à medida que ele se torna um iniciado e vai adquirindo mais conhecimento sobre vinho, conseguimos acompanhá-lo e guiá-lo na sua trajetória evolutiva, oferecendo produtos de maior valor agregado e qualidade. Identificamos seu padrão de comportamento e, pela sua navegação, fazemos uma oferta assertiva, que esteja sintonizada com o perfil de avanço no consumo e de interesse do cliente.

---

[20] *Benchmarking*: processo de busca das melhores práticas numa determinada indústria tendo em mira um desempenho superior.

No comércio digital, com alguma inteligência artificial, com *machine learning* e ferramentas adequadas, conseguimos fazer o que hoje o grande varejo, na maior parte dos casos, não consegue: educar, fazer a seleção e ajudar o cliente a compor o mix do seu carrinho de compras com relevância e assertividade. Acho que a Evino também faz seu papel trazendo para o mercado do vinho clientes que num primeiro momento precisam de alguma chancela, de segurança. A marca Evino atualmente já oferece algum *endorsement*, um endosso, e o nosso cliente aceita sugestões de vinhos, não permanece mais no consumo somente de rótulos conhecidos.

Falando em marcas, de endorsement, e a Vinha Concha y Toro do Brasil? Continuará em 2017 a ser nosso maior importador?
A.G. — A VCT do Brasil possivelmente continuará como a maior importadora brasileira, afinal, o Chile é disparado o maior exportador para o mercado do país. E ela, como o maior *player* do Chile, prosseguirá no seu papel. Mas acho que a VCT, além de marca, tem também produtos consistentes, com custo-benefício bem interessante. Eles trabalham desde o *low cost* rotulado como Reservado, intermediários como os Casillero del Diablo, até grandes vinhos como o Don Melchor, Marquês de Casa Concha. E atendem a um público ávido por vinhos do Chile — mais que isso, ávido por vinhos de marca. Seus clientes fidelizados sentem segurança pelo *endorsement* que a marca traz. Além disso, ela tem no portfólio grandes marcas, boa distribuição e reputação elevada. Sua limitação talvez seja a pouca diversidade, pelo foco nos produtos da vinícola Concha y Toro.

Voltando a falar sobre as estratégias da Evino, gostaria de ouvi-lo sobre as vendas via internet móvel. Qual a representatividade dessas vendas hoje?
A.G. — É interessante comentar que estivemos na China há pouco tempo, e lá basicamente todo o e-commerce é direcionado para dispositivos móveis, por smartphones. Aqui no Brasil a penetração dos smartphones vem aumentando, e o tráfego de internet mobile também. Vemos isso como uma tendência incontestável de que cada vez mais as transações do comércio on-line serão feitas via dispositivos móveis. A Evino vem se preparando para isso há muito tempo. No final de 2017 as vendas por dispositivos móveis representarão cerca de 40% do volume de vendas da empresa. Já é bastante alto e vai aumentar, porque estamos direcionando mais tráfego para a internet móvel. Nossa estratégia é

fazer a Evino ser *mobile first*. Nós nos preparamos, pensamos na experiência mobile e nas restrições que ela apresenta em todos os ambientes, plataformas, e em todos os testes de interface de uso. Você está num dispositivo de tamanho menor e deve garantir que o fluxo de compras e a jornada de navegação sejam amigáveis, intuitivas, e isso não é trivial. O cliente não se dá conta, mas quanto mais você é capaz de tirar os atritos, as fricções, mais você garantirá a maximização da conversão por aquele canal, o retorno e a nova compra. Seguramente chegaremos a 70%, 80% das vendas por esse canal. É só uma questão de tempo, e precisamos estar preparados.

Eu pensei que você diria que 20% das vendas são feitas via internet móvel. Quanto tempo foi gasto para chegar aos 40%?
A.G. — Os dois aplicativos mobiles foram lançados há quase dois anos. Mas já pensávamos no site responsivo há muito tempo. Em 2017, muito provavelmente, ganhamos em torno de 10 pontos percentuais de vendas no mobile, graças à combinação de experiência mobile e tráfego mobile, que vem aumentando.

Nas importações até outubro de 2017 verificamos coisas interessantes. As importações de espumantes cresceram quase 100% em volume, com predominância quase absoluta da garrafa de 750 ml. Como a expansão do mercado não foi tão grande, a expectativa é de que num futuro próximo aumente a competição com os espumantes brasileiros. Por que a garrafa magnum, ou mesmo o BiB, não cresce em participação?
A.G. — Em relação aos espumantes, nós observamos de fato essa tendência. Estamos falando de um produto sazonal. Você mencionou do número acumulado do ano até outubro, então, basicamente, o mercado estava se preparando para abastecer as festas de final de ano. Grande parte desse volume é para abastecer o Natal e o Ano-Novo. Mas também observamos um crescimento forte sobretudo no segmento dos espumantes mais econômicos. Trata-se de uma bebida festiva, que as pessoas costumam comprar em volumes maiores, para receber e consumir com os amigos. E os espumantes importados têm reduzido o preço. Você encontra um bom *vin mousseux* de entrada, ou um espumante espanhol, até um Cava mais elaborado, por R$ 60.

Somos capazes de comercializar *crémant* de Limoux e *crémant* de Bordeaux na casa de R$ 50, R$ 60, que são preços bastante competitivos. Já conseguimos trabalhar com o champanhe em faixas de preços bem mais palatáveis para o consumidor brasileiro. Vemos uma tendência expressiva de crescimento nesse segmento. Seguramente irá se roubar um pouquinho de *share* do espumante nacional. Contudo, principalmente nessa faixa de preço, temos espumantes nacionais de altíssima qualidade que podem competir com os importados. Já é possível, com escala, economia de custo e importação eficiente, otimizada, trazer espumantes franceses, espanhóis e até italianos com competitividade e relação custo-benefício bem interessantes. Essa é uma categoria na qual apostamos bastante. Ela ainda representa pouco no todo, mas, do ponto de vista relativo, é um segmento que vem despontando.

Sobre os formatos das embalagens no caso específico do comércio on-line, da meia garrafa (375 ml) ou do quarto de garrafa (187,5 ml), o grande complicador é o custo logístico, bem superior ao da garrafa normal (750 ml). Então, elas não cabem no nosso modelo de negócios, que é reduzir ao máximo o custo para democratizar o consumo. No *on trade* nossa percepção é de que sua presença vem aumentando, mas não é ainda tão representativa; e no *off trade*, para consumo em casa, vale mais a garrafa de 750 ml. Por isso aquele formato ainda não decolou. O BiB é um formato pelo qual temos muito carinho e no qual a Evino vem apostando, inclusive fazendo campanha. Mas é um formato para o qual você precisa educar o seu cliente. Primeiro, nem todos conhecem o uso e a aplicação; segundo, para o cliente com menos informação, o formato remete à *Tetra Pak*, que está associada a produtos de baixo valor agregado. Na Evino já conseguimos vender Bordeaux e Rhône em BiB. Mas há um trabalho educacional de explicar o que é aquilo, o sucesso que aquilo faz nos países escandinavos e na Europa.

Na França, as grandes superfícies de varejo estão prevendo para 2020 que 50% das suas vendas off trade *serão em BiB.*
A.G. — Na França a venda de vinhos nesse formato está um absurdo. Para ajudar, há também a questão da sustentabilidade. Nos países nórdicos, como Dinamarca, Finlândia ou Suécia, esse formato de embalagem tem boa penetração, por causa da preocupação ambiental. Eu acho que com cultura, incentivo e principalmente educação o BiB vai cair no gosto, porque o produto fica mais barato, e a embalagem é muito prática. Você abre, deixa na geladeira e vai consumindo sua tacinha de vinho por até 30 dias. Acho que ela tem bom potencial, contudo, cumpre trabalhar a categoria. Recentemente algumas indústrias de suco nacional

estão usando esse tipo de embalagem. À medida que ela for desmitificada e tiver maior presença, as pessoas se habituarão ao uso. Para quem consome vinho com regularidade e de maneira moderada, ela é uma boa opção.

As importações acumuladas no ano até outubro de 2017 também indicam que cresceram bastante as importações de vinhos acima de US$ 100 FOB. Esta seria uma tendência?
A.G. — Talvez. Isso aponta para uma retomada do consumo de vinhos de maior valor agregado, mas como reflexo de uma evolução ainda bastante tímida, visto que nessa faixa, em 2016, o mercado ficou desabastecido. Seguramente havia uma demanda reprimida. A economia começa a se aquecer, as pessoas voltam a consumir e podem até se dar o luxo de comprar vinhos de valor agregado um pouco superior. Então, isso é um reflexo de duas coisas: abastecimento tardio e demanda reprimida; uma recuperação do que não ocorreu no ano precedente.

Nos últimos sete trimestres o CAGR do valor FOB de importação ainda é negativo. Há particularidades lá nos US$ 100, mas na média ainda não se recuperou o preço. Analisando só os três trimestres de 2017, o CAGR é positivo em quase 1%.
A.G. — Isso já mostra uma tendência positiva. O ponteiro começa a se mover. Nós fazemos um esforço grande de *hunting* para trazer vinhos de valor agregado mais elevado e com preços bons. Acreditamos que seja nosso papel oferecer vinhos qualitativos com preço justo estressando as margens até o limite, e não repetir alguns *players* do mercado, que acreditam que o cliente com melhor poder aquisitivo paga aquele produto sem se importar muito, aceitando *markups* bem elevados. Não vou dizer que é possível extorquir esse cliente, mas ele é menos sensível, ou a demanda é pouco elástica. O que fazemos é justamente o contrário. Nós buscamos trabalhar em margens as mais estreitas possíveis em qualquer patamar de valor agregado de produto. É isso que nos permitirá trazer champanhe, vinhos qualitativos do Piemonte, Toscana, Saint-Émilion que caibam no bolso e que o consumidor possa comprar para uma ocasião especial ou para dar de presente. Seria viabilizar a maior permissão para o acesso e pequenas indulgências, com produtos que normalmente têm preços proibitivos. É fazer com que os vinhos de maior valor agregado caibam no bolso.

Falando dos stakeholders da Evino, eles lhe permitem dormir tranquilo, lhe deixam em paz? O público interno parece que está muito bem. E os demais?
A.G. — A governança da empresa está muito saudável. Há no conselho quatro assentos: eu, Marcos Leal, Olivier e um investidor privado que se juntou a nós. Há muita sintonia na governança. É óbvio que existem algumas divergências, alguns temas não consensuais. Mas há muita convergência no entendimento, temos muitas discussões bem saudáveis, que caminham com trajetória bastante favorável. Desenhamos algumas estratégias que não nos permitem dormir sempre tranquilos. Mas, até por sermos uma empresa que se reinventa com muita frequência, testa muitas coisas, faz muitos pilotos, muitos Minimum Viable Projects (MVPs) — erramos rápido, corrigimos rápido, desligamos rápido —, isso nos dá alguma tranquilidade, no sentido de que a longo prazo acertaremos; não que estejamos acertando sempre, mas a longo prazo o business tende a rumar para um caminho de sucesso. Outro dado importante é que desde 2016 optamos por construir um time de talentos, de profissionais de alta capacidade com os quais, além de discutirmos o negócio e traçar estratégias, é possível tocar o dia a dia mais tático com a certeza de que o negócio está em boas mãos.

E de 2018 para a frente?
A.G. — Estamos num momento interessante no final de 2017. É nessa época que normalmente nos reunimos. Nos anos anteriores reuníamos só os diretores. Mas este ano faremos um *off-site*, uma viagem de imersão com *workshops*, discussões estratégicas com os gerentes e coordenadores. Nossa ambição é sempre redescobrir o negócio. É óbvio que seguiremos com o *business as usual*, o *flash sale*, a venda de vinho on-line B2C, sempre com mais excelência, planejamento, execução. Temos alguns coelhos na cartola, projetos que estão na gaveta, um já em cima da mesa para debater, decidir e implementar. Estamos vendo com bons olhos os desafios que se apresentam. Há muita coisa relacionada a novas categorias, a novos mercados, ao tema da multicanalidade, com os quais simpatizamos bastante também. Acrescente o trabalho de valorização da marca, com muitas iniciativas nesse sentido, até para nos diferenciar e fazer da Evino uma marca distintiva, tendo em vista o cenário e o ambiente competitivo, com vários novos entrantes *pure players* de internet e os grandes varejistas se aventurando no canal. A confiança e a lealdade, que são o que a marca conecta do ponto de vista de aspiração do cliente, nos trarão a liderança no mercado.

E sobre a busca de vinhos no mercado mundial? Como isso é conduzido na Evino? Há um corpo técnico de sommeliers? É preciso ir ao mercado mundial, ou tem uma oferta tão grande no Brasil que nem é preciso viajar tanto?

A.G. — Hoje, no escritório de São Paulo, temos um time de quatro compradores. São quatro sommeliers especialistas em vinho. Além disso, recentemente fechamos parceria com um profissional que tem Wine & Spirit Education Trust (WSET) nível 3, é residente em Londres e tem outra atividade, mas acaba atuando como posto avançado da Evino para receber amostras, degustar e validar algumas coisas. Nosso dia a dia de *hunting*, *sourcing* e de curadoria vem de várias frentes distintas. Não há um caminho único. Ao longo desses anos desenvolvemos uma grande *network*. A gente reacessa e tem contato próximo com vários parceiros que fazem parte do nosso dia a dia comercial, mas além disso participamos de todas as feiras internacionais. Elas acabam sendo ambientes muito produtivos, você otimiza o tempo e consegue fazer num único dia Piemonte e Bordeaux, por exemplo, o que presencialmente não seria tão trivial.

Assim, estamos presentes nas feiras mundiais — a ProWein (Alemanha), a mais profissional e produtiva, e também Vinitaly (Itália), Vinexpo (França), Fenavin (Espanha) — para nos relacionarmos com nossos fornecedores e principalmente por causa da nossa atividade. O *hunting*, a curadoria da seleção, a busca de produtos novos não cessa nunca, e precisa ser assim. Fazemos também muita prospecção no Brasil. Nessa frente temos um time de assistentes dos compradores, que acessam parceiros, recomendações, indicações, listas, repertórios para qualificar e ver que produtos disponíveis têm algum tipo de aderência ao mix de produtos que buscamos. E finalmente há também visitas às regiões, com missões exclusivas para Castilla y León, Toscana, eventualmente Israel e outras regiões, quando temos de fazer algum *hunting* específico. Com o crescimento da Evino, e o nosso posicionamento nas primeiras posições no ranking de importação, ficamos um pouquinho mais em evidência. Felizmente isso suscita interesse dos exportadores mundiais. Apesar de a seleção ter sido sempre muito proativa, hoje recebemos muitos acessos com tentativas de negócio. E estamos sempre de portas abertas, sempre dispostos a escutar quem está do outro lado da linha, para entender que tipo de oferta nos é apresentada.

De repente surge uma boa oportunidade. A curadoria, a busca de gemas preciosas, dos vinhos escondidos, que não são óbvios, faz parte desse esforço.

Também lemos muito sobre o mercado, estamos atentos às notícias, publicações, aos rankings, às medalhas. Estamos atentos a tudo o que ocorre no mundo do vinho, que é imenso, infinito, e ao mesmo tempo muito pequeno do ponto de vista de quem circula, dos profissionais. A informação, a rede de relacionamento é muito concentrada. Sempre temos de conhecer para indicar um produto muito específico para uma remessa cujo produtor ainda não se conhece. O relacionamento e a socialização no mundo do vinho são muito importantes.

E a Espanha? A posição deles como exportador de vinhos para o Brasil está mudando bastante.
A.G. — Esse ano especificamente nós vimos a Espanha crescer de maneira impressionante. A Evino sempre se posicionou muito fortemente com a Itália e a França. Quando a Evino nasceu, até do ponto de vista de posicionamento da marca, nós sempre fizemos questão desse posicionamento. Quando a gente concebeu a marca, sempre fizemos questão de estar muito bem posicionados quanto aos vinhos europeus. Sempre acreditamos que a Evino poderia ser um atalho para o consumidor brasileiro chegar aos vinhos europeus. A oferta de vinhos dos nossos *hermanos* Chile e Argentina era abundante; mas a da Europa, falando de vinhos mais acessíveis, com boa relação custo-benefício, era mais escassa e com uma demanda reprimida. Por isso nos orientamos para o Velho Mundo com foco na Itália e na França, o que para a marca foi muito bom, porque associou a Evino ao modo de vida europeu. Isso remete à gastronomia, à moda, ao design, a uma atração que o brasileiro tem pela Europa. Esse universo imaginário de luxo e desejo acaba se conectando com a marca, e a Espanha estava um pouco fora do radar. Portugal também estava um tanto subestimado, mesmo com oferta mais abundante e muita competição. Os portugueses, com uma colônia muito forte no Rio de Janeiro, têm uma presença ativa no Brasil. Mas ainda há muitas oportunidades para os espanhóis, porque, em termos de relação custo-benefício, é impressionante o que se consegue na Espanha. Há vinhos fantásticos, de vinhedos velhos, de pequenas parcelas, superbem vinificados, com preços de entrada. São produtos de vinícolas que seriam butiques caras, com preços proibitivos em qualquer lugar, mas na Espanha os produtos cabem no bolso.

O Guia de Vinhos Peñin da Espanha tem apresentado muitos vinhos classificados como "muy bueno" (85-89pts.) e "excelente" (90-94pts),com preços de até € 10. Eu me perguntava por que a Espanha aparecia entre os "outros" na classificação dos exportadores para o Brasil. É descuido dos nossos importadores?
A.G. — É. No caso da Evino, isso talvez se deva ao rumo que o negócio tomou. Nós sempre trabalhamos intensamente a França e a Itália, e contamos com um repositório que não é inesgotável, mas é uma boa base de vinícolas parceiras nesses dois países. Na Espanha, não há dúvida de que ainda temos muitas oportunidades e preciosidades para descobrir. A cada visita que fazemos, a cada degustação deparamos com surpresas que, do ponto de vista de custo-benefício, são seguramente o que mais buscamos para nosso portfólio. São vinhos que encantam os nossos clientes tanto do ponto de vista sensorial quanto financeiro. Os vinhos espanhóis e portugueses muito provavelmente ocuparão posições destacadas nas nossas importações.

Gostaria que você desse algumas informações sobre as importações da Evino em 2017, se possível a classificação dos principais países.
A.G. — Em 2017 a Evino alcançou o posto de maior importadora brasileira de vinhos italianos em termos de volume e valor. Também fomos o primeiro importador de vinhos franceses em volume e valor. Quanto aos vinhos espanhóis, combinados todos os canais de importação, ficamos com o segundo posto em volume e valor. Em Portugal nos posicionamos como o sexto ou sétimo maior importador. Isso não é mau, mas em 2018 ganharemos algumas posições nos vinhos portugueses. Nos vinhos europeus, que são o nosso *core business*, já somos um *player* de relevância no mercado. Contudo, o que mais nos satisfaz é sermos reconhecidos pelos clientes como bons prescritores, bons curadores e bons provedores dos serviços envolvidos no e-commerce do vinho.

E as vendas globais? Como evoluíram em volume e valor entre 2013 e 2017?
A.G. — Foi excelente a evolução das vendas no quinquênio 2013-2017. O CAGR do volume de garrafas vendidas e dos valores em reais foi excepcional como evidenciam os dados a seguir.

	2013	2014	2015	2016	2017	CAGR
Garrafas vendidas (milhares)	58,90	457,29	1.208,42	2.593,18	7.393,89	234,7%
Valores (R$ milhões)	2,98	17,90	48,36	106,55	242,86	200,5%

PAIXÃO DE FAZER DIFERENTE, MAS SEM FRESCURAS

Entrevista com Rogério Salume,
CEO e cofundador da Wine

Vitória, 15 de dezembro de 2017

Um produto com tanta história deveria estar disponível para todo mundo. Era preciso parar um pouco com a frescura de que só se pode beber vinho em taças de cristal. Se você não tem taça de cristal, bebe no copo, mas não deve deixar de beber vinho.

Rogério Salume

Estamos em Vitória, na nova sede da Wine.com, inaugurada há dois meses. Rogério, antes de começarmos a falar da Wine, seria interessante você contar um pouco sobre sua história pessoal: quando nasceu, de onde veio, o que estudou, o que fez antes de se tornar CEO da Wine — enfim, o que você achar importante tornar público da sua história.

Rogério Salume. Eu sou natural de Itabuna, cidade do interior no sul da Bahia. Tenho dois irmãos, sou o mais novo de uma família de três filhos. Minha família é formada por meu pai, minha mãe, Patrícia, Rafley e eu. Nasci em 12 de fevereiro de 1973. Exatamente no dia de Carnaval.

Já chegou criando tumulto. Nascer em pleno Carnaval da Bahia! [risos]

R.S. — Isso mesmo. Em pleno Carnaval da Bahia. Foi uma confusão danada. Eu sempre tive uma vida de verdadeira classe média brasileira. Meu pai foi funcionário do Banco do Brasil durante 35 anos, e durante uns poucos anos, talvez dois ou três, se não me engano, trabalhou também na Caixa Econômica. Suas profissões eram de contador e professor de matemática. Ele trabalhava no banco e dava um cursinho para o concurso do banco, porque naquela época era o sonho de muita gente entrar no Banco do Brasil. Eu assisti meu pai durante a vida toda trabalhando e dando aulas; e, na época da entrega da declaração de imposto de renda, fazendo imposto para muita gente. Foi com essa dedicação ao trabalho, obviamente sem os excessos de uma família rica, que ele nos proporcionou uma vida tranquila, sem faltar nada. Nós viajávamos de carro uma vez por ano, dentro do Brasil, para visitar os parentes; naquela época não se viajava de avião porque era extremamente caro. A minha infância foi de garoto de cidade de interior, onde eu podia andar de bicicleta, jogar bola na rua e principalmente ter muitos amigos. Além de jogar bola de gude, eu gostava de comprar pirulitos de açúcar que pareciam um guarda-chuvinha. Foi uma infância muito criativa. Eu não diria que hoje as crianças não tenham uma infância criativa, mas é de outra forma, não dá para comparar nem falar que é melhor ou pior.

Estudei em Itabuna até os 11 anos. Como sempre gostei muito de esportes, desde cedo fiz natação, e cheguei a nadar profissionalmente boa parte da minha vida — foi isso que me fez vir para Vitória. Depois meu pai decidiu nos dar condição para estudar numa escola melhor na capital e partimos para Salvador, onde ele comprou um apartamento. E em 1985 para lá fomos, eu, meu irmão e minha irmã. Tinha uma pessoa que trabalhava para a gente, e minha mãe ficava indo e voltando (são seis horas entre uma cidade e outra; são 400 quilômetros) praticamente a cada 15 dias. No começo, ela ia um final de semana sim, outro não; depois a coisa passou a ser mais espaçada. Então, com 11 anos, tive aquela primeira falsa liberdade, ou falso controle sobre o meu ir e vir. Eu acordava muito cedo para nadar, depois da natação ia para a escola e voltava para casa para estudar; e na parte da tarde ia nadar de novo. Eu treinava para valer, porque fazia parte de uma equipe de natação que competia.

Você diria que desde garoto tinha prazer em competir?
R.S. — Sim. Eu gostava muito de treinar. Eu sempre gostei muito da preparação para uma competição. Sempre fui muito competitivo, mas ganhar ou perder fazia parte do jogo. Sempre gostei de me preparar para alcançar um objetivo. Eu treinava todo o dia como um maluco. Adorava os treinos e não faltava nunca. Era assim dentro da piscina e também fora dela. Eu sempre estava envolvido na organização de alguma competição ou de qualquer coisa. Ainda em Itabuna, eu me lembro de me comportar assim. Meu pai nos deu de presente um telejogo dos primórdios dos videogames, antes do Atari, que era um jogo com gráficos que você colocava na televisão, uma coisa muito simples. Acho que éramos os únicos da minha rua que tínhamos um desses. Então, eu chamava os amigos lá para casa e fazia um campeonato. Eu pedia que cada um colocasse uma moeda, e todo mundo colocava. No final, quem ganhasse ficava com a grana. Eu sempre fazia essas coisas. Organizava festinhas e tinha essa coisa dentro de mim, de vender. Colocava na frente de casa, no final de semana, um pedaço de madeira anunciando a venda de frutas; os produtos eram os que os vizinhos traziam de seus sítios, uma penca de banana, uma jaca ou um cacau. Eu fazia essas coisas para ganhar um dinheirinho, depois ia ao centro da cidade, comprava uma caixa de chicletes ou de balas e vendia. Era uma coisa espontânea, porque eu não precisava daquilo, mas gostava de fazer.

Copiando seu pai, que, com seus cursos de treinamento das pessoas que queriam fazer o concurso do BB, também ganhava algum dinheiro extra.
R.S. — Com certeza. Ele sempre estava na vanguarda, se preparando não somente pelo prazer de estudar, mas também para ganhar algum dinheiro extra, preparando pessoas para terem sucesso nos seus objetivos e realizar os seus sonhos. E posso garantir que centenas de pessoas que passaram pelo curso dele

tiveram a satisfação de ser aprovadas, de conseguir seus empregos e fazer uma bela carreira; a maioria já está aposentada, criou suas famílias, gerou alegrias para sua vida e também para a vida de outros.

Voltando à minha trajetória, fiquei quatro anos em Salvador estudando, treinando muito e competindo. Até que, num campeonato brasileiro no clube em que eu nadava, conheci uma turma do Espírito Santo. O engraçado é que nessa época eu me incomodava muito por viver em Salvador. Foi na época em que Antônio Carlos Magalhães perdeu o controle da Bahia; ele era ministro, e a oposição ganhou o governo da Bahia. E então, como havia forças antagônicas ao governo central, os recursos federais não chegavam à Bahia. Salvador ficou sem investimentos, maltratada; a cidade ficou abandonada e suja. Estou falando de 1988-1989. Foi uma fase bastante ruim para a cidade. Eu me lembro muito bem de que andávamos pelas ruas e víamos pilhas de lixo; e o transporte público, do qual eu era usuário assíduo, era muito malconservado.

De fato foi um período em que Salvador ficou muito abandonada.
R.S. — As coisas pioraram muito nessa época. As relações difíceis do estado com o governo central levaram Salvador a ficar feia. E aquilo me incomodava. Outra característica do meu perfil é que sou um pouco perfeccionista; cada um tem sua falha. Mas eu gosto bastante de organização, limpeza, de ver as coisas um pouco mais ordenadas. Fico um pouco estressado em lugares zoneados, sujos, que as pessoas podem, mas não arrumam. Eu só percebi essa característica tempos depois, com o amadurecimento.

Voltando ao campeonato a que me referi, foi nele que algumas pessoas que conheci me convidaram para vir treinar e competir em Vitória. Como minha mãe tem uma irmã gêmea que mora na cidade, eu decidi vir para cá. Aqui eu ficaria próximo dos grandes centros de desenvolvimento do esporte, que nessa época eram Rio, Salvador e Belo Horizonte. Os grandes atletas estavam nas capitais desses três estados. Aliás, os grandes times, as melhores competições e as grandes equipes, mas atletas bons havia no Brasil todo. Os grandes times com estrutura, técnicos que tinham realmente nome, peso e produziam resultados estavam nessas três cidades. Conversei com meu pai e minha mãe, e, como já estava com 16 anos, e há quatro anos morando em Salvador, eles concordaram com a ideia. Acredito que eles concordaram porque, mesmo sendo o mais novo, eu tinha uma liberdade maior, por ser mais organizado, respeitar mais as regras da casa. Eles ficaram confortáveis com a decisão de me deixar sair.

Eu vim para Vitória em 1989, e estou aqui até hoje. É a cidade onde passei a maior parte da minha vida. Cheguei numa sexta-feira, e na segunda fui fazer uma visita ao clube onde comecei imediatamente a nadar. Fui estudar no Salesiano, mantendo a tradição de sempre estudar em escola de religiosos. Em Salvador estudei no Marista. Morei alguns meses com minha tia, que era casada com um militar da Força Aérea inflexível dentro de casa. Eu gostava de sair, namorar, e aí a rigidez das regras da casa conflitavam um pouco comigo, que por quatro anos havia vivido com certa liberdade. Obviamente não deu certo e fui morar numa pensão. Aluguei quarto em casa de família, morei em pensão, dividi apartamento, fui me virando. Continuava estudando, nadando e quis começar a trabalhar. Não ainda por necessidade financeira, mas pela vontade de trabalhar. Meu pai sempre falava: "Enquanto vocês estiverem estudando, farei de tudo para apoiá-los. Mas, a partir do momento em que vocês se formarem, a vida passa a ser responsabilidade de vocês". Essa era uma educação um pouco mais dura que a de hoje, quando as pessoas se formam, fazem pós-graduação e permanecem morando nas casas dos pais. Com meus pais a regra era muito clara: nós tínhamos todo apoio até o momento em que nos formássemos. Depois, embora pudéssemos contar sempre com eles, tínhamos de partir. E aí eu continuei a estudar, nadar, mas comecei a trabalhar, mantendo meu sonho de criança de ser médico.

Você se formou em medicina?
R.S. — Eu tinha o sonho de ser médico, mas não sei muito bem a razão. Graças a Deus não consegui passar nas faculdades que tentei, porque imediatamente descobri que minha vocação era para a comunicação social. Eu me formei em jornalismo, com ênfase em comunicação. Fiz pós-graduação em marketing na Fundação Getulio Vargas (FGV), depois fiz especialização em finanças, no antigo Instituto Brasileiro de Mercado de Capitais (Ibmec), em São Paulo. Essa foi minha formação superior. Antes disso meu pai me propiciou morar um ano fora, num intercâmbio nos Estados Unidos. Foi um grande presente que ele me deu, porque tive a oportunidade de viver uma boa experiência. Aqui em Vitória eu sempre trabalhei fazendo eventos ou vendendo alguma coisa. Eu gostava de juntar pessoas alegres, organizava festas, montava bandas. Em tudo que envolvia

gente, eu estava metido no meio. Mas eu trabalhava mesmo com vendas, porque minha paixão é vender, sou um vendedor por vocação. Ontem mesmo saí da empresa às oito e meia da noite com um lote de produtos bacanas da Wine e fui à casa de uma pessoa onde fiz uma venda bem interessante para um evento que ela vai fazer. Isso me dá um prazer enorme, porque gosto de estar sempre trabalhando e vendendo. Na Wine todos têm de vender!

Além do prazer, isso também funciona como exemplo para quem dirige uma empresa que precisa ser "vendedora" como a Wine.
R.S. — Sem dúvida alguma. Eu comecei vendendo balas, e até hoje sou apaixonado por essa indústria. Depois fui vender produtos para a área de *food service*, quero dizer, para lanchonetes, restaurantes etc. Como eu não tinha carro, fazia as vendas em Vitória com uma bicicleta emprestada da minha prima, uma Caloi Ceci rosa. Acabei ficando conhecido como o vendedor da Ceci rosa. Fizesse chuva ou sol, eu rodava a cidade toda de bicicleta. Conhecia todo mundo, todos os becos, morros, padarias, bancas de revista, porque eu só vendia para essa galera; vendia bala para troco, então, era para qualquer lugar. Essa foi a grande base do meu aprendizado de relacionamento. Fiz negociações históricas, de que me lembro até hoje. Por exemplo, as farmácias aqui no Espírito Santo só vendiam remédios; não havia conveniência, como há hoje em todos os lugares. Eu fui o primeiro vendedor a colocar um *display* de condimentos Dori, aqueles amendoins, numa farmácia. Ninguém entendeu nada. Mas isso abriu muitas oportunidades, porque consegui vender para quase todo mundo. Fui o vendedor que mais ganhou prêmios naquela época.

Você trabalhava para uma empresa ou era representante?
R.S. — Quase sempre eu trabalhava como representante para um atacado ou uma indústria. Nunca trabalhei diretamente para uma indústria. Outro fato memorável aconteceu quando eu trabalhava numa empresa de importação de produtos alimentícios. Não sei por que razão eles pegaram a distribuição de produtos da L'Oréal. Não tinha nada a ver com o *core* do negócio. Lá fui eu atrás das lojas que vendiam balas e vendi xampu, creme de alisar cabelo, batom, esmalte. A argumentação de vendas era a seguinte: "As mulheres vêm aqui comprar as balas para suas bancas de vendas e vão comprar isso também". E deu certo. O resultado foi que passamos a vender mais xampu, esmalte, batom do

que vendíamos dos outros produtos. O dono de uma dessas lojas de doces uma vez me falou: "Eu sabia que alguma coisa boa ia acontecer com você, porque me fazer vender xampu L'Oréal dentro de uma loja que só vende doces há 50 anos, é porque você tem algo diferente". Mas não penso que eu tenha algo diferente. Acho que o prazer de lidar com as pessoas é que faz isso.

E os estudos, como é que ficavam no meio dessa movimentação toda?
R.S. — Nunca parei de estudar. Fui fazer faculdade à noite, porque tinha que trabalhar durante o dia. Eu me formei nas Faculdades Integradas Espírito-Santenses (Faesa). E depois fiz aqueles cursos na FGV e no Ibmec. Eu sempre estudei à noite, para ganhar dinheiro, gerir minha vida e pagar a faculdade; toda estrutura foi organizada para isso. Eram nessas idas e vindas que eu encontrava os representantes das indústrias, com seus vistosos computadores pessoais. Eu ficava absolutamente encantado com aquilo, porque, no meu caso, eram três vias com papel-carbono: uma via ficava no bloco, uma ia para o cliente e outra eu entregava para o pessoal digitar o pedido de compra. Era carbono, caneta e sola de sapato, enquanto a galera já estava no computador pessoal.

Essas atividades aconteceram em que ano?
R.S. — Estou falando de 1992-1993. Foi por causa da infra desse pessoal de vendas que fui atrás da empresa e descobri que era o Armazém Martins. Eu achava que, se trabalhasse com um celular e um computador, eu seria o maior vendedor do mundo. Aí estudei o Martins, a vida do proprietário, que era o Alair Martins — hoje é o Grupo Martins. Eu me preparei, me dediquei tanto que não passei nas quatro entrevistas que fiz. Até hoje estou convencido de que foi porque eu sabia demais sobre a empresa, seus processos e produtos. Aquilo deve ter incomodado muito os supervisores e gerentes locais que me entrevistaram. Quando eu soube que haveria uma reunião deles em Vitória, com a presença de um diretor, fiz de tudo para que ele me entrevistasse. Consegui e fui contratado. Após quatro meses eu era o supervisor local, e uma das providências que tomei foi trocar aquelas pessoas que não quiseram me contratar, porque sou dos que acreditam que você tem de ter ao seu lado pessoas melhores que você e não ter medo delas.

No Martins eu tive uma carreira maravilhosa. Ele foi minha grande escola de varejo, distribuição, operação logística, treinamento. Pessoas incríveis me ensinaram e me ajudaram muito a estar no lugar certo na hora certa. Fui promovido várias vezes e cheguei a ir morar em Uberlândia para participar do projeto Smart, da rede cooperada Martins. Eu participei da criação desse projeto e inaugurei sua primeira loja. Lá eu fui muito feliz, sou apaixonado por aquela empresa, com muito orgulho de tê-la no meu histórico profissional. Foi nessa época que eu me casei pela primeira vez. E desse casamento que acabou não dando certo eu tive uma filhinha.

Quando foi seu primeiro casamento?
R.S. — Eu casei pela primeira vez em 1997, e a minha filha Vitória nasceu em 1999. Como a minha mulher não se adaptou a Uberlândia, de volta a Vitória eu tomei a decisão de não ficar longe da minha filha. Abri mão de continuar no Martins, onde já estava como executivo com boas perspectivas de crescimento e pedi meu desligamento. Voltei para Vitória, descasei e recomecei sem receio, tudo do zero, mas próximo da minha filha. Fui trabalhar como representante numa importadora de alimentos chamada Yara Hanna. Fiquei três anos nessa empresa, na qual também estava construindo uma bela história, mas em 2002 a empresa passou por problemas financeiros seriíssimos. Com a maxivalorização do real e os problemas econômicos do Brasil, ela, que estava muito alavancada, não suportou e quebrou. Foi nessa empresa que conheci o vinho.

Como a Yara Hanna era uma grande importadora de frutas, de alimentos vindos de Chile, Argentina, Espanha e Portugal, numa das suas viagens o proprietário trouxe vinhos. Estava na moda, no começo dos anos 2000, beber vinho no Brasil. Era moda mesmo, porque quem bebia vinho era reconhecido socialmente; o vinho era uma bebida glamorosa, chique. Foi quando tive acesso ao vinho. Ele tinha trazido duas carretas dos vinhos La Pousada *cabernet sauvignon*, e La Pousada *chardonnay*, e deu a ordem para vendermos. Eu não sabia nada sobre vinho. Naquele mesmo dia passei numa livraria e comprei a *História do vinho* e a *Bíblia do vinho*. Comecei a ler e a estudar sobre o produto, ao mesmo tempo que comecei a vendê-lo e preparar a equipe para vendê-lo. Passei a frequentar confrarias de vinho e a gostar desse universo. O vinho trazia muitas histórias de famílias, regiões, países, tudo que estava envolvido na sua elaboração. Se formos analisar a fundo, na maioria dos eventos históricos do mundo, o vinho de alguma forma está presente. É uma bebida que tem mais de 8 mil anos!

Agora está comprovado cientificamente que o vinho acompanha a humanidade há mais de 8 mil anos.

R.S. — Agora está comprovado. Tem muitas histórias envolvidas e, mais que histórias, há muitas famílias, muita gente bacana fazendo coisas interessantes no mundo todo. E isso me motivou, fazendo com que eu ficasse totalmente seduzido por esse universo. Como eu disse, a Yara Hanna quebrou, e nessa hora eu estava terminando um Master of Business Administration (MBA) em marketing na FGV. A minha cabeça rodava a mil, como deveria rodar a da maioria dos alunos que frequentaram um curso dessa importância. Eu me dediquei, estudava e debatia muito com os professores. Quando terminei aquele curso eu estava certo de que precisava inovar, fazer algo novo. "Ou serei um grande executivo ou serei um empresário." Eu sempre pensei grande. Sempre sonhei em fazer coisas grandiosas. Acredito que nunca deixei de ser uma criança que gosta de sonhar. Hoje, conversando com você, eu sonho que este livro será conhecido no mundo todo e que ele impactará um número enorme de pessoas. É uma loucura muito minha, mas acho que isso me joga para a frente. Eu acredito que temos de impactar positivamente o maior número de pessoas, fazer grandes realizações. O meu sonho não é ser um cara financeiramente fora da curva. Por formação familiar, estou convencido de que o dinheiro vem naturalmente quando você trabalha, quando você realiza. Ele é consequência da realização, do estudo, do trabalho e do equilíbrio. O dinheiro é resultado de algumas coisas que vêm antes dele, e que são muito mais importantes que ele próprio.

Então, eu estava nessa encruzilhada e concluí que tinha de empreender, criar alguma coisa nova. A minha vontade era pegar tudo o que eu tinha aprendido e feito até então e criar uma empresa para atender de forma diferenciada, se relacionando de forma diferente com os clientes. Eu queria vender produtos para o *food service* focado em quem não tinha atendimento de qualidade. Eu já conhecia o mercado e queria atender o "Dogão", a lanchonete, o bar da esquina, a banca que ficava ali no ponto de ônibus. Queria atender essa turma com um atendimento que eles nunca haviam visto. Então abri minha primeira empresa e comecei a trabalhar vendendo produtos alimentícios: azeitona, pepino, pepininho, milho verde, azeite, bala... Eu comprava e vendia. O nome da empresa era Brasil Trade; até o nome era imponente. Essa empresa, obviamente, em cerca de dois meses quebrou, porque eu não sou um cara bom de finanças e só pensava em comprar e vender. Em menos de três meses o dinheiro que eu tinha acabou, sumiu.

Provavelmente foi a falta de controle do fluxo de caixa que lhe derrubou.
R.S. — Fluxo de caixa? Eu tinha ouvido falar, mas nem olhava para isso. E aí vem: dinheiro do cheque especial, do agiota, da venda do carro, gente me cobrando... Passei por tudo isso. Mas nunca escondi minha cara, nunca deixei de ir trabalhar, sempre acreditando que uma hora conseguiria resolver a questão. Tive muitos problemas, mas passei por todos eles encarando-os e trabalhando. Em paralelo, o vinho estava sempre presente na minha vida, e eu continuava a participar do máximo de eventos que aconteciam. Até que num determinado momento apareceu a oportunidade de distribuir o vinho na Brasil Trade. Estava nascendo a empresa do "seu" Adolar.

A Decanter, do Adolar Hermann?
R.S. — Isso mesmo. "Seu" Adolar esteve aqui em Vitória procurando um representante, e um amigo meu, o Ricardo Buteri, que hoje é diretor de operações da Wine, me apresentou. Ele tinha feito uma operação de importação de vinhos da Austrália, que vendeu para o Adolar. Calhou de estarmos os três juntos, e, na sequência, em 2002 eu virei representante da Decanter. O Ricardo, que fez uma carreira executiva muito bonita em grandes empresas no Brasil, estava há mais de 12 anos fora de Vitória, mas eu consegui trazer ele de novo para cá, para trabalhar na Wine. Trabalhei na Decanter como distribuidor e representante, e foi com ela que comecei a vender vinhos não só para mercados e restaurantes, mas também para o consumidor final. Eu tinha condição de comprar da Decanter com um preço diferenciado e revender. Foi aí que comecei a me relacionar de fato com as pessoas daqui de Vitória que consumiam vinho. Chegou um momento em que eu vendia para todo mundo e frequentava as festas dessas pessoas, as confrarias, já sabia quem era quem.

A Decanter tinha alguma loja aqui em Vitória, ou a Decanter era você?
R.S. — Ela não tinha loja em Vitória. A Decanter aqui era eu. Diferentemente de Minas, São Paulo e Santa Catarina, que têm lojas, em Vitória era somente eu. Eu cheguei a montar um *showroom*, mas aí já não era Brasil Trade, era a Estação do Vinho, que começou toda essa história. Ao mesmo tempo que eu estava motivado e feliz de estar nos negócios do vinho, comecei a perceber que aquele era um mundo muito cheio de enganação; as pessoas se enganavam muito para estar presentes e participar dos eventos. Todo mundo falava que conhecia vinhos, mas

ninguém conhecia nada; e o pior é que nem estudavam. Queriam só participar daquelas badalações. O vinho entrou no Brasil por uma pirâmide invertida. Eram só vinhos caros, e não bastava ter uma taça para apreciar; você tinha de saber quais eram as uvas, tinha de perceber o aroma disso e daquilo. Aquela era uma época em que as confrarias bombaram por toda a parte. Era uma reunião atrás da outra, apresentações em todos os lugares, na Associação Brasileira de Sommeliers (ABSs), com filas para as pessoas estudarem e se formarem como sommeliers. Havia muito glamour, pouca distribuição de boas informações, pouco acesso e preços muito caros; só se falava dos vinhos caros. Não se falava dos vinhos de consumo cotidiano, que se bebe pelo mundo afora. Mas devo reconhecer que tivemos algumas coisas maravilhosas, como o Otávio Piva, com o alemão Liebfraumilch da garrafa azul, que fez boa parte dos brasileiros terem o primeiro acesso ao mundo do vinho. Esse cara foi um gênio!

Foi o criador da grande e saudosa Expand, que se tornou inesquecível fazendo história no mercado brasileiro de vinhos desde o final dos anos 1970.
R.S. — O Piva foi um gênio, e para mim é o pai do mercado do vinho no Brasil. Mas houve outras pessoas importantíssimas na construção dessa história. O próprio Péricles Santos Gomes, da Casa do Porto, de Vitória, é outro que fez história com o vinho no Espírito Santo. Essas são pessoas para as quais temos de bater palmas, porque foram elas que abriram o mercado do vinho no Brasil. Lembrei-me do Roberto Serpa, que fazia o Encontro Internacional do Vinho em Pedra Azul, para o qual vinha gente de todo o país. Há umas cinco ou seis pessoas que devem ser lembradas, porque foram elas que, aos trancos e barrancos, fizeram esse mercado começar.

Nos anos 1980 os catálogos de vinhos da Expand, fundada em 1978, foram fonte de estudo para muita gente. O acesso à informação era muito difícil e lento.
R.S. — Nos anos 1980 era assim. Esses fatos de que estou falando são de 1992 em diante. Há alguns anos, já havia a Expand e um mercado centrado em São Paulo, mas só havia praticamente eles atuando no país. No início dos anos 1990, quando o Plano Collor I implementou uma abertura comercial no Brasil, começaram a aparecer muitas coisas novas no mercado. O mercado brasileiro começou a conhecer mais os produtos vinícolas que ficavam muito concentrados em São Paulo, Brasília, Rio. Na época em que comecei a distribuir os produtos

da Decanter, o Adolar Herman e o Edson Herman estavam começando a formar seu portfólio, ao qual eu tive acesso, e fui muito feliz, vendendo bastante.

Frequentando as confrarias, contudo, comecei a ficar incomodado com o conceito fortemente difundido de que era preciso entender de vinho para apreciá-lo. É que eu já estava vendo o vinho como um produto com muito potencial para o mercado nacional. Na minha cabeça, o vinho deveria estar ao alcance de todo mundo. Um produto com tanta história, tanta coisa bacana, deveria estar disponível para todo mundo, e não só para grupinhos de entendidos apreciarem. Era preciso parar um pouco com a frescura de que só se pode beber vinho em taças de cristal. Eu sempre defendi a tese de que, se você não tem taça de cristal, bebe no copo de geleia, de plástico, mas não deve deixar de beber vinho. Não tem decanter, bebe o vinho sem decantar e deixa essas coisas para quando tiver a taça de cristal e o decanter. Não é preciso saber de que região vinícola vem o vinho para bebê-lo. Depois, se o assunto lhe interessar, você estuda, pesquisa. As confrarias criavam muita encenação, muita padronização para beber vinhos que nem eram grandes coisas. Isso era quase obrigatório. As pessoas iam a um restaurante e ficavam com vergonha de pedir um vinho porque não sabiam o nome das uvas, não conseguiam sentir aqueles aromas que muitos falavam que sentiam.

Falar com o sommellier e pedir uma orientação eram como um pedido de audiência.
R.S. — Era mais fácil pedir e beber um uísque que se aventurar nos vinhos. Muitas pessoas ficavam com vergonha e desistiam. Em qualquer país vinho é simplesmente vinho. Quem quiser ter sua experiência embasada no estudo e no conhecimento segue outro caminho que não tem nada a ver com o do consumo de massa. Esses mercados de luxo e popular devem ser complementares. Foi mais ou menos em 2003 que concluí que precisávamos democratizar o consumo de vinho no Brasil, que era preciso dar acesso às pessoas. Tem que parar com a frescura. Pessoalmente eu já estava estudando sobre o comércio on-line, já estava muito mais apaixonado pelos vinhos, já tinha desistido dos alimentos e estava com 80% do meu tempo dedicado aos negócios do vinho.

E continuava com a sua empresa, a Estação do Vinho.
R.S. — Sim. Foi quando montei o primeiro site e tive o prazer e a honra de encontrar o meu primeiro sócio, o Anselmo Endlich. Eu o conheci numa dessas

empresas em que a gente trabalhou, e foi ele quem trouxe a tecnologia, porque nesse quesito eu sou leigo. O site era mais institucional; a pessoa clicava, informava o telefone e recebia um torpedo no celular. A gente retornava, vendia o que ele queria e entregava. Só atendíamos a grande Vitória. Nesse momento começaram a aparecer ligações de todo o Brasil, e então verificamos que, em 2003, ninguém fazia vendas de vinhos pela internet. Havia os sites institucionais das importadoras, mas ninguém fazia vendas pela internet.

Isso não era um oceano azul, era toda a Terra azul.
R.S. — Isso mesmo! Muito mais que um oceano! Nós olhamos aquilo... "Vamos vender vinho pela internet." Mas a gente não tinha a grana para fazer um site, para ter uma plataforma. O e-commerce no Brasil estava praticamente todo concentrado no Rio e em São Paulo, no começo dos anos 2000. E nós precisávamos estar lá, porque as pessoas que desenvolviam, que conheciam e podiam fazer alguma coisa estavam lá. Não tinha ninguém aqui no Espírito Santo ou no resto do Brasil. A gente precisava de grana, e por conta disso fui atrás de anjos para aportar dinheiro nesse projeto. E os nossos anjos foram os nossos clientes. Na curva a, b, c de clientes, eram gente que sabíamos que tinha mais recursos financeiros. Buscamos do primeiro ao último oferecendo participação em um projeto que seria o primeiro e-commerce de vinho no Brasil, chamado Estação do Vinho. A nossa primeira visita foi matadora. Tivemos a sorte e o prazer de encontrar o primeiro anjo na primeira visita... Ainda melhor, ele chamou três amigos que aportaram recursos na empresa, e em 2004 nasceu a Estação de Vinho, o primeiro *player* 100% on-line de vinhos do Brasil! Essa empresa, entre 2004 e 2008, ficou em São Paulo. Saiu do zero para R$ 10 milhões de faturamento anual em quatro anos. Foi uma loucura! A gente comprava, vendia, embalava e entregava. Eu já estava no meu segundo casamento, com uma filhinha recém-nascida. Eu só via minha filha no final de semana. Foi com essa operação que em 2004 nasceu o primeiro e-commerce de vinhos no Brasil.

Como era a logística para fora de São Paulo? Pelo que entendi, o negócio foi um grande sucesso na partida. Como vocês davam conta de entregar os vinhos em todo o Brasil? Havia alguma limitação de área?
R.S. — Não, não. Desde o início eu e Anselmo tínhamos em mente que uma empresa de internet deve estar aberta para o país. Nós nunca limitamos, e

tivemos vários problemas por causa disso. A Wine.com ainda hoje tem problemas por causa disso, mas a gente consegue administrar. Há regiões em que a operação logística passa até por três modais: aéreo, terrestre e fluvial. E aí você tem uma quantidade grande de tempo envolvido. É bacana atender o país todo sem restrição, mas você corre muitos riscos e tem uma grande responsabilidade. Eu ainda vivo isso hoje. Quando começamos, o primeiro parceiro foram os Correios. É engraçado que os Correios, para enviar os pedidos, exigiam que tudo fosse embalado em papel amarelo. Hoje não é mais assim, mas naquela época era o padrão. Não podia ser uma caixa como a nossa onde colocávamos os vinhos certinhos nas divisórias. O produto chegava aos Correios, e era tudo reembalado naquele papel pardo amarelado, e você perdia a referência da posição. Nós começamos as atividades em novembro de 2004, e no primeiro Natal tivemos 87% dos pedidos avariados. Imagine a primeira grande crise com um mês de operação. Quando entendemos essa história toda, verificamos que os Correios não estavam preparados para nos atender. Então fomos buscar as transportadoras terrestres, cada uma para uma região, e começamos a fazer a gestão de uns 10 parceiros para as entregas.

Queria voltar um pouco a essa fase dos Correios. Esse dado é importante para contar uma história de negócios do vinho. Foi tranquila a negociação com eles. Mas, além da caixa amarela, havia outras dificuldades?
R.S. — Nessa época, os Correios dominavam realmente as entregas expressas no Brasil, com o Sedex. Havia o processo de criação de um produto dedicado ao e-commerce que estava crescendo, com a Americanas.com e o Submarino. Essas grandes empresas que já estavam no mercado on-line se relacionavam com os Correios. Mas eles não entregavam um produto que pesava no mínimo 1,5 quilo, que era um líquido embalado em vidro. O nosso caso era extremamente fora da curva. Entregar um CD, um livro, é uma coisa. Mas entregar três garrafas de vinhos...

Eles estavam interessados nesse projeto?
R.S. — Eles estavam interessados. Nós tivemos várias reuniões em São Paulo e em Brasília, eles estavam dentro do projeto, mas o problema é que ele tinha de se disseminar numa base de mais de 100 mil funcionários. E essa disseminação do que era o projeto, suas regras, do que era o *modus operandi*, teve uma certa

lentidão que não acompanhou o nosso crescimento. Tivemos muitos problemas, mesmo com grandes executivos dos Correios do nosso lado, tentando solucionar. Até que chegamos a um acordo comum de que eles não deveriam participar desse começo, que precisariam se preparar mais para isso, como vêm se preparando ano após ano, embora a entrega do vinho seja até hoje uma coisa muito complicada para eles. E tivemos de desenvolver as parcerias terrestres. Foi assim até 2008, quando eu e Anselmo resolvemos sair da operação da Estação do Vinho. A empresa estava crescendo rapidamente, 100% ao ano, estava dando dinheiro, tudo estava certo. Só que a nossa visão estava focada no crescimento e a visão dos nossos anjos era de que devíamos seguir passo a passo, ir mais devagar, reduzindo a velocidade do crescimento.

Os anjos tinham experiência empresarial? Cobraram de vocês um plano de negócios, um planejamento estratégico?
R.S. — Eles são grandes empresários, de empresas gigantes aqui do Espírito Santo. E nós sempre tivemos a intenção de fazer um planejamento estratégico do negócio. Logicamente era caseiro, numa forma muito nossa de fazer. Éramos uma empresa muito pequena. Eu era um empreendedor que criava, vendia, comprava, embalava, entregava, contabilizava. Era tudo feito por nós.

Faz sentido, porque vocês já tinham ultrapassado a fase de quem está atrás de investidores para vender um projeto. Eles já tinham comprado o plano de negócio mesmo que vocês não o tivessem formalmente elaborado.
R.S. — Exatamente. Não estávamos partindo do zero. Nós sempre tivemos ajuda dos investidores. O descompasso foi só na visão do andamento do negócio. Nós queríamos continuar andando a 160 quilômetros por hora e os nossos sócios queriam andar a 100, 110. E, como não tinha como segurar nosso ímpeto, resolvemos sair da sociedade mesmo sem nenhum tipo de acordo. Obviamente tentamos comprar ou vender nossa participação, mas não conseguimos. Em janeiro ou fevereiro de 2008 saímos com o propósito de fazer o nosso novo negócio. Em novembro de 2008 lançamos a Wine.com. Para fazer esse lançamento fomos buscar um investidor um pouco mais estratégico, com o negócio um pouco mais estruturado, com uma definição mais clara do que queríamos para não incorrer no mesmo erro.

Embora o negócio do vinho tivesse um enorme potencial de crescimento, em 2008 a economia mundial estava virada de ponta-cabeça. Você deve se lembrar do cenário econômico naquele ano. Como os investidores da Wine viram o aumento de 35% do dólar num negócio todo estruturado com produtos importados?

R.S. — Lembro muito bem que em 2008 havia uma crise global instalada. Foi por conta dela que fizemos muitas reuniões de avaliação, mas tínhamos tanta certeza do potencial do negócio que olhamos a crise pelo retrovisor. Nós sabíamos que ela chegaria ao Brasil, mas acreditávamos que não persistiria por muito tempo. Na verdade, nós a vimos mais como uma boa oportunidade. Olhe a história do Brasil. As crises vêm e vão, o país sai delas, cresce em determinado momento, entra em outra crise, nunca desceu totalmente a ladeira. Anda de lado, mas em seguida dá outro salto. Para falar bem a verdade, nós analisamos o momento, que nos causou preocupação, mas tínhamos tanta convicção no negócio que estávamos fazendo, na capacidade que tínhamos para realizar aquele projeto, que a crise foi mapeada, mas optamos por seguir em frente.

Preferimos abraçar as coisas boas e deixar o que era ruim de lado. Se desse um problema econômico gravíssimo, seria para todo mundo, não só para os brasileiros. Foi uma aposta certa. A Wine nasceu em novembro de 2008, e em 2009 faturamos o mesmo que no último ano da Estação do Vinho. Desde lá até 2014 crescemos 100% ao ano, e de 2014 para cá o crescimento é de dois dígitos altos, ininterruptos. Estamos crescendo de forma sólida, aprendendo dia após dia, porque mesmo com crescimento temos muito a corrigir. O que fizemos ontem pode não ser o que dará certo hoje, e muito menos amanhã; em todos os momentos que deixamos de ter essa atenção tomamos pancada. As coisas foram acontecendo, entraram os investidores novos, e hoje somos três investidores na Wine. O Anselmo esteve conosco até 2014, quando decidiu sair e vendeu suas cotas de participação.

O Fernando Opítz é um cofundador? E o Grupo RBS, quando chega?

R.S. — O Fernando é dessa primeira turma, mas os fundadores fomos eu e o Anselmo. Fernando é um investidor. A RBS entrou de 2012 para 2013, mas não foi bem o Grupo RBS. Na realidade foi a e.Bricks, que é a empresa de investimento do grupo na área digital, e que agora virou EB Capital. Em 2017 entrou outro sócio na Wine, que é a Península, da família do Abílio Diniz. O Anselmo atualmente mora em Miami, onde é um empresário de sucesso, com iniciativas bem bacanas. Ele foi, sem sombra de dúvida — assim como eu —, o cara responsável pela Wine ter chegado aonde chegou até 2014. Cada um de nós foi responsável por 50% de tudo. Ele é um grande empreendedor, uma grande pessoa, mas o ciclo dele na empresa chegou ao fim.

 Tem um negócio que é o seguinte: empreender numa empresa pequena é uma coisa. Com o crescimento, você precisa ter governança corporativa, conselho administrativo, comitê, que são coisas boas, por darem condições de administrar e gerenciar o negócio de uma forma mais sustentável, com os riscos mais controlados. Em contrapartida, você perde aquela dinâmica de poder fazer qualquer coisa, porque é o proprietário, de poder fazer isso, testar aquilo. Isso é possível até um determinado momento. Numa empresa do tamanho da Wine atual não dá para fazer qualquer coisa para testar, a qualquer custo, em qualquer momento. Ela é uma empresa de mais de R$ 400 milhões de faturamento anual! Como se faz isso tendo a responsabilidade com mais de 500 wineanos, mais de 500 famílias espalhadas em vários países, que, em número de pessoas, podemos multiplicar no mínimo por três, e que têm 78% da renda oriunda do trabalho da Wine no Brasil?

Você está se referindo aos stakeholders *(os grupos de interesse), o público estratégico da Wine.*
R.S. — Sim. São os wineanos, investidores, produtores de vinhos, rolhas, garrafas, rótulos etc. É muita gente envolvida. É nossa responsabilidade, e temos de estar atentos a ela. É o papel de uma empresa que não se limita apenas ao atendimento dos seus clientes. É preciso pensar em todos com muito carinho. Por isso você tem de organizar a empresa, dividir as responsabilidades, os compromissos; e aí nem todos se adaptam, e muitos fundadores às vezes precisam sair nessa hora, vender sua participação. É natural do processo. O fundador que quiser se tornar executivo na nova fase precisa estudar e se dedicar para evoluir. É isso que persigo pessoalmente no meu cotidiano, não parando nunca de estudar e me aperfeiçoar. Mas a vida profissional é assim. Nós vivemos esse momento na Wine, e o Anselmo tomou a decisão de sair. Foi o pior momento na minha história profissional; fiquei meio sem chão quando me vi sozinho. Já estávamos havia quase 12 anos trabalhando juntos diariamente. Tomávamos todas as decisões em conjunto, dividíamos apartamento em São Paulo. A primeira coisa que pensei foi que não teria condições de continuar sozinho. Nós tínhamos

tudo bem definido segundo as competências e conhecimentos de cada um. Em três meses eu tive de aprender coisas que normalmente as pessoas demoram cinco anos estudando.

Isso ocorreu na entrada da e.Bricks no negócio? Um novo stakeholder *mais demandante?*
R.S. — Esse novo *stakeholder* demandou novas responsabilidades. Eu me lembro de que foi uma semana tensa, com o clima organizacional ruim. A minha reação foi levar imediatamente toda a empresa para uma reunião no galpão e dar uma sacudida forte na poeira. Convoquei todos para continuarmos trabalhando com dedicação e seguirmos em frente. Falei para eles que a empresa, o projeto institucional, precisava ser maior que qualquer um de nós individualmente, que o caminho precisava ser aquele, e que não havia alternativa melhor. Minha percepção era de que precisava deixar tudo bem transparente para manter elevado o moral do time. Mas eu mesmo levei uns três meses para parar de sangrar, para cicatrizar. Foi toda uma vida que ficou para trás. Tive muita ajuda e compreensão dos executivos da e.Bricks, porque alguns já tinham vivido situações semelhantes no passado. Eles entenderam que era uma nova fase e acreditavam que conseguiríamos nos adaptar. Nesse momento a empresa conseguiu trazer talentos que não eram do mundo do vinho, mas que tinham vontade de continuar construindo aquela história bacana que estava ainda no começo. Bastava analisar o consumo *per capita* de vinho no Brasil para perceber que tinha muito chão para andar. Aquilo era apenas o início de uma grande ideia, mas havia muito para fazer no negócio e transformá-lo numa grande empresa. Afinal, esse era o nosso objetivo quando criamos o comércio on-line de vinhos no Brasil.

Na chegada da e.Bricks vocês já tinham uma organização interna estabelecida?
R.S. — Já. Nesse momento já tínhamos uma boa organização interna. Desde 2011, quando éramos eu, o Anselmo e o Fernando, como investidores, nós já éramos auditados. Por vontade própria, porque tínhamos clareza de onde queríamos chegar, e sabíamos que, sem tratar os problemas de *compliance*,[21] sem auditoria, problemas surgiriam e poderiam se tornar muito grandes, dificultando as so-

---

[21] *Compliance*: conjunto de disciplinas que determinam normas, políticas e diretrizes estabelecidas para o negócio e para as atividades da empresa.

luções. Havia um organograma com divisão dos papéis e funções para permitir que as coisas fluíssem sob controle. Nós éramos e ainda somos uma empresa extremamente participativa, com muito envolvimento dos times nos projetos da sua área. Isso não mudou desde o início.

Vocês lançaram o Clube Wine, o Wine2B, o Wine Diner's Club, entre outras coisas. O que os motivou? Uma estratégia para fortalecer o posicionamento de mercado da Wine, uma diferenciação para enfrentar competições futuras?
R.S. — Eu acho que é um misto das duas coisas. Algumas criações foram por conta da maturação do negócio, junto com os *inputs* que tínhamos não só do mercado brasileiro, dos nossos clientes, mas também do que estava acontecendo no mundo. O Clube Wine, por exemplo, não foi uma invenção nossa. Quando decidimos criá-lo, já existiam a Sociedade da Mesa no Brasil, o Viño Selección na Espanha, já existiam os clubes das vinícolas nos Estados Unidos. Nós queríamos ter um clube de vinho na Wine porque sabíamos que, para vender um produto em que, na maioria dos casos, a indicação é o fator decisivo para a compra, seria muito bom ter um relacionamento sólido com os clientes e realmente diferenciado. O vinho é comprado muito pela indicação de amigos em quem você confia. Sem uma indicação, geralmente o consumidor compra o que já é conhecido, ou, na hipótese pior, não compra. A experimentação sem indicação é uma coisa mais complicada. O vinho não é um produto de R$ 1, R$ 5. Ele tem um custo interessante, e o consumidor geralmente não quer assumir esse risco sozinho.

Um dado de peso para a criação do clube foi o número muito grande de solicitações de indicações dos nossos clientes. Nós percebemos que o clube seria uma ferramenta importante para a indicação dos nossos vinhos, para que as pessoas os conhecessem. Essa é uma das formas de as pessoas aprenderem sobre o universo do vinho, as regiões produtoras, as uvas utilizadas, os diferentes tipos de vinhos, sem necessidade de viajar para adquirir esse conhecimento. Alguém em quem ele confia está fazendo a seleção, está fazendo uma curadoria e está lhe entregando. Se há confiança nessa curadoria, ele irá experimentar. Pode gostar ou não, mas terá experimentado; depois ele decide se vai querer ou não consumir continuamente aquele produto. Foi nessa época que tentamos comprar a Sociedade da Mesa, mas não conseguimos. Chegamos a tentar uma fusão, que também não se concretizou. Fizemos o nosso clube, que começou com umas 1.500 pessoas. No segundo mês já eram 3 mil, e no final do primeiro ano chegamos a 15 mil associados. Hoje são mais de 140 mil associados no Clube Wine, em suas seis opções.

O Clube Wine é um produto muito bacana de relacionamento e de experimentação, que permite às pessoas conhecer vinhos que de outra forma elas não conheceriam. Às vezes colocamos no clube um vinho do Jura, que na sua característica é um vinho salgado. Alguém diria: por que um vinho com esse estilo difícil? Para que a pessoa do clube, quando ouvir falar ou deparar com um vinho do Jura, saiba quais são as suas características. Essa é um pouco a ideia que move o universo dos clubes: fazer com que as pessoas tenham seus momentos de prazer conhecendo e navegando pelo mundo amplo do vinho. Há seis opções no clube: uma mais tradicional, em que não tem muita experimentação; outra para quem quer dar uma volta ao mundo; outra com vinhos de entrada, para qualquer hora; outra só com espumantes; só com vinhos brancos; só com vinhos rosé. Começamos a montar essa matriz no clube tendo conhecimento dos nossos clientes, do mercado, e de como ele estava se desenvolvendo.

E os wine hunters, *que buscam vinhos mundo afora? Essa é uma decisão para encantar o seu público consumidor, ou uma estratégia fundamental para um e-commerce que queira atender as demandas do público brasileiro, que consome pouco, mas se acostumou com a diversidade crescente desde os anos 1990?*
R.S. — Não. Nesse caso, foi mais estratégico. Eu fui o primeiro *wine hunter* da Wine. No período de 2009 a 2012, na divisão de tarefas que havia com o Anselmo, eu fazia a seleção de vinhos. Depois contratamos o Vicente Jorge, e na sequência o Manu Brandão. *Wine hunter* é uma função da Wine, e faz parte da nossa estratégia desde sempre. Selecionar produtos bons, com história, para entregar aos nossos clientes é parte vital do processo, porque acreditamos que não estamos nisso só para vender vinho. A seleção e a indicação fortalecem as vendas e ajudam a ampliar o consumo. E, para fazer isso corretamente, é preciso ter conhecimento. Eu vejo semelhança com o ato de pilotar um carro de corrida. Quem pilota não é o mecânico, e sim o piloto. Quem faz a seleção dos vinhos é um *wine hunter*.

Os nossos dois *wine hunters*, juntos, têm 55 anos de conhecimento nessa função. Anualmente, eles degustam mais de 2 mil rótulos de vinhos e fazem mais de 180 dias de viagem por ano para todas as regiões produtoras com importância na vitivinicultura. O Manu mora na França e o Vicente mora em Vitória. Eles buscam entender as tendências do mundo vinícola fora do Brasil. Um exemplo é o da vitivinicultura americana. Atualmente a Wine é a maior importadora de vinhos americanos no Brasil. Há uns cinco anos decidimos estudar o mercado dos vinhos americanos, principalmente californianos, para entender por que ele cresce tanto, por que o mundo está consumindo tanto, e o Brasil, ainda não. O que percebemos é que o vinho californiano que vinha para o Brasil estava com o preço elevado, embora eles tenham produtos com preços competitivos para o mercado brasileiro. Além disso, está se formando uma tendência mundial a consumir vinhos americanos porque eles são fáceis de beber, são o que denominam *easy to drink*. Trouxemos vinhos da Gallo, o maior grupo vitivinícola do mundo.

Estamos falando da E. & J. Gallo Winery?
R.S. — Sim, uma empresa de mais de US$ 5 bilhões de faturamento anual só em vinhos. Ela é uma potência no mundo todo. E a Wine a representa e distribui com exclusividade no Brasil. Começamos a fazer o trabalho com uma linha, e hoje estamos vendendo muito vinho americano. Um trabalho que passa pelo *wine hunter*, na sua pesquisa de mercado, e pelos relacionamentos estratégicos para o negócio. Passa por diferentes países produtores, como a Espanha — com a linha Toro Loco —, África do Sul, Itália — de onde conseguimos trazer grandes vinhos de regiões importantes para as pessoas experimentarem sem gastar pequenas fortunas com os grandes *Barolos* e *Brunellos*. É possível viabilizar o acesso a grandes e bons vinhos para um público mais amplo sem ser as grandes marcas, com seus preços nas alturas.

Você diria que a Wine, hoje, é mais proativa ou receptiva na busca dos seus fornecedores? Vocês são muito assediados com ofertas?
R.S. — Em relação ao trabalho da seleção, nós estaríamos uns 70% proativos e 30% receptivos. Nós recebemos muitas ofertas de vinhos de todos os lugares. Só que a gente gosta de ir buscar e selecionar, para trazer coisas que fazem sentido para os nossos clientes. O *hunter* está no nosso DNA. O que sustenta o trabalho dos *wine hunters* é um misto de criatividade, conhecimento e também um banco de informação poderoso, com muita pesquisa de mercado. Procuramos saber como os mercados estão se movimentando, o que estão consumindo, para dar aos *wine hunters* subsídios para suas buscas. Um exemplo de informação: o mercado brasileiro está consumindo muito vinho rosé da Provença, na faixa de

preços tal, com teor alcoólico mais baixo, com a cor mais para a Provença que para um vinho do interior da França. São com *inputs* como esses que os *hunters* vão ao mercado mundial buscar novos parceiros.

O Toro Loco é uma criação da Wine?
R.S. — Não, não. O Toro Loco é um produto espanhol feito por uma família francesa que está posicionado em mais de 70 países. Quando descobrimos o Toro Loco ele já era vendido na Espanha, França, Inglaterra e mais uns 10 países. Só que a Wine foi um grande presente para o Toro Loco, e o Toro Loco foi um dos grandes presentes para a Wine. Nós encontramos um vinho básico com uvas *tempranillo* muito benfeito, e importamos um contêiner. No meio da viagem desse contêiner o vinho foi premiado. É um vinho extremamente agradável, com bom preço, um custo-benefício maravilhoso, que podíamos vender por 30 e poucos reais. Ele foi premiado numa competição com a participação de grandes vinhos, e ficou em primeiro lugar. Juntando esse fato à eficácia da nossa indicação, é um produto maravilhoso. Começamos a fazer pré-vendas desse produto com todas essas informações e, com o contêiner ainda no mar, vendemos tudo num único dia. Fomos pedindo um contêiner atrás do outro; quando chegaram os seis primeiros, as garrafas já estavam todas vendidas. Esse produto se transformou num fenômeno a partir desse momento, porque é muito fácil vendê-lo. Um *tempranillo* 100%, que você pode oferecer em qualquer evento, em qualquer ocasião na qual a maior preocupação não seja oferecer um grande vinho. É um vinho sem *pedigree*, sem complicação, para ser apreciado a qualquer hora, porque é benfeito, mantém seu padrão de qualidade, é produzido sob o mais rígido controle de qualidade. Ele trouxe para a Wine a liderança no mercado de vinho espanhol no Brasil.

A vinícola BVC Bodegas só fazia um tipo de Toro Loco; então, sentamos com o produtor e o informamos de que o mercado gostara da marca, do produto e da sua qualidade, que era o essencial. E pedimos que produzissem um *Crianza*, um Reserva, um branco e um Cava. Foi aí que nós ajudamos muito a vinícola, porque a ajudamos a criar uma linha Toro Loco que agora está em todos os países que citei. E fomos nós que motivamos o pessoal da vinícola. O mundo do vinho tem uma família da linha Toro Loco que não é uma marca da Wine e nem está só no Brasil; é uma marca global, para a qual tivemos uma participação muito grande.

Você vê alguma semelhança com o fenômeno Yellow Tail australiano no mercado americano, que teve apogeu em 2005?
R.S. — Conheço a história do Yellow Tail e não vejo semelhança entre esse *case* australiano e o Toro Loco. Eu veria o Barefood americano (que a Wine também importa) como mais alinhado à estratégia do Toro Loco. Ele é um produto extremamente simples, produzido com as mais diferentes variedades de uvas, nos mais variados tipos de vinhos e estilos. São vinhos bastante aromáticos, com boa presença na boca, uma garrafa simples, preço acessível. É o vinho americano mais vendido nos Estados Unidos e no mundo. São mais de 20 milhões anuais de caixas de nove litros.[22]

O mercado americano é um dos campeões de vendas de vinhos na embalagem BiB. No Brasil, a participação do BiB é baixíssima. Qual o problema dessa embalagem no nosso mercado?
R.S. — Boa pergunta. Eu gosto muito do *bag-in-box*. Particularmente, acho que a gente ainda vai entrar nessa era do consumo de *bag-in-box* no Brasil estruturado e bem difundido, principalmente se falarmos daqueles vinhos para serem vendidos em taça. Ele é uma grande opção, por ser tecnologia de ponta, que mantém as características dos vinhos por um bom tempo, podendo ser comercializado com preços bem competitivos.

A Gallo fez recentemente uma pesquisa no mercado americano sobre o bag-in-box *que apresentou resultados bastante interessantes: quase 40% dos americanos aprovaram totalmente. A única preocupação deles foi que a embalagem coubesse na geladeira.*
R.S. — Muito interessante. No Chile e na Argentina o vinho mais consumido é o envasado no *bag-in-box*. Nós podemos fazer uma comparação do BiB no Brasil com o preconceito que as pessoas ainda têm com o vinho brasileiro. Uma bobagem! Nós temos vinhos maravilhosos, muito benfeitos, que estão evoluindo ano após ano. Nossa vitivinicultura é de alta qualidade, com os vinhos espumantes posicionados entre os cinco melhores do mundo; temos vinhos brancos cada vez

---

[22] Em 2016, as três marcas de vinhos não espumantes mais vendidas no mundo foram (milhões de caixas de nove litros): Castel (24,9), Franzia (24,5) e Barefoot (22,5). A Yellow Tail foi a décima marca mais vendida (ver: International Wine and Spirit Research).

mais charmosos, vinhos tintos idem, pelo menos das uvas com as quais temos condições de fazer bem. Mas o mercado consumidor de vinho no Brasil ainda tem esse preconceito. Eu sempre sirvo vinhos brasileiros para as pessoas do exterior que vêm à Wine e vão à minha casa — eu gosto de cozinhar. Se servir vinho espumante, será sempre um brasileiro. Nos vinhos brasileiros e na embalagem BiB, é só uma questão de ir trabalhando. Nós temos excelentes vinhos brasileiros envasados no BiB. Essa é a memória do passado, cuja referência é a do vinho de garrafão de baixa qualidade, uma história nossa que é igual à história em qualquer país do mundo há 50 anos. O Brasil está começando sua história no mundo do vinho. França, Espanha, Estados Unidos, Chile, todos passaram por isso. O mercado mudou, e a vitivinicultura brasileira também mudou. A mesma coisa do vinho está acontecendo com a embalagem BiB. Temos vinhos nessa embalagem que são os mesmos premiados e vendidos em garrafa. Eu sei que há vinhos cujas garrafas têm preços superiores a R$ 100 e que são embalados também em BiB a preços muito menores.

No mercado francês, uma pesquisa do Euromonitor *de 2017 evidenciou que 38% das vendas de vinho tranquilo nas grandes superfícies foi em BiB. Uma empresa na França chamada BiBoVino está desenvolvendo um conceito cavista para o BiB. É um conceito que está se espalhando por toda a Europa. Nos BiT* (bag in tubes) *eles estão colocando grandes vinhos de Appellation d'Origine Contrôlée (AOCs) de Bordeaux e da Borgonha.*
R.S. — Sim. Por lá não existe esse preconceito com os BiBs. Quando o nosso mercado aprender e entender que essa é mais uma forma de obter um produto com facilidade de armazenamento, eles vão decolar. É muito bom ter na geladeira cinco litros de vinho numa caixinha e, quando quiser, ir lá e encher uma tacinha. É muito simples, mas é uma questão cultural. O Brasil tem poucos anos de mercado de vinho, ainda com baixo consumo. Não podemos fazer no comércio on-line o mesmo que o setor vitivinícola fez. Quando o mercado abriu para a importação, quase toda a nossa viticultura partiu para plantar *cabernet sauvignon, malbec, tempranillo, merlot, pinot noir*... Saíram plantando todo tipo de uva para fazer todo tipo de vinho, quando na realidade era preciso estudar o *terroir* para definir onde seria melhor plantar *merlot* ou *pinot noir*. Hoje estão fazendo assim, mas eu estou falando de apenas 15 anos atrás. A mesma coisa é o mercado consumidor com a embalagem e a taça. Estamos no momento de

as pessoas conhecerem os vinhos, os "reservados", vinhos como os Barefoots, Toro Loco. Com mais acesso à informação, chegará o momento em que teremos uma sociedade consumidora maior e que conhece um pouco mais sobre vinhos, o que ainda não há. Então teremos condições de trabalhar com coisas como vinhos em BiB.

E as embalagens maiores de vidro como a Magnum *(1,5 litro)? Por que essas embalagens ainda têm aceitação tão baixa?*
R.S. — Primeiro, a *magnum* teve um problema sério na importação. Era proibido importar garrafas *magnum* no Brasil. Confesso que não sei como está agora, porque temos visto muitas garrafas *magnum* entrando no mercado. Mas era muito difícil. Hoje elas entram, mas ainda têm dificuldades. Por que era proibido? Para não concorrer com o vinho de garrafão. Essa era a lógica da proibição da garrafa *magnum*. Por isso o nosso mercado não foi educado para a garrafa *magnum*. Quem conhece e gosta de ter vinho guardado sabe que é muito melhor ter o produto nessa embalagem. Já está provado que o vinho se desenvolve melhor pela relação da superfície do vinho em contato com o ar.

Poderia ser também mais econômica.
R.S. — Pode ser. Mas essa questão de ser mais econômica tem outras variáveis. O Brasil é um país de margens elevadas. Muitos falam que é o tributo, mas o tributo está dado para tudo, pode ser o mais alto do mundo. Contudo, mais que o tributo alto, nós somos um país de margens elevadas. O que faz o vinho ser caro no Brasil não é só o tributo, mas também as margens praticadas. No tributo não conseguiremos mexer de forma simples, mas é a margem que faz um vinho sair de R$ 10 para R$ 100, e com isso distanciamos muitas pessoas do universo do vinho. O conceito da Wine é diminuir a cadeia da comercialização para evitar a ação da margem em cascata. Nós colocamos em prática essa estratégia para ter preços mais acessíveis, mais dentro da realidade do nosso mercado. Não que o preço seja o nosso *drive*, porém ele compõe a realidade de qualquer um que vai ao mercado comprar alguma coisa. Nós temos vários exemplos de produtos que estavam com outras importadoras, que nem estão mais operando, que iam para o mercado por mais de R$ 150, e hoje os vendemos direto ao consumidor por R$ 70. E a empresa tem margem saudável. A gente não está fazendo nenhum tipo de loucura.

O que você acha que aparece para os seus clientes como os atributos mais fortes da Wine?
R.S. — Eu acho que o cliente vê claramente na Wine uma empresa com transparência, que faz seleção e curadoria dos produtos com bastante profundidade. Nós conhecemos realmente cada produto que estamos vendendo. Todo produto que vendemos tem uma origem real, embora, infelizmente, haja *players* no mercado trabalhando de forma um pouco diferente. Você vê muitos rótulos que não existem, criados para um produto que existia no país de origem e que aqui se transforma em outro. Eu já vi sendo vendidos no mercado brasileiro produtos de cozinha rotulados como *château*. E não estou falando de tempos atrás; estou falando de 2017, ano em que produtos desse tipo estão sendo vendidos em larga escala. Produtos para cozinhar com acidez bem elevada, que no supermercado europeu você compra, 1 litro, por menos de € 2, aqui são embalados como vinhos de *château*. Esse é o lado ruim de uma sociedade que ainda não conhece o produto, que ainda não está formada. Mas cada um decide o que quer vender e como quer vender.

Nós só vendemos produtos que a gente bebe, gosta, cujo produtor a gente admira, em que há conteúdo sobre ele, e assim nós os indicamos. Acredito que os clientes da Wine a veem como uma empresa séria em relação às suas seleções, sua entrega, que são pilares imprescindíveis no e-commerce. Mesmo assim temos problemas. A gente está vivendo em novembro de 2017 um problema sério, no qual 3,5% das entregas estão atrasadas por causa do advento da Black Friday. Nós não entramos na Black Friday, mas sofremos com seus impactos. Os nossos operadores estão todos abarrotados com as vendas da Black Friday, então, a logística fica capotada. E aí, mesmo quem está fora entra no bolo. Mas colocamos a cara de fora e explicamos o que está acontecendo. Eu acho que transparência, relacionamento próximo, seleção correta de produtos, preços justos são os ativos mais fortes que tornam a Wine uma empresa diferente aos olhos do mercado.

Uma boa parte dos players *do mercado do vinho no Brasil está experimentando o canal do e-commerce. As grandes superfícies, os importadores tradicionais, a VCT do Brasil, até o "atacarejo" estão vendendo pelo e-commerce. Eles estão entre os maiores importadores para o nosso mercado. Entre os sócios da Wine há um grande varejista. Como vocês veem toda essa movimentação?*
R.S. — Entre os nossos sócios há efetivamente um dos papas do varejo mundial. Como eu lhe disse lá no princípio, em 2004 nós criamos a Estação do Vinho, que

foi a primeira empresa de e-commerce de vinhos no Brasil. Em 2008, quando a gente abriu a Wine, eram três empresas no e-commerce do vinho. Hoje são mais de 100. Eu vejo isso como uma possibilidade de aumentarmos a base de consumidores no Brasil. Em nossas reuniões na Wine eu sempre falo que temos de identificar, analisar e acompanhar os concorrentes, assim como eles devem estar nos olhando e acompanhando. Há concorrentes que copiam a Wine em gênero, número e grau. Tem até um que, ao criar o seu negócio, o 0800 que ele usava era o nosso 0800. As pessoas ligavam, perguntavam se era da Wine, e a resposta obviamente era "Não". Para você ver a que nível as coisas podem chegar quando se está liderando uma indústria.

Como em qualquer indústria, você será atacado, copiado. O que nos compete é continuar criando condições de estudo e trabalho para permanecer fazendo o que nos propomos a fazer, sem atropelar ninguém, sem fazer movimentos que desagradem aos nossos *stakeholders* em geral. É dessa forma que acredito estarmos contribuindo para ampliar o mercado do vinho, conquistar clientes e fazer crescer a Wine. A empresa deve estar preparada para entregar sempre a melhor experiência quando esses clientes nos procurarem. Eles podem começar suas experiências no mundo do vinho pelas grandes superfícies de varejo, restaurantes, importadoras, produtores. Eu tenho de estar preparado para que, no momento em que quiserem uma experiência diferenciada, eles a encontrem aqui na Wine. Esse é o nosso maior propósito.

Quanto à vinícola VCT, ela é um dos nossos grandes parceiros. A VCT do Brasil, que é da vinícola VCT, só toma conta dessa linha de produtos. A vinícola tem no parceiro Wine o maior percentual de crescimento de vendas dos seus vinhos entre todos os parceiros do mundo. Nós importamos da Concha y Toro algumas linhas exclusivas, como Maycas de Limarí, Canepa, Polo. Nós temos produtos da Concha y Toro que são exclusivos da Wine, e temos outros produtos, como o Casillero del Diablo, que vêm pela VCT do Brasil. Portanto, somos parceiros estratégicos deles no mercado nacional, assim como somos parceiros estratégicos de outras grandes e pequenas indústrias, de pequenos e grandes produtores. Por isso eu não vejo a entrada em massa de novos *players* no e-commerce como um problema. Só fico preocupado se os novos ingressantes têm cuidados com os seus clientes. Eles não podem vender gato por lebre, não podem fazer qualquer coisa a qualquer custo, porque queima o mercado para todo mundo.

Eu já propus em reuniões da indústria criarmos um fundo com recursos suficientes para fazer propaganda na televisão aberta divulgando os benefícios e os prazeres do vinho; e não falaríamos de empresas individuais, mas do vinho, deixando as pessoas escolherem e comprarem de quem elas quiserem. Sabe por quê? Porque é de 750 ml o consumo *per capita* de vinhos finos no Brasil. Todo mundo fala de 2 litros, mas nessa conta entrariam os vinhos de mesa. Vamos divulgar, para crescer dos 750 ml para 1,5 litro *per capita* de vinho fino. Todos poderiam ganhar com isso. Com isso começaríamos a discutir de fato um mercado brasileiro de vinhos finos. Atualmente, no e-commerce brasileiro do vinho, a Wine tem quase 70% de *market share* (cota de mercado). Não vou falar que não acho isso legal, mas precisamos ter mais empresas, mais competidores de peso. Eu trabalho a fim de que a Wine esteja preparada para, quando existir essa massa de clientes, eles possam viver uma experiência memorável conosco.

A estratégia da Wine é se diferenciar para um futuro que acredita ser de grande potencial para o consumo de vinhos?
R.S. — Claro. Sempre diferenciada e preparada para entregar essa diferenciação em todos os seus canais de vendas.

Você afirmaria que em 2017 os stakeholders *da Wine ficaram satisfeitos com seus resultados? Refiro-me aos investidores, consumidores, fornecedores, colaboradores internos, a sociedade?*
R.S. — Estamos muito felizes com tudo que conseguimos alcançar em 2017. Todos os nossos parceiros cresceram. Temos parceiro produtor que cresceu 300% este ano. Nós somos uma empresa com *compliance* forte, uma empresa que honra todos os seus compromissos rigorosamente em dia. Hoje não temos nenhum pagamento vencido em aberto. Não estou me referindo somente aos fornecedores, mas a qualquer tipo de parceiro — isso é também um dos nossos diferenciais. Eles com certeza estão felizes. Os nossos clientes tiveram um ano com muitas boas indicações e novidades. Alguns clientes — e aqui estou me referindo àqueles 3% que infelizmente neste mês de novembro tiveram seus pedidos atrasados — devem ter ficado aborrecidos conosco.

Vou lhe dar uma informação interna: há pouco mais de uma semana houve uma carreta que ia para o Rio e foi roubada; ela estava carregada só com os nossos vinhos e transportava produtos para atender 14.600 pedidos da Wine que seriam entregues no Rio e em São Paulo. Acharam a carreta, mas nenhuma garrafa. Ou seja, a festa foi boa no final de semana passado. Acontecem essas coisas. Certamente esses clientes impactados por um problema que está fora do nosso controle não ficaram felizes. Os demais, eu acredito que ficaram bastante satisfeitos com sua experiência com a Wine. A maioria, com certeza. O meu desejo é que aqueles que não estejam nos deem feedback e a oportunidade de corrigir nossas falhas. Os nossos investidores estão muito felizes, porque foi mais um ano com crescimento muito bom, de forma sólida e lucrativa.

Somos uma empresa operando no azul, com capital para investir e olhando para todos os canais possíveis de interação com os nossos clientes. Acreditamos que os nossos clientes, de qualquer um dos canais, devem ser atendidos onde eles quiserem, da forma que quiserem e no momento que quiserem. É para isso que temos o B2B (*busines to business*) e a Wine Eventos. Nós precisamos estar próximos dos clientes na hora em que eles estiverem tomando a decisão de comprar um vinho ou uma cerveja *premium*.

O nosso tema é o mercado de vinhos, mas seria interessante que você falasse sobre a motivação da Wine para entrar no mundo das cervejas premium.
R.S. — A nossa unidade de cervejas foi criada porque acreditamos que vinhos e cervejas *premium* andam em paralelo. Todo mundo que gosta de vinho também bebe uma boa cerveja de vez em quando, ou tem um amigo que bebe. No Brasil, brincamos que se lava a serpentina com cerveja, para depois começar os trabalhos com o vinho. O fato é que entramos no universo das cervejas para atender a demanda dos nossos clientes. Nós já operávamos nesse mercado com a WBeer, e este ano fechamos acordo para adquirir 100% do CluBeer.com.br, que é um serviço de vendas de cervejas *premium* por assinatura na internet. Com isso, a participação das vendas de cervejas no faturamento da Wine passará de 6% para algo em torno de 10%. Juntos, a Wbeer e o CluBeer oferecerão ao mercado entre 500 e 600 rótulos. Então, em termos gerais, estou finalizando muito feliz o ano de 2017. Crescemos bastante e realizamos todos os projetos estratégicos que planejamos. Entraremos em 2018 preparados para o novo ciclo de três anos que vai de 2018 a 2020, com muita tecnologia embarcada na empresa, com muitos investimentos na parte operacional e logística, tudo para manter elevada a nossa eficiência.

A Wine processa cerca de 9 mil pedidos por dia para todo o Brasil. Essa é uma tarefa dura, complicada. Você irá conhecer o nosso serviço de distribuição aqui na Serra, e verá que é uma operação de guerra, que funciona 24 horas por dia, sete dias por semana. Falta muita coisa ainda para manter nossos padrões de qualidade e os nossos clientes felizes. Nossa missão é viabilizar diariamente momentos de prazer para todos os que estão envolvidos com a Wine: clientes, wineanos, sócios, produtores, todo mundo tem de estar feliz. Não adianta uma parte só estar feliz, porque o castelo desmonta. Em janeiro de 2018 todo o nosso site estará mudado. Será um site com muito mais conteúdo, e estamos também com a ideia de mostrar a operação de guerra que é o Centro de Distribuição da Wine (CDW).

Será muito interessante mostrar no site a operação do CDW para os clientes. Você poderia informar o faturamento da Wine nos últimos anos?
R.S. — Não há problema. Alguns números, como faturamento bruto anual, garrafas vendidas, sócios do Clube Wine, visitas ao site, nós podemos publicar. Nas minhas entrevistas, eu sempre informo esses grandes números. O faturamento bruto, por exemplo, foi de R$ 400 milhões em 2017 e R$ 318 milhões em 2016.

DO QUEIJO FLORA A UMA GRANDE IMPORTADORA DE ALIMENTOS E VINHOS FOCADA NO ATENDIMENTO

Entrevista com Adilson Carvalho Jr., presidente da Casa Flora Importadora Ltda.

São Paulo, 9 de agosto de 2018

*Nós queremos ser uma solução cada vez mais completa
para os nossos clientes, principalmente os on trade,
as delicatessen e mesmo aqueles das grandes redes,
nos quais a dependência de serviços é menor.*

ADILSON CARVALHO JR.

Adilson, antes de começarmos a falar da Casa Flora, seria interessante você contar um pouco sua história pessoal, quem são seus antepassados, quando você nasceu, a origem de sua família, o que estudou e o que fez antes de se tornar o presidente da empresa. Enfim, o que você considerar importante tornar público da sua história.
Adilson Carvalho. Nossa empresa é familiar e basicamente opera como importadora e distribuidora de vinhos. Meu avô, iniciador dos negócios, nasceu em Itamonte, sul de Minas, cidade bastante visitada por cariocas porque é perto de São Lourenço, com turismo forte de pessoas do Rio de Janeiro. Em 1950 ele foi convidado para ser sócio de uma empresa de queijos que tinha uma loja chamada Casa da Mussarela. A empresa do meu avô em São Paulo se chamava Carvalhal e Filho. Meu avô veio para a cidade com seis filhos, entre eles meu pai, que era o mais velho. Como o negócio estava indo bem e o sócio já não queria mais ficar na empresa, meu avô adquiriu todo o negócio e começou a comprar fábricas de queijo. A primeira fábrica foi comprada em 1955 e a temos até hoje. Foi então que nasceu o nome Flora, porque a vila, pertencente à cidade de Três Corações, onde está essa fábrica de queijo se chama Flora. Em 1970 meu pai, com o queijo Flora no portfólio de produtos, fundou a Casa Flora. Ele diz que usou esse nome porque gostava muito da sonoridade e sabia que seria um nome forte. Pediu ao pai que lhe cedesse o nome justificando que fundaria um atacado, e não uma empresa de laticínio. Foi assim que a Casa Flora nasceu. O grande número de filhos do meu avô foi o que motivou meu pai a fundar a empresa. Ele sabia que o antigo negócio era pequeno para tanta gente e que isso dificultaria a entrada de possíveis novos sócios. Com o passar do tempo a Casa Flora, que deveria ser mais um negócio da família, acabou se tornando *o* negócio de toda a família.

A Casa Flora foi criada 15 anos após a chegada do seu avô a São Paulo? Já nasceu fazendo importações de produtos alimentícios e vinhos?
A.C. — Ela foi criada 15 anos depois da primeira fábrica e 20 anos depois que meu avô chegou a São Paulo. Com a visão mais atacadista, meu pai começou a fazer um trabalho diferenciado e conseguiu crescer, chegando a ser maior que a empresa antecessora, a do meu avô. O curioso é que a Casa Flora não importava nessa época, mesmo com potencial para tanto. O mercado era muito difícil, com as barreiras do idioma e a cambial; havia muito temor em mexer com importações.
 Em 1989, quando eu já estudava engenharia mecânica e não estava muito feliz com aquela opção, meu pai me chamou para trabalhar na empresa durante as

férias e eu gostei muito. Eu diria que ali me encontrei. Transferi minha faculdade para a noite e comecei a trabalhar no negócio. Como qualquer pessoa de geração nova que entra no negócio familiar, eu queria melhorar, inovar, e propus a meu pai e a seu sócio, o meu tio Antônio, iniciar a importação de produtos. Isso aconteceu logo depois que o governo de Fernando Collor abriu o mercado para as importações, no início dos anos 1990. No começo não havia tanto acesso à informação como hoje, quando basta fazer uma busca no Google para encontrar, por exemplo, um fornecedor de uva-passa em qualquer lugar do mundo. Você tinha de viajar, pesquisar *in loco* para encontrá-los. Foi o que fiz, e no final de 1991, início de 1992, chegou a primeira carreta de importação de uvas-passas.

Por que a opção por uva-passa? Quando a Casa Flora descobriu os vinhos?
A.C. — Naquela época o vinho não estava no meu radar. Eu estava focado nos produtos que a Casa Flora já vendia com facilidade, que eram uvas-passas, bacalhau, azeitona e especiarias. Um dado importante é que eu pensava simplesmente, com a importação, melhorar minha condição comercial de compra, porque já vendia volumes grandes. Era preciso tirar um atravessador, o importador, na época, e distribuir com competitividade vendendo volumes ainda maiores para viabilizar o crescimento. Eu não queria comprar de um importador que só repassava o produto — ele trazia a carreta inteira para mim.

Não foi complicado concluir que o melhor era ir lá diretamente, comprar e importar. Só que, ao criar o hábito de viajar visitando diferentes países, passei a frequentar feiras de negócios e comecei a ter acesso a fornecedores de outros produtos. Foi nessas andanças que percebi que o mercado do vinho era uma coisa muito forte. O vinho na mesa dos brasileiros, naquela época, era raríssimo, só havia em poucos restaurantes de alto nível. Bebia-se uísque, cerveja e muita caipirinha. No momento em que passei a me interessar por vinho, quis conhecer melhor o produto e comecei a estudar. Nessa época estava acontecendo no mercado brasileiro um fenômeno chamado Expand, que na verdade estava focado apenas em uma linha de produto que explodiu no mercado, o vinho alemão da garrafa azul, docinho, fácil de beber, superagradável. O câmbio estava bastante confortável, favorecendo o produto importado, e então a Expand importou grandes quantidades daqueles vinhos da garrafa azul. Era muito chique você ir jantar com a família e colocar na mesa a garrafinha azul. Por ser de paladar fácil, ele evitava a dificuldade do vinho de paladar mais estranho, em geral não apreciado pelas pessoas que não têm hábito de beber. Nesse cenário, é óbvio que a Casa Flora também importou os vinhos alemães da garrafa azul. Foi a partir daí, vendo que o mercado tinha uma abertura, que comecei a construir um portfólio de vinhos. Eu acho que a Expand foi uma das pioneiras nesse sentido, e que o Otávio Piva fez um trabalho maravilhoso para o mercado de vinhos no Brasil.

O Otávio Piva, com a Expand, foi realmente quem deu uma grande contribuição para a abertura do mercado de vinhos importados.
A.C. — Claro. Foi um trabalho excelente de abertura e de profissionalização do setor de importações. Era muito comum naquela época um importador comprar a guia de importação de outro, que, por exemplo, trazia um rótulo qualquer de um país produtor. Isso acabou com a Expand, a primeira importadora a realmente trabalhar na construção de marcas. Nesse momento, lá pelos idos de 1994-1995, a Casa Flora já era uma distribuidora forte para restaurantes e bares. Nós tínhamos uma penetração muito boa, principalmente no pequeno e médio varejo, embora não fôssemos fortes nos grandes varejos. Naquele momento eu percebi que tínhamos já uma capacidade boa de vender vinhos. Nosso posicionamento como atacadista de outras importadoras, com acesso direto a um importante canal de construção de marcas que eram os varejistas de menor porte, poderia perfeitamente construir suas próprias marcas de vinhos. Começamos a trazer vinhos bem devagarzinho. No início em contêineres mistos, da Itália, trazendo um pouco de *vaporettino*, Bardolino, *lambrusco*, *frascati*, um ou outro *chianti* básico.

Foi assim que começamos a construir nossas marcas. Frequentar as feiras internacionais despertou a vontade de importar e construir marcas nas quais se via futuro, as andanças pelo mercado me davam *insights* do mercado futuro. Alguns representantes da Casa Flora também contribuíram nesse processo de construção de novas marcas. Eu acredito que entramos no mercado do vinho no momento certo, com alguns grandes importadores que também começavam a focalizar o setor. Em paralelo, continuamos a investir no *know-how* de uma distribuidora forte, que entrega muito serviço, ficando fora dos *cash and carries* dos grandes grupos. Nosso foco sempre foi investir muito no serviço ao cliente para construir as marcas. É uma tradição que vem do meu pai, de quando ele começou como atacadista, e também do meu avô. Nós tínhamos boa qualidade nos produtos e no serviço de atendimento.

VINHO E MERCADO

O foco nos pequenos e médios varejistas é uma estratégia da Casa Flora?
A.C. — Desde que meu pai criou a Casa Flora, na década de 1970, os principais clientes eram os feirantes, num momento em que as feiras eram muito fortes. Por mais que houvesse clientes da zona cerealista que vinham do Brasil inteiro, a Casa Flora era uma empresa regional naquele momento. A distribuição de alimentos para o Brasil era muito concentrada em poucas regiões de São Paulo. O Rio era exceção, já tinha uma estrutura mais forte no Mercado São Sebastião. Mas a nossa região era muito forte no abastecimento de alguns estados do Brasil. Nós não estávamos entre os maiores atacadistas, com seus grandes clientes. Nossos clientes eram pequenos e médios estabelecimentos de varejo, lojas e restaurantes que demandavam muitos serviços. Inúmeras vezes recebíamos esses clientes dentro da empresa, num balcão simples, onde apareciam uma vez por quinzena ou mensalmente.

Por não sermos grandes, a estratégia era atuar como atacadista com serviços para lojas e restaurantes. Não dava para brigar com Cofesa, Atacadão, com seus grandes volumes e enorme poder de compra. Contudo, isso nos dava uma vantagem, porque esse tipo de cliente com penetração e acesso direto ao consumidor final facilitava o fortalecimento das marcas novas, ainda desconhecidas. Foi um trabalho benfeito na base que nos deu suporte para depois crescer entre os grandes clientes.

Vocês também não ficavam concentrados nas mãos de poucos clientes.
A.C. — Era risco zero em termos de concentração de clientes. Com um trabalho benfeito, as marcas se desempenhavam muito bem, óbvio que em quantidades compatíveis com a época, nada semelhante aos volumes atuais de vinhos, e até com a sofisticação que as cartas de vinhos dos restaurantes atingiram. Com uma carta com 10 rótulos de vinho já se era considerado um bom restaurante para trabalhar. Hoje é usual um restaurante com 100 ou mais rótulos de vinhos, o que talvez seja até um exagero. Observando atentamente o que o mercado consumia de vinhos, fomos montando a nossa oferta.

Sempre foi uma estratégia a associação no portfólio da Casa Flora de alimentos e vinhos, facilitando a operação nos clientes de pequeno e médio porte?
A.C. — Claro. É uma estratégia que usamos até hoje. Nós queremos ser uma solução cada vez mais completa para os nossos clientes, principalmente os *on*

trade, as *delicatessen* e mesmo aqueles das grandes redes, nos quais a dependência de serviços é menor. Tentamos sempre chegar com o leque completo, e cada produto tem sua função na estratégia. Você observou muito bem a importância para os pequenos e médios clientes de um portfólio que una alimentos e vinhos. É muito importante ter um fornecedor que lhes abasteça também a cozinha, e não somente a carta de vinhos. Se você fidelizar a cozinha do seu cliente, mais facilidade terá com o pacote completo.

O fornecimento de vinhos no mercado atual não é um problema, porque nasce uma importadora de vinhos a cada dois ou três meses. Se um dia você não tiver aquele rótulo e trocar por outro, não será um problema tão grande. Na cozinha a troca pode ser mais difícil, por mexer com a formulação de pratos etc. Crédito é outra coisa importante no nosso país, demandando sempre estar atentos. É preciso ter muito bem definidas as suas regras de crédito e ser disciplinado com elas. Um detalhe interessante é que o dono de restaurante geralmente paga melhor a quem fornece para a cozinha do que para quem fornece somente vinhos, talvez porque a necessidade do produto culinário seja maior. Não podem faltar insumos para a cozinha.

Na Casa Flora vocês pensam que fidelizam melhor o cliente quando trabalham com alimentos do que com vinhos?
A.C. — Eu acho. Principalmente com os alimentos com que trabalhamos. Nunca trabalhamos, por exemplo, para ser a marca mais barata de atomatado ou de massa. Procuramos ser uma solução para a cozinha do restaurante ter custos competitivos com produtos de alta qualidade. Para atingir esse objetivo, nós temos há quase 10 anos um chef formado na Cordon Bleu que trabalha conosco. Sua tarefa é a confecção de pratos saborosos com os nossos produtos, obviamente sem esquecer a otimização e a eficiência, para haver qualidade com preços competitivos.

Quando você ia às feiras buscar conhecimentos e vinhos para o portfólio da Casa Flora fazia o papel do wine hunter. *Atualmente como funciona a seleção de vinhos? A postura é mais ativa, mais passiva? Vocês são muito procurados pelos produtores?*
A.C. — Essa é uma parte muito legal de se contar. Quando me lembro do passado penso que realmente tínhamos mesmo de ir às feiras, porque o Brasil era um país fechado e não estava no radar dos outros países como destino de exportação. Eu

cansei de ir às feiras e, quando chegava aos estandes com meu cartãozinho do Brasil, ouvir que não tinham interesse no país naquele momento, por desconhecimento, por não saber se era um país que cumpria corretamente seus compromissos.

No final da década de 1990 o Brasil ainda estava totalmente fora do mapa dos negócios internacionais, mesmo após a abertura do governo Collor. Então, aquele era um negócio em que você tinha de se vender como empresa e como país para conseguir importar. Era um negócio interessante, porque o cliente tentava se vender para o fornecedor. Desde 1995, quando os vinhos entraram no portfólio da Casa Flora, até 2003, as importações eram difíceis, amarradas. Neste último ano aconteceu um fato muito importante, que foi o início da parceria com a importadora Porto a Porto. Qual era a sinergia possível? A Casa Flora naquele momento tinha boa atuação no Rio, São Paulo, e um trabalho razoável em Minas Gerais. A Porto a Porto não tinha muita coisa nesses locais, mas fazia algumas parcerias conosco; comprávamos algumas linhas de produtos deles que revendíamos normalmente.

Quando houve a crise cambial, com a possibilidade de o Lula chegar à Presidência da República, o cenário ficou muito desfavorável. Então a Porto a Porto começou a procurar a melhor maneira de atuar em São Paulo. O Pedro Corrêa de Oliveira, a quem eu já conhecia, veio nos procurar com o argumento de que, sendo a Casa Flora a maior cliente deles em São Paulo, poderíamos passar a distribuir toda a sua linha no estado. A minha resposta foi que eu tinha muito interesse, e inclusive, como eu não tinha quase nada no Paraná, ele poderia também distribuir nossa linha de importações. Fizemos uma análise das nossas posições, tiramos uma ou outra coisa que conflitava e juntamos os portfólios de vinhos de uma forma racional para trabalharmos em conjunto. Cada parte tirou uma ou outra importação que fazia com menor eficiência, e assim agregamos o portfólio de vinhos da Porto a Porto, que basicamente eram os vinhos Messias e os vinhos espanhóis Marques de Tomares. A Porto a Porto tinha acabado de perder a Azienda Vinícola Zonin e, como a nossa linha de vinhos da Itália já era forte, isso não fez muita falta. Nós já tínhamos a vinícola Santa Carolina, a Nieto Senetiner, e assim começamos a parceria. Combinamos uma margem *intercompany*, e com essa sinergia aquilo foi um *boom*. Estourou de verdade, se transformando num negócio fenomenal!

Ganhei capilaridade onde não atuava, melhorei o portfólio, melhorei o atendimento ao meu importador, porque melhorando as vendas eu consegui fazer a expansão das marcas nacionalmente, sem ele precisar buscar um importador no Rio ou em qualquer outro estado em que muitas vezes não atuava bem, prejudicando as marcas. A estrutura de distribuição ficou muito forte a partir de 2003. Também para as importações, eu e o Pedro começamos a ir juntos às feiras, principalmente as novas. Quando havia um exportador com quem eu já estava em negociação de produtos, ou a quem conhecia por ele já ter nos visitado e mostrado interesse em trabalhar com a Casa Flora, eu avisava o Pedro, para evitar conflitos de interesse. O fato é que juntos passamos a visitar mais as feiras levando o projeto Casa Flora-Porto a Porto para os exportadores futuros.

Existe algum contrato de sociedade entre Casa Flora e Porto a Porto? Vocês usam o mesmo Cadastro Nacional de Pessoas Jurídicas (CNPJ)? Como funciona exatamente?

A.C. — Isso é algo superúnico, não existe nenhum *case* semelhante no Brasil. Cada um importa com seu CNPJ e distribuímos juntos. Não há nenhum vínculo de sociedade, aliás, não existe nenhum papel assinado até hoje. Fio de bigode total, como, graças a Deus, a maioria dos bons negócios. Como a operação funciona hoje? A Casa Flora distribui no Sudeste e a Porto a Porto no Sul. A Casa Flora está baseada em São Paulo, tem uma filial no Rio e outra em Belo Horizonte, que abrimos no ano passado. Essas áreas são fechadas com a Casa Flora. A Porto a Porto, que está sediada em Curitiba, tem filial em Porto Alegre, e todo o Sul é área fechada para sua atuação. Em relação aos demais estados, eu falo que brincamos de *War*. Quem tem a melhor representação na região trabalha como área fechada. Nós temos uma operação conjunta agregando todo o Nordeste. Em Pernambuco temos uma empresa em conjunto chamada Veloz, cuja sede fica em Recife. É a nossa base de apoio para operarmos em toda a região Nordeste. A Porto a Porto acabou de abrir uma filial em Brasília para começar a atender mais de perto o Centro-Oeste. Toda a parte de estratégia com os fornecedores é trabalhada em conjunto. Para o mercado, o que aparece é um portfólio único. Quando a Porto a Porto e a Casa Flora vão a campo, fazem isso com a mesma linha de produtos.

Eu conheci bastante essa forma de atuação porque fui cliente de vocês. Os resultados dessa estratégia são bons?

A.C. — Sim. A transformação foi enorme, e as duas importadoras cresceram muito. As marcas também cresceram em vendas e o nível de atendimento do serviço idem, porque conseguimos chegar próximo dos clientes. Nós somos uma boa solução para as marcas, porque elas estão bem posicionadas em várias praças de relevância. Claro, o Sul e o Sudeste são as praças mais importantes no Brasil, principalmente quando você fala de vinhos; é onde os consumos *per capita* são maiores, e consequentemente os volumes de vendas. Nós conseguimos construir uma forma de atuação ajustada no detalhe que é muito benfeita, é um *case* fantástico que surgiu de um bate-papo.

E a operação no Rio de Janeiro? Existe uma divisão desse importante mercado entre as forças de vendas da Casa Flora e da Porto a Porto?
A.C. — Até um determinado momento as duas forças de vendas atuavam no Rio de Janeiro. Eu e o Pedro já estávamos discutindo como fazer com as bases de clientes que cada um tinha no Rio. O entendimento era de que precisaríamos partir para um investimento maior no estado. Em 2011 eu comecei a alinhar um processo que culminou com a abertura, em 2012, de uma filial. Nós fizemos a proposta para um gerente da Reloco que estava saindo de lá, para que ele montasse uma filial da Casa Flora e a gerenciasse. Foi um baita acerto, a solução funcionou perfeitamente, tanto que o vendedor da Porto a Porto continua conosco até hoje fazendo um grande trabalho. É um dos grandes vendedores do time do Rio.

Qual é o foco da filial Rio? Todos os portes de clientes?
A.C. — A Casa Flora sempre teve a vocação de vender para os pequenos e médios. Mas é evidente que as marcas muito fortes precisam dos grandes clientes, e eu não vou abrir mão de atuar junto a eles. O foco da filial, contudo, são os clientes de pequeno e médio porte. Com eles e no mercado *on trade*, eu quero e preciso fazer um atendimento muito próximo. Se fosse para vender apenas para os grandes clientes, bastaria contratar um distribuidor, que faria todo o resto do serviço de atendimento para mim. Esse resto, tratado como pouco importante por alguns, para a Casa Flora é o mais relevante. É onde eu gosto de fazer investimentos.

Você concordaria que a Casa Flora fosse classificada como importador-distribuidor com foco nos pequenos e médios clientes e no mercado on trade*?*
A.C. — Isso está totalmente correto. A leitura está perfeita, porque inclusive é onde a Casa Flora faz a maior parte dos seus investimentos.

Os investimentos foram sempre familiares? Existiu ou existe algum sócio financeiro?
A.C. — Sempre foram familiares. Nunca houve ninguém de fora. Nós sempre reinvestimos no negócio a maior parte dos resultados financeiros. Há um fato curioso, que eu gostaria de relatar. Eu me lembro dos balanços de final de ano que fazíamos com meu pai e que deixaram boas lições. Isso acontecia em todos os finais de ano, no dia 31, se não fosse um domingo. Se fosse domingo antecipava-se para o dia 30. O balanço era somar toda a mercadoria, verificar quanto devíamos aos fornecedores e quanto tínhamos de contas a receber. Do resultado dessa conta, a maior parte era reinvestida no próprio negócio.

Nossa família, graças a Deus, está bem de vida, mas nunca teve hábitos de grandeza. Vivemos muito bem, mas sempre nos preocupamos em reinvestir a maior parcela do lucro nos negócios da própria empresa. Isso vem desde o meu avô, de uma tradição de simplicidade que meu pai manteve. Obviamente temos o nosso conforto com coisas factíveis, dentro do que o orçamento permite. Foi agindo assim que conseguimos fazer crescer os negócios da Casa Flora sempre que os resultados permitiram. A opção nunca foi colocar dinheiro externo na sociedade. Acho que nunca foi avaliada seriamente essa possibilidade, embora nos últimos anos tenhamos sido procurados por fundos de investimentos e empresas de fora. A família gosta do negócio, está envolvida, tem um relacionamento excelente. Eu e meu primo Antonio Carvalhal Neto gerenciamos a empresa sem maiores discordâncias. Temos uma forma de pensar o negócio bem semelhante, e por hora não vemos necessidade de injeção de recursos financeiros de terceiros.

Como são distribuídas as funções de gerenciamento?
A.C. — O Neto ficou focado na parte de logística e de vendas e eu fiquei com a parte de compras, importação e, por extensão, de definição dos produtos. Atualmente expandimos um pouco e contratamos pessoas ligadas ao vinho, como os sommeliers. Desde 2003 eu contratei o Artur Azevedo, degustador de vinhos que passou a degustar comigo porque queríamos subir um pouco a régua dos vinhos, e aí é bom ter mais gente nessa decisão. Mas boa parte das decisões na escolha das marcas fica comigo e com o Pedro. Com o aumento da complexidade do negócio foi necessário trazer pessoas mais qualificadas para ajudar numa tomada de decisão mais assertiva.

Na construção do portfólio de vinhos vocês assumem uma postura mais passiva, ou continuam fazendo trabalho ativo na busca de novas marcas?
A.C. — Fazemos as duas coisas. Pela relevância que temos e pela melhoria do mercado de vinhos do Brasil, somos acionados por empresas do exterior. Isso já foi até um pouco mais forte. Mas ainda hoje há um bom número de países que querem ter suas marcas no mercado brasileiro. Por mais que ainda haja crise, instabilidade macroeconômica, o nosso país está no radar do mercado mundial. Praticamente toda semana eu recebo e-mails de exportadores querendo nos vender seus vinhos. Ocorre que geralmente o que interessa não vem assim tão fácil, então temos de continuar com o trabalho ativo, frequentando feiras e todos os lugares onde existe oportunidades de aquisição.

Todas essas amostras que você está vendo aqui são de produtos que não estão ainda no portfólio da Casa Flora, mas que podem entrar. São amostras que nos enviam ou que trazemos para serem degustadas aqui. Embora eu ache que o portfólio já está bem completo, precisamos pensar em melhorias e inovações. Vejo um portfólio com boa diversidade e um bom número em termos de rótulos — posso lhe confirmar depois exatamente a quantidade. Atualmente temos entre 500 e 600 rótulos. O movimento de entrada e saída é constante. Os consumidores vão deixando de consumir ou vêm consumindo menos determinados rótulos, então, é preciso movimentar. Acho que é nossa obrigação sempre provocar o consumidor com novidades, não ficando muito estático. É importante estar sempre lançando e tirando alguns produtos. Mesmo que seja da mesma exportadora, precisamos trabalhar algumas novidades para motivar o consumidor.

E alguns campeões, como a linha Marques de Tomares, que já estão no portfólio há muito tempo?
A.C. — Estes não sairão. O mundo do vinho tem coisas que considero muito legais. Há alguns grandes grupos muito fortes em que as transações comerciais são mais impessoais, com o trabalho seguindo seu curso formal menos ligado ao relacionamento pessoal. Mas, em paralelo, trabalhamos com muitas pessoas de empresas familiares nas quais os proprietários e os enólogos são próximos, criando laços pessoais muito fortes. Isso é bem diferente de outros segmentos de bebidas como os destilados, e mesmo alguns alimentos como as massas, em que os relacionamentos não têm a mesma pegada. O mundo do vinho ainda

tem muito calor humano. Isso é muito forte, interessante, e por isso eu gosto muito desse universo. Sem falar de toda a história e da cultura envolvida, além do produto, claro, que eu adoro.

Os relacionamentos que fazemos e as pessoas que conhecemos no mundo do vinho são coisas sensacionais. Elas redobram a vontade de continuar nos negócios do vinho mesmo com todas as dificuldades no Brasil. Eu sou presidente de uma associação em que estão alocados os maiores importadores de vinhos, a Associação dos Exportadores e Importadores de Alimentos e Bebidas (Abba). Ontem nos reunimos por mais de cinco horas discutindo só os problemas do setor, como o aumento das taxas, o Imposto sobre Produtos Industrializados (IPI) e o ICMS-ST, a complexidade da regulamentação, a burocracia dos portos, a logística reversa, que é uma variável superdifícil de lidar. Resumindo, passamos uma tarde e parte da noite só falando dos problemas do setor em busca de soluções.

No dia seguinte, mesmo com a cabeça cheia de problemas, eu fiquei superfeliz e muito bem impressionado, porque recebi na Casa Flora a produtora de uma das marcas de nosso portfólio, a enóloga Filipa Pato. Passamos um bom tempo numa conversa ótima sobre o mercado brasileiro e mundial de vinhos. Estamos falando de negócios, mas eu quero contar uma história da Filipa que ilustra bem isso que estou falando da emoção que permeia o nosso trabalho. Ela tem um programa de enoturismo na sua vinícola, na qual as pessoas vão para a colheita das uvas e para degustar vinhos. Como as pessoas dormem lá, ela oferece um jantar harmonizado com seus vinhos. Este ano ela recebeu um casal de brasileiros, e o homem tinha tatuado na mão a logomarca dela, que por sinal é muito bonita. Eu fiquei impressionado, porque afinal ela não é uma artista nem uma celebridade. Essa é uma historinha simples do mundo do vinho que me emocionou.

A Filipa tem mesmo muito carisma! Quando eu tive um bar de vinhos no Rio de Janeiro fui cliente primeiro dos vinhos do pai dela, Luís Pato, via Mistral, e depois da Filipa, via Casa Flora. Numa visita que fez à loja, em tom de brincadeira, Luís reclamou que eu não mais o convidava para ir lá, mas somente a Filipa.
A.C. — Por conta desse ciúme eu também tomei uma bronca dele semelhante à sua. Num jantar daqueles eventos da Mistral, eu estava à mesa com um exportador e com ele, quando Luís se virou para mim e sem mais nem menos, naquele seu estilo brincalhão bem particular, mandou esta: "Eu estou muito bravo com o

senhor. Não gostei nada da forma como você me apresentou. Quando a minha filha chegou ao Brasil eu era conhecido como Luís Pato, e ela era a filha do Luís Pato. Hoje sou apresentado como o pai da Filipa Pato". Isso provavelmente porque no estande dele todo mundo chegava e dizia: "Ah! O senhor é que é o pai da Filipa?". Apesar do ciuminho, ele falou isso com muito carinho, porque é a filha dele. Imagino a satisfação pessoal e o orgulho que ele tem do trabalho da Filipa.

Voltando a questões menos simpáticas dos negócios do vinho, como está a abordagem da Abba quanto ao problema tributário? Particularmente o ICMS-ST, que angustia a indústria do vinho do Brasil, mas que também atrapalha demais os negócios de importadores-distribuidores como a Casa Flora, deixando uma vantagem competitiva enorme para quem importa direto e vende para o consumidor final.
A.C. — O ICMS-ST nos atrapalha porque vendemos muito pouco direto ao consumidor final, e também porque afeta fortemente a competitividade dos meus clientes, que são em sua maioria pequenos varejistas, diante das empresas puros-sangues do comércio on-line (.com). A competição acontece de forma desleal porque, além de não pagarem impostos via ST, essas empresas ainda se beneficiam ao sediar suas matrizes comerciais em estados que oferecem generosos benefícios fiscais, por conta da loucura da guerra fiscal que vigora no Brasil. Há vantagens tributárias gigantescas. Até o frete vira um produto de luxo oferecido gratuitamente aos clientes, porque eles têm tanta margem tributária que torna isso possível. Nós nos manifestamos por intermédio da Abba contra a entrada da ST em São Paulo, e desde 2008 lutamos bravamente contra isso.

Este mês tivemos uma reunião sobre o tema com o secretário de Agricultura de São Paulo. Estamos juntos com o Ibravin estudando uma forma para mostrar aos governos que esse sistema de ST não funciona, é supernocivo para todo o setor vitivinícola, tirando inclusive a competitividade das pequenas empresas, que acabam perdendo a vantagem de estar no Simples Nacional. Obrigar essas pequenas vinícolas a antecipar o ICMS de toda a cadeia no momento em que faturam seus produtos, além de criar sérios problemas de fluxo de caixa para elas, na prática transforma a antecipação em custo. Isso não só encarece os vinhos como inibe o crescimento do consumo no país. Os clientes da Casa Flora a que me referi e que estão sendo prejudicados são as lojas de vinhos, os pequenos varejistas e os restaurantes. É muita vantagem para quem importa e vende direto ao consumidor final.

Até acho que essas empresas do comércio on-line fazem um trabalho eficiente de divulgação via internet junto ao público mais jovem que é muito bom para o negócio do vinho. O que não é correto é a vantagem competitiva por razões meramente tributárias. Com certeza continuaremos trabalhando muito forte junto aos governos estaduais para retirarem o vinho da cobrança do ICMS-ST. Essa seria uma reforma tributária inteligente que resolveria o problema de uma vez por todas. No mundo do vinho é necessário urgentemente um projeto de simplificação tributária, senão ficará cada vez mais difícil continuar operando. Impostos altos e distorções tributárias acabam incentivando algumas empresas a práticas ilegais, para sobreviver. Quanto maior o imposto, mais gente para achar que o risco compensa. Veja o que já acontece na indústria do fumo.

Em contatos com o Ibravin ouvi que eles continuarão lutando no Legislativo para conseguir mudanças tributárias que permitam algum alívio para a indústria do vinho, e que no limite poderão judicializar a questão do ICMS-ST.
A.C. — Tivemos uma reunião com o Ibravin recentemente para discutir a questão do ICMS-ST, e fecharemos com eles se forem adiante, porque na Abba achamos que é um absurdo o que tem acontecido com o mercado do vinho, principalmente para os pequenos e médios, que perderam muito da competitividade. É possível que realmente sejam necessárias atitudes mais firmes e mais drásticas em relação a essas questões.

Nas entrevistas que fiz com empresas que se beneficiam das brechas existentes na política tributária percebi que algumas delas reconhecem a grande vantagem competitiva existente. Mas a Casa Flora, mesmo sem essas vantagens, tem se situado entre os maiores importadores do mercado brasileiro.
A.C. — Por conta da parceria com a Porto a Porto e das consolidações de grandes marcas temos nos posicionado sempre entre os Top 5 nas importações de vinhos. Mas preste atenção, porque nos dados de importações do Ministério do Desenvolvimento, Indústria e Comércio Exterior (MDIC) os CNPJs são individualizados, e os números que aparecem são de cada empresa isoladamente.

As importações brasileiras de vinhos cresceram muito em 2016 e 2017. Existe algum risco de bolha no mercado por conta de estoques excessivos, ou isso é o crescimento real do mercado? Houve informações na imprensa sobre empresas importadoras se reestruturando.

A.C. — Esse é um dado interessante. Acredito que as informações foram de empresas do setor de e-commerce, porque foi o varejo quem puxou fortemente o crescimento das importações no final de 2017. O crescimento das importações da Casa Flora foi em patamares normais, compatíveis com o crescimento do negócio. De maneira geral, entre os importadores-distribuidores, não verifiquei nenhum crescimento fora da curva. Mesmo a VCT Brasil, que no passado chegou a importar grandes volumes, deixando o mercado com estoques maiores que o normal. Mas essa foi uma ação normal, porque ela estava começando sua operação isolada, e eventualmente, nessas condições, importa mais volume que o necessário por desconhecimento da demanda.

Sobre a indústria, não tenho informações de estoques. O que eu sei é que algumas empresas do comércio on-line estavam superalavancadas e com certeza demandarão ajustes em 2018. Minha aposta maior é que o mercado em 2018 não crescerá da mesma forma. Há ajustes necessários, porém não acredito na existência de uma bolha no momento. Em conversas com bancos ouvi perguntas sobre o futuro do mercado do vinho, preocupações com alavancagens financeiras no comércio on-line, mas confirmei minha posição otimista. O mercado de vinhos no Brasil é ainda muito jovem e com potencial de crescimento muito bom. Pode ser que demore um pouco por causa da crise econômica, do poder de compra da população e algumas outras variáveis que atrapalham o ritmo de crescimento, mas não o crescimento em si. Na minha experiência com o mercado brasileiro de vinhos vi períodos de forte crescimento seguidos de estabilização para consolidar um novo patamar. Talvez em 2018 ou 2019 tenhamos mais um platô de consolidação, e ouso afirmar que o crescimento observado das importações não foi por conta de uma bolha no mercado. Os problemas são pontuais e pouco relevantes.

O crescimento tem se dado mais nas importações que no consumo geral de vinhos. Estaríamos passando apenas por um processo de substituição de produtos?

A.C. — O mercado de vinhos no Brasil consome menos de dois litros *per capita* ao ano. Há uma redução no consumo do vinho de mesa, e não acredito que tenha sido este consumidor que passou a comprar vinhos finos, porque há uma diferença bem grande de preços entre um e outro. Talvez uma minoria tenha feito essa migração, mas a maioria dos consumidores desse tipo está consumindo outras bebidas. Como o consumo de vinhos finos cresceu aceleradamente, só pode ser por conta dos entrantes. Por isso afirmo que nosso mercado é ainda jovem e pode crescer até alcançarmos o consumo de cinco, seis, ou até mais litros *per capita* ao ano.

Entre 2012 e 2017 o crescimento da comercialização é forte quando se olha apenas o mercado de vinhos finos, que saiu de 113 para 152 milhões de litros. Mas o mercado total ficou praticamente estável, variando de 318 para 325 milhões de litros.
A.C. — O mercado de vinhos finos realmente cresceu bastante por causa das importações, mas o mercado total ainda patina. Se dividirmos o total de vinhos finos pela população, isso não chega a 0,7 litro *per capita* ao ano. Mesmo com o total de vinhos o número é muito baixo, chegando a 1,6 litro *per capita* ao ano. Por isso acredito que o mercado de vinhos no Brasil ainda tem muito potencial de crescimento e que não estamos passando por uma bolha de mercado.

Obviamente não será bom para todo mundo, porque o mercado vai se depurar e a profissionalização será a moeda de sobrevivência. Quem está entrando sem uma boa estratégia não se sustentará. Não dá para pensar que, como temos um tio ou um primo na Itália, em Portugal ou na França, isso bastará para nos tornarmos importadores de vinhos. O negócio não será sustentável se você não tiver um sólido planejamento de vendas. Se importar no Brasil é difícil, vender e distribuir são coisas muito piores, muito mais complexas. Importadoras-distribuidoras ou .com que não estão bem preparadas terão muita dificuldade de sobrevivência. Na Casa Flora estamos otimistas. Se você observar o mercado de vinhos finos, que é o nosso foco, ele cresceu mais de 30% entre 2012 e 2017, mesmo com toda a crise econômica que vivemos.

Não há nenhuma preocupação com a quase estabilidade nos últimos anos do mercado total?
A.C. — Nenhuma. A indústria de vinhos do Brasil, tanto para quem faz vinhos finos quanto para quem faz vinhos de mesa, encontrará suas alternativas. Os importadores de vinhos seguirão seu caminho acreditando que, com uma base de consumo tão baixa, teremos muito espaço para crescer. Há muita oferta no

mercado mundial de países fora do radar que ainda não foi avaliada pelos importadores brasileiros. Este ano fui a ProWein e fiquei surpreso ao deparar com um estande gigante de vinhos da Moldávia. Nem sei se já há alguém trazendo vinho de lá, também não conheço a qualidade. O que quero dizer é que há vinhos no mundo inteiro para serem pesquisados pelos importadores brasileiros.

Talvez seja porque no mundo do vinho nenhum país consiga dominar totalmente o mercado. Há dificuldades de consolidações empresariais mesmo em mercados produtores e consumidores mais maduros.
A.C. — Você encontra produção de vinhos em quase todo o mundo. O vinho tem uma cultura, uma tradição muito legal — é difícil consolidar. Por mais que tenhamos grandes regiões produtoras e exportadoras de vinho, elas não têm o domínio, como no caso do uísque, da vodca e mesmo das cervejas, em que alguns poucos dominam o mercado mundial. Na importação brasileira, por exemplo, a Casa Flora, embora seja um *player* entre os Top 10, não chega a concentrar 10% do mercado. Parece que a VCT Brasil também está abaixo disso. Você não consegue porque o consumidor não aceita isso, preferindo a diversidade.

A consolidação é realmente difícil. Nas importações do biênio 2016-2017 a Casa Flora deteve respectivamente 5% e 6% das importações e a VCT Brasil 12% e 8%. A queda provavelmente se deve ao aumento das importações diretas das grandes superfícies de varejo e empresas puros-sangues do mercado on-line?
A.C. — Certamente. A VCT Brasil está sofrendo bastante com as importações diretas desses *players*. Mas realmente a consolidação no mercado do vinho é complicada e difícil. Nos Estados Unidos, país onde mais se consome vinhos no mundo, a vinícola Gallo Winery, com suas supermarcas, não consegue controlar o mercado. Apesar de estar há muitos anos trabalhando no mercado de vinhos no Brasil, poderei ser surpreendido por alguma mudança que não previ, mas afirmaria que a possibilidade de ele mudar e crescer são maiores que a de reduzir seu tamanho.

Qual a aposta da Casa Flora para o triênio 2018-2020?
A.C. — Estamos projetando crescimentos anuais entre 5% e 10% mesmo com as importações diretas dos supermercados e com a concorrência das empresas .com. Não serão crescimentos com taxas semelhantes às dos supermercados e

empresas puros-sangues do comércio eletrônico puro, crescimentos sólidos, com muito serviço embutido. O que precisamos é que nossos clientes recuperem sua força, e para isso a economia do país tem de melhorar.

No primeiro semestre de 2018, as importações cresceram cerca de 6%, comparadas ao mesmo período de 2017. O destaque foram os espumantes.
A.C. — Isso certamente aconteceu porque os vinhos tranquilos aumentaram bastante seu preço unitário no mercado mundial, sobretudo na Europa. Achei estranho, apesar de existir bastante oferta de vinhos europeus, houve aumentos elevados. Com a expectativa de boas safras tanto na América do Sul quanto na Europa, é provável que os preços voltem ao normal em 2019 e o volume dos vinhos tranquilos recupere seu patamar normal de importações. Em relação ao aumento no volume dos espumantes importados, eu diria que, por enfrentarem uma concorrência forte dos excelentes espumantes brasileiros, seus estoques estavam muito baixos e precisavam ser minimamente repostos. No nicho dos espumantes o produto brasileiro é competitivo com bom custo-benefício.

Poderia ser uma reação aos espumantes brasileiros?
A.C. — Os espumantes importados vinham perdendo muita participação no mercado. Houve uma reação em 2017 que pode continuar em 2018. Outro fato também interferiu nos últimos anos na dinâmica desse mercado específico. Tínhamos uma dependência muito forte do Prosecco, que foi ficando cada vez mais caro, se inviabilizando ante os concorrentes. Outros espumantes como os Cavas não foram no primeiro momento bem entendidos pelos consumidores que descobriram o produto brasileiro. Infelizmente tivemos a quebra de safra em 2016, e os espumantes brasileiros desapareceram, abrindo espaço para importações de espumantes novos da França, Itália e também dos Cavas espanhóis. Estamos vivendo uma transição no mercado de vinhos espumantes, que ainda tem um consumo muito baixo quando comparado aos vinhos tranquilos.

No último trimestre de 2017 as importações de espumantes franceses cresceram tanto que a França foi o maior exportador com o menor preço unitário. O que aconteceu? Foi o chamado vinho da comunidade europeia (VCE)?
A.C. — A comunidade europeia tem muito vinho exportado pela França que não é francês. E isso não é nenhum problema. Se você colocar no rótulo que não é

vinho francês, pode exportar pela França. A maior base do vinho espumante, ou do vinho de uvas brancas baratas, está na Espanha, principalmente na comunidade de La Mancha. Então, muitos vinhos que estão chegando aqui não são feitos com uvas francesas. E também alguns grandes produtores franceses estão produzindo vinhos extremamente comerciáveis e de baixíssimo custo. Provavelmente esses produtos são apenas envasados na França.

A França há bastante tempo é o maior importador de vinho a granel da Espanha. Os dados estão lá nos relatórios do OEMV (Observatorio Español del Mercado del Vino)...
A.C. — Para mim isso não tem nenhum problema, desde que o exportador e o importador declarem explicitamente o que há dentro da garrafa, só não pode é enganar o consumidor. Com essa ressalva, os produtos podem ser importados e competir no mercado porque é legal, e portanto permitido. Mas os espumantes Cavas de origem espanhola, embora sejam um pouco mais caros, têm controle de origem e são produzidos obrigatoriamente pelo método tradicional francês. Já os espumantes franceses, com exceção dos champanhes e Crémants, podem ser produzidos pelo método Charmat curto, com uma passagem rápida em autoclave: produz, engarrafa e exporta. Logicamente o custo fica menor.

Não podemos esquecer que o método Charmat permite a produção de espumantes de baixo custo.
A.C. — Fazendo um *Charmatzinho* curto você produz e exporta com baixo custo. Eu penso que a Itália voltará a ser competitiva no negócio dos espumantes, mas não com o Prosecco. Eles virão também com vinhos espumantes do tipo *Charmatzinho*. A Itália e a França competirão com espumantes mais básicos de entrada, e a Espanha no nível intermediário, com o seus espumantes Cavas. Uma ou outra quebra de safra como a que aconteceu este ano na França pode interferir nisso, mas este será o tom do mercado brasileiro de espumantes.

Qual a participação dos vinhos no faturamento da Casa Flora?
A.C. — Na atualidade os vinhos, em valores, são responsáveis por 58% dos negócios da Casa Flora. Em volume, os alimentos representam o maior percentual, pois em geral são produtos com menor valor unitário.

Novos entrantes têm maior ou menor facilidade para ingressar no mercado de importação de vinhos?
A.C. — Nós entramos nesse mercado num momento em que era possível gerir os negócios mais na intuição, sem pensar muito ou sem um planejamento prévio bem estruturado. O mercado era nascente, ninguém sabia para aonde iria, e as estratégias, se é que existiam, não eram nada definidas. No mercado atual, embora jovem, mas com alguma consolidação, já temos alguns fundos de investimentos atuando como *players* importantes, e não adianta iniciar a importação de vinhos só porque há um bom contato nas vinícolas, ou porque se conhece o processo de importação. Importar um contêiner de vinhos não é tão difícil, por mais que a documentação seja complexa e os custos nem sempre estejam bem definidos. O maior problema é depois que os produtos estão no estoque e não há para quem vender.

Os amigos do pequeno varejo, no qual o importador sem tradição no mercado pensava que venderia muitas caixas, acabam comprando apenas algumas garrafas em nome da amizade, porque há muitas ofertas atraentes no mercado. Vários já nos procuraram para vender seus contêineres depois de não se acertarem no mercado. Construir marcas no mercado brasileiro está superdifícil, temos uma das maiores diversidades do mundo. São algumas dezenas de milhares de rótulos à disposição dos consumidores. Por isso, um estudo prévio acurado de onde se quer atuar é fundamental para ter alguma chance de sucesso. Mesmo alguns exportadores erraram nessa avaliação. Por não encontrarem interessados em importar seus vinhos, decidiram vir sozinhos para o mercado. Os resultados geralmente são péssimos, a legislação fiscal e a logística no Brasil são complicadíssimas. Você muda de estado e parece que mudou de país! Mesmo sendo um mercado com grande potencial, é preciso definir com assertividade um nicho de atuação. O profissionalismo é imprescindível para importar e vender vinhos no mercado brasileiro. Não quero desanimar ninguém, mas o entrante precisa ter ciência de que encontrará *players* estabelecidos, com gente preparada, competente, e de que não será fácil ganhar espaço nas prateleiras do varejo. Eles não têm aumentado sua área de exposição, e, para ganhar espaço, só deslocando quem já se posicionou.

Em sua opinião estudar o mercado, definir previamente estratégias de custo, qualidade, serviço, esboçar minimamente um plano de negócios são questões vitais?
A.C. — Sem dúvida alguma! Entrar no mercado de vinhos como paraquedista é um perigo gigantesco. Sei de empreendedores que entraram no e-commerce só porque tinham um amigo, que geralmente virou sócio, que era bom de internet. Esse mercado então está totalmente minado porque tem fundos de investimentos fortes operando nele. É muita propaganda, muitos serviços ofertados, clubes de vinhos e ofertas superagressivas de produtos. Como um pequeno empresário quase amador conseguirá concorrer contra toda essa força? Pode ter algum charme se apresentar no ambiente social como importador de vinhos, mas é grande o risco de perder muito dinheiro se não o fizer de maneira profissional. É melhor ser um grande consumidor de vinhos raros, que também tem seu charme, que arriscar fortunas com importação. Importar e comercializar vinhos no Brasil não é somente status, mas um negócio com muita complexidade e que exige uma dedicação absurda.

Muito afirmam que para aumentar o consumo de vinhos no Brasil é preciso criar uma cultura do vinho. O que seria mais importante? Cultura ou vinhos com preços compatíveis com o bolso dos consumidores?
A.C. — Preços compatíveis com a capacidade de compra dos consumidores certamente são de importância fundamental. Eles migram ou continuam a beber cerveja, por exemplo, porque os preços são mais baixos. Ocorre que para termos essa condição de preços seria necessário pelo menos algum ajuste tributário, como a retirada da bebida do regime do ICMS-ST. Por que as cervejas conseguem ter taxa de tributação mais baixa que os vinhos, tornando-se mais competitivas? Pelo poder dos seus *lobbies*. O mundo do vinho precisa também se organizar mais para atingir seus objetivos junto aos governos estaduais e federal, o que não é muito fácil. Sempre há o argumento de que se trata de uma bebida alcoólica que enfrenta *lobbies* religiosos contrários. Mas em algum momento conseguiremos convencer o mercado de que o vinho é uma bebida que ajuda à redução do alcoolismo, que bastariam alguns ajustes na tributação. Para concluir, eu diria que todas essas discussões ajudam, mas o poder de compra da população é o mais importante, é vital. Muitos estudos e pesquisas de mercado confirmam que o aumento do consumo de vinhos ocorre quando o poder de compra da população aumenta.

O VAREJO DO VINHO NOS SUPERMERCADOS

Entrevista com Carlos Cabral,
consultor de vinhos do Grupo Pão de Açúcar

São Paulo, 13 e 30 de novembro de 2017, 22 de janeiro de 2018

*Os vinhos importados mais econômicos cumprem um
papel importante de estimular a formação do enófilo.
Ele começa com os vinhos de entrada mais simples,
e automaticamente vai buscando outros patamares
de qualidade. A partir daí não há mais volta.*

Carlos Cabral

Eu gostaria de começar pela sua trajetória, por um pouco da sua história até o momento em que você chega ao mundo e aos negócios do vinho. Quando e onde você nasceu, suas origens familiares, seus estudos.

Carlos Cabral. Eu nasci em São Paulo no dia 11 de abril de 1950. Meu pai era um português nascido na ilha de São Miguel, a maior do arquipélago dos Açores. Minha mãe, embora tenha nascido no Rio de Janeiro, com um ano de idade voltou à terra dos seus pais, uma pequena cidade no sul da Itália fundada por gregos, chamada Agropoli, localizada na região da Campânia, na província de Salerno. Essa cidade fica próxima de Nápoles. Minha mãe só retornou ao Brasil quando tinha 14 anos. Eu estudei no Liceu Coração de Jesus, uma escola Salesiana, e de lá segui para Pindamonhangaba, para um seminário menor da mesma congregação, porque queria tornar-me padre. Minha mãe foi quem interrompeu esse projeto. Tanto em minha casa quanto no seminário o vinho estava sempre presente, mas foi somente aos 19 anos que despertei de fato para o mundo do vinho, graças a uma garrafa de vinho do Porto que me foi presenteada pelo meu então futuro sogro, Heinz Godau.

Vocês moraram sempre em São Paulo? Seus pais tinham alguma ligação com o mundo do vinho?

C.C. — Moramos sempre em São Paulo. Meu pai não tinha nenhuma ligação com o mundo ou com os negócios do vinho. Ele viveu uma história igual àquela do filme *Cinema Paradiso*, pois foi trabalhar como profissional de cinema aos 13 anos, e nessa atividade ficou por 20 anos. Minha mãe trabalhou como auxiliar de cozinha na casa do conde Francisco Matarazzo e só saiu de lá para casar-se com meu pai. Foi por isso que o contato com uma gastronomia mais requintada e farta fez parte do cotidiano da minha educação.

Antes de se tornar consultor de vinhos do Grupo Pão de Açúcar (GPA) você já tinha construído uma longa e bela história no mundo do vinho no Brasil. Quando surgiu seu interesse pelo vinho? Você poderia relatar um pouco da sua trajetória nessa indústria até sua entrada no GPA.

C.C. — Como autodidata, eu comecei a comprar e a ler muitos livros sobre vinhos que adquiria no exterior, porque no Brasil não havia disponibilidade desse tipo de bibliografia. Também passei a me corresponder com muita frequência com as casas produtoras de vinho do Porto. Eu sabia de tudo o que se passava no mundo do vinho, pois lia muito e escrevia mais ainda. Naquela época não havia ainda os faxes ou e-mails, então eu enviava cartas manuscritas. Só para dar uma ideia, na época do Natal eu chegava a mandar cerca de 350 cartões de boas-festas somente para Portugal! Escrevia em português para Espanha, Itália, Alemanha, França, e sempre recebia a resposta dos destinatários. Eles davam o troco respondendo em seus respectivos idiomas, e depois eu tinha de providenciar para traduzir tudo o que recebera. Aos 30 anos abandonei um trabalho bastante promissor como técnico em material cirúrgico (suturas), mesmo tendo concluído o curso na Faculdade de Administração Hospitalar, para dedicar toda a minha vida profissional ao vinho, que de *hobby* tinha passado a ser minha profissão e meu meio de vida.

Você também fez parte do grupo fundador da Sociedade Brasileira dos Amigos do Vinho (Sbav), criada em 1980 na cidade de São Paulo. Poderia nos falar sobre ela, como foi o ato de criação, quais eram seus objetivos?
C.C. — O grande salto para as minhas atividades no mundo do vinho foi a idealização e fundação da Sbav, em 11 de julho de 1980. Ela foi a primeira confraria oficial de vinhos do Brasil, e dela fui presidente por dois mandatos. O início de tudo foi numa Feira de Utilidades Domésticas em São Paulo onde havia três estandes de vinhos: Almadén, Château Lacave e Martini & Rossi. Por mais de seis horas fiquei observando as pessoas que se interessavam por vinhos, e quando elas saíam dos estandes eu as abordava e falava da minha ideia de criar uma confraria de vinhos. Algumas aceitaram de imediato e me passaram seus contatos. O Rodrigo Castanheira e o José Osvaldo Amarante foram dois desses. O então príncipe, duque, conde e marquês italiano do Reino das Duas Sicílias, António Filangieri di Candida Gonzaga, também gostou da ideia e ainda trouxe para a sociedade 16 amigos, todos ex-membros da nobreza italiana. Juntei os parentes e amigos, e no dia 11 de julho de 1980, no restaurante Chez Bernard, na cidade de Embu das Artes, fundamos a Sbav. Nós realizávamos um encontro festivo mensal em que provávamos todos os vinhos brasileiros da época. A esse grupo inicial foram se juntando muitos dos hoje senhores do vinho, que escrevem e divulgam o produto por esse Brasil afora. O objetivo da Sbav está até hoje no primeiro parágrafo de seu estatuto social: divulgar e promover a cultura do vinho. É somente isso — e já é um mundo de coisas a serem feitas.

A indústria brasileira do vinho nessa época era liderada por multinacionais como Martini & Rossi, Heublein, Maison Forestier, Moet & Chandon, Almadén. Houve alguma participação ou apoio dessas empresas na criação e nas posteriores ações da Sbav?

C.C. — Todas as vinícolas multinacionais apoiaram a Sbav sem nenhuma restrição. O difícil mesmo foi lidar com as vinícolas nacionais que na época formavam um cartel liderado pela Cooperativa Vinícola Aurora, cujo presidente era então o sr. Armindo Schenatto. Ele foi enfático ao dizer que não apoiaria a Sbav "porque não queria fortalecer nenhum leão que o atacasse posteriormente pelas costas". Eu de imediato e prontamente respondi que ele provavelmente não devia confiar no vinho que fazia. Eles posteriormente tentaram inclusive barrar resultados de provas às cegas de vinhos que fazíamos na Sbav. Essa pendenga foi parar até no Congresso Nacional, num movimento liderado pela bancada gaúcha! Felizmente hoje estamos em paz, somos uma só família consciente de quanto dependemos um do outro. O vinho no Brasil não é muito mais consumido por uma série de motivos, e um deles, de grande peso, com certeza, é aquele causado pela desunião permanente entre os produtores. Eu somaria a isso a vaidade de alguns que atrapalham muito mais que ajudam o crescimento do mercado brasileiro.

Sua consultoria de vinhos para o Pão de Açúcar começou em 1997. Nesse final dos anos 1990 eram simples os procedimentos para importação, ou eram complicados e importar vinhos se tornava um grande desafio?

C.C. — O vinho no Brasil, ao longo da sua história, sempre teve um consumo seletivo, nada forte ou representativo na economia nacional. Além disso, sempre sofreu com normas e barreiras oficiais, representadas pelas famigeradas e dolorosas emissões de guias de importação que tinham que passar pela Carteira de Comércio Exterior (Cacex), no Banco do Brasil e no Ministério da Agricultura. Importar vinhos exigia um esforço hercúleo e uma paciência de Jó. Sem contar com as constantes mudanças bruscas nas políticas cambiais que invariavelmente prejudicavam muito o mercado.

Quem fornecia os vinhos para os supermercados? A única opção eram os importadores-distribuidores tradicionais ou já havia a prática da importação direta?

C.C. — Eram os importadores tradicionais de vinho que forneciam esses produtos para os supermercados. Eles faziam um trabalho comercial somente com as marcas mais conhecidas, aquelas que não necessitavam de esforço de venda porque os clientes já as conheciam e as procuravam quando vinham fazer suas compras. Era comum eles chegarem com suas escolhas definidas antecipadamente, sem muita margem para experimentar alguma marca menos conhecida.

Você teria exemplos de marcas que eram demandadas com mais frequência pelos consumidores?
C.C. — Os pedidos já eram cartas marcadas. Os consumidores dessa época não gostavam muito de mudar de rótulos nem de experimentar coisas novas. Procuravam marcas célebres como Dão Grão Vasco, Casal Garcia, Corvo Duca di Salaparuta, Valpolicella Bolla, *chianti* Rufino, Marqués de Riscal, Mouton Cadet e os alemães da garrafa azul, como o Liebfraumilch. Entre as marcas brasileiras a preferência era por Sangue de Boi, Almadén, Baron de Lantier, Clos de Nobles, Van Zeller, entre alguns outros. As vendas em geral se limitavam a esses produtos.

Qual era a postura dos produtores brasileiros? Eles tinham uma política de vendas específica para as grandes superfícies do varejo? Os pequenos e mesmo os grandes produtores brasileiros prospectavam os supermercados para distribuir seus produtos?
C.C. — Os produtores do Brasil não atuavam de modo eficiente. Eles não tinham uma boa política comercial de promoção dos seus produtos nos pontos de vendas. Simplesmente entregavam as caixas de vinhos encomendados nos supermercados, e estes comercializavam o produto da forma que bem entendiam. Eram comuns as caixas de vinho ficarem empilhadas ao lado de outra pilha de caixas de sabão em pó, de leite ou qualquer outro produto alimentar e de limpeza. As vendas de fato ocorriam somente nos meses de julho, por conta do inverno, e em outubro, quando se fechavam as compras de grandes quantidades para as festas do fim de ano.

E a abertura do mercado brasileiro promovida em 1994, pelo governo Collor? Qual foi a reação dos supermercados? O Grupo Pão de Açúcar foi quem primeiro começou a fazer importações diretas de vinhos?
C.C. — Embora tenha havido uma abertura de importação em 1994, no governo Collor, demorou um pouco para que os supermercados tomassem a iniciativa de fazer importações diretas e algumas até exclusivas para as suas lojas. O pioneiro em São Paulo foi o supermercado Sé, que logo adotou com muita frequência a prática de trazer vinhos de Portugal.

Que eu me lembre, foi em 2003 que a importação de vinhos ultrapassou a comercialização de vinhos finos da indústria brasileira. Nesse ano as importações atingiram 29,3 milhões de litros, versus os 24,1 milhões de litros comercializados pela nossa indústria. Quando o supermercado Sé começou a importar vinhos? Eles trouxeram apenas vinhos portugueses nesse início?
C.C. — Sim, foi nessa época que o supermercado Sé incorporou à sua linha corrente todos os vinhos das tradicionais caves Aliança de Portugal e uma marca própria de vinho verde, a Dom Silvano, que era o nome do restaurante de bacalhau que estava ao lado da loja principal da família Sé. Até uma marca de vinhos da Madeira, o Barbeito, era importada. E pasmem! O objetivo exclusivo deles era efetivamente aumentar a fidelidade dos seus consumidores! Mesmo com a inflação em alta, a "margem" dos vinhos vendidos no supermercado Sé não passava de 10% — muito diferente da realidade atual do mercado brasileiro.

E como o Pão de Açúcar percebia o cenário do mercado brasileiro em termos de consumo de vinhos? Havia uma demanda firme e crescente no mercado interno que justificasse a importação direta pelos supermercados?
C.C. — Naqueles anos, os dados de consumo anual *per capita* de vinhos no mercado brasileiro eram de apenas 1,7 litro! Número baixíssimo em se tratando de Brasil, país que tem em sua população uma grande miscigenação europeia. Parecia que os imigrantes tinham esquecido a tradição de beber vinhos às refeições, e não passaram aos seus filhos o hábito de consumo regular. Mas nessa época já se multiplicava pelo país a formação de confrarias e clubes de vinhos, uns profissionais, outros amadores, que agregavam pessoas de todas as idades, ávidas por conhecer e consumir vinhos. Foi um período muito gostoso, quando assistimos à explosão de uma juventude de enófilos convictos, prontos a falar sobre vinhos a qualquer momento e a passar adiante os conhecimentos adquiridos.

Em sua opinião essas confrarias e clubes de vinhos foram importantes para promover o consumo, em particular de vinhos importados? Quem eram eles e que ações multiplicadoras promoviam? Eles se abasteciam nas importadoras e lojas especializadas, ou também buscavam vinhos nos supermercados?
C.C. — Quando duas pessoas se juntam para beber vinho e resolvem partilhar o líquido e o conhecimento do assunto, elas já estão promovendo o consumo do vinho. Num país onde a cultura do vinho é praticamente inexistente, as centenas

de grupos e confrarias que surgiram foram e ainda são os grandes responsáveis pelo consumo consciente e de qualidade de todos os vinhos comercializados no Brasil. É de vital importância a manutenção desse *status quo* para que o vinho consiga se difundir entre a população.

Que fatores em sua opinião foram determinantes para os supermercados passarem a investir tão fortemente no mercado de vinhos? Resultados financeiros? Prestígio junto aos clientes?
C.C. — Os supermercados aos poucos foram descobrindo que, além do alto valor agregado que uma garrafa de vinho podia trazer para a caixa da empresa, havia também o fator "privilégio em bem servir com vinho", ou "ser referência em vinho". Ninguém nesse setor queria ser conhecido apenas como o maior vendedor de sabão em pedra ou de papel higiênico no Brasil! O vinho traz uma imagem positiva para a loja, transforma-a em ponto de confluência de pessoas exigentes, com potencial de aumentar o valor do tíquete médio das compras.

Por que você pensa que a estratégia dos supermercados foi partir para as importações diretas e exclusivas de vinhos?
C.C. — Feitas as contas, as importações diretas e exclusivas deixam bem mais dinheiro na caixa. É possível eliminar uma série de impostos e taxas em cascatas que até hoje são cobrados nas importações brasileiras. O custo de compra dos vinhos importados diretamente é sempre muito inferior, permitindo que o supermercado trabalhe melhor com sua política de margens de lucro. Eu acrescentaria que também reduz muito a preocupação com a concorrência. Trazendo vinhos exclusivos, os supermercados não ficam reféns da guerra de preços tradicionalmente praticada no setor.

Foi fácil encontrar fornecedores diretos de vinhos para os supermercados? Foram os supermercados que buscaram no exterior esses fornecedores ou já havia uma pressão de oferta aqui no Brasil?
C.C. — Muitos países produtores tradicionais de vinho estavam passando por uma redução forte no consumo interno pelas mudanças de hábitos de consumo e também por conta de crises em suas economias. Os resultados eram excedentes de produção que precisavam ser exportados e ter um destino. Quase que em sua totalidade, os grandes e tradicionais produtores de vinho se voltaram

para o Brasil. Afinal, éramos um país com quase 200 milhões de habitantes que consumiam anualmente só 1,7 litro *per capita*, havia todo um potencial e um trabalho enorme para ser feito. Foi por isso que centenas de executivos e enólogos estrangeiros vieram ao Brasil a fim de negociar seus produtos. Foi um casamento perfeito! A oferta e a procura deram-se as mãos e foram felizes para sempre!

Quem chegou primeiro? Os países produtores de vinhos do Cone Sul, com as facilidades dos acordos do Mercosul, ou chegaram também os europeus e os demais países do chamado Mundo Novo? Falo de África do Sul, Austrália e Nova Zelândia.
C.C. — Os europeus predominavam, mas eles não contavam que o Chile e a Argentina, com seus enormes excedentes de produção, iriam se portar da forma como se portaram. Como para esses países da América Latina era muito difícil estar presentes nos mercados da Europa e nos Estados Unidos, o Brasil se transformou num destino importante. E foi muito positivo, porque dessa forma tivemos um excelente aprendizado degustando vinhos varietais de uvas viníferas de qualidade superior a um preço justo — facilidades e atributos que os produtores europeus até aquele momento não ofereciam. Para complicar ainda mais a situação dos vinhos europeus, o euro tem valor superior ao dólar, que é a moeda utilizada para o câmbio na América Latina. Um vinho europeu com preço de € 1.00 FOB torna-se no mínimo 20% mais caro que um vinho de US$ 1.00 FOB na América Latina, por conta dos impostos em cascata cobrados no processo de importação.

E como se posicionou o Grupo Pão de Açúcar nesse momento inicial?
C.C. — Antevendo esse cenário e suas demandas, o Grupo Pão de Açúcar, um gigante do setor de supermercados, fez a opção de contratar um consultor de vinhos cuja missão inicial maior era "encantar" os clientes com palestras e degustações. O grande objetivo era atrair clientes especiais para o mundo do vinho e, claro, para a compra de produtos diversos em suas lojas.

VINHO E MERCADO

A contratação do consultor de vinhos antecedeu as importações ou já havia nas gôndolas disponibilidade de vinhos oriundos das importações próprias? Quando e quais foram as origens dos primeiros vinhos importados?
C.C. — A contratação do consultor de vinhos foi anterior às importações diretas. As informações sobre vinhos disponíveis precisavam ser passadas aos consumidores, e o consultor, com seus conhecimentos, cuidava dessa comunicação nas lojas do Grupo Pão de Açúcar, realizando festivais pontuais para promover as vendas de vinho.

Em que momento surgiu a figura dos atendentes de vinhos nas lojas do Pão de Açúcar?
C.C. — Foi logo no momento seguinte. O próximo passo foi a formação de um time de atendentes de vinhos para se posicionarem nos corredores destinados à venda desses produtos. O trabalho deles consistia em orientar a escolha de um rótulo e também vender com confiança os vinhos para os clientes. Foi assim que em setembro de 2000 uma equipe de nove atendentes de vinhos, sendo um para Brasília e oito para São Paulo, recebeu treinamento intensivo de sete dias sobre o tema. Nesse treinamento foi incluída até uma viagem à Serra Gaúcha, tradicional região produtora de vinhos no Brasil, para que tivessem contato com vinhedos, viticultores, enólogos, tanques de fermentação, barricas de carvalho etc. Enfim, eles foram ver e sentir o mundo do vinho, conhecer uma vinícola e a produção dos vinhos. Com esse treinamento eles obtiveram a segurança necessária para se dirigir aos clientes nas lojas do Pão de Açúcar.

Foi bom o resultado das atividades da equipe de atendentes de vinhos nas lojas?
C.C. — O sucesso foi imediato! Tanto que em 2002 já tínhamos 48 atendentes de vinhos espalhados nas lojas por todo o Brasil. Esse número chegou a 175 em novembro de 2017. Desde a formação inicial, foram criadas 23 turmas, perfazendo um total de 350 pessoas treinadas e habilitadas para exercer essa atividade. Observamos que, decorridos cerca de 90 dias do início do trabalho de um profissional na loja, as vendas de vinhos cresciam em torno de 35%, e não somente em volume, mas também em valor agregado. E a formação desse profissional foi o grande pilar para o sucesso. Grande parte deles já foi conhecer vinhedos e vinícolas no Brasil, Chile, Argentina, Uruguai e Portugal. Muitos foram promovidos internamente e hoje ocupam cargos no departamento comercial.

Outros assumiram a gerência de lojas do Grupo Pão de Açúcar. É interessante assinalar que, quando um atendente de vinhos sai de férias, as vendas de vinho da sua loja em geral caem entre 30% e 40%, reforçando ainda mais o fato de que sua presença *in loco* é de extrema importância.

Todos esses profissionais treinados continuam trabalhando no Grupo Pão de Açúcar? Que caminhos seguiram os que deixaram o grupo?
C.C. — A maior parte deles não se encontra mais nas lojas do GPA. Em sua maioria, os que deixaram a companhia encontram-se trabalhando com os negócios do vinho em outros estabelecimentos do varejo.

O responsável pelo treinamento das equipes de atendentes de vinhos é o consultor? O que mais ele faz nas atividades dos negócios do vinho? É ele, por exemplo, quem seleciona e negocia preços e condições com os fornecedores?
C.C. — Sim, é o consultor de vinhos que se ocupa do treinamento desses profissionais. Por sua grande experiência nos negócios do vinho, o consultor também faz a seleção qualitativa dos novos rótulos que deverão ser adquiridos pela empresa. Mas a negociação dos preços e as condições de fornecimento ficam sob a responsabilidade do departamento comercial.

A seleção de vinhos para importação é feita diretamente nas vinícolas, junto aos produtores? O GPA tem pessoas específicas para buscar esses vinhos nas regiões produtoras, em feiras internacionais, ou a pressão da oferta é suficiente para atender à seleção?
C.C. — No Pão de Açúcar o trabalho de seleção começa comigo, que sou o consultor de vinhos, e depois vai para o departamento comercial, onde são efetuadas as negociações financeiras. Procuramos atender às demandas e aos pedidos do mercado, e muitas vezes somos lançadores de modas e hábitos novos, apresentando as novidades do mundo do vinho aos clientes. Muitos dos vinhos que estão nas nossas prateleiras são garimpados nas vinícolas e com os enólogos, com quem degustamos para conhecer também seus vinhos básicos, e não somente os seus vinhos ícones, que geralmente têm preços elevados para a nossa realidade de mercado. A curadoria para selecionar aqueles que têm virtudes, e não defeitos, é fundamental para o sucesso e a aceitação no mercado.

Existe alguma consulta dirigida aos consumidores para a escolha de vinhos que entrarão nos estoques das lojas?
C.C. — No passado foram feitas muitas consultas diretamente aos consumidores. Organizávamos para eles painéis de provas e muitas palestras, quando então ouvíamos as opiniões. Agora utilizamos também outras fontes mais amplas de pesquisa para obter essas informações.

Como reagiram os supermercados concorrentes diante da estratégia do GPA de implantar a figura dos atendentes de vinhos nas suas lojas?
C.C. — A concorrência do setor também implantou a figura dos atendentes de vinhos em suas lojas. Essa vantagem competitiva não foi mantida por muito tempo. Mas vejo isso com bons olhos, porque é muito importante para o desenvolvimento do mercado brasileiro de vinhos. Afinal, todos trabalham para o setor, desejam e precisam fazer o consumo de vinhos crescer muito no Brasil. Esse objetivo de fazer crescer o mercado aqui só será alcançado com muito trabalho em conjunto dos envolvidos. Não consigo ver alternativa. Vale citar que a profissão de atendente de vinhos em supermercados, mesmo em nível mundial, foi uma primazia do GPA, sendo até elogiada pelo Ministério do Trabalho.

Se do ponto de vista do mercado de trabalho a estratégia montada pelo GPA de criar a figura dos atendentes de vinhos foi um sucesso, como foi da perspectiva mercadológica? Como foi a evolução das vendas de vinhos nas lojas nos últimos 10 anos? Em 2016 foram 18,7 milhões de garrafas; em 2017 a previsão inicial era de 20 milhões de garrafas vendidas.
C.C. — Saímos em 2010 de um patamar de 10 milhões de garrafas, e em 2016 atingimos 18,7 milhões de garrafas, crescimento bastante expressivo. Em 2017 vendemos menos 400 mil garrafas, ou seja, 18,3 milhões de garrafas. Belo feito para um ano bastante complicado, em que tivemos uma redução das vendas em torno de 2% em relação ao ano anterior, e ficamos bem abaixo das 20 milhões de garrafas previstas inicialmente. Tal fato se deveu principalmente a uma maciça entrada em operação no mercado das lojas de vendas on-line, praticando uma política de preços muito agressiva nunca vista.

Nossas vendas não são focadas apenas no aumento do volume. Elas são também muito qualitativas, porque trabalhamos com os nossos atuais 175 atendentes de vinhos espalhados pelo Brasil prestando assistência ao consumidor no chão das lojas. São eles que orientam a escolha dos rótulos e ensinam a um público iniciante como degustar o vinho para melhor apreciá-lo, e também como harmonizar os vinhos que compram com os alimentos. Trata-se de um trabalho pioneiro no mercado brasileiro do vinho, nascido dentro do Pão de Açúcar, em 2000, e que felizmente foi copiado por muitos supermercados no Brasil e mesmo em alguns países da Europa. A nossa previsão para o ano 2020 é atingir 21 milhões de garrafas vendidas, sendo 70% de vinhos de viníferas e o restante de vinhos comuns de mesa, para os quais também abrimos espaços nas prateleiras de nossas lojas espalhadas pelo Brasil.

Você mencionou que importar vinhos no Brasil era um grande desafio. O que se constata é que, mesmo ainda sendo complexo o processo de importação, não foi suficiente para segurar o grande avanço das importações. Em 2017 importamos cerca de 119 milhões de litros! Os vinhos importados de baixo custo podem avançar sobre o mercado dos vinhos de mesa, que vendem próximo de 200 milhões de litros por ano?
C.C. — Sim, os vinhos importados de baixo custo podem ganhar ainda muito espaço no mercado consumidor brasileiro. Nós temos mais de 150 milhões de brasileiros que nunca provaram vinhos. Esse manancial dificilmente começará pelos melhores e mais famosos vinhos. Ainda há um caminho longo e um aprendizado a seguir. Só os novos ricos e outros personagens do mundo político gastam um montão de dinheiro com vinhos a fim de exibir os rótulos para os amigos. Mas esses na verdade não são os apreciadores regulares que fazem aumentar o consumo.

Os vinhos importados mais econômicos cumprem um papel importante de estimular a formação do enófilo. Ele começa com os vinhos de entrada mais simples, e automaticamente vai buscando outros patamares de qualidade. A partir daí não há mais volta. Portanto, acho que os vinhos importados de baixo custo cumprem o papel de grandes estimuladores de vendas, já que os vinhos do Brasil não conseguiram ainda quebrar a barreira dos impostos que elevam seus preços. Eu ainda acrescentaria que o nossos custos de produção e de logística também são altíssimos. Se você comprar vinhos em Candiota, na fronteira do Brasil com o Uruguai, onde a vinícola Miolo tem um lindo projeto, ou em Santana do Livramento, também na fronteira, e o destino for Belém do Pará, sai mais barato importar um contêiner com vinhos de € 1 ou € 2 a garrafa de Portugal ou da Espanha, porque o frete será muito menor e compensará. São coisas que acontecem no nosso Brasil!

Por que houve a opção, em 2002, de lançar uma linha exclusiva de vinhos, por meio do Club des Sommeliers? O expressivo aumento das importações foi um fator determinante?
C.C. — A linha exclusiva de vinhos do Club des Sommeliers foi criada porque a constituição de uma linha própria que ofereça qualidade e preço justo é um caminho muito positivo do ponto de vista estratégico quando se pensa na escala de vendas do Pão de Açúcar. Além das vantagens do custo, a linha própria ajuda a aumentar a fidelidade do cliente à marca. Foi por isso que em 2002 se buscou uma parceria com o grupo Cassino da França para criar uma linha de vinhos exclusivos. Lá o Cassino tem a linha de vinhos também chamada Club des Sommeliers, que atualmente possui 300 rótulos de todas as regiões e de diferentes AOCs da França.

No início desse projeto eu selecionei 35 vinhos que importamos para fazer um teste. Contudo, rapidamente percebemos que não era esse o melhor caminho. Afinal, o Brasil, juntamente com Japão, Inglaterra e Estados Unidos são os países que comercializam vinhos de um maior número de países produtores do mundo. O consumidor de vinhos brasileiro está acostumado a encontrar vinhos de aproximadamente 25 procedências distintas. A alternativa foi criar nossa própria linha de vinhos do Club des Sommeliers para garantir essa diversidade e não ficar preso somente aos rótulos franceses.

Qual era inicialmente a procedência dos vinhos que faziam parte do Club des Sommeliers desenvolvido no Brasil? Os vinhos brasileiros faziam parte do clube desde o início?
C.C. — Os primeiros vinhos que buscamos foram os brasileiros. Em parceria com grandes vinícolas, criamos a linha nacional com vinhos básicos, ou seja, vinhos de entrada, destinados aos consumidores que estavam se iniciando no mundo dos vinhos. Seguiram-se as linhas do Chile e da Argentina, e na sequência vieram os vinhos de Uruguai, Portugal, Itália, África do Sul, Austrália, Nova Zelândia, Espanha e França. Estão na fila para chegar os vinhos de Israel, que têm um público consumidor fiel e cativo.

Durante os primeiros três anos importamos vinhos de boa qualidade, mas somente vinhos de entrada. Contudo, o consumidor frequente, com um pouco mais de experiência no consumo de vinhos, passou a nos cobrar uma linha de vinhos mais qualificados, do tipo Reserva, Gran Reserva. Como no final o cliente é quem manda, assim fizemos, e hoje a linha de vinhos do Club des Sommeliers conta com 97 rótulos e tem o projeto de atingir 200 rótulos no final de 2018.

Qual foi a quantidade de garrafas de vinhos vendidas pelo Club des Sommeliers em 2017? Teríamos isso por países? Quem é o atual campeão de vendas e qual a participação do Club des Sommeliers nas vendas totais de vinhos?
C.C. — Em 2017 o Club des Sommeliers operou com 97 rótulos (SKUs, de Stock Keeping Unity, ou Unidade de Manutenção de Estoque) e teve 16% de participação nas vendas totais em volume de vinhos do Pão de Açúcar, ou seja, cerca de 2,9 milhões de garrafas. Em linhas gerais os campeões de vendas foram os vinhos do Chile e do Brasil, com participação de pouco mais de 70% das vendas. Os 30% restantes foram divididos entre Argentina, Portugal, Itália, Espanha, França, Uruguai, África do Sul, Nova Zelândia e Austrália.

Quais as razões principais dessa elevada participação chilena e quais os critérios utilizados para um vinho ou uma vinícola participar do Club des Sommeliers?
C.C. — Os vinhos do Chile funcionam como porta de entrada para aqueles consumidores que desejam sair dos vinhos adocicados, notadamente nacionais, e desejam entrar no mundo dos vinhos varietais, que sejam macios, fáceis de beber, que tenham uma boa relação custo-qualidade. Eu atribuo a esses fatores o fato de o Chile aparecer em primeiro lugar nas vendas do Club des Sommeliers, porque talvez seja o país produtor que ofereça o maior número de rótulos com essas características. Os vinhos do Brasil aparecem logo em seguida, com vendas e volume em termos de unidades aproximadamente iguais e também com uma participação financeira semelhante. Cuidamos muito para que os vinhos do Brasil tenham sempre uma participação total em unidades acima de 30%, por julgarmos ser mais que um dever promover os vinhos nacionais. A qualidade dos nossos vinhos se supera ano após ano. Na sequência, em termos de participação, vem o trio Argentina, Portugal e Itália, seguidos de perto pela França. Os demais países juntos representam cerca de 15% do total das vendas.

Para participar com seus vinhos na linha do Club des Sommeliers a vinícola deve apresentar, para os diferentes seguimentos presentes em nossas gôndolas, rótulos com boa qualidade, preços justos e disponibilidade para fazer parceria com o Pão de Açúcar. A qualidade entra sempre em primeiro lugar, o preço é a segunda variável avaliada.

Como ficou em 2017 a participação nas vendas totais dos diversos países produtores e dos diferentes tipos de vinhos? Foram vendidos mais vinhos tranquilos ou espumantes?
C.C. — Nas vendas gerais de vinhos do Pão de Açúcar o cenário é bastante semelhante ao do Club des Sommeliers. Trabalhamos com aproximadamente 900 rótulos oriundos de 10 diferentes países.

No Club des Sommeliers, os países com maiores participações em número de rótulos ofertados foram Brasil (36%), Chile (14%), Argentina (13%), França (7%), Portugal (7%) e Itália (5%). Em termos de vendas e volume, o Chile (37%) se destacou bastante, igualando praticamente sua participação à do Brasil (36%), que tinha um número bem maior de rótulos. Outros destaques nesse quesito foram Argentina (9%), Portugal (6%), Itália (5%) e França (4%).

Por tipo de vinhos, os tintos foram como sempre os grandes campeões. Em 2017 sua participação nas vendas do Club foi de 63%. Os brancos e rosés participaram com 26%, e os vinhos espumantes com 11%.

Qual o critério utilizado para a entrada e a saída de um rótulo na lista de ofertas ao mercado? Busca-se uma taxa de renovação mínima nos rótulos disponíveis para oferecer diversidade, ou eles continuam enquanto tiverem uma boa rotatividade?
C.C. — Nós nos baseamos sempre na aceitação por parte dos consumidores e na consequente rotatividade nas prateleiras. Todos os rótulos têm uma faixa de preço à qual pertencem e um objetivo de vendas a cumprir. Se não for atingida a meta de vendas planejada, ele deixa de fazer parte da linha de produtos, cedendo lugar a outro. Também atribuímos importância à novidade e à diversidade em nossas ofertas.

Como estão atualmente as relações comerciais do GPA com seus antigos fornecedores, os importadores-distribuidores tradicionais do mercado?
C.C. — O setor não foi atingido por essa nova prática de mercado dos supermercados, sendo muito fácil explicar as razões. O importador tradicional traz principalmente as grandes marcas e os vinhos das faixas superiores. Em geral seus preços de venda são bem mais elevados e os produtos se destinam a uma faixa de consumidores que não costuma frequentar supermercados para comprar vinhos. Por razões de segurança, os supermercados também não podem colocar a venda livre de vinhos com valor agregado alto em suas prateleiras. Infelizmente o índice de furto é muito elevado em lojas com grande trânsito de público. E o vinho confinado em um armário não vende, o consumidor quer tocar a garrafa, deseja ler o rótulo etc. Por tudo isso os níveis de preço dos vinhos no supermercado guardam uma relação íntima com o nível de segurança aplicado na loja.

Com as vendas on-line, os importadores têm maior garantia de vendas, podem estabelecer um canal direto com os consumidores que os acessaram. Mas mesmo com o seguimento de vendas on-line em crescimento acelerado, isso em quase nada afetou as vendas dos supermercados, porque estes operam com outro público. Os supermercados atendem a milhões de consumidores espalhados em todos os rincões do nosso imenso país, realizando um trabalho importante na busca de novos clientes. Isso é muito bom porque amplia a base do mercado consumidor.

Sabemos no setor de supermercados que os consumidores de vinho se educam conosco e depois que atingem um status mais elevado, que adquirem melhor conhecimento sobre o produto, eles nos abandonam e vão fazer suas aquisições nas importadoras e lojas especializadas. Esta é uma realidade de mercado que todos conhecem. No final, todos se adaptaram e se beneficiam dela.

Mas isso tem mudado nos mercados mundiais, com os consumidores em geral comprando cada vez mais vinhos em supermercados. No Brasil a realidade ainda está muito distante disso? Qual o percentual dessas perdas por furto nas lojas do GPA?
C.C. — A realidade brasileira ainda é totalmente diferente. No Brasil, o consumidor que compra vinhos de maior valor agregado geralmente não o faz em supermercados. Ele busca as lojas especializadas. A nossa experiência tem confirmado essa realidade. Quanto às perdas de vinhos por furto, infelizmente não tenho acesso a esses dados, que são confidenciais.

VINHO E MERCADO

Em sua opinião, há uma linha de corte nos preços a partir da qual não seria conveniente a participação de determinados vinhos nas prateleiras dos supermercados? Qual seria atualmente o valor de venda de um vinho com que os supermercados poderiam trabalhar junto a seu público?
C.C. — Baseado apenas na experiência pessoal, eu acredito que esse valor depende bastante da localização da loja. Mesmo que ela esteja num bairro de classe A, o valor dos vinhos expostos nunca deve passar de R$ 200 por garrafa. Já nas lojas localizadas nos bairros mais frequentados pelas classes C e D, um vinho na faixa de R$ 100 a garrafa já seria considerado elevado para o local. Vinhos com preços acima de R$ 200 chamam a atenção dos ladrões, e a taxa de furto muito provavelmente se eleva. Se por questões de segurança trancamos o vinho num armário, sem expô-lo para os consumidores, sua venda nunca se realizará. Os vinhos precisam estar expostos, ter o acesso facilitado.

Os importadores de vinhos estão bastante segmentados no mercado brasileiro. Além dos supermercados, dos importadores-distribuidores tradicionais, há também as lojas de e-commerce puro. Com a entrada dessas lojas e seus clubes de vinhos, os preços médios dos importados ofertados ao mercado não se reduziram bastante?
C.C. — Eu não apostaria muito nisso! Como disse antes, há espaço para vendas de vinhos em diferentes faixas de preço no mercado brasileiro. O mais importante é verificar até quando essa turma recém-chegada do comércio on-line que está iniciando agora no mercado de vinhos suportará vender a preços tão baixos. O custo Brasil é uma realidade dura para todos. Ter um só local de distribuição livre dos impostos não resolverá permanentemente a situação de ninguém, porque ainda haveria os problemas e os custos da logística para fazer a distribuição pelo país. E depois eu acredito que essas mordomias tributárias estejam com seus dias contados. Não consigo pensar que o nosso Brasil continuará por muito tempo com tantas distorções fiscais.

Qual a importância nas vendas totais de vinhos do Pão de Açúcar das vendas do clube de vinhos Pão de Açúcar Viva Vinhos?
C.C. — Os grandes clubes de vinhos que hoje conhecemos em geral pertencem aos importadores do e-commerce e aos supermercados. Ambos disputam o mesmo mercado e todos colhem um sucesso relativo, porque é conveniente

para o consumidor jovem ou iniciante, com pouco tempo livre para pesquisar, ou mesmo disposição para se informar sobre as milhares de opções de vinhos, ter à sua disposição consultores profissionais que farão isso por ele. Acredito piamente que o mercado de vinhos no Brasil caminha para um futuro promissor, mais profissional. Contudo, não há dúvida de que temos ainda muito trabalho sério a fazer. Estamos apenas dando os primeiros passos nessa direção. O grande objetivo deve ser colocar o maior percentual possível dos 206 milhões de brasileiros para provar e naturalmente consumir vinhos com regularidade. E os clubes de vinhos das grandes superfícies do varejo, das lojas de e-commerce e dos importadores tradicionais são um bom caminho e uma excelente plataforma para concretizar esse objetivo. Eu diria que o clube de vinhos Pão de Açúcar Viva Vinhos cumpre seus objetivos exercendo papel importante nas vendas totais de vinho.

Na França as vendas de vinhos em BiB têm participação substantiva nas vendas das grandes superfícies de varejo. Em 2015, no mercado off trade, *foram 38% das vendas de vinhos tranquilos. E mais de 85% dos vinhos vendidos em BiB foram de Appellations d'Origine Protégée (AOPs) e Indications Géographiques Protégées (IGPs), ou seja, de denominações protegidas. Esse tipo de embalagem não funciona no Brasil? Quais seriam os seus maiores problemas?*
C.C. — O público brasileiro de uma maneira mais geral ainda não aprendeu a beber o vinho na garrafa de 750 mililitros, e vamos oferecer uma embalagem com capacidade de três litros? E se ele não gostar do vinho que comprou? Terá de consumir forçosamente os três litros? Essa embalagem poderia até ser direcionada ao consumidor enófilo tradicional, como eu, que já sei quais são os meus vinhos preferidos. Na Austrália, onde essa embalagem é bastante comum, o vinho da garrafa de 750 ml é o mesmo e tem a mesma qualidade do que está embalado no BiB. Quem deveria garantir e informar ao público consumidor que o vinho do BiB é de qualidade e que é o mesmo vinho que está na garrafa de 750 mililitros é o produtor. Mas nem ele nem o produtor da embalagem BiB tem interesse em investir nisso. O que ganhariam os canais de vendas para fazer este investimento? Eu ainda acrescentaria que o consumidor brasileiro associa essa embalagem a produtos de baixa qualidade.

A expectativa das grandes superfícies de varejo francesas é que até 2020 essas vendas alcancem 50% das vendas de vinhos tranquilos no mercado off trade. *Nos Estados Unidos, uma pesquisa recente da E&J Gallo Winery apontou que 37% dos americanos entrevistados afirmaram que os vinhos em BiBs são convenientes, desde que caibam na geladeira. São ideais para grupos de muitas pessoas. De maneira geral, eles concordam que a qualidade desses vinhos melhorou muito nos últimos anos. Isso não seria um indicativo para investir no conceito? O Pão de Açúcar já tentou vender em BiBs?*

C.C. — Nós não só tentamos como ainda estamos vendendo vinhos em BiB. Mas as vendas são muito baixas, ainda não decolaram. Elas fazem sucesso em países tradicionais consumidores de vinhos. Veja o nosso momento: em uma pesquisa recente de uma loja situada num bairro da classe C em São Paulo, foi constatado que 53% dos entrevistados não tinham em casa sequer um saca-rolhas! Olhe que problema básico! Se oferecermos gratuitamente uma garrafa de vinho para uma pessoa dessas, nós não estaremos lhe dando um presente, mas um problema! Temos ainda um longo caminho a seguir. Eu só consigo ver o BiB fazendo sucesso no Brasil quando nosso consumo de vinhos dobrar de tamanho e atingir alguma coisa como quatro ou cinco litros *per capita* ao ano.

A participação em valores nas importações dos supermercados e empresas de vendas exclusivas on-line vem crescendo anualmente. Em 2017 os supermercados atingiram 25,5% e 19,5% nas importações de vinhos tranquilos e vinhos espumantes, respectivamente. As empresas exclusivas do comércio on-line atingiram 12,1% e 17%. O que explicaria esse crescimento? Esses canais dominarão as vendas de vinho em futuro próximo? Qual será o papel dos importadores-distribuidores?

C.C. — Por mais que cresçam as vendas do comércio on-line, eu penso que elas nunca conseguirão atingir o mesmo volume das vendas das grandes superfícies do varejo. Essa é uma realidade brasileira, que também é a americana e provavelmente a francesa. Em termos de valores, as vendas do comércio on-line podem até vir a superar as vendas dos supermercados, mas em volume acho pouquíssimo provável, porque as compras dos vinhos básicos que formam o grande volume são feitas pelos consumidores no chão das lojas que estão espalhadas por todo o país.

As importadoras-distribuidoras terão de se adaptar para fornecer aos dois canais de vendas: as grandes superfícies do varejo, que são os supermercados, e as empresas de vendas on-line. É uma questão de selecionar adequadamente a linha de produtos. No caso dos supermercados, com os vinhos básicos, que fazem os grandes volumes. Esses teriam prioridade porque geram tráfego e são complementos para compras de queijos e massas, por exemplo. Para o comércio on-line seriam dirigidos os vinhos *premium* e *superpremium*, mais adequados aos enófilos, aos iniciados no mundo de Baco.

As vendas do comércio on-line no Brasil iniciaram como uma moda que acabou se consolidando. Porém, ainda continuamos com uma base de consumo frequente bem reduzida, e o resultado é o baixíssimo consumo *per capita* anual, que permanece ao redor de 1,7 litro. É nesse mercado reduzido que temos muitos *players* de e-commerce em competição violenta. Fatalmente acontecerá uma guerra de preços, possivelmente em meados de 2018, com os consumidores merecidamente beneficiados por ela. As empresas do comércio on-line de maneira geral não são boas criadoras de mercado e tampouco formadoras de consumidores fiéis, porque basicamente só oferecem os seus rótulos de vinhos, ao contrário dos supermercados, que conseguem fidelizar seus consumidores, criando o hábito da passagem pela seção dos vinhos quando vão realizar suas compras. E lá eles podem ter contato físico com a garrafa de vinho, o que é fundamental na venda. O vinho é sensação, prazer, e por isso o toque físico no ato da compra é importante. Eu ainda acrescentaria uma pequena e sutil massagem no ego dos consumidores. Quando eles chegam à caixa, fazem mais "presença" com uma garrafa de vinho no carrinho de compras do que com uma caixa de sabão em pó de uma marca qualquer que todo mundo compra!

Em 2016 o Grupo Pão de Açúcar foi o segundo maior importador de vinhos e espumantes para o mercado brasileiro, atrás apenas da VCT do Brasil, que traz os vinhos da Concha y Toro. O que podemos esperar para 2017?[23]

C.C. — Entre 2014 e 2017, a VCT do Brasil perdeu bastante participação nas importações em valores (US$ FOB), porque as empresas do comércio on-line e também os supermercados passaram a fazer importações diretas do Chile.

---

[23] Fechados os números das importações brasileiras de 2017 em valores (US$ FOB), observou-se que a VCT do Brasil manteve a liderança, seguida de perto pelo GPA. Na terceira e sexta posição ficaram respectivamente as empresas do comércio on-line Wine e Evino. Na quarta e quinta posições ficaram Interfood e Casa Flora, dois importadores-distribuidores. Em volume, ocorreram algumas alterações nas primeiras colocações, com a Wine perdendo duas posições para Casa Flora e Interfood.

Esta talvez seja a melhor explicação para o que está ocorrendo com a VCT do Brasil. É possível que o GPA tenha sido em 2017 o maior importador de vinhos e espumantes, mas vamos aguardar o fechamento dos números para saber como a VCT Brasil e os grandes *players* das vendas on-line se posicionaram. De qualquer forma, apostamos muito nas vendas do varejo presencial, embora não menosprezemos a força das vendas do comércio on-line. A competição será boa para ajudar a ampliar o mercado de vinhos do Brasil. Precisamos aumentar muito os consumidores frequentes de vinhos.

CINEMA, MÚSICA E VINHOS, *UN MARRIAGE PARFAIT*

Entrevista com Marcelo Copello,
diretor Conteúdo de Baco Multimídia

Rio de Janeiro, 15 e 30 de abril de 2019

Ninguém precisa fazer um curso de cinema para ir ver um filme! Ninguém precisa de um curso de música para ouvi-la! Por que precisaríamos estudar para beber vinhos?

MARCELO COPELLO

Antes de começarmos a falar sobre seu longo e importante trabalho nas áreas de ensino e comunicação no mercado brasileiro de vinho, eu queria saber sua trajetória pessoal, onde nasceu, o que estudou antes de se tornar crítico de vinhos.
Marcelo Copello. Nasci no Rio de Janeiro, formei-me em informática na PUC-Rio (tecnólogo em processamento de dados), com pós-graduação em gestão empresarial pela Universidade Cândido Mendes e MBA em telecomunicações pela FGV. Também cheguei a cursar as faculdades de Engenharia, Administração de Empresas e Ciências Contábeis, sem contudo concluir os cursos. Trabalhei por cerca de duas décadas na área de tecnologia, passando por empresas como IBM, Embratel, TIM e Vivo. Formei-me também pelo Conservatório Brasileiro de Música, onde estudei piano e participei de alguns concursos. Depois atuei como músico profissional nos anos 1980 e 1990, em paralelo à faculdade e ao trabalho na área de informática, tocando teclado em bandas, cantando jazz e também em um pequeno estúdio que montei na minha casa e que alugava para gravações.

Sua atividade nos negócios do vinho vem desde a segunda metade dos anos 1990. Você concorda que sua carreira poderia ser dividida em dois grandes períodos, antes e depois da criação da Baco Multimídia? Se positivo, o que definiria mais significativamente esses dois períodos? Do período pré-Baco, estou falando de Gazeta Mercantil, *da revista* Adega, *da Escola Mar de Vinho.*
M.C. — Comecei a gostar de vinho nos anos 1980, inicialmente apenas bebendo, depois lendo muitos livros. Lembro-me de comprar dezenas de livros sobre vinhos e em poucos meses ler cada um deles. No início dos anos 1990 fiz um curso básico na Associação Brasileira de Sommelier, seção Rio de Janeiro (ABS-Rio). Nessa época eu insistia com meus amigos, na faixa dos 20 anos, que deveriam estudar vinhos. Eles achavam aquilo uma loucura, pois vinho era uma coisa de velhos. Dada a minha constante apologia da bebida, uma amiga um dia me sugeriu que montasse um curso, pois, sendo eu a ensinar, ela gostaria de aprender um pouco sobre o tema. Dito e feito. A primeira turma em minha casa lotou, e assim foram outras centenas de turmas.

Comecei a faturar mais nos cursos de vinhos que como gerente de projetos na IBM. A apostila do curso foi publicada como livro (*O vinho para quem tem estilo*, da IBPI Press) e teve várias edições esgotadas. A notícia de jovens fazendo cursos de vinhos se espalhou, e a consequência foi que dei algumas entrevistas em jornais, incluindo a *Gazeta Mercantil* e *O Globo*. A entrevista na *Gazeta* me rendeu um convite para escrever uma coluna sobre vinhos, iniciada em 1999, que se tornou um sucesso. Acabei escrevendo nesse grande jornal por quase 10 anos. A partir daí me tornei conhecido nacionalmente e vários projetos surgiram. Um deles surgiu dentro do próprio Grupo Gazeta, com o meu sócio atual na Baco Multimídia, Sergio Queiroz (então *publisher* da revista *Forbes*, um título que pertencia ao grupo): lançar uma revista sobre vinhos chamada *Adega Forbes*. Por acaso, quando íamos lançar a revista, já com tudo pronto — equipe, projeto gráfico, editorial e até anúncios vendidos —, a Gazeta comprou a revista *Gula* e cancelou o projeto da *Adega Forbes*.

Eu e Sergio decidimos então não abandonar o projeto e resolvemos lançá-lo fora do Grupo Gazeta. Buscamos no mercado uma editora para hospedar a revista e achamos a Inner, que segue até hoje com a *Adega*. Eu e Sergio saímos da revista alguns anos depois, eu em 2009, Sergio um pouco antes, pois mirávamos um projeto mais amplo, já que a Inner não queria entrar na área de eventos, e nós já pensávamos justamente no conceito de "multimídia". Nasceu daí, em 2010, a Baco Multimídia, da qual falaremos adiante.

A Escola Mar de Vinho nasceu em 2008, no período de transição entre a *Adega* e a Baco Multimídia, e foi um grande sucesso. A escola tinha uma agenda muito boa e seus eventos sempre ficavam lotados. A escola só não seguiu adiante porque o local era pequeno, com capacidade para apenas 25 pessoas. Com a Baco Multimídia começamos a fazer eventos bem maiores, como o Rio Wine and Food Festival (RWFF), que atraiu na última edição um público ao redor de 70 mil pessoas em seus múltiplos eventos.

Na Gazeta Mercantil *você foi colunista de vinhos por quase 10 anos. Quando você chegou ali, já havia uma coluna sobre vinhos? Qual a importância da coluna para o mercado de vinhos no Brasil e por quê? O que melhor conectava sua coluna com o momento do mercado de vinhos no Brasil? Como você percebe hoje esta experiência?*
M.C. — A *Gazeta* havia acabado de lançar em 1999 um caderno de cultura chamado Fim de Semana (a meu ver, um dos melhores cadernos de cultura que o jornalismo brasileiro já teve), e nele havia uma página dedicada à enogastronomia, a cargo do crítico Arnaldo Lorençato, que vinha da editora Abril justamente para coordenar o espaço. O Arnaldo inicialmente chamou para assinar uma coluna semanal sobre vinhos o Ennio Frederico, que ficou muito pouco tempo. Em seguida me chamou para dividir a coluna com um especialista de São Paulo cujo

nome agora me escapa. Minha coluna inicialmente era quinzenal, mas como fez bastante sucesso logo passou a semanal. Ao longo do tempo a coluna cresceu e nos últimos anos ocupava uma página inteira.

O leitor da *Gazeta* fazia parte da chamada elite brasileira, em que se situavam muitos empresários, executivos da indústria e do mercado financeiro, políticos, enfim, um público seleto do mundo dos negócios e da sociedade de modo geral. Os temas da coluna eram focados no consumidor final, mas um consumidor de altíssimo nível, que se interessava por negócios e que consumia vinhos *superpremium* e raros de alto preço. A *Gazeta* era leitura obrigatória para quem dirigia nosso país e nossa economia. Essa coluna, sem qualquer exagero, pode ser vista como um marco no jornalismo sobre o vinho no Brasil. Eu fazia anualmente um ranking chamado Top-200 que mexia bastante com o mercado.

A partir da minha coluna, muitos outros veículos de mídia impressa lançaram colunas sobre vinhos. Eu fiquei até o último dia da edição da *Gazeta*, aliás no último jornal lá estava a minha coluna de página inteira. Para mim a experiência de escrever por tanto tempo em um grande jornal foi excepcional; valeu-me pela faculdade de jornalismo que eu não havia feito. Eu já havia publicado dois livros quando comecei na *Gazeta*, mas acho que aprendi a escrever em linguagem jornalística ali, com Arnaldo Lorençato, que era e ainda é muito sério em todos os aspectos, desde a perfeição no texto e no conteúdo até no respeito ao leitor, com uma ética muito rigorosa.

Vale lembrar que em 2003 comecei uma coluna na *Revista de Vinhos*, em Portugal, que durou mais de 10 anos. Foi a primeira coluna de vinhos de um brasileiro no exterior e ajudou muito a mostrar o mercado brasileiro para o *trade* de Portugal. Foi a partir desse ano que Portugal começou a investir mais fortemente no mercado brasileiro.

Quando foi criada a Escola Mar de Vinho? Você era o único sócio ou havia investidores financeiros? O que era exatamente a Mar de Vinho? Quais eram seus objetivos?
M.C. — A Escola Mar de Vinho foi criada em 2008 e eu não tinha sócios; ela era somente minha. Era um espaço focado em eventos, exatamente a atividade que a *Adega* não fazia naquele momento, e nem tinha a pretensão de fazer no futuro próximo. O objetivo maior da Mar de Vinho foi criar um local, um ponto de encontro onde tudo sempre girasse em torno dos vinhos. O objetivo foi plenamente alcançado, porque consegui realizar inúmeros eventos, sempre com lotação es-

gotada e com fila de espera. Vivíamos um grande momento no mercado de vinhos no Rio de Janeiro. Havia um interesse enorme por parte das pessoas em conhecer a cultura do vinho e entrar nesse mundo que se apresentava com muito glamour.

Como você resumiria as atividades da escola do ponto de vista pessoal e do mercado de vinhos? Quando a Escola Mar de Vinho cessou suas operações? A motivação para seu fechamento foi o projeto da Baco Multimídia?
M.C. — Na escola havia desde cursos básicos sobre vinhos ministrados em várias aulas, cursos mais avançados e muitas degustações temáticas, como as verticais (em que são provadas várias safras de um mesmo vinho) de rótulos raros como Haut-Brion, Vega Sicilia Único; além, claro, das provas horizontais (degustações de diferentes vinhos de um mesmo ano) de safras antigas de grandes vinhos, tudo acompanhado pela culinária maravilhosa da chef Ciça Roxo. As atividades da Mar de Vinho cessaram em 2012, muito por falta de tempo. Eu precisava me dedicar a projetos maiores que tinha em mente, e as 24 horas do dia eram insuficientes para a demanda.

A Baco Multimídia foi criada em 2010 e começou a exigir maior dedicação com o lançamento, em 2012, da revista *Baco*. Dois anos antes, em 2010, eu havia sido convidado pela ViniPortugal para ser o primeiro brasileiro a fazer a seleção dos "50 melhores vinhos de Portugal", projeto que já existia na Inglaterra havia anos e que estava para ser lançado no Brasil. Esse foi um ano de muito trabalho, com uma série grande de degustações de vinhos de Portugal que me levaram a este país por cinco vezes. Na companhia do crítico inglês Charles Metcalfe provei cerca de 1.500 vinhos para escolher os 50 melhores de Portugal. Foi com esse trabalho que a Baco Multimídia veio ao mundo, lançando uma publicação em formato *table book* sobre esses 50 vinhos selecionados. Completava o trabalho um panorama sobre os vinhos portugueses e um roteiro enoturístico do país. A publicação foi um sucesso, e foi assim que a revista *Baco* nasceu.

O que é a Baco Multimídia? Na sua apresentação, diz-se que se trata de "uma empresa de comunicação e inteligência de mercado que tem na geração de conteúdo e nos eventos sua plataforma de atuação". Quando ela foi criada oficialmente e qual a sua composição societária? O que de fato motivou sua criação?
M.C. — A empresa Baco Multimídia foi criada em 2010, e da sua composição societária fazem parte apenas Sergio Queiroz e eu. A motivação maior para

sua criação foi por pensarmos que o mercado de mídia e eventos de vinhos no Brasil precisava de uma renovação. Como jornalista de vinhos eu ia a muitos eventos que me deixavam em depressão profunda. Eram sempre iguais, com as mesmas pessoas e nos mesmos lugares. Às vezes aconteciam em São Paulo, e ainda acontecem, na mesma semana, três eventos no mesmo subsolo do Hotel Unique, com os mesmos convidados, que depois nem se lembravam dos vinhos que degustavam. Esses eventos, quando tentaram inovar, acabaram perdendo o foco. Lembro-me bem de um evento — o Sergio me relatou — que tentou sair da mesmice atraindo um público mais jovem com um formato de "balada". Era um evento com vinhos argentinos, mas ele ouviu muitos convidados comentando que os "vinhos brasileiros" que estavam sendo provados haviam melhorado muito... Ou seja, as pessoas não sabiam sequer que haviam sido convidadas para um evento de vinhos da Argentina!

A Baco foi criada com um modelo que havíamos idealizado para dar um giro de 360 graus no mundo do vinho, oferecendo um leque amplo em termos de comunicação, como eventos, consultorias, inteligência de mercado. Nós costumamos dizer que fazemos tudo no mercado de vinhos, exceto produzir e vender vinhos. Nosso lema é fazer eventos criativos, diferenciados, mas com foco em resultados, sempre alinhados com o objetivo do cliente.

Entre os produtos editoriais da Baco Multimídia estão a revista Baco *e o* Anuário de vinhos do Brasil, *em parceria com o Ibravin. Você poderia definir esses projetos e comentar sua importância para o mercado de vinhos do Brasil?*
M.C. — A revista *Baco* nasceu para ser o *hub*, o ponto focal do projeto de 360 graus da Baco Multimídia. Ela foi bem recebida pelo mercado, o *trade*, e os leitores deram um feedback muito positivo. Fizemos uma revista maior (mais de 100 páginas), com conteúdo mais aprofundado e inicialmente com apenas cinco edições por ano. Achamos que os leitores não têm tempo de ler uma revista todo mês, nem os anunciantes estão dispostos a anunciar com essa frequência. O foco foi num conteúdo *premium*, pois quem deseja algo superficial tem a internet como opção. Já o *Anuário de vinhos do Brasil* é a única grande publicação que apresenta um panorama completo do mercado de vinhos no país, com todos os dados atualizados e alguns inéditos e exclusivos, além de trazer os resultados da Grande Prova de Vinhos do Brasil (GPVB), o maior concurso de vinhos brasileiros, agora já no oitavo ano.

A revista Baco *nasceu com o objetivo de ser o cerne das atividades da Baco Multimídia. Quais os outros objetivos da revista? O foco seria o público consumidor? Ela continua cumprindo esse papel no portfólio atual da Baco Multimídia?*
M.C. — Sim, a revista *Baco* nasceu em 2012 como centro do nosso projeto. O foco é um consumidor com maior envolvimento, mas não necessariamente grande conhecimento, que gosta de beber bem, mas também tem interesse em aprimorar seu saber sobre o mundo do vinho. Estão presentes matérias de interesse do *trade*, como pesquisas, tendências de mercado etc. Inicialmente a revista tinha cinco edições anuais, sendo bimestral, com uma edição de fim de ano reforçada, e sem a edição de janeiro, quando todos estão de férias. Achamos o número de cinco edições ideal para o leitor e para o anunciante. No momento fazemos apenas edições especiais focadas em nossos eventos. A mudança foi decorrência da situação do mercado e também para ficar em linha com o objetivo de darmos mais foco ao nosso principal negócio que são os eventos. Preferimos ser uma empresa de eventos que tem uma revista que promove eventos.

Quando e por que foi idealizado o Anuário de vinhos do Brasil? *Foi uma iniciativa da Baco ou do Ibravin? Qual a importância do* Anuário *para o mercado?*
M.C. — O *Anuário* foi lançado em 2012, no primeiro ano da revista. Foi um projeto criado pela Baco e apresentado ao Ibravin, que comprou de imediato a ideia, se tornando grande parceiro na iniciativa. O *Anuário* cumpre um papel único no mercado brasileiro. Nele compilamos todos os dados do mercado, dos vinhos brasileiros que são fornecidos pelo Ibravin e pela Embrapa. As entidades regionais, como a Vinhos do Vale do São Francisco (VinhoVasf) e a Vinhos de Altitude (de Santa Catarina) também fornecem muitas informações das suas respectivas regiões. No setor de importações de vinhos, há a parceria com a Ideal Consulting, e nos estudos de mercado trabalhamos com a Nielsen. Além disso, nós mesmos levantamos uma série de dados diretamente com os produtores. Sempre damos espaço para o enoturismo, que é um aliado forte da indústria do vinho, e em paralelo prestamos um grande serviço aos leitores. A cereja do bolo são os resultados da GPVB, que baliza muitos profissionais do mercado na hora de montar as cartas de vinhos de seus restaurantes e hotéis. Sem dúvida o *Anuário* é uma bíblia para o setor de vinhos.

Outro projeto importante da Baco Multimídia é o Rio Wine and Food Festival, que em 2019 irá para a sétima edição. Como nasceu a ideia do festival, que cresceu em termos de números desde 2013? Qual seria, na visão da Baco, a importância do festival para o mercado de vinhos do Brasil? É boa a adesão do trade nacional?

M.C. — A ideia nasceu justamente para quebrar a mesmice do que havia no mercado. Queríamos muito sair da caixa. Também não víamos razão para ficar com o evento restrito a um único lugar. O Rio de Janeiro é uma das cidades mais lindas do mundo, cheia de espaços maravilhosos, com uma diversidade grande de públicos na Zona Norte, na Zona Oeste e na Zona Sul. Há gente no RWFF que nunca colocou um vinho na boca, mas também há colecionadores de vinhos que estão entre os maiores do mundo. O conceito básico é tentar abraçar tudo isso, desde o pessoal do *trade* que quer fazer negócios até o neófito, que quer ter sua primeira experiência com o néctar de Baco.

Já começamos em 2013 com certo porte, que incluiu um grande jantar de gala no Golden Room do Copacabana Palace. Crescemos entre 10%-20% ao ano nos primeiros anos, e em 2017 dobramos de tamanho em relação a 2016. Hoje estamos com uma presença de público em todos os eventos ao redor de 70 mil pessoas, afora aquelas pessoas impactadas pela mídia on-line ou via promoções. O RWFF, que hoje é referência no Brasil, também deixa suas digitais no exterior. Quando viajo constato que já somos bem conhecidos fora do país. A adesão do *trade* nacional é excelente e melhora a cada ano.

O título em inglês tem justificativa na internacionalização? O trade *internacional, particularmente da América do Sul, tem comparecido?*

M.C. — O título foi criado em inglês para atrair o *trade* internacional, e isso tem funcionado bastante bem. A adesão do *trade* internacional, particularmente o da América do Sul, também é muito boa. Cito como exemplo o fato de que o Uruguai mandou para participar do RWFF uma delegação com 29 bodegas, a maior até então enviada ao Brasil.

Como é medido o grau de satisfação do público consumidor com o festival? Qual o nível de satisfação deles e dos parceiros do trade? *O que podemos esperar de novidades na sétima edição do RWFF? Maior participação internacional? Maior participação da indústria do vinho e do* trade *do Brasil?*
M.C. — Coletamos sempre depoimentos do público, que às vezes são filmados, e opiniões de expositores, e nossa percepção é de que é tudo sempre muito positivo. Do público vem um bom retorno pelas mídias sociais, pois meses antes já há muita gente perguntando pelo evento, inclusive muita gente de fora da cidade, que quer se programar para vir ao Rio durante o RWFF. Para 2019 a agenda que já está bem adiantada, tem muitas novidades!

Mudamos a abertura, que será no Vinho no Mercado, porque é lá onde está o maior evento do festival, é para lá que conseguimos atrair mais de 10 mil pessoas por dia. Este ano a abertura do RWFF acontecerá nos dias 2, 3 e 4 de agosto. O seminário Vinho & Mercado na FGV, que sempre foi às terças-feiras, este ano será na segunda-feira, dia 5 de agosto, para pegar o público que vem para o fim de semana. No meio da semana teremos feiras e masterclasses, e como novidade haverá a entrada das grandes importadoras com feiras exclusivas. Outra novidade boa é que a feira do Piraquê este ano terá dois dias; o primeiro, para o *trade*, será no dia 9, e o segundo, para o consumidor final, será no sábado, dia 10. E por fim, este ano, o evento será coroado com uma das mais importantes degustações já ocorrida no Brasil: uma degustação vertical, com *todas* as safras do Sassicaia. Serão 40 safras, desde a primeira, de 1968, até a mais atual. A prova será nos dias 9 e 10 de agosto, dividida em dois almoços e dois jantares. A apresentação dos vinhos será feita por mim, e o preço do pacote será em torno de R$ 20 mil por participante para os quatro eventos.

Um projeto da Baco Multimídia muito importante é a GPVB, realizada em parceria com o Ibravin. Você poderia contar a história desse projeto? Quando e por que foi idealizado, sua evolução em números, a logística, a participação das diferentes regiões produtoras, sua importância para o mercado e para os consumidores?
M.C. — A GPVB nasceu oficialmente com este nome dentro da primeira edição do *Anuário de Vinhos*, em 2012. Eu já fazia, sozinho, provas às cegas de vinhos brasileiros desde que comecei a escrever na *Gazeta Mercantil*, em 1999. Comecei provando 10-20 vinhos, o que havia no mercado em termos de vinhos brasileiros de destaque. As provas dos vinhos brasileiros cresceram dentro da

Gazeta Mercantil e dentro de meu ranking anual, o Top-200. Quando lançamos o *Anuário* decidimos incluir uma dessas provas, que ainda fiz sozinho e teve a participação de 280 vinhos. A GPVB foi um imenso sucesso, e no ano seguinte provei ainda sozinho mais de 500 vinhos. O êxito foi tamanho que, em parceria com o Ibravin, transformamos a prova em concurso, com regras elaboradas pelo comitê técnico do Ibravin, que todos os anos envia um auditor.

Vamos para a oitava edição da GPVB, que em 2018 teve 920 amostras, sendo 872 vinhos e 48 sucos. Os sucos estão presentes desde a quinta edição, e os vinhos BiB entrarão agora na oitava edição. Nós procuramos estar sempre antenados com o mercado e também introduzimos inovações. A logística é impressionante, pois são quase 2 mil garrafas que estocamos, catalogamos e transportamos. São mais de 5 mil taças, que precisam ser lavadas e polidas à mão, individualmente, cada qual recebendo um *tag*, uma gravatinha de identificação com o número do vinho que será provado sempre às cegas. Analisando os dados dessa prova ao longo dos anos é possível ter um belo e amplo quadro da evolução dos vinhos brasileiros. A cada ano entram novos estados, novas regiões, novos produtores, e surgem novas castas em destaque.

Todos os movimentos do mercado e de nossa produção se refletem no concurso, pois a massa crítica é enorme; simplesmente provamos tudo o que está sendo feito pela indústria da uva e do vinho no Brasil. O resultado da prova e sua impressão no *Anuário* são de suma importância, pois funcionam como um balizador para o mercado. Muitas cartas de vinho se apoiam no *Anuário*, o que influencia bastante as decisões de compra. O panorama é vasto e muito completo.

Você destacaria algum outro projeto da Baco Multimídia? Talvez na área digital? Projetos editoriais especiais? Seria interessante destacar sua importância no portfólio da empresa.

M.C. — Um grande projeto que não tem muita divulgação na mídia, por ser formado por eventos fechados, são os eventos corporativos. Essa é uma das principais unidades de negócio da empresa. Fazemos eventos inesquecíveis para seguradoras, bancos, empresas da área de saúde etc. As empresas perceberam que é muito mais fácil criar e fortalecer relacionamentos para futuros negócios com uma taça de vinho nas mãos. Temos alguns temas lúdicos como Vinho & Cinema, Degustando Frank Sinatra, entre outros que fazem sucesso enorme; não é raro o pessoal no final aplaudir de pé. Percorremos o Brasil de norte a sul com os eventos.

Outra vertente são projetos editoriais, como por exemplo o *Anuário* e a revista *Baco*, que estamos lançando em versão digital. Há também as consultorias, que podem ser desde palestras com temas focados nos negócios dos clientes até a análise desses negócios com sugestões de planos de marketing, eventos e ações estratégicas.

Você mantém projetos pessoais em paralelo à sua atuação na Baco Multimídia? Falo de projetos como os blogs *da* Veja Rio, Veja São Paulo, *livros...*
M.C. — Alguns projetos pessoais seguem em paralelo aos da Baco Multimídia porque são muito importantes para mim e também porque têm uma sinergia que julgo bem interessante. Tive um *blog* na *Veja Rio* por vários anos, até o encerramento da publicação; agora recentemente estreei na *Veja São Paulo* com boa repercussão, e espero ficar ali por algum tempo. No passado lancei-me nas mídias digitais, primeiro no Facebook e depois, em 2015, num novo site; agora também estou no Instagram, num trabalho que vem crescendo depressa. Vale lembrar que fui o primeiro jornalista de vinhos no Brasil a ter um website, que ficou no ar de 2000 a 2015.

Dentro desses projetos pessoais também tive um programa de TV chamado *Vinho & algo mais*, que ficou no ar entre 2004 e 2007, primeiro nos aviões da Varig e depois na TV JB/CNT. Também tive programa numa rádio de grande audiência, a SulAmérica Paradiso. O programa era diário e chamava-se *Simplesmente vinho*; ficou no ar por uns dois anos, entre 2015 e 2017. Outro braço de minha atuação é a de degustador profissional, como jurado em inúmeros concursos, como o International Wine Challenge de Londres, experiência que uso como presidente do júri na GPVB. Na área acadêmica sou professor convidado de uma das disciplinas do curso Wine Business da FGV, e já ministrei aulas em cursos de vinhos de vários níveis em outras instituições, como Universidade Cândido Mendes, UniRio, Senac, Universidade Estácio de Sá, além de aulas na Associação Brasileira de Sommeliers e seminários pelo Brasil e pelo mundo em universidades como Talca no Chile, Instituto Federal de Educação, Ciência e Tecnologia do Rio Grande do Sul, e palestras sobre o negócio do vinho em países como Argentina, Portugal e Inglaterra.

Uma vertente importante da minha atividade são as palestras temáticas, unindo o vinho a outras formas de arte e cultura, como música e cinema. Fiz a primeira palestra de Vinho & Música do Brasil em 2001, com o maestro e grande ídolo Roberto de Regina, cravista e autoridade mundial em música antiga e barroca. Essas ideias da união do vinho com outras artes estão expressas em dois de meus livros, o *Vinho & algo mais* (de 2004) e *Vinho & muito mais* (de 2010). Com o mesmo conceito formei um portfólio com temas como Degustando Frank Sinatra, Vinho & Cinema, Vinho & Tango, Champagne & Jazz, Degustando *Sex and the City*, e diversos temas ligados a música, cinema e artes.

Outro importante projeto pessoal são os cinco livros em português com duas traduções (espanhol e inglês), somando três indicações para o Prêmio Jabuti e duas vitórias no Gourmand Cook Book Awards, sendo um deles para a edição em inglês. Recebi uma premiação recente, o Born Digital Wine Awards, por um trabalho pessoal. Criado em 2011, esse prêmio é um concurso internacional que laureia conteúdo on-line sobre a indústria do vinho em múltiplos idiomas. O evento, patrocinado por Vinventions e Coravin, incentiva a qualidade do conteúdo, as boas práticas, a ética, o consumo moderado, a responsabilidade social e ambiental e a inovação. Recebi o prêmio por uma matéria que escrevi sobre sustentabilidade que fez muito sucesso quando publicada e está disponível no meu site. Entre os competidores e jurados estão grandes nomes do mundo do vinho, *masters of wine*, editores de grandes revistas. Foi uma premiação que me deixou bastante orgulhoso pela companhia e por ter sido o primeiro lusófono e primeiro latino-americano a receber tal reconhecimento. Além de uma premiação em dinheiro, recebi também o convite para ir à Bélgica participar de um congresso, Born Digital Wine Awards & Conventions summit on truthfulness and the future of wine communication, onde vários especialistas debaterão o futuro da comunicação no mundo do vinho.

O que mais poderia ser feito para aumentar a comercialização total de vinhos (brasileiros + importados) que teve um crescimento médio pequeno na última década com taxa de crescimento anual composta (CAGR) próxima de 1%?
M.C. — Sempre digo em minhas palestras que são duas as barreiras que afastam o consumidor dos vinhos no Brasil: preço e cultura. O preço de uma garrafa de qualquer vinho no Brasil é exorbitante. Costumo usar como exemplo matérias que volta e meia as revistas inglesas como a *Decanter* publicam, com seleções de *best buys* até £ 15. Um vinho com esse preço em Londres seria considerado barato, mas no Brasil ele custaria por volta de R$ 400, transformando-se num vinho de preço alto, acessível apenas para poucos. O que movimenta de fato o

mercado brasileiro são os vinhos que chegam aos consumidores com preços abaixo de R$ 40, e que na origem custam € 3, € 2 ou até € 1. São vinhos básicos, de qualidade inferior, que pouco acrescentam ao mercado.

A questão da cultura esbarra no esnobismo com o qual o vinho infelizmente se implantou no Brasil. Criou-se aqui um mito de que para beber vinhos é preciso estudar muito antes. Mas ninguém precisa fazer um curso de cinema para ir ver um filme! Ninguém precisa de um curso de música para ouvi-la! Por que precisaríamos estudar para beber vinhos? Eu adoro estudar vinhos, é minha paixão, e recomendo que todos que se sentem atraídos pelo mundo de Baco o façam; mas isso não pode ser um pré-requisito para apreciá-los. Há uma frase em um dos meus livros que cabe muito bem aqui: "Se entender sobre vinhos fosse pré-requisito para gostar deles, muito pouca gente gostaria de vinhos".

Outro aspecto da cultura que se transforma em barreira é a capacitação e treinamento dos profissionais do vinho, que por vezes são os maiores transmissores do esnobismo. Quando os profissionais participam de algum treinamento, este é tradicionalmente focado em conhecer castas, regiões etc., e não em aprender a melhor forma de abordar os clientes, deixando-os à vontade e auxiliando-os na compra do vinho. Isso felizmente vem aos poucos mudando com uma nova geração de educadores, mas levará tempo para educar o nosso Brasilzão. Eu estou no ramo há quase 30 anos, falando e ouvindo falar até hoje em "desmistificar o vinho". Acho graça em ver gente falando hoje em desmistificar como se isso fosse uma grande novidade.

O que você pensa, em termos gerais, sobre a comunicação e a promoção feitas pela indústria do vinho do Brasil? Muito focadas no produto?
M.C. — Na mosca! Você foi direto ao ponto. Quando falei que a educação tradicional foca as castas e regiões, esquecendo o consumidor, quis chegar exatamente nesse ponto. O foco deveria ser no momento do consumo, na experiência, na saúde, na cultura. Não é à toa que minhas palestras de vinho com música e cinema fazem tanto sucesso: nelas eu tiro o foco do vinho pelo vinho; eu falo de "vinho sem falar de vinho". Costumo dizer que é um equívoco tentar trazer o consumidor para o mundo do vinho. Temos de levar o vinho até o consumidor de uma forma prazerosa e que ele entenda. Eu uso cinema e música. O mundo do vinho, para muitas pessoas, é árido e chato, profundamente chato. Poucos querem ouvir falar de tosta das barricas, se o solo onde estão plantadas as videiras

é argiloso ou calcário, ou, pior ainda, qual o valor da acidez total. Por outro lado, quase todo mundo gosta ou já conhece algo de música, de cinema. Eu uso essas artes como um transporte para a mensagem que quero deixar sobre o vinho.

O que poderia explicar as exceções dos vinhos importados e dos vinhos espumantes brasileiros, que, ao contrário dos demais, tiveram crescimento bem superior na comercialização? Comunicação melhor ou produtos melhores?
M.C. — Se a pergunta é sobre o crescimento dos vinhos importados como um todo ao longo dos últimos anos, eu reputaria isso apenas ao atendimento de uma demanda do mercado. Os brasileiros querem beber vinhos e por vezes a melhor opção são os vinhos importados. Há também, claro, o excelente trabalho de marketing, com investimentos fortes de entidades como Wines of Chile, ViniPortugal, Inavi etc.

Sobre o crescimento das vendas dos espumantes brasileiros, eu diria que eles já se tornaram uma categoria de mercado totalmente à parte. Eles conseguiram de forma admirável vencer todas as barreiras existentes. Hoje 80% do mercado de vinhos espumantes no Brasil são do produto nacional. A meu ver, a mensagem funcionou por alguns motivos. Primeiro o produto é de fato bom, e hoje temos dezenas de bons espumantes brazucas no mercado; a qualidade média é boa, e podemos generalizar sem o risco de queimar a língua. Em segundo lugar, a comunicação foi focada, embasada e persistente. Há justificativas no *terroir* para os nossos espumantes serem bons (clima, tipos de solo, técnicas utilizadas etc.). Eles já ganharam muitos prêmios em concursos e outros reconhecimentos, e essa mensagem vem sendo martelada há alguns anos de forma simples e clara: "Espumante brasileiro é bom".

Quem está se comunicando melhor com o mercado consumidor brasileiro? Os vinhos ou as cervejas ditas especiais? São elas as maiores concorrentes dos vinhos?
M.C. — Sim. O maior concorrente dos vinhos no Brasil são as cervejas como um todo, e cada vez mais as cervejas especiais. Lembre-se das duas barreiras que citei para o vinho crescer no Brasil: preço e cultura. As cervejas não têm esses problemas porque já fazem parte da nossa cultura; não existe barreira cultural para os consumidores, eles não têm medo de beber cerveja, por mais sofisticadas ou artesanais que elas sejam. E os preços são bem mais atraentes que os dos vinhos. Já ouvi muitos consumidores dizendo: "Pelo preço de um

vinho básico eu compro uma cerveja top". Em relação à comunicação, basta olhar um comercial qualquer de cerveja, no qual muitas vezes não vemos texto, mas somente imagens; se há algum texto, ele não fala do produto, e sim do contexto do consumo com os amigos em um bar, na praia, num churrasco etc.

Alguns estudos recentes sugerem que os vinhos brasileiros deveriam focar sua comunicação nas faixas etárias mais baixas, onde haveria menor resistência ao consumo. O que você diria sobre isso?
M.C. — De fato a geração mais nova dos consumidores, os *millennials*, trouxe novos ares ao mercado do vinho, com alguns pontos positivos e outros pontos negativos nos mercados do Brasil e do mundo. No Brasil o grande benefício é que os jovens consumidores não apenas não têm preconceitos como até veem o consumo dos vinhos brasileiros como algo antenado, de vanguarda, moderno. Já as gerações anteriores são o exato oposto, o que era plenamente justificado pela baixa qualidade dos vinhos nacionais do passado. Ainda hoje muitos restaurantes têm dificuldades em vender vinhos brasileiros, especialmente os restaurantes mais sofisticados e caros. O problema é que a geração dos *millennials* gasta bem menos na compra de uma garrafa, e compra numa faixa de preços em que os vinhos brasileiros perdem em competitividade para os vinhos importados.

REINVENTANDO UMA LOJA DO VAREJO DE VINHOS

Entrevista com Bernardo Larreta de Azevedo Rodrigues,
sócio da Porto Di Vino

Rio de Janeiro, 13 de setembro de 2018

Quem já casou e comprou as bebidas do seu casamento conosco, muito provavelmente nos indicará para as pessoas do seu relacionamento que estão prestes a se casar.

Bernardo Larreta

Antes de entrar propriamente nos negócios da Porto di Vino, seria interessante conhecer alguns dados da sua trajetória: o que você estudou, em que começou a trabalhar após a conclusão do ensino superior, o que fez até chegar à Porto di Vino.
Bernardo Larreta. Eu estudei aqui no Rio, fiz curso de engenharia de produção na Universidade Federal do Rio de Janeiro (UFRJ), onde me formei em 2003. Após me formar fui trabalhar na Souza Cruz, onde entrei num programa de *trainee* na área de marketing. No começo eu ainda estava meio perdido sobre o que queria fazer na vida, então resolvi testar a área de marketing. Eu tinha feito alguns estágios em logística, mas não tinha gostado muito. Na Souza Cruz trabalhei durante seis anos sempre na área de marketing. Depois desse longo período, resolvi abrir um pouquinho mais meu leque de opções e me decidi por uma área voltada para a gestão de negócios de forma mais ampla, não tão específica como o marketing. Fui então fazer MBA na Insead, na França e em Singapura. Passei um ano fora e voltei para trabalhar na Bain Company, empresa americana especializada em consultorias estratégicas. Fiquei três anos, até que bateu a vontade de ter minha própria empresa. Eu já tinha essa vontade desde que entrei na Bain Company, e na realidade já vinha procurando um negócio interessante no qual empreender. Meu sonho era encontrar um negócio pequeno que tivesse potencial para eu realizar a expansão.

Qual o período em que você ficou na Bain Company? Seria interessante construir uma linha de tempo com suas atividades até a entrada como sócio na Porto di Vino.
B.L. — Na Souza Cruz eu trabalhei por seis anos, entre 2003 até 2009. Em 2010 eu estava fora, fazendo MBA na Insead, e entre 2011 e 2013 trabalhei na Bain Company como consultor. A Porto di Vino entra na minha história quando conheci o Bernardo Murgel, que é meu sócio e fundador da Porto di Vino em 2003, quando eu ainda estava na Souza Cruz. Eu conhecia a esposa dele, que tinha sido minha funcionária na Souza Cruz. Na busca de um negócio para investir, conversei com várias pessoas de diferentes áreas, e acabou que a Porto di Vino me chamou atenção pelo enorme potencial do mercado brasileiro de vinhos. Era um mercado interessante, que me atraiu por seu potencial de crescimento. No final de 2013 saí da consultoria e me tornei sócio do Murgel na Porto di Vino. Na mesma época, precisamente dois meses depois, o Thiago Faissal, que também tinha trabalhado comigo e com a esposa do Murgel na Souza Cruz, entrou na sociedade para realizarmos o plano de expansão da Porto di Vino.

Você conhece a história da Porto di Vino desde a fundação? Como ela nasceu? Quem estava no negócio no início?
B.L. — Conheço um pouco. Tudo começou com o Murgel, que ainda na faculdade, se não me engano, começou a vender bebidas para ganhar um dinheirinho. Ele começou vendendo destilados, porque encontrou um fornecedor de vodca e uísque baratos. Sua opção foi vender para boates, mercado ainda pouco explorado. Ele comprava os destilados na distribuidora e ia de ônibus entregar nas boates da Zona Sul do Rio de Janeiro. Entre seus clientes estava o Cozumel, aqui no Leblon, o Guapo Loco... Ele começou a desenvolver a clientela com esse *modus operandi*. Comprava três caixas de vodca, negociava a venda e ia pessoalmente de ônibus fazer a entrega. Com o aumento das operações, ele fundou uma empresa chamada Destilados cujo foco era a venda de produtos destilados para boates.

À medida que foi ganhando volume e ficando mais competitivo em termos de preço, algumas pessoas do mercado de casamentos do Rio — os cerimonialistas — acabaram descobrindo que ele tinha bons preços de destilados, e então o Murgel começou a vender para casamentos. Com a continuidade das transações de vendas, e com o aprofundamento da relação com essas pessoas, elas começaram a perguntar por outras bebidas como espumantes e vinhos tintos. Com um potencial de demanda batendo à sua porta, ele não perdeu a oportunidade. Fez o curso da ABS-RJ e terminou se apaixonando pelo mundo dos vinhos.

Foi nessa época, entre os anos 2003 e 2005, que a venda de espumantes e vinhos tintos para casamentos começou a explodir. O Murgel aprendeu muito, foi ganhando a confiança dos cerimonialistas, que passaram a indicá-lo para outros. Foi assim que ele alcançou um volume bastante razoável de vendas de espumantes e começou a buscar outros vinhos mais interessantes, de pequenas vinícolas do Sul. No início nem trabalhou com vinícolas tão pequenas assim. Se não me engano, foi uma das primeiras pessoas a vender os produtos da Valduga na cidade do Rio de Janeiro. Nessa época a Valduga já era uma vinícola de porte razoável, mas não era tão conhecida e famosa quanto hoje. Ela operava no Rio com pequenos distribuidores, e entre eles estava o Murgel. Com o crescimento ele se animou e abriu uma loja em Niterói, onde morava.

Quando o nome mudou para Porto di Vino?
B.L. — Não lembro agora o ano exato, mas chutaria que foi por volta de 2007, mais ou menos. O que aconteceu para essa decisão ser tomada? O Murgel se

encantou com o mundo do vinho, o negócio começou a crescer e a dar certo, impulsionado pelos casamentos, mas ele decidiu abrir a loja a fim de ter um local para atender às pessoas. Para elas escolherem o que iam servir no casamento, ele fazia as provas dos espumantes em diversos lugares, no restaurante de um amigo, numa loja de livros no Jardim Botânico chamada Ponte de Tábuas, na Casa da Táta, na Gávea. Ele dependia de conseguir lugares cujos donos conhecia para realizar essa etapa importante da operação dos casamentos. O fato é que a falta de um lugar fixo para fazer as provas de vinho foi decisiva para a abertura da loja em Niterói. Foi assim que a Porto di Vino começou com o negócio do vinho.

Havia sócios nesse momento? Qual a origem dos recursos para a abertura da loja de Niterói?
B.L. — Na operação, o Murgel estava sozinho. Em alguns momentos houve investidores financeiros que colocaram algum dinheiro para impulsionar o negócio, como na construção da loja em Niterói, mas isso foi se alterando ao longo do tempo. Até a entrada do Thiago e a minha, acredito que em nenhum momento houve alguém trabalhando com dedicação exclusiva ao negócio. Eram sócios capitalistas que participavam eventualmente com inversões financeiras. Eu lembrei agora que por algum tempo o Murgel também teve um sócio atuante na operação. Era uma pessoa muito inteligente, que conhecia bastante vinhos e por razões pessoais saiu antes da minha entrada. Mas foi a fim de garantir os recursos para a abertura da loja em Niterói que ele aceitou o aporte de um sócio investidor que era ex-cliente. Eu teria de confirmar, mas parece que o Murgel chegou a comprometer 50% de participação na loja, mantendo o restante. Este sócio foi substituído dois anos depois por outro investidor que comprou a participação.

Antes da minha entrada em 2013 aconteceram dois ou três movimentos como esse. Não foram movimentos expressivos, porque seus objetivos eram construir uma pequena loja e depois fazer a expansão. O primeiro movimento grande aconteceu quando eu e Thiago entramos na sociedade. O objetivo era expandir o negócio no Rio com a abertura de uma loja bem maior na Gávea, que não funcionaria somente como loja de vinhos, mas também como *showroom* para o mercado de casamentos, que é um braço relevante dos negócios da Porto di Vino.

VINHO E MERCADO

Quando da formação societária entre você, Murgel e Thiago, houve participação de investidores financeiros?
B.L. — Sim. Uma das minhas tarefas e do Thiago foi conseguir recursos financeiros de terceiros. Então, nós também temos sócios investidores que detêm um terço da empresa, mas que não participam das operações.

Eu queria saber também da parte operacional da Porto di Vino.
B.L. — Vou dar um passo atrás para explicar os detalhes do que é a Porto Di Vino atualmente. Nós temos duas áreas de negócio principais. Uma é o varejo, com duas lojas, sendo uma na Gávea e outra em Niterói. O varejo é um braço relevante do negócio, tanto que estamos sempre avaliando o momento ideal para fazer sua expansão, porque há detalhes complicados, o investimento inicial é relativamente alto, além de trazer consigo um custo fixo nada desprezível de salários, aluguel, estoques etc. E há outra área, o negócio de eventos, também muito relevante, em particular em momentos de crise econômica como agora, quando o consumo de vinhos, que já é pequeno, se reduz ainda mais.

Essas duas áreas de negócio têm mais ou menos o mesmo tamanho. No negócio de eventos, construído ao longo do tempo pelo Murgel com seu *network*, com os cerimonialistas de casamentos, há duas coisas importantes: o conhecimento desse mercado específico e um portfólio de produtos competitivos interessantes. Eu acredito que as duas variáveis estão bem ajustadas na Porto di Vino. A expansão forte do negócio de eventos foi possível com a alavancagem financeira que fizemos em 2013, viabilizando a melhoria do portfólio de produtos e a expansão geográfica da atividade. Parcela importante do nosso crescimento se concretizou com o mercado de casamentos, tanto que culminou, dois anos atrás, com a expansão geográfica para São Paulo, onde abrimos um escritório para receber cerimonialistas e noivos a fim de conhecer os vinhos e espumantes com potencial de serem servidos em casamentos.

Isso aconteceu em 2013 e 2014, quando a crise econômica se estabeleceu de vez no Brasil. Houve alguma interferência da crise nesses planos?
B.L. — O que aconteceu na prática, voltando um pouquinho na história, é que logo depois que eu e Thiago nos tornamos sócios da Porto di Vino bateu o momento mais complicado da crise financeira que ainda hoje complica os negócios no Brasil. Isso dificultou um monte de coisas. Nós começamos a ver várias lojas

de vinhos fechando, e mesmo a área de casamentos diminuiu, com as pessoas buscando, entre outras coisas, gastar menos nas festas. Então tivemos de optar entre fazer os investimentos na expansão do varejo, com a abertura de lojas e todos os seus riscos e elevado custo inicial, ou nos eventos, em que o custo inicial é muito inferior e já dispúnhamos de toda uma estrutura montada. Naquele momento nossa opção foi investir na área de eventos. Foi esse braço do negócio no qual crescemos bastante que segurou boa parte da barra pesada financeira que veio com a crise econômica. As lojas pensadas para Ipanema, Barra e Centro ficaram no papel, porque o dinheiro diminuiu e depois sumiu.

Investimento em eventos demanda preocupação elevada com custos. Como vocês se abastecem com produtos competitivos para casamentos? Importação? Compras em importadores-distribuidores?
B.L. — Há uma história por trás disso que vale ser contada. Começamos trabalhando bastante com os espumantes brasileiros, porque eles têm boa qualidade e preços muito razoáveis. Mas foi necessário criar um processo de educação do cliente, sobretudo nos casamentos, porque é comum o cliente não ser um aficionado do vinho, não entender muito, mas querer servir espumantes na festa. Alguns até têm preconceito com os produtos brasileiros, o que não faz sentido, porque os espumantes do Brasil na média são ótimos. Foi também por isso que surgiu a ideia de fazer degustação com os clientes que chegavam na Porto di Vino querendo um espumante ou vinho francês, ou um Cava espanhol. A degustação cumpria o papel de evidenciar para eles que podiam encontrar qualidade no produto nacional pagando menos. Esse foi um movimento que iniciamos lá atrás e atualmente é regra no mercado, com todos os nossos concorrentes também fazendo degustações para os clientes. Ficou tão comum que os próprios clientes cobram uma degustação antecipada do que será servido.

A razão inicial, contudo, foi a necessidade de mostrar que era possível pagar preços razoáveis por bons espumantes brasileiros. E eles dominaram a cena por um bom tempo, pela grande quantidade de eventos. Tornava-se viável comprar em quantidades maiores no Sul e estocar para vender de acordo com as demandas dos eventos. Nós não tínhamos escala para importar naquela época, porque, para a importação ser viável, é preciso comprar acima de um volume mínimo. Levou mais ou menos dois anos para conseguirmos um volume que atingisse esse mínimo.

Nossa primeira importação que funcionou como teste para entender a operação foi em 2014, trazendo vinhos tintos. Em 2015 os negócios travaram e tivemos algumas dificuldades. Em 2016, já com uma demanda razoável e entendimento de todo o processo de importação, aceleramos de verdade. Agora no nosso portfólio de espumantes para eventos você encontrará 12 a 15 opções de espumantes da nossa importação direta, opções que encontramos ao longo do tempo. Este ano fomos a Düsseldorf, à feira ProWein, onde provamos dezenas de coisas bem legais. Havia muitos produtores interessantes e bons rótulos, que estamos trazendo para tornar nosso portfólio ainda mais completo para os clientes, o que é o objetivo final. O que queremos é que os clientes venham até a Porto di Vino, provem muitos vinhos e espumantes, escolham o que eles querem, fiquem felizes e nos indiquem para o seu círculo de amigos, e que isso vire uma rede de clientes satisfeitos e fiéis.

Existe um trabalho específico da Porto Di Vino junto às pessoas que operam no mercado de casamentos?
B.L. — Sim. Nós percebemos com o passar do tempo que os noivos nos procuravam e, quando perguntávamos como tinham sabido da Porto di Vino, diziam que um primo ou amigo tinha comprado conosco as bebidas do seu casamento, ou que seu cerimonialista ou fotógrafo falara bem dos nossos serviços. Às vezes eles vinham indicados por três, quatro pessoas desse circuito. Sem dúvida já temos um trabalho específico, a aproximação é mais ou menos natural quando se está inserido nesse mundo.

Desde que abrimos a loja da Gávea, pelo menos uma vez por mês fazemos diversas ações que envolvem fornecedores parceiros e noivos interessados em provar espumantes. Eles aproveitam e provam as ofertas de fornecedores de doces maravilhosos, bolos que são verdadeiras esculturas, drinques etc. Como o processo do casamento é cansativo para os noivos e os envolvidos na festa, que têm de decidir coisas com diferentes fornecedores, nós trazemos todos eles para um lugar só, na Porto di Vino, claro, e eles conseguem resolver os detalhes mais facilmente. Isso é muito bom para a gente, por facilitar o atendimento, e também é bom para os noivos, porque viabiliza a resolução de várias coisas num só dia e no mesmo local.

Como é feita a captação dos noivos?
B.L. — Nós criamos um relacionamento com as pessoas que operam nesse mercado, e a partir daí o boca a boca faz o resto para ajudar na captação de novos clientes. Contudo, o mais importante é que todos eles ficaram sabendo que a Porto di Vino presta um bom serviço, tem bons produtos etc. Quando você se transforma numa referência segura para o cerimonialista, o fotógrafo, o dono do bufê, os próprios ex-noivos, eles lhe indicarão para a sua rede pessoal. Quem já casou e comprou as bebidas do casamento conosco muito provavelmente nos indicará para as pessoas do seu relacionamento que estão prestes a se casar. Essa é a construção de uma reputação e de um posicionamento como se faz com qualquer marca.

Vocês conseguiram construir algum tipo de vínculo com os clientes que fizeram eventos com vocês?
B.L. — De maneira estruturada, eu diria que não, mas fazemos algumas ações para manter a Porto di Vino na lembrança das pessoas. Uma delas é enviar para os ex-noivos, uns dois meses depois da festa, uma garrafa do espumante que eles serviram no casamento. A garrafa segue com uma mensagem carinhosa feita especialmente para eles, com a sugestão de que a abram num dia especial como foi o dia do casamento. São pequenas coisas que fomos criando para tentar manter algum *link* com a loja, mas o fato é que não é nada fácil trazer os noivos de volta para o nosso convívio. Alguns voltam como clientes do varejo, e essa é uma grande sinergia que temos. Eles viram clientes de eventos de degustações, festivais de vinho, e compram bebidas para seu consumo no dia a dia. É mais frequente quando o responsável pela aquisição das bebidas foi o pai do noivo ou da noiva. É mais comum ter pais aficionados por vinhos do que os próprios noivos. Infelizmente a maioria dos nossos noivos não é tão amiga dos vinhos. Mas, enfim, temos muitos clientes do varejo que nos conheceram porque compraram conosco as bebidas para o casamento de algum parente.

Qual a participação dos diferentes tipos de vinhos nos casamentos? Os importados têm participação elevada?
B.L. — Você pergunta sobre vinhos importados diretos ou vinhos importados em geral? Nós vendemos bebidas importadas que não são de importação própria. O grosso da bebida dos casamentos são os espumantes. Eu não tenho o número

exato de memória. No início, quando ainda não importávamos, a participação era de 70% a 80% de espumantes brasileiros, e 20% a 30% de espumantes importados. Depois que passamos a fazer importação própria, obviamente a participação dos importados cresceu, embora os espumantes brasileiros ainda tenham participação importante, porque vemos valor neles. No momento, a participação dos importados está entre 40% e 50%.

O que mais influiu na redução da participação dos espumantes brasileiros foi a alteração fiscal introduzida aqui no Rio de Janeiro, no final de 2014, que incluiu os vinhos na cobrança do ICMS via substituição tributária (ICMS-ST). Isto, em minha opinião, teve um impacto negativo gigantesco sobre os negócios do vinho no Rio, porque antecipa a cobrança do ICMS do produtor ou importador-distribuidor, que termina virando custo nas operações subsequentes de compra e venda. E mexe violentamente com o fluxo de caixa dos envolvidos, seja ele produtor, importador-distribuidor ou varejista. Atrapalha demais o comércio de vinhos porque encarece os produtos impedindo a ampliação da base de consumo.

Isso é uma vantagem competitiva para quem faz importação direta?
B.L. — Sim! Sem dúvida alguma! A entrada da ST dificultou muito as transações comerciais entre os produtores, as importadoras-distribuidoras e as revendas, porque na prática gera problemas no fluxo de caixa. No caso das pequenas empresas que fazem parte do Simples Nacional, o ICMS-ST equivaleu basicamente à sua retirada do programa, porque elas pagavam 4% de ICMS na venda dos seus produtos e passaram a pagar, antecipados, 27%, no caso do Rio de Janeiro. Como não há maneira de recuperar esse imposto, ele terminou virando custo e aumentando o preço de venda dos vinhos, dificultando demais as vendas pelos pequenos varejistas.

As pequenas vinícolas afirmam que precisam ir ao mercado financeiro para ter recursos e pagar a antecipação, aumentando seus custos e consequentemente os preços dos vinhos na origem. O que isso provocou no mercado?
B.L. — Produziu um efeito em cascata, porque os juros no Brasil são proibitivos para as pequenas empresas que pagam atualmente em redor de 30% ao ano. É um negócio inacreditável! Então, na prática aconteceu um movimento enorme de importadores passando a vender direto para o cliente final e fugindo da ST.

Quem não tinha essa prática passou a ter após o advento da ST. Foi uma tempestade perfeita, a junção da crise econômica e a entrada da ST ao mesmo tempo. O resultado foi um encolhimento enorme do mercado. Várias importadoras-distribuidoras com quem trabalhávamos passaram a vender direto para o cliente final a fim de manter suas atividades.

Com isso, lojas como a Porto di Vino perderam muito da sua competitividade, passaram a disputar o mercado com seus fornecedores — o que é uma impossibilidade, porque eles sempre terão preços de vendas mais baixos que a revenda do pequeno varejista. Quando percebemos esse movimento começamos a acelerar nossa importação. Era óbvio que em algum momento nossa atividade se inviabilizaria. Não é à toa que as grandes superfícies de varejo aumentaram a importação direta, e as suas áreas de vinho começaram a ganhar destaque. Basta entrar numa loja dos supermercados Zona Sul ou Pão de Açúcar para constatar o que estou falando. A área das prateleiras disponibilizada para exposição dos vinhos aumentou muito.

Não sou especialista do mercado varejista, mas quem estudou um pouquinho os supermercados sabe que eles operam com margem bruta baixa quando comparada com o varejo no negócio de vinho, que às vezes chega a 15% ou 20%. Os supermercados lutam para ter uma margem líquida ao redor de 2% ou algo assim. Provavelmente eles perceberam que os vinhos poderiam ser vendidos com preços competitivos e com uma margem melhor se fossem importados diretamente. O aumento das atividades no mercado de vinhos é um sinal de que estão conseguindo fazer um bom dinheiro. A ST está gerando as condições para um cenário em que mesmo o importador-distribuidor tem de vender direto para o consumidor final.

Grandes superfícies do varejo e lojas puros-sangues do comércio on-line se posicionaram nos últimos anos entre os maiores importadores de vinhos? O ICMS-ST teria influenciado? Isso seria prejudicial para o pequeno varejista de vinhos?
B.L. — Sem dúvida nenhuma. Uma distorção fiscal é que está provocando esse movimento, e se ele perdurar mudará todo o cenário do mercado de vinhos. Em minha opinião, é um movimento com potencial para matar as pequenas lojas que continuarem apenas revendendo vinhos para o mercado *off trade*. Nós operamos com duas lojas de varejo e o mercado de eventos, que é superimportante. Nosso planejamento de médio e longo prazo inclui ter mais lojas no futuro, mas um

empreendedor que tiver apenas uma loja de varejo para vender vinhos no *off trade* terá muita dificuldade para sobreviver no cenário atual. A ST será uma barreira cada vez maior para os *players* do mercado varejista que não criarem condições para importar. Os pontos de diferenciação estão ficando cada vez menores, e os vinhos que terão para vender também serão vendidos pelos importadores--distribuidores para o consumidor final, provavelmente com preços bem mais competitivos. Numa competição sem outra diferenciação, em que o preço é o principal balizador, os pequenos varejistas ficarão com muita desvantagem, numa concorrência totalmente desleal.

    A previsão desse cenário que cada vez mais se confirma na prática é que nos fez correr atrás da importação própria, eliminando o intermediário importador para obter preços competitivos e produtos diferenciados. Os motivos dos estados são claros e pragmáticos, porque cobrando na origem eles garantem a arrecadação fiscal. Só que as consequências são muito ruins, desequilibrando a competição entre os *players* do mercado, por favorecer aqueles que conseguirem importar ou produzir e vender direto ao consumidor final.

    O produtor brasileiro também se complica, seus vinhos sobem de preço com a antecipação do tributo. No final, mesmo que os envolvidos no mercado do vinho consigam operar com essa condição, um fato é inegável: os preços dos vinhos sobem para os consumidores finais funcionando como um freio para o consumo, e consequentemente para a ampliação do mercado de vinhos no Brasil. Se somarmos a isso a questão cambial, fica fácil entender por que os preços dos vinhos estão tão elevados por aqui. Preços altos e consumidores pressionados na sua capacidade de compra realmente não favorecem nenhum mercado. O vinho não é um produto tão caro mundo afora como aqui no Brasil. Ao contrário, é um produto acessível para a maioria da população, que pode perfeitamente tomar sua tacinha sem comprometer o orçamento familiar. Estaríamos bem melhor sem as distorções provocadas pelo ICMS-ST.

Vocês compram da indústria de vinhos do Brasil. Como o ICMS-ST está impactando o setor produtivo?
B.L. — No mínimo ele não está permitindo que a indústria nacional se desenvolva como poderia. O encarecimento dos vinhos, não só do Brasil, reduz a base de consumo, as vendas, e os produtores perdem a motivação para ampliar a produção e investir em melhorias tecnológicas. Na verdade a indústria do vi-

nho só se desenvolverá mais se estiver incentivada para aumentar a produção. O Brasil está competindo com países com uma história muito mais longa que a nossa nessa indústria. Em geral, nesses países, a indústria é incentivada, os impostos são mais baixos e a bebida é classificada como alimento. O ICMS-ST piorou uma condição que já não era muito boa. Foi mais uma entre várias forças que estão sempre puxando para trás.

E o Clube de Vinho Porto Di Vino? Qual a importância dele para o negócio?
B.L. — O clube da Porto di Vino começou porque havia uma demanda interessante por parte de alguns clientes que já nos conheciam e confiavam nas nossas escolhas. Nas dezenas de clubes de vinho oferecidos no mercado, a comodidade despontava como um valor muito apreciado pelos clientes. Embora considerássemos a ideia interessante, nós pensávamos que só valeria a pena fazer o negócio se fosse para ser benfeito. Após a entrada da ST no Rio, praticamente nos obrigando a fazer importações, percebemos que, se tivéssemos um volume garantido de vinhos vendidos para clientes com potencial de fazer recompras mensalmente, isso ajudaria a gerar volumes mínimos para importar. Com a questão em mente, em 2016 criamos o clube de vinhos, que, com um preço de R$ 130 mensais, envia dois vinhos para os sócios. Não temos ainda pretensões maiores de fazer dinheiro com o clube, cuja maior função é gerar volume para viabilizar as importações e fidelizar os clientes. Apesar de não fazermos marketing algum do clube ele vem crescendo devagarzinho, e quando as importações chegam boa parte dos vinhos já está com a venda garantida.

Todo o volume das importações é consumido nos eventos e na loja, ou tem uma sobra que poderia ser vendida para outros varejistas ou restaurantes?
B.L. — Os maiores volumes importados são de espumantes que utilizamos nos eventos. Trazemos também vinhos daqueles países que são vendidos na prateleira da loja e no clube por preços bastante competitivos, porque não há intermediários entre a Porto di Vino e o consumidor. O interessante é que, quando trazemos rótulos de outros importadores que não têm exclusividade, uma competição saudável se estabelece, beneficiando bastante os clientes. Resta lamentar apenas o problema de não termos velocidade de reposição do estoque para garantir o consumo de determinados rótulos quando o seu consumo aumenta. Essa é a principal razão de não termos entrado ainda na venda para

outros pequenos varejistas. De qualquer forma é melhor ter problema de falta que de sobra de estoque.

Embora esteja muito difícil a venda para outras lojas ou para restaurantes, por causa do ICMS-ST, ainda não entramos nesse mercado pelas possíveis interrupções do fornecimento de rótulos específicos. Isso seria muito ruim principalmente para os restaurantes. Uma coisa é vender rótulos importados para os clientes da loja que passam por aqui toda semana. Se amanhã eles estiverem em falta, é mais simples gerenciar sugerindo uma troca sem maiores consequências. Não há aquele *chianti* de que ele gostou, podemos tentar com um Bordeaux, ampliando a diversidade e o conhecimento do vinho.

Nas importações da Porto Di Vino vocês utilizam o serviço profissional de terceiros? Tiveram algum problema?
B.L. — Normalmente utilizamos serviços especializados de terceiros. Apesar de estarmos aumentando as importações, ainda não se justifica gastar um tempo absurdo com isso. Portanto, desde a primeira importação, buscamos uma *trading company* no mercado para fazer a operação. Nós importamos atualmente por conta e ordem. Aliás, quando começou o ICMS- ST no Rio de Janeiro, tivemos um problema que nos afetou fortemente do ponto de vista financeiro. Na nossa primeira importação, o estado não utilizava o ST, e quando chegou o produto o importador naturalmente me fez a operação de venda da carga. Antes tanto fazia para ele importar por encomenda e, chegando aqui, fazer a venda para o cliente que encomendara, ou fazer importação por conta e ordem, porque não mudava nada. Ao fazermos a segunda importação com esse mesmo *trader*, o contêiner ainda estava no mar quando começou a cobrança do ICMS-ST. Já havia o boato da entrada havia cerca de dois anos, mas não se sabia exatamente quando aconteceria. Quando os produtos chegaram, nosso desembolso disparou, porque fomos obrigados a pagar a ST dessa aquisição mudando completamente a previsão financeira que tínhamos para aquela importação. Se não me engano o desembolso aumentou em torno de 42%. Foi uma boa pancada! Atualmente importamos por conta e ordem, com outra *trade company*.

O momento da importação significa saída no fluxo de caixa mais forte. Vocês conseguem operar dentro do fluxo de caixa normal, ou precisam fazer financiamento específico para a importação?

B.L. — Uma variável que até hoje freia um pouco a nossa importação é de fato a necessidade de caixa. Nós temos alguma reputação lá fora porque já fizemos várias importações, e alguns órgãos que controlam esse histórico passam as informações para as vinícolas. Então, algumas delas que nunca venderam para nós, e que a princípio só nos venderiam à vista, estão aceitando na primeira compra conceder algum prazo. Isso ajuda bastante na questão de fluxo de caixa. Mesmo assim ainda temos muitas dificuldades, porque as importações estão crescendo, e quando importamos produtos novos a maioria das vinícolas solicita pré-pagamento. Isso significa que elas começam a preparar o produto após a quitação, e aí, até o despacho no porto, pode demorar, numa situação ideal, de três a quatro semanas. Se for final de ano ou tiver greve na Receita Federal, isso pode complicar. Já tivemos carga que nós levamos três meses para desembaraçar. Nunca sabemos exatamente quanto tempo levará até termos os produtos liberados para a venda. Importar vinhos no Brasil não é simples por causa dos inúmeros imprevistos. Nós estaríamos importando bem mais se não fosse a necessidade permanente de levantar capital. Recorrer aos bancos é dureza, os juros são abusivos. Pagar 2% ao mês é um risco elevado. Por tudo isso a alternativa é ir devagar com as importações.

Você está falando dos bancos tradicionais. Há alternativa a essa opção de financiamento? Vocês têm outras possibilidades?

B.L. — Sim. Nós buscamos tudo o que é possível no mercado. No limite, os sócios fazem empréstimos de curto prazo para a loja. Eu mesmo já fiz isso. Uma vez fui ao banco pedir um empréstimo para a loja, o gerente olhou a minha conta pessoal e falou que, travando meu investimento pessoal, eu conseguiria um empréstimo com 2,3% ao mês de juros. Ele tiraria o meu dinheiro que está lá aplicado a 0,6% ao mês e me emprestaria a 2,3%. Eu não consigo entender isso. Ele estava basicamente oferecendo o meu dinheiro, que rendia 8% ao ano, para me emprestar a 30% ao ano! Foi aí que concluí ser melhor sacar meu dinheiro e emprestar para a empresa. Combinei com meus sócios um juro intermediário entre os dois, o que foi muito melhor para minha pessoa física e também para a minha pessoa jurídica. Dinheiro para capital de giro a juros razoáveis, que é o que precisamos, é muito difícil de conseguir no Brasil. Foi por isso que procuramos outras soluções com pessoas físicas que aceitavam o nosso risco em troca de rendimentos melhores do que os que recebiam dos bancos. Só que há um limite máximo para fazer empréstimos, e não podemos acelerar muito as importações retardando nosso crescimento. Essa opção nos ajudou bastante a dar um salto, e no momento estamos com algumas importações muito interessantes engatilhadas.

No modelo de negócio da Porto Di Vino os espumantes devem ser os campeões de vendas. Qual a participação dos espumantes versus dos vinhos tranquilos?
B.L. — Sem fazer maiores contas, e deixando de fora os destilados, que participam com um pedacinho, eu diria que os espumantes representam entre 40% e 50% do faturamento da Porto di Vino. Os eventos participam com a metade do faturamento, mas nós vendemos também vinhos tintos, brancos e rosés nos casamentos.

Quais as principais práticas da Porto Di Vino para aumentar e fidelizar sua base de clientes?
B.L. — Algumas coisas são básicas em minha opinião. A primeira é garantir um portfólio competitivo, com bons produtos e bons preços, que seria a base para o trabalho; a importação é vital para garantir essas condições. Você pode fazer todo o resto, mas se não tiver essa base alguma hora a coisa vai ruir. Pouco adiantará um bom trabalho de marketing, o *approach* com o cliente, se não tiver um portfólio que ofereça o que todo consumidor quer: conseguir o máximo pelo seu dinheiro. A outra coisa é a conquista de clientes novos, e obviamente sua manutenção.

A fim de atingir esses dois objetivos fundamentais para o negócio são necessárias ações distintas. A principal ação para ganhar novos clientes é a expansão geográfica do atendimento. Uma das coisas que mudou no varejo atual é que, com a expansão do mercado on-line, as lojas físicas do pequeno varejo estão reduzindo sua base de clientes ao bairro onde estão situadas. A loja da Porto di Vino da Gávea tem uma concentração grande de clientes entre os moradores do bairro e uma menor proporção de moradores da Zona Sul. Na Barra, por exemplo, nossa penetração é mínima. Por isso temos feito algumas ações de entrega de vinhos, porque queremos ter acesso ao mercado potencial da cidade do Rio de

Janeiro, e não somente da Zona Sul. É possível uma experiência com sites no estilo iFood; talvez até uma entrega própria.

No objetivo de reter os clientes estamos trabalhando na criação de uma ferramenta de Customer Relationship Management (CRM, "gestão de relacionamento com o cliente") que funcione de fato. Há algumas ofertas prontas no mercado que guardam o histórico dos clientes, mas é rudimentar a forma de tratar os dados posteriormente. No momento estamos operando com algumas planilhas para obter informações da base de clientes como poder e frequência de compras, produtos que mais adquiriram, dados pessoais que permitam algumas ações mais proativas. O Whatsapp virou uma ferramenta relevante para o comércio; pode parecer uma bobagem, mas compramos um celular para cada loja, montamos um Whatsapp profissional (existe essa ferramenta no Whatsapp), e agora as duas lojas atendem por esta mídia. Ainda não é um negócio relevante, mas o encaramos como uma das formas de manter essa galera mais conectada conosco do que com a concorrência. Embora eu não acredite que estejamos numa competição para manter a exclusividade dos clientes, gostaria que nos momentos de compra a melhor experiência do cliente seja vivida com a Porto di Vino.

Como o pequeno varejo de loja física pode competir com o grande varejista do supermercado, com sua importação direta, ou mesmo com o grande importador-distribuidor que a cada dia faz mais vendas para o consumidor final?
B.L. — Eu sou um pequeno varejista com loja física que não compete com os supermercados e vinhos básicos de baixo custo, que eles trazem via importação direta. O meu negócio não é importar vinhos em larga escala para vender abaixo de R$ 30, e sim encontrar bons vinhos para serem vendidos em outras faixas de preços para um público que quer consumir vinhos diferenciados. A minha maior competição, além das lojas similares, é com os grandes importadores-distribuidores, que cada vez mais estão vendendo para o público final. O tempo inteiro o nosso maior desafio será mostrar para a base de clientes que temos bons produtos e um atendimento melhor. Nosso objetivo é conseguir que eles comprem mais na Porto di Vino e só eventualmente em outros lugares. Para isso, ações de relacionamento que trazem os clientes para a loja, como degustações de novos produtos, festivais de vinhos, são importantes.

O modelo de negócio da Porto Di Vino está sedimentado? Refiro-me a coisas como a associação da loja de vinho com um bar, um bistrô, que facilitariam ampliar o contato e o relacionamento com os clientes.

B.L. — Sim. Nosso modelo de negócio está bastante sedimentado. Quando abrimos a loja da Gávea funcionávamos também como bar, com a ideia de criar um ambiente agradável, em que as pessoas pudessem beber vinhos fora de casa sem se sentir extorquidas. Funcionamos assim durante um bom tempo, mas concluímos que não somos profissionais do negócio de bar nem de bistrô. Não sabemos como se faz um bom serviço de mesa, não entendemos como se treina um bom garçom, não entendemos de cardápios etc. Mesmo assim, durante um tempo operamos à noite com sucesso, com o faturamento ajudando bastante na diluição dos custos. Contudo, isso nos tirava do foco principal, que é importar vinhos competitivos de qualidade tanto para o mercado de casamentos quanto para as pessoas levarem para casa. Então, em janeiro de 2018, tomamos a decisão de fechar a operação noturna. E estamos bem felizes com isso, por mais que percebamos uma tendência dos *cavistes* em associar as atividades para rentabilizar melhor a atividade principal.

Eu tenho uma teoria de que é muito difícil fazer tudo ao mesmo tempo benfeito. Talvez em alguns momentos a atividade de bar até tenha trazido algum reforço de caixa, mas pesou querer ser o melhor naquilo que sabemos fazer bem. E fazemos isso em duas frentes, que são o varejo e o mercado de casamentos. Para abrir o clube de vinho passamos por essa discussão, e a conclusão foi de que a criação de um clube ajudaria nas importações. Outra conclusão foi de que para isso não era necessário um clube grande, com 20 mil sócios ou mais. Nossos objetivos com o clube são — além de ajudar nas importações, com seu volume mensal praticamente garantido — servir aos nossos clientes do varejo oferecendo-lhes novidades e diversidade de vinhos de boas regiões produtoras. O clube é oferecido apenas para residentes do Rio, e os membros participam de sorteios cuja premiação pode ser a participação gratuita em degustações, descontos na compra de vinhos e outros mimos. Tudo bem local para criar uma sensação de comunidade.

A abertura de um escritório em São Paulo somente para eventos seria a concretização radical dessa opção?

B.L. — Sim, embora não esteja descartada a possibilidade de abrir uma loja de varejo. O que dificultou até agora foi a grande diferença de investimento entre a simples abertura do escritório e a de uma loja no padrão da Porto di Vino, cujo negócio principal são eventos que demandam uma bela vitrine. Não poderia ser uma loja estilo *low cost*. Então, não é descartada a abertura de uma loja em São Paulo, mas como o negócio de eventos precisava ser expandido o mais rapidamente possível, partimos logo para um escritório.

Os sócios estão satisfeitos com o crescimento dos últimos cinco anos? E os demais stakeholders?
B.L. — Nós triplicamos o faturamento entre 2013 e 2017. Logicamente há uma parte que é de crescimento orgânico, porque a loja da Gávea e o escritório de São Paulo foram abertos nesse período. No aumento de 200% do faturamento estão somadas essas novas operações. Especificamente o mercado de casamentos no Rio aumentou seu faturamento em cerca de 300% no mesmo período. Mas, de uma forma bem transparente, eu, como um desses *stakeholders*, gostaria de ter alcançado um crescimento maior, embora reconheça que a expansão da empresa na véspera da crise econômica e de sua continuação viu-se um pouco atrapalhada. Seria fácil colocar toda a culpa na crise, mas estou convencido de que a gestão do negócio tem sua parcela de contribuição para não ocuparmos melhor posição depois de cinco anos de operação.

Contudo, como a comparação é inevitável, o fechamento e as dificuldades sérias de nomes tradicionais do varejo de vinhos no Rio evidenciam que nossos acertos foram maiores que nossos erros. Eu destacaria a operação de importação, que foi vital para crescer no mercado de eventos e manter o varejo competitivo. Também considero um acerto da nossa gestão a estratégia de não pagar dividendos e reinvestir os lucros no negócio, porque isso permitiu que acelerássemos uma série de atividades sem precisar de dinheiro novo. Foi uma decisão compartilhada entre os sócios operacionais e os atuais sócios investidores.

Que crescimento o deixaria satisfeito com a performance operacional da Porto di Vino?
B.L. — A minha meta era o crescimento de 400% no faturamento. Isso não me parecia excessivo, porque quando entrei na sociedade, em 2013, já existia um *know-how* de 10 anos de atuação no mercado de casamentos. Houve grandes momentos, como no auge da crise, em 2016, quando crescemos 100%. Havia chororô de todo lado, e o mercado de casamentos decresceu para valer. Então,

por mais que haja certa frustração por não termos alcançado o crescimento desejado do faturamento, é gratificante constatar o que conseguimos realizar. Muitos dos nossos parceiros de negócios estão do mesmo tamanho ou reduziram suas operações. Nossos amigos do cerimonial, os fotógrafos, os donos de bufê estão reclamando bastante do encolhimento do mercado de casamentos, mas nós continuamos a crescer lentamente. Isso é algo que se faz um dia após o outro, aceitando a dicotomia de estar feliz por alguma coisa e triste por outras.

O que motivou sua entrada como sócio na Porto di Vino? Como estava o negócio naquele momento?
B.L. — O Murgel vinha conseguindo durante um bom tempo manter o crescimento do negócio. Mas entre 2011 e 2013 ele ficou estagnado em termos de faturamento e queria fazer um plano de expansão que envolvesse levantamento de capital e reestruturação da empresa. A abertura de uma loja no Rio surgiu nesse planejamento. Como eu era consultor de gestão de negócios e seu amigo, sentei-me com ele para ajudá-lo no projeto — experiência que já tinha vivido com outros amigos empreendedores. Nesse caso específico acabei me convencendo de que seria interessante fazer a reestruturação na Porto di Vino, mas como sócio do negócio. Há um detalhe: antes não havia qualquer intenção minha de entrar na sociedade. Foi uma decisão tomada durante os trabalhos. Como a abertura de uma nova loja e o projeto de importação demandavam capital bastante relevante, o Thiago também entrou como sócio para acelerar a execução.

Seria interessante falarmos um pouco da operação em si. Como é feita e quem é o responsável pela seleção de vinhos, por exemplo? A postura é ativa ou mais passiva? Vocês frequentam as feiras internacionais para buscar novos rótulos?
B.L. — A função de selecionar novos rótulos é do Murgel, que é o sommelier. Naturalmente eu e Thiago ajudamos, mas como ele é a pessoa que mais entende de vinhos, a responsabilidade direta é dele. Ele é quem prova e conclui se vale entrar no portfólio ou não. Na prática, para fazer bem esse trabalho é preciso trabalhar ativamente e passivamente, com clara primazia para a postura ativa, sem desprezar o lado passivo, porque eventualmente bate à nossa porta uma boa oferta que não havíamos percebido ainda. Hoje mesmo nos ligaram para oferecer um champanhe para importação. Com certeza abriremos esse canal para avaliar se é uma boa oferta.

O grosso é o trabalho ativo *in loco*, como quando vamos ao Sul visitar os produtores de espumantes brasileiros para ver as novidades, ou a alguma feira, como na nossa recente viagem à ProWein em Düsseldorf para garimpar importações. É possível também fazer um trabalho ativo sem viagens, pesquisando permanentemente pela internet. Estamos sempre checando os vinhos premiados, vinhos campeões de vendas, vinhos que fazem sucesso em países com consumo maior como França, Espanha, Itália, Estados Unidos, que rótulos fazem sucesso por lá e ainda não estão no Brasil. Muito trabalho ativo pode ser feito por esse canal para uma seleção preliminar.

O segredo não é procurar vinhos de qualidade ou vinhos baratos, e sim vinhos com uma boa relação qualidade-preço. Não adianta um vinho ser ótimo, mas o preço ser incompatível com sua qualidade, ou estar distante do poder de aquisição da base de clientes. As novidades são essenciais para despertar interesse, mas sem esquecer que há rótulos de marcas fortes que você precisa ter na prateleira porque os consumidores naturalmente procuram por eles. Se por alguma razão não pudermos ir até as feiras ou vinícolas, as informações precisam de alguma forma chegar até nós. A pesquisa do mercado não pode parar nunca.

Quando vocês estão selecionando vinhos, terceiros são incluídos no processo? Como são feitas as provas dos vinhos?
B.L. — As provas são geralmente feitas às cegas para avaliarmos a qualidade dos vinhos e tomarmos um posicionamento de preço. Às vezes não informamos o preço de compra do vinho para o Murgel, e ele arrisca um valor na sua avaliação. Se o preço for mais baixo que o palpite dele, este é um indicativo forte para aquele vinho entrar no portfólio. O contrário pode desclassificá-lo. Às vezes incluímos nessas provas alguns amigos e clientes, enófilos ou não, para somar opiniões menos enviesadas. Pode ser interessante captar opiniões de quem não é consumidor habitual e pouco conhece de vinhos.

A negociação dos vinhos brasileiros é sempre direta com os produtores?
B.L. — A negociação é praticamente feita com os produtores. Nós temos poucos vinhos brasileiros tranquilos em nosso portfólio, porque as vendas são difíceis e a procura muito baixa. O que compramos bastante são os espumantes, precisamos de maiores volumes deles para os casamentos. E aí não faz muito sentido ter um intermediário na transação. Ocorre o contrário, as vinícolas do

Sul nos indicam para interessados que procuram determinados rótulos que estão entre os nossos produtos. Pessoalmente até gostaria de ter mais rótulos de vinhos brasileiros, mas eles ainda têm dificuldade de competir no quesito qualidade-preço com a oferta avassaladora de vinhos de todo o mundo. Sem querer detalhar os diferentes motivos, até porque já falamos um pouco sobre isso, a competição no momento está muito desigual com o advento do ICMS-ST.

Ainda há o Murgel, que é sommelier e apaixonado por vinhos franceses, o que também contribui para o cenário atual. De qualquer forma acredito que em termos gerais ultrapassamos aquele ponto em que se culpava o *terroir* para desacreditar os nossos vinhos. Nossa indústria evoluiu muito nos últimos anos, temos excelentes produtos entre todos os tipos de vinhos, mas ainda acredito que somos aprendizes quando nos colocamos ante a indústria do vinho de França, Itália, Espanha, Portugal ou mesmo de alguns países do Hemisfério Sul. A tradição acumulada em séculos, o tratamento fiscal dado aos vinhos, a importância econômica da indústria no seu país, a escala da produção, todos esses são fatores em que temos desvantagens bem visíveis. Mas é impressionante como os espumantes brasileiros, diante de tantas adversidades, conseguem se destacar e disputar o mercado ombro a ombro.

Nas vendas gerais da Porto di Vino, como está a participação de importados e brasileiros em termos percentuais?
B.L. — Eu vou separar os vinhos tranquilos dos espumantes, até porque isso também é uma separação de negócio. Eu diria que os vinhos tranquilos brasileiros — e aí destaco alguns vinhos brancos — têm uma participação muito pequena, ao redor de 5%. Em relação aos espumantes brasileiros, sua participação girava em torno de 80% até o início das importações diretas, e atualmente se reduziu para algo entre 50% e 60%. Com as importações e a expansão do portfólio, os espumantes importados estão ganhando espaço, e o cenário que eu traço é que poderão chegar a 60% até 70% de participação. Não acredito que os espumantes importados dominem totalmente nosso portfólio, porque no varejo os espumantes brasileiros têm um papel relevante. Dificilmente reduzirão sua participação a menos de 40%, há muitas opções interessantíssimas.

O que precisaria para que o pequeno varejista da loja física competisse em igualdade de condições com os demais players *do mercado?*
B.L. — Tal como está atualmente, o mercado impede que o pequeno varejista consiga competir de forma razoável. Ficou muito difícil ser pequeno. Com recursos menores, maior dificuldade de importar e de vender no comércio on-line, os pequenos teriam de apostar fortemente em nichos e serviços variados que atraiam os consumidores pela comodidade e as experiências vividas. Para os grandes varejistas que operam volumes maiores, tudo se resumiria à competência de gerir os negócios, eles poderiam importar, fazer vendas on-line diretamente aos consumidores, vender no varejo físico, enfim, utilizar várias possibilidades para competir no mercado.

Por outro lado, existe a possibilidade de uma mudança na legislação fiscal com a qual seria difícil, mas não impossível, contar. Uma mexida no ICMS-ST, que impede uma competição mais justa entre os *players* do mercado brasileiro de vinhos, mudaria bastante as condições de competição, viabilizando a sobrevivência do pequeno varejista do bairro sem que ele precise fazer grandes piruetas.

Eu acho que isso é fundamental para ampliar a concorrência e, sem distorções fiscais, permitir que os pequenos possam sobreviver. Afinal eles exercem papel importante na geração de empregos, na inovação e personalização dos serviços prestados aos clientes, na ampliação do mercado para as periferias das grandes cidades. Já basta a redução natural na competitividade por problemas de escala. Os grandes, com seus volumes de compra, sempre conseguirão negociar em melhores condições com seus fornecedores.

SÓ VINHOS BRASILEIROS?
POR QUE NÃO?

Entrevista com Karina Bellinfanti e Marcelo Rebouças,
Cave Nacional

Rio de Janeiro, 3 de janeiro de 2019

As pequenas vinícolas brasileiras, diferentemente das grandes, não têm um canal consistente de distribuição para o elo da cadeia antes do consumidor final. Elas vendem a maior parte da sua produção nas próprias vinícolas.

KARINA BELLINFANTI

Antes de entrarmos nas questões próprias da Cave Nacional, queria saber sobre vocês. Qual é a sua origem? O que faziam antes de iniciar as atividades da Cave Nacional?

Marcelo Rebouças. Nós somos paulistas e já estamos no Rio de Janeiro há sete anos. Minha formação é como engenheiro de produção, eletricista, e trabalhei nessa área por mais ou menos 18 anos. Já no Rio de Janeiro, acabei gerenciando no Brasil uma empresa sueca do setor de infraestrutura que fechou seus negócios no país na crise de 2014. Então decidimos antecipar um projeto que tínhamos para o futuro, na fase da aposentadoria, de trabalhar com o negócio do vinho. A intenção era fazer algo mais prazeroso, porém acabamos transformando-a em nossa atividade profissional. Nossas incursões anteriores no mundo do vinho sempre foram na linha da curiosidade, e não como negócio profissional. Nós brincamos que sempre fomos clientes no mundo do vinho, e subitamente nos transformamos em fornecedores.

Karina, como você entrou nessa história da Cave Nacional?

Karina Bellinfanti. Minha formação é de contabilista. Trabalho há 20 anos no mercado financeiro, e a Cave ainda é meu trabalho em tempo parcial. Eu e o Marcelo nos mudamos para o Rio de Janeiro porque vim trabalhar num banco carioca no começo de 2012. De fato, até a criação da Cave Nacional, sempre tivemos o vinho como *hobby*. Nós viajávamos pelo mundo, e visitar muitas vinícolas era parte importante das viagens. Gostávamos de degustar todo tipo de vinho, mas não tínhamos formação específica no tema.

Complementando um pouco o que Marcelo falou, a área de infraestrutura, depois da eleição para o segundo mandato de Dilma Rousseff em 2014, passou por muitas incertezas, e a empresa em que ele trabalhava, percebendo que o risco Brasil crescia depressa, decidiu encerrar as operações no país. Os principais clientes do Marcelo eram Companhia Siderúrgica Nacional, Grupo X, Petrobras, e nada mais opera nos níveis em que operava até o primeiro mandato. A área em que o Marcelo atuava sofreu muito, e ele ainda passou seis meses insistindo, tentando continuar na atividade. Não funcionou porque o setor virou terra arrasada. Então decidimos fazer uma viagem pela Costa Azul, pela França e a Itália. No regresso, ainda no avião, eu comentei com ele: "Você viu que incrível? Na Itália você bebe vinho italiano; se está na Toscana o vinho é da Toscana; na Costa Azul você não bebe vinho francês, bebe o vinho que os produtores produzem nos arredores. Eles são super-regionalistas. Aqui no nosso país, você vai ao mercado e encontra três, quatro rótulos de vinhos brasileiros. Não é possível".

Nós já tínhamos visitado a Serra Gaúcha e sabíamos que o Brasil produz vinhos de boa qualidade, mas eu tinha dificuldade de encontrar esses vinhos nos mercados do Rio e de São Paulo. Unindo isso ao fato de que naquele ano a desvalorização do dólar foi recorde, eu acrescentei: "Os vinhos importados ficarão muito caros, haverá uma baita oportunidade para os vinhos brasileiros assumirem um diferencial no mercado, mas não há muitos lugares para vender". Foi pensando nisso que surgiu a ideia de montar um negócio especializado em vinhos do Brasil. Nós pensamos que dava para surfar nessa onda. Três variáveis importantes estavam a nosso favor: preços competitivos, disponibilidade de rótulos de boa qualidade e tempo para dedicar ao projeto.

Realmente em função dessas variáveis parecia um momento favorável; mas nenhum dos dois, nem ninguém da família, tinha contato com os negócios do vinho, exceto como enófilos?
M.R. — Ninguém. E quem mais tinha intimidade com vinho na família éramos nós.
K.B. — Eu não diria que as três variáveis foram decisivas, porém, quando assumimos a decisão, o panorama geral foi mais uma informação relevante para indicar que estávamos no caminho certo. E há mais um fator: acho que a motivação maior foi o Marcelo estar disponível para abrir esse novo negócio, e a gente enxergar um vácuo enorme no mercado de distribuição dos vinhos nacionais no país. As pequenas vinícolas brasileiras, diferentemente das grandes, não têm um canal consistente de distribuição para o elo da cadeia antes do consumidor final. Elas vendem a maior parte da sua produção nas próprias vinícolas, conseguem um contrato aqui, outro acolá, com duração de seis meses, vendem algumas caixas de vinhos e depois não voltam a vender. Não se vê até hoje uma consistência no canal de distribuição. Nossa opção foi funcionar como esse canal de distribuição, inicialmente por intermédio de um site de e-commerce com dedicação exclusiva aos vinhos nacionais. Queríamos ser o link entre a produção de vinhos de qualidade muito boa das pequenas e médias vinícolas que não estavam chegando ao consumidor final.
M.R. — E nesse caso, com vendas exclusivamente para o cliente final. O que observamos naquele momento é que muitas pessoas conheciam e gostavam

dos vinhos brasileiros, algumas tinham feito enoturismo no Sul, outras tinham ouvido histórias de pessoas que tinham passeado por lá e provado vinhos de qualidade muito alta, mas, em geral, quando chegavam ao Rio não conseguiam comprar. Numa análise de mercado que fizemos logo que voltamos da viagem à França e à Itália, confirmamos que de fato esses produtos aqui não chegavam. Nós mesmos tínhamos passado por essa experiência em 2013 e 2014, se não me engano, de procurar e não encontrar vinhos degustados nas viagens. A única opção era se juntar a outras pessoas para comprar caixas fechadas, porque do contrário o frete inviabilizava o negócio. Nem sempre isso é possível, e as pessoas desistem de comprar vinhos brasileiros. Nós vimos que dava para trabalhar com esses produtos de qualidade maior que não encontrávamos em lugar nenhum por aqui e facilitar o acesso para os clientes finais.

Vocês fizeram um plano de negócios para criar a Cave Nacional, ou mesmo conseguir investidores para o negócio, ou simplesmente decidiram agir a partir da observação do momento do mercado? Havia algum capital de terceiros?
M.R. — Sim e não. Sim para a observação do mercado e a ação sem um plano diretor formal de negócio. Não para a captação de investidor financeiro. Sempre, desde o início do projeto até hoje, todo o capital investido foi nosso, sempre investimos nosso próprio capital arriscando nossas economias pessoais para montar um negócio de nicho com os vinhos brasileiros.

As complicações do cenário econômico em 2015 geraram alguma expectativa?
M.R. — Não. Considerávamos que os vinhos importados perderiam um pouco a competitividade. Voltamos da viagem no final de agosto, começo de setembro, montamos rapidamente um plano de negócio simples para entender o tamanho do investimento e a viabilidade de construir o negócio. Como não conhecíamos o funcionamento do mercado on-line, e a ideia era montar uma loja virtual, tivemos de aprender o máximo possível de maneira extremamente rápida. A grande vantagem é que eu tinha tempo bastante para pesquisar e fazer contas. E aí percebemos que o maior investimento estaria no estoque, porque não queríamos fazer como outras lojas virtuais, que vendiam os vinhos e depois iam buscá-los nos produtores ou distribuidores. O Brasil, por suas dimensões, tem um problema logístico muito grande. Com o negócio no Rio de Janeiro e a maior parte da produção de vinhos no Rio Grande do Sul, na melhor das hipó-

teses os produtos chegariam aqui em quatro dias. Como entregar em dois dias sem ter um estoque local? Então, a maior parte do nosso investimento inicial foi justamente em estoque. Na partida chegamos a brincar bastante com a ideia de o negócio não dar certo; sobrariam umas 4.500 garrafas de vinho para sentarmos e bebermos com os amigos. Mas felizmente não tivemos de dividir isso com ninguém.

E por que essa opção inicial pelo modelo virtual, pela loja on-line?
M.R. — Foi a melhor oportunidade que percebemos: não existia nenhum *player* no mercado que trabalhasse só com vinhos brasileiros; era o canal que demandava menor investimento para montar a estrutura de venda; possibilitava acesso a um público muito maior disperso pelo Brasil inteiro. Essas variáveis pesaram na decisão de começar com uma loja virtual.

E a questão da logística de distribuição?
M.R. — Essa foi uma das partes mais difíceis, tivemos de buscar várias opções logísticas para viabilizar a operação. Tivemos muitas dúvidas sobre quem seria o nosso ou os nossos parceiros logísticos; havia a questão de quem teria a melhor condição de custo, de como criaríamos uma caixa para garantir que os produtos chegassem aos clientes em perfeitas condições. Essas parecem coisas simples, mas, no Brasil, para conseguir um parceiro sério, com condições comerciais viáveis, não era tão simples assim. Mas atingimos nossos objetivos. Optamos por fechar com uma transportadora e mantivemos os Correios como opção. Na verdade fechamos com duas transportadoras que foram a TAM Cargo e a GV Log, além dos Correios. E conseguimos desde o início da operação manter entre 95% e 98% das nossas entregas dentro dos prazos prometidos. Gastamos um bom tempo nesse estudo, mas investimos no formato certo.

No caso do Rio de Janeiro definimos que a entrega seria feita pela própria Cave Nacional, não encontramos um parceiro local que atendesse a nosso objetivo. Nós tínhamos em mente que o cliente da cidade teria de achar mais fácil entrar na nossa loja virtual, comprar um produto e receber em casa que sair do seu apartamento, andar dois quarteirões e entrar num mercado para comprar um vinho. Para que isso funcionasse definimos um valor de frete muito baixo, de R$ 5, e eu mesmo fazia de carro boa parte das entregas, duas ou três vezes por semana, no Rio de Janeiro. Esse foi o formato logístico inicial que adotamos para atender a esse mercado sem assumir o grande risco de contratar uma empresa com custo mensal fechado, sem garantias de que cumpriria nosso objetivo.

O projeto como loja virtual durou quanto tempo?
M.R. — Nós estamos operando a loja virtual desde 20 de dezembro de 2015. Ela funciona bem redondinha. Alguns dos clientes que só compravam na loja virtual hoje vêm à loja física para se sentar, conversar com a gente, beber uma taça de vinho e comprar. O bar da loja física também levou clientes para a loja virtual.

No Rio de Janeiro a distribuição era através do "modal Marcelo"; e para o resto do Brasil? Vocês chegaram a utilizar outros modais além do terrestre?
M.R. — Não. Sempre foi o terrestre. Num caso pontual ou outro utilizamos o modal aéreo. O padrão normal para a loja virtual era sempre calcular o frete para o modal terrestre. As empresas aéreas são muito complicadas para entregar uma garrafa, por mais que nossa caixa de transporte esteja aprovada; não é tão simples trabalhar com pequenos volumes nas companhias aéreas, e o nosso volume não é grande. Atualmente temos um volume razoável, mas mesmo assim não compensa para a empresa aérea fechar um pacote para a Cave Nacional. Seria preciso ter um *pallet* de vinho por semana para despachar e conseguir um pacote interessante com a empresa aérea. Esse foi um dos grandes problemas que tivemos quando começamos, daí a opção do cálculo do frete no site ser para um parceiro terrestre.

Os Correios não foram considerados nessa equação?
M.R. — Sim, mas o risco dos Correios é em relação ao prazo. O final de 2016 e início de 2017 foi um período bem difícil por causa das greves. Ainda temos no site a opção da entrega pelos Correios, para comparar com a transportadora. Se o valor for muito próximo, até 2% de diferença, a opção é mandar via transportadora. Somente se a diferença for expressiva é que a entrega é feita pelos Correios. O site já faz a conta automaticamente e define quem fará a entrega. Se o cliente tiver uma emergência nós podemos alterar a orientação do cálculo. Nesse caso acertamos com ele a diferença no valor do frete. Já utilizamos, por exemplo, a Azul Cargo para coletas onde o objetivo de tempo para entrega era o dia seguinte em alguma capital do Brasil.

Por que após um tempo de operação via on-line vocês decidiram abrir uma loja física?
K.B. — Essa decisão foi mais minha. Eu percebi que já estávamos operando havia mais de um ano, as contas estavam equilibradas, mas não conseguíamos aumentar o volume de vendas. E nos pareceu que, para ganhar nossa fatia de mercado, teríamos de fazer mais investimentos, porque o custo de anúncios na internet, no Google e Facebook, e da compra de mailing é muito caro; geralmente as empresas do comércio on-line encontram parceiros financeiros, porque para mudar de nível na loja virtual são necessários investimentos elevados.

Por outro lado, quando começamos a fazer eventos em que atendíamos presencialmente os clientes, verificamos que nosso poder de venda e de fidelização era muito maior do que somente via site. Os grandes clientes que temos foram conquistados face a face, as pessoas que de alguma maneira já nos conheciam trouxeram outras pessoas. Daí veio o *insight* de que, se tivéssemos um bar onde as pessoas encontrassem um ambiente propício para confraternizar degustando vinho, isso iria impulsionar mais depressa e muito mais barato o nosso negócio; e não precisaríamos trazer nenhum investidor, poderíamos fazer com os recursos próprios disponíveis.

A loja física já nasceu com o bar-bistrô? Por que criar outro negócio totalmente diferente como um bar-bistrô?
K.B. — A loja foi criada com o bar-bistrô. Nós achávamos que ela sozinha não seria um diferencial suficiente para as pessoas virem até a Cave Nacional. Há muitas lojas de vinhos na cidade, mas se nosso bar-bistrô tivesse um ambiente aconchegante, ele poderia nos ajudar na conquista de clientes. Além disso, há uma área específica onde as vinícolas vêm apresentar seus vinhos. Nós realizamos também uma série de eventos no bar e nessa área nos quais os clientes podem viver diferentes experiências, como por exemplo degustar vinhos pintando um quadro, ouvir jazz ao vivo bebendo um excelente vinho brasileiro. Com esses dois ou três ambientes diferentes e seus respectivos eventos, torna-se bastante atrativa a vinda das pessoas ao espaço físico da Cave Nacional. Nós às vezes brincamos que temos um playground do vinho brasileiro.
M.R. — Nas degustações que fizemos em alguns lugares em diferentes eventos nós gostamos muito do *tête-à-tête* com o público. Não é só uma questão de termos um formato interessante, mas de perceber que essa é uma atividade

que gostamos muito de fazer. Então, além do aspecto, da necessidade de fazer a empresa crescer, nós pensamos que valeria muito a pena ter um bar-bistrô.

Que outros diferenciais além dos apresentados até aqui podem ter impulsionado vocês a criar uma loja de vinhos física só com vinhos do Brasil, com um bar e um bistrô? Vinhos brasileiros versus vinhos importados? Oportunidade fiscal, uma questão cultural?

K.B. — Ao longo de 2015 nós percebemos que, pela desvalorização da moeda, os vinhos importados que chegavam ao Brasil tinham dado um passo atrás na questão preço-qualidade. Aquela boa garrafa de vinho de R$ 60 que você encontrava não estava mais disponível. O que passou a custar R$ 60 não tinha mais a mesma qualidade; por aquele preço você compraria outro vinho que não estava no mesmo patamar. Mas com o vinho nacional isso não aconteceu tão marcadamente, pelo menos na nossa experiência.

Abrimos a loja justamente no início da cobrança do ICMS-ST no Rio de Janeiro. Isso pesou nos custos de aquisição, mas o mesmo aconteceu com quem trabalhava com os importados. Nós compramos o primeiro estoque num momento mais favorável dos impostos, fizemos um bom estoque inicial com preços melhores; na segunda compra já sofremos um pouco, mas depois isso se estabilizou. Então, a questão cambial foi importante. Outra coisa que percebemos é que os brasileiros estavam mais interessados em conhecer os vinhos brasileiros; eles buscavam o vinho e nós estávamos lá, disponíveis para atendê-los, para mostrar a qualidade dos nossos vinhos para eles. Essas duas coisas foram muito importantes para a nossa motivação em desenvolver um negócio mais amplo.

M.R. — Eu queria acrescentar uma coisa para a qual muitos usam a palavra curadoria. Nós fomos atrás de produtos de que gostávamos e nos quais percebíamos uma boa qualidade; algumas vezes o vinho não era exatamente aquilo de que gostávamos, mas era um produto de boa qualidade. Conseguimos trazer muitos produtos considerados bons para os quais os preços de vendas seriam bastante razoáveis. Encontramos muitos produtos que não conseguimos trazer para a Cave porque o preço de custo era maior que o preço de venda possível para o produto se tornar competitivo. Com esse cuidado conseguimos mostrar para nossos clientes que a Cave Nacional conseguia trazer e apresentar os produtos com um valor muito justo, e valor é completamente diferente de preço.

Acredito que conseguimos mostrar que vendíamos na nossa loja virtual um vinho brasileiro de R$ 80 equivalente em qualidade a um vinho importado de R$ 90 ou R$ 100. Possivelmente conseguimos minimizar a questão de acharem que o vinho brasileiro de qualidade é caro ante o importado de mesmo nível. Não é porque um bom vinho brasileiro custa R$ 110 que ele é um vinho caro. Certamente quando comparado com um importado de igual ou menor preço, ele oferece uma qualidade superior. Eu destaco esse ponto como uma de nossas conquistas. Muitos de nossos clientes depositam confiança na Cave Nacional e nos delegam até certo ponto a escolha dos seus vinhos. As perguntas que mais ouvimos são se gostamos do vinho, se é interessante e se eles devem comprar.

M.R. — Sim. E é também uma motivação extra, porque muitos vinhos que trouxemos foram aprovados pelas pessoas que os degustaram. Decerto ninguém gostou de tudo que adquirimos, mas os acertos foram maiores. Quando estávamos no Centro do Rio, onde mantínhamos os estoques, sempre que trazíamos alguma coisa nova fazíamos degustações aos sábados para apresentar. Ouvíamos bons feedbacks e novos desafios para trazermos coisas novas. As pessoas retornavam, e isso era um combustível bem interessante para a gente continuar.

Outro fato importante é que, como tratávamos quase sempre com as pequenas e médias vinícolas, o contato muitas vezes era com a pessoa que cuidava de todo o processo da viticultura e elaboração dos vinhos. Quando ela abre uma garrafa de vinho para você degustar e percebe que você gostou, muitas vezes os olhos dessa pessoa lacrimejam, por saber que seu produto, que é quase como um filho, foi aprovado. Essas experiências também nos ajudaram a dar continuidade ao projeto. É muito bom trabalhar com produtos e pessoas que tenham este algo a mais para oferecer.

A aquisição de vinhos novos é realizada de forma ativa ou passiva? É muito diferente do início das operações? Você é muito procurado e pode se dar o luxo de ficar passivo, ou mantém uma busca ativa para os seus estoques?

K.B. — Da última vez em que fomos ao Sul, um dono de vinícola com quem hoje mantemos relações de amizade deu um depoimento de como conheceu o Marcelo, de como ele apareceu na vinícola a bordo de um carrinho de mil cilindradas: "Eu sou o Marcelo, estou criando um site só com vinhos do Brasil e quero comprar 4 mil garrafas de vinhos para meu estoque inicial". A vinícola era a Fabian, e o dono era o Giovani Fabian, responsável pelas operações. Ele disse que achou o Marcelo um pouco maluco, mas mesmo assim decidiu dar uma garrafa de seus vinhos para ele experimentar. No dia seguinte o Marcelo voltou e foi logo dizendo que tinha gostado do vinho, que era muito bom e queria comprar 600 garrafas! O Giovani — que apesar de jovem estava já acostumado com as transações comerciais — achou bem estranho, mas falou que tudo bem, desde que o pagamento fosse à vista, possivelmente pensando em se livrar do maluco. Para sua surpresa o Marcelo pediu os dados da conta bancária e depositou o dinheiro no dia seguinte. Foi então que o Giovani se deu conta de que a negociação era para valer. Ele ainda não acreditava que alguém quisesse montar um negócio só com vinhos do Brasil fora do Sul. Então o problema passou para a vinícola, que nem tinha no estoque a quantidade de garrafas do vinho em questão. Mas tudo se resolveu e fizemos a primeira compra. Eu não conheço em detalhes os números da Fabian, mas ouço dizer que somos um dos maiores vendedores individuais dos vinhos deles.

Vocês têm como praxe visitar as vinícolas para fazer a seleção de vinhos ou são procurados pelas vinícolas?
M.R. — Pelo menos uma vez por ano nós viajamos para o Sul, às vezes a convite do Ibravin ou de outros eventos, para conhecermos vinícolas novas. É importante ter oportunidade de conversar para eles entenderem que é possível trabalhar no Rio de Janeiro só com vinhos brasileiros. Desde o começo algumas vinícolas apostaram na gente. A Karina falou da Fabian, mas a Torcello, desde o primeiro encontro, aceitou negociar conosco, deixando-nos à vontade inclusive para definir a forma de pagamento, que não precisava ser à vista. Eles registravam o pedido e entregavam no Rio. Estas são pessoas e vinícolas que a gente carrega no coração com grande carinho.

Nós continuamos a buscar ativamente algumas coisas que às vezes são dicas de clientes que se referem a uma vinícola que ainda não estava no nosso radar. Não conseguimos colocar tudo no portfólio, porque temos duas regras básicas: a vinícola precisa emitir nota fiscal com a ST recolhida e todos os vinhos precisam ter registro no Ministério da Agricultura, Pecuária e Abastecimento (MAPA). Isso limita um pouco o que podemos trazer, há vinícolas descartadas por esses motivos. Mas há também a situação inversa, de sermos procurados pelas vinícolas. No momento estou com ofertas de 12 vinícolas para responder, com algumas, infelizmente, abaixo do patamar de qualidade em que pretendemos atuar. Com base na expectativa dos nossos clientes, elas apresentaram vinhos bem mais simples que aqueles que as pessoas buscam na Cave Nacional. Não que os vinhos sejam ruins, mas são mais simples que a expectativa dos nossos clientes.

Quando a questão é o posicionamento de preço, a questão é mais fácil de responder. Isso acontece quando o preço para a aquisição do vinho é igual ou superior ao preço que, segundo julgo, nós deveríamos vender. A alternativa de aplicar nosso *markup* (a margem de lucro) e colocar um preço lá em cima não é interessante. Nós temos um problema, a nossa venda é olho no olho, os clientes vão à adega para escolher, então é impossível eu falar, por exemplo, que um vinho de R$ 110 é melhor que outro de R$ 80 se eu não acreditar nisso. Os clientes depositam confiança em nós quando vão escolher o vinho e nos pedem uma indicação.

E o controle do estoque? Como vocês fazem para não exceder o número adequado de Stock Keeping Unit (SKU, ou "unidade de controle de estoque") mesmo tendo boas ofertas de novos produtos?
M.R. — Nós temos uma lista grande de boas oportunidades. No momento estamos com quatro vinícolas com vinhos aprovados, preços acordados, tudo fechado para trazer e colocar no portfólio. Contudo, teremos de girar alguns produtos que não estão com boa receptividade e precisam sair para abrir espaço. Há uma pressão que é boa, e me parece normal, para a entrada de outras vinícolas com novos vinhos, mas não podemos exagerar nos estoques que carregam custos elevados. Essa é uma situação menos confortável do que a antes mencionada, porque geralmente a conversa é com o produtor, dono da vinícola, a quem temos de dizer que seu produto não permanecerá ou não entrará no nosso portfólio, mesmo sendo um bom produto.

K.B. — Nós poderíamos ficar passivamente esperando a oferta das vinícolas, mas perderíamos o prazer de buscar a novidade, de trazer novos produtores e mesmo de ajudá-los em definições para a elaboração de alguns rótulos. Com as vinícolas com as quais já temos um relacionamento de longo prazo às vezes ocorre uma coisa bem gratificante: elas mandam um vinho ou espumante que ainda está sendo elaborado para opinarmos se aquele *chardonnay* deve ficar mais tempo na barrica, se cabe acrescentar um pouco mais de licor de expedição no espumante, se o corte está bem equilibrado. E muitas vezes a nossa opinião é levada em conta no processo produtivo, porque somos tidos como conhecedores do gosto dos nossos clientes sobre o vinho nacional. É muito legal isso!

A Cave Nacional se transformou numa "arma de guerra" da indústria brasileira dos vinhos? Vocês ajudam a definir, se não a qualidade, os estilos de vinho para os mercados?

K.B. — Nós damos nossa opinião.

M.R. — Nós conseguimos dar bons palpites porque giramos no bar em torno de 1.500 garrafas de vinho por mês. Com isso temos oportunidade de conversar todos os meses com pelo menos 3 mil pessoas que falaram conosco antes de escolher seu vinho, e muitas vezes nos deram um feedback sobre se gostaram dos vinhos consumidos. Como o nosso público é formado por 95% ou mais de brasileiros, temos uma boa amostragem do que eles gostam. As vinícolas recebem uma quantidade muito grande de visitantes, mas elas analisam e conversam com eles somente sobre o portfólio. Aqui é diferente, a pessoa às vezes bebe vinhos de quatro vinícolas diferentes na mesma noite, e conseguimos perceber o que agradou num rótulo, em outro, e também o que não agradou. Eu acho que é esse o feedback que esperam de nós. Já aconteceu de um produtor vir fazer a apresentação dos seus vinhos e depois ficar andando de mesa em mesa, perguntando às pessoas não só sobre seu vinho, mas também sobre o de um concorrente. Eles adoram fazer isso!

Você falou sobre o impacto da ST logo na segunda aquisição de estoques. Como foi isso?

M.R. — Nós fizemos a primeira compra em novembro de 2015, ainda com uma condição favorável, porque a ST só começou a vigorar em janeiro de 2016. Tomamos muito cuidado para entender qual o impacto da ST, como ficaria a margem que tínhamos definido para o negócio, como daríamos preço aos produtos para que não tivessem uma oscilação tão grande. Quando recebemos os novos preços em fevereiro não conseguimos repor todo o estoque. Até fizemos algumas reposições pontuais, mas não conseguimos vender os vinhos, porque o preço ficou fora do mercado. Algumas vinícolas chegaram a fazer contas erradas; outras, depois que entrou o percentual absurdo da ST, de mais de 40% no caso do Rio de Janeiro, por exemplo, subiram seus preços em cerca de 20%, absorvendo uma parte da paulada para deixar seus produtos numa certa faixa de competição.

Como estávamos no início da operação, foi possível se preparar um pouco melhor para não haver um buraco imenso. Mesmo assim, sofremos bastante, os vinhos brasileiros ficaram num patamar de preços tão alto que era difícil trabalhar. O pior é que isso aconteceu numa época em que a competição com os vinhos importados começava a melhorar um pouco. Naquele momento os estoques comprados com o dólar mais baixo estavam acabando e começavam a entrar as importações com o dólar muito mais alto.

K.B. — Sendo bastante sincera, a ST é muito ruim para a produção nacional. Quando a vinícola tem de se preocupar mais em como fazer para tornar o preço dela viável no Brasil inteiro, e nós, no canal de vendas, temos de nos preocupar mais com o planejamento tributário que com a qualidade dos vinhos e dos serviços, isso é um desperdício de energia. Em geral, quando acontece de não conseguirmos comprar por questões de preço, é porque a vinícola até hoje não conseguiu adaptar sua política de preços à ST. E a gente sofre, porque estamos num estado com uma das maiores alíquotas de ST no Brasil. Uma vinícola que tem preocupações com a distribuição nacional precisa adequar seu preço para que seja igual em qualquer estado da federação e não matar nenhum parceiro comercial dela.

Há vinícolas que não querem saber, não se preocupam com isso; elas têm o seu custo, aplicam a ST do estado de destino e emitem a nota fiscal. Como consequência, quem vende no Rio Grande do Sul pode praticar um preço muito melhor que o meu. Não há como explicar ao consumidor final que pesquisa via internet que o preço no site para o Sul é menor por causa da ST. Mesmo que ele entenda, não adianta nada, porque perderemos a venda. É difícil explicar e também é péssimo porque o site corre o risco de ficar com fama de careiro. Então, se a vinícola não tem uma política de preços adequada para que seu vinho tenha um preço final competitivo no Sul, no Rio ou em São Paulo, fica quase inviável trabalhar com ela. Por isso há grandes vinhos brasileiros que eu adoraria ter, mas não tenho condição comercial de comprá-los.

Você diria que a ST chega a impactar sensivelmente a diversidade do seu estoque?
K.B. — É possível, mas não chega a impossibilitar que tenhamos uma grande variedade de produtos. Talvez eu pudesse variar mais, trazer novos produtores de outras regiões que não somente o Rio Grande do Sul, onde é melhor a política comercial das vinícolas. Nós sofremos uma limitação em outros estados produtores, como por exemplo Santa Catarina, talvez porque eles consigam vender toda a sua produção localmente e não se preocupem com o custo para os outros estados. Basta olhar a nossa adega para constatar o resultado da ST e a despreocupação de algumas vinícolas com uma política nacional de preços.

SÓ VINHOS BRASILEIROS? POR QUE NÃO?

Vocês consideram boas as transações comerciais das vinícolas brasileiras com a Cave Nacional?

M.R. — Nós percebemos que existe um grande respeito das vinícolas pelo nosso trabalho. Muitas vezes, quando um vinho vai ser lançado, antes de colocarem em outras lojas, as vinícolas fazem contato conosco e perguntam se dá para lançar na Cave Nacional. Infelizmente a ST para o Rio de Janeiro é em média de 47%, e o boleto da ST vence para a vinícola 15 dias depois da data da emissão da nota fiscal. Há boletos de ST que vencem antes de a vinícola me entregar o produto no Rio. E com frequência eu também preciso pagar a ST 15, 20 dias depois. Algumas vinícolas entenderam que, se eu comprar um vinho hoje, irei recebê-lo daqui a cinco dias; na prática, poderei começar a vendê-lo daqui a sete dias; se na média eu recebo o pagamento em 30 dias, porque a esmagadora maioria paga com cartão de crédito, terei algum retorno financeiro por essa venda, na melhor das hipóteses, 40 dias depois do faturamento da vinícola. Como fazer para pagar o boleto 15 dias depois do faturamento? Haja capital de giro!

As vinícolas que entenderam isso não repassam o impacto da ST para nós. Essas são nossas parcerias interessantes e importantíssimas. Outras vinícolas linearizaram o preço para os revendedores independentemente da alíquota da ST. Para se ter uma ideia, as alíquotas variam de 22% a 47%, diferença muito grande que gera situações absurdas! E inúmeras vinícolas linearizaram os preços depois de tanto comentarmos e reclamarmos que havia venda na internet com preços inferiores ao que pagávamos pelo produto. Foi dura a batalha, mas tivemos êxitos. Com essa postura conseguimos que várias empresas conversassem conosco antes de definir uma nova lista de preços, entendendo que fazemos um trabalho extremamente respeitoso no nosso negócio. Todos que trabalham conosco sabem que praticamos apenas uma margem na definição dos preços. Ela é igual em todos os vinhos com que trabalhamos. Por isso, quem define o preço de prateleira, na verdade, não sou eu, é a vinícola. Se quiser colocar o vinho dela numa posição mais competitiva que o normal, ela sabe o que precisa fazer. Basta me faturar com um preço menor que o habitual. O preço da prateleira terá essa relação direta com o desconto que ela me oferecer.

Sua abordagem às distorções provocadas pela ST é mais ou menos uma constante no mercado, porém com visões diferentes, dependendo da posição do player. *Fica muito desigual competir com quem consegue importar e vender diretamente ao consumidor, escapando assim da obrigação de antecipar a ST?*
K.B. — A minha percepção é de que isso jogou muito a qualidade dos vinhos para baixo. É legítimo o que essas empresas estão fazendo; quando você se coloca ante uma dificuldade, deve ter criatividade para fazer um negócio diferente e conseguir sobreviver. Mas, infelizmente, esse mecanismo jogou muito para baixo a qualidade dos vinhos importados. A opção de muitos foi trazer vinhos que, antes do advento da ST, eram deixados de lado, porque era possível focar na qualidade dos produtos e trazer pequenas quantidades sem necessidade de fechar grandes lotes com as vinícolas no exterior. Agora vemos muitas pessoas fechando contêineres e comprando produções inteiras de vinhos de baixíssima qualidade de uma vinícola qualquer para conseguir preços baixos. Não é a nossa opção. Preferimos ser um *player* menor no mercado, superespecializado e muito focalizado em qualidade para driblar a outra opção. Fora de um nicho não teríamos como sobreviver. O risco é elevado, mas acho que os clientes percebem nossa opção.

Há muitos clientes que chegaram aqui falando que tinham planos de assinaturas de um grande importador, mas que o abandonaram. O motivo é sempre o mesmo: a qualidade dos vinhos recebidos caiu muito. Hoje eles preferem comprar vinhos na Cave Nacional porque sabem que levarão para casa produtos degustados e mais adequados ao seu paladar. Isso é ruim para o mercado do vinho no Brasil, seria melhor se todo mundo estivesse trabalhando melhor para desenvolver a cultura do vinho e aumentar a base de consumidores. A opção ruim é o tipo de coisa que coloca por água abaixo todo um trabalho já iniciado, ao expor o consumidor brasileiro a uma gama de vinhos de qualidade tão inferior.

Vocês acham que a base de consumo de vinhos no Brasil é impactada fortemente pela questão tributária?
K.B. — Muito! É muito caro beber vinho no Brasil. Aliás, é caro beber qualquer coisa no país. A cerveja artesanal também está bastante cara. Não é todo brasileiro que pode se sentar à mesa de um bar ou restaurante e gastar R$ 50 ou R$ 60 numa garrafa de vinho — e essa é a média dos bons vinhos de entrada. Por isso consigo entender a opção de muitos importadores. Mas se o Brasil amenizasse na questão

da ST e na carga de impostos incidentes sobre os vinhos — que, diga-se de passagem, é o mesmo nível de qualquer outra bebida alcoólica —, isso fomentaria muito mais o mercado de vinhos. A indústria brasileira também se beneficiaria. Muitos gostariam de beber uma taça de vinho, mas o preço é proibitivo para a maioria. O produtor brasileiro também não está jogando sujo. Nós lidamos quase sempre com as pequenas e médias vinícolas, nas quais é o proprietário que planta, colhe e produz. Os produtores se apertam e trabalham arduamente para pagar as contas. Os governos deveriam dar uma aliviada na questão tributária, que está pesada demais, impedindo o crescimento do consumo.

Independentemente da eficiência estratégica de cada empresa, é visível que crescem mais aquelas que importam e vendem diretamente ao consumidor final ou as liberadas do recolhimento do ICMS-ST. Como vocês veem isso?
M.R. — Essas empresas conseguem fazer com que a carga tributária sobre a garrafa de vinho seja bem menor. Os tributos sobre o vinho brasileiro estão em torno de 65%. São 47% só de antecipação da ST. Como trabalhamos no Sistema Simples, pagamos uma carga de 8%; adicionando outros impostos que incidiram sobre a venda da vinícola para nós e que entram como custo — por estar no Simples não se consegue recuperar nada —, mais ICMS, PIS, Cofins, numa conta aproximada, chegamos a 65%. Vinhos que entram de outros lugares podem ficar com uma carga tributária em torno de 30%. Este é o cenário. É uma competição extremamente injusta para os vinhos do Brasil.

Não digo que os vinhos brasileiros devam pagar menos impostos que os importados; todos devem pagar. Estou me referindo à distorção que a ST está provocando no mercado. Vender sem pagar ST virou um nicho especialíssimo! A redução de 60 e tantos por cento para 30%, melhoraria muito a competitividade do vinho brasileiro. Repito que não estou falando em tirar o imposto do vinho brasileiro nem em aumentar o imposto para os importados, até porque, quando se aumenta o imposto dos importados, sempre se encontra uma brecha. A sugestão seria ajustar de forma que todo mundo pague seus impostos corretamente e o vinho chegue ao consumidor final numa condição melhor para todos.

Seria estabelecer a igualdade tributária para ter igualdade de competição?
M.R. — Exato. Com a incidência de carga tributária sobre os vinhos brasileiros equivalente à média da carga tributária dos vinhos chilenos, por exemplo, que

entram aqui via Espírito Santo e outros locais, os nossos ficariam muito mais competitivos, sem contar os custos e as dificuldades logísticas. Trazer vinhos do Rio Grande do Sul para o Rio de Janeiro ou São Paulo pode representar, às vezes, um custo logístico maior que trazer vinho do Chile para cá. Mas esse é um problema do Brasil, e temos de resolver o nosso problema interno, a nossa parte.
K.B. — Sobre a questão tributária, eu acrescentaria que ela vai além da ST. Seria bom se houvesse desoneração em toda a linha de produção do vinho. Muitos insumos são importados, como barricas, rolhas, lacres, rótulos e às vezes até as garrafas de vidro. Nós sabemos que os produtores de alguns países vizinhos exportadores de vinhos recebem uma série de subsídios para produzir e exportar. Os produtores do Brasil não têm incentivos iguais. Por isso digo que não é apenas a ST, mas ajudaria muito se pelo menos os vinhos saíssem desse regime de recolhimento do ICMS.

E o futuro? Como a Cave Nacional vê os próximos dois, três anos adiante? Quais são os planos?
K.B. — Uma coisa que está me deixando bem otimista é a descentralização da produção de vinhos no país. É possível encontrar grandes vinhos fora do Rio Grande do Sul, como em Minas Gerais, São Paulo, Goiás, sem falar em Santa Catarina e no Nordeste, que já produzem bons vinhos há muito tempo. Acho que isso fará com que o vinho brasileiro chegue mais facilmente à mesa dos brasileiros. As produções locais facilitarão aos consumidores o acesso a produtos de qualidade e talvez com preços mais acessíveis. Porém — pasmem! —, na Cave Nacional, vendemos muitos vinhos de Minas Gerais para os mineiros porque eles não conseguem encontrar esse vinho em Minas. Mas essa é uma questão de tempo. A cultura do vinho no Brasil só melhorará. Talvez seja sonho, mas acredito que ainda verei goianos bebendo vinho de Goiás, mineiros bebendo vinhos de Minas, o povo do Nordeste bebendo vinhos de Bahia e Pernambuco, da mesma forma que vi os toscanos beberem vinhos da Toscana, os franceses bebendo o vinho francês de sua região. Mesmo com as dificuldades da ST, com a pesada carga tributária, ainda há muitos brasileiros a conquistar para o mundo do vinho, muitos brasileiros que gastam uma grana bebendo uísque, uma boa cachaça de R$ 150, que bebem cerveja artesanal cara e nunca beberam uma taça de vinho. Então, com a continuidade do bom trabalho e a popularização do vinho, mesmo com essas questões de preços, é possível ganhar muito público.

Quais os atributos da Cave Nacional de maior valor para seus clientes?
K.B. — Com certeza a qualidade na prestação de serviço é bem reconhecida pelos nossos clientes. E também temos um portfólio de vinhos muito bons, que nossos clientes podem comprar de olhos fechados. Eles não têm medo de comprar um vinho da Cave Nacional porque sabem que receberão qualidade pelo preço que pagaram. São os nossos mais fortes atributos.

Vocês já estão operando há quase quatro anos. Os stakeholders *estão satisfeitos com a Cave Nacional?*
K.B. — Vamos falar um pouco de números. No nosso primeiro ano de operação, quando ainda não tínhamos o bar, faturamos cerca de R$ 200 mil. Atualmente o faturamento bruto é 12 a 15 vezes maior que o do primeiro ano. Aí estão incluídas as receitas de comissão oriundas da distribuição para pessoas jurídicas como lojas, hotéis, restaurantes. Nós estamos supersatisfeitos com o acréscimo de faturamento. Ainda falando em crescimento, está no nosso radar o investimento com recursos próprios em novos pontos de venda. A possibilidade de abrir franquias chegou a ser considerada, mas desistimos.

Em relação aos clientes eu diria, com base na fidelização percebida, que eles estão bem satisfeitos com a Cave Nacional. Por isso não acredito que haja problemas nessa área. Raramente recebemos reclamações no Facebook. Nós fazemos, através de tablet, uma pesquisa de opinião para saber se os clientes estão satisfeitos com o serviço recebido quando ainda estão nas mesas. Quando fazem sugestões de melhorias, percebemos que é sempre um comentário construtivo. Felizmente não vimos nada grave sobre a casa, os serviços, a qualidade dos vinhos sugeridos.

Em relação aos nossos fornecedores, para quem no início era considerado um pouco "louco", nós evoluímos muito. Hoje, quando visitamos Bento Gonçalves e Santa Catarina, percebemos que somos bastante respeitados, possivelmente porque negociamos de forma transparente, pagamos nossas faturas e nossos impostos em dia, respeitamos as pessoas e os produtos com os quais lidamos, e isso por si só já é um grande feito. Eu diria que o respeito para conosco vai além dos nossos fornecedores.

Há uns quatro meses visitamos a Valduga com alguns amigos que queriam comprar o Brandy Valduga. Quando chegamos, estava lá o senhor João Valduga, que nos abordou e disse: "Marcelo, eu te conheço". O Marcelo confirmou que era o dono da Cave Nacional. "Seja muito bem-vindo à Casa Valduga! Eu conheço a Cave e o seu o trabalho, que é muito legal". Num determinado momento da conversa, perguntamos se ele sabia que não trabalhávamos com os produtos da Valduga, que eram grandes vinhos, mas tinham um canal próprio de distribuição, estando inclusive presentes em muitos supermercados. Ele disse que sabia, mas que o trabalho que fazíamos por centenas de pessoas do Rio Grande do Sul, o respeito que tínhamos pelos vinhos brasileiros, tudo isso não tinha preço, e éramos muito bem-vindos à Valduga. Então, parece que temos reconhecimento até de produtores que não fornecem para nós. Isso nos dá a maior força para seguir adiante!

Vocês têm relações com as instituições que representam o mundo do vinho brasileiro?
K.B. — Sim, e também já tivemos um embate pessoal com o Ibravin. Quando começamos o negócio do bar, principalmente, nós os procuramos para falar do nosso espaço e dizer que era nossa intenção realizar eventos dedicados aos vinhos brasileiros, realizar degustações etc. Nossa intenção não era — como não é até hoje — conseguir financiamentos ou coisa parecida. Queríamos que eles usassem o nosso espaço para algumas das suas iniciativas no Rio de Janeiro e que falassem da Cave Nacional como se fosse uma embaixada do vinho brasileiro na cidade. Afinal, todo o nosso trabalho e o foco do nosso negócio são os vinhos brasileiros. Uns quatro meses atrás eu estava viajando e li na revista da Gol uma matéria paga do Ibravin onde eles indicavam três bares para beber vinhos brasileiros no Rio de Janeiro e não falavam da Cave Nacional. Fiquei pê da vida!

O que vocês fizeram?
K.B. — O Marcelo ligou para o Ibravin. Por coincidência, naquele dia estava na Cave o diretor de uma grande vinícola brasileira a quem mostramos a matéria. Ele também ficou muito admirado por não falarem do nosso estabelecimento, porque afinal fazemos um belo e exclusivo trabalho com os vinhos nacionais. A atitude desse diretor nos marcou bastante, pois na época ainda nem vendíamos os vinhos da vinícola dele.

Vocês já fizeram contato com a área de promoção do Ibravin?
K.B. — Uma vez fomos pessoalmente a Bento Gonçalves para uma reunião que agendamos, e também os recebemos umas duas vezes aqui, por ocasião daquele

evento Vinho & Mercado, que acontece anualmente na FGV. Depois desse evento da revista, coincidentemente ou não, o Marcelo foi convidado para o Projeto Comprador, na programação da feira Wine South America. Recentemente o pessoal de Santa Catarina e da Campanha também nos convidou. O Ibravin nos ajudou nesses contatos. Uma vez o pessoal da vinícola Pericó solicitou que a área de promoção da instituição viesse conhecer o nosso espaço. Nós apreciaríamos muito ser reconhecidos pelo Ibravin como empresa que trabalha para aumentar a participação dos vinhos nacionais no mercado brasileiro. Não é nossa intenção entrar com projetos, com toda aquela burocracia para levantar algum financiamento. Sem nenhum sarcasmo, não temos tempo para isto. A batalha diária é muito dura!

M.R. — Você formulou a questão muito bem, Karina. Nós poderíamos ser um exemplo de que é possível fazer bons negócios trabalhando somente com vinhos brasileiros. A Cave Nacional não é apenas uma loja virtual e um bar-bistrô que vende vinhos para consumidores finais. Nós fazemos também a distribuição para outros estabelecimentos e montamos cartas de vinhos somente com rótulos das nossas vinícolas. Um exemplo é a carta de vinhos brasileiros do Flutuante Rio. Há um lugar que foi reinaugurado em dezembro, o Flutuante Rio, que é quase um barco que fica ali na Urca e cujo foco é o setor de turismo internacional e nacional. A logística fica facilitada porque eu tenho estoque e faturo direto da vinícola para eles. O fato é que a Cave Nacional está fazendo com que o vinho brasileiro chegue a uma quantidade maior de lugares no Rio de Janeiro, além de ser vendido no nosso espaço.

Como vocês percebem o futuro das lojas físicas de vinho, sem se limitar exclusivamente a lojas que trabalham com vinhos brasileiros, mas do pequeno varejista em geral, responsável por quase 30% das vendas do produto no mercado brasileiro.

K.B. — A venda de vinhos tem uma característica muito particular: geralmente a pessoa que gosta de vinho quer de alguma maneira se envolver neste mundo. Aquela loja em que há muitas prateleiras de vinhos, o cliente pega sua garrafa, paga e vai embora, eu acho que ela corre grandes riscos. Para uma experiência como esta é melhor entrar num site de vinhos na internet e fazer sua compra de casa. O frete já não é tão caro, e o cliente recebe sua aquisição com qualidade, tudo de forma muito simples. Mas, se você quer ampliar a experiência de compra do cliente, um ponto físico de venda bem aconchegante é fundamental. E melhorar a experiência não é apenas abrir o vinho, servir a taça e deixar o cliente beber sozinho, pagar e partir. Obviamente se o cliente manifestar o desejo, é importante falar sobre o vinho, sobre o processo produtivo ou o lugar onde ele é produzido; se houver uma historinha sobre a vinícola e quem efetivamente fez aquele vinho, é melhor ainda. Enfim, ajudar a estabelecer alguma ligação emocional do cliente com aquele vinho porque uma boa lembrança sempre ajuda na avaliação de um vinho que nem precisa ser excepcional. Eu acho que as lojas de vinho que terão mais sucesso serão aquelas que apostarem não só na venda, mas na venda aliada a alguma experiência da pessoa com o vinho.

M.R. — As lojas físicas tenderão a ser um pouco menores, com estoques especializados, diversos, mas não tão amplos que percam uma referência específica. Não será conveniente para a loja ampliar excessivamente seu portfólio na busca desenfreada de ter os rótulos mais baratos e perder sua referência de só vender vinhos de qualidade. Vinhos apenas baratos serão vendidos em grandes superfícies de varejo com muita capilaridade, e em grandes sites importadores, que provavelmente também terão sua importância para aumentar a difusão do produto Brasil afora. Para a sobrevivência da loja física será básico definir claramente o patamar de qualidade dos vinhos e manter a melhor relação possível entre custo e qualidade. Há públicos muito diferentes em termos de poder aquisitivo e disponibilidade para investir na compra de uma garrafa de vinho.

O que os seus clientes podem esperar da Cave Nacional em 2019?
M.R. — A expectativa é que consigamos trazer rótulos de algumas regiões novas. Mas isso não depende só de nós, porque as vinícolas precisam estar com os seus vinhos liberados, aprovados, com registro no MAPA e tudo o mais que exige a nossa legislação. O objetivo é a cada dois ou três meses incluir duas vinícolas novas para o portfólio. Seria bom se conseguíssemos ter uma novidade de vinho a cada mês. Também manteremos a experiência das degustações semanais, sempre que possível trazendo alguém da vinícola para falar. Estamos conversando com algumas vinícolas para que o lançamento de alguns vinhos, assim como fizemos no ano passado, aconteça aqui na Cave Nacional, com um representante dela, no mesmo momento em que está acontecendo lá. Nós teremos mais dois rótulos próprios para a Cave. Um já está sendo elaborado e será um corte de vinho tinto; o outro será um vinho branco que já está praticamente pronto e queremos lançar no primeiro trimestre.

Serão rótulos exclusivos da Cave Nacional?
M.R. — Sim. Mas não são vinhos prontos nos quais colocaremos nosso rótulo. Isso não tem a menor graça, não faz sentido. Uma experiência do passado com um vinho branco varietal feito com *chardonnay* foi um sucesso comercial. No caso específico, foi uma sugestão de maturação por 12 meses em barricas de carvalho que fez toda a diferença. Só a Cave Nacional tinha esse vinho. A experiência de ter coisas exclusivas, com o nosso toque, foi excelente, e a repetiremos. No caso do novo vinho branco, nós fomos ao Sul em outubro para uma pré-aprovação; pedimos uma pequena correção que já foi finalizada e aprovada, e agora é só definir o rótulo e lançar. O *blend* tinto vai demorar um pouco mais. Será para o final do primeiro semestre de 2019.

Com quantos rótulos vocês estão trabalhando? Seria possível dar um percentual aproximado dos diferentes tipos de vinhos?
M.R. — Temos 222 rótulos atualmente em nossa adega. São aproximadamente 40% de tintos tranquilos, 30% de espumantes, 20% de brancos tranquilos e 10% de vinhos rosés.

Esses percentuais coincidem mais ou menos com o que você vende?
M.R. — Coincidem mais ou menos. Os tintos tranquilos giram um pouco mais, chegando até a 60% nos meses mais frios do ano. No verão, eles despencam para 40%.

Na média do ano seriam aproximadamente 70% de vinhos tranquilos e 30% de espumantes?
M.R. — Exato.

Como foi a evolução das vendas em número de garrafas ao longo dos anos?
M.R. — No primeiro ano completo, que foi 2016, girou em torno de 3.500 garrafas. Só tínhamos a loja virtual nesse momento. Em 2017 vendemos 10 mil garrafas. Agora em 2018, somados o bar-bistrô e a loja virtual, já passamos de 21 mil garrafas. Nesse número não incluímos a distribuição com faturamento direto das vinícolas, que já somam mais de 6 mil garrafas.

VINHO E MERCADO

Vocês teriam alguma coisa a mais para acrescentar?
M.R. — Já falamos bastante dos problemas que sofrem os vinhos brasileiros com as distorções tributárias, com o peso em si da tributação, e também dos problemas de imagem que levam os brasileiros a considerar sempre que o vinho importado é melhor do que o vinho do Brasil. Entretanto, há mais uma questão interessante: nosso mercado geralmente percebe a qualidade do vinho pelo preço; quanto mais elevado o preço, melhor deve ser o vinho. Só que isso vale apenas para os vinhos importados. Para o vinho brasileiro, as pessoas ainda não conseguem fazer essa associação naturalmente. Um vinho brasileiro de alta qualidade com um preço compatível com a qualidade quase sempre é considerado um absurdo!

E como sair dessa situação? O que faria se fosse presidente do Ibravin e tivesse de definir uma campanha para promover o vinho brasileiro? Ou se você fosse um ministro com poderes para definir os impostos?
M.R. — Como ministro, em primeiro lugar, eu eliminaria a ST para os vinhos. Fora do ministério eu faria várias outras coisas. Uma delas seria mostrar para a maioria das vinícolas o que o público consumidor percebe como um vinho de entrada básico, um vinho básico *premium*, um *superpremium* e assim por diante. Qual a expectativa de qualidade e preço que as pessoas têm para cada uma dessas classes de vinhos. A partir daí, eu tentaria mostrar ao mercado que há vinhos brasileiros nesses diferentes patamares. Isso poderia ser feito com muitas degustações às cegas com diversos clientes finais, e com a presença de vinhos importados, para haver comparações. E depois eu divulgaria maciçamente os resultados.

Com frequência realizamos degustação às cegas em confronto com vinhos importados, e em diferentes momentos os vinhos brasileiros de qualidade foram considerados melhores que os importados com preços bem mais elevados. Seria bom também pegar grandes personagens internacionais do mundo do vinho e trazê-los para uma degustação às cegas com outros vinhos famosos do mundo. Seria um risco, mas acho que valeria a pena tentar. O importante é divulgar para valer, qualquer que seja o resultado.

Como deveria ser uma promoção interna dos vinhos do Brasil?
M.R. — Falta ainda os brasileiros perceberem que existem no país vinhos brasileiros com qualidade muitas vezes superior aos vinhos importados. Não é simples e deve ser caro fazer isso. Eu já pensei muito em como seria possível, mas não achei a melhor forma. O que mais vi até hoje são promoções focalizadas num público que já conhece vinho. A campanha do Ibravin atual é interessante porque se concentrou em trazer novas pessoas para o mercado consumidor. Mas uma degustação às cegas, com pessoas provando vinhos brasileiros e importados, poderia ser adicionada. Talvez assim fosse possível mostrar que há vinhos brasileiros de grande qualidade.

Algumas pesquisas já mostram que há uma geração de enófilos mais maduros que apresenta resistência aos vinhos brasileiros e até a outros produtos nacionais. Seria eficiente uma promoção focalizada num público novo, talvez numa faixa etária mais baixa?
K.B. — Minha opção seria um foco muito forte de investimentos no enoturismo. Os brasileiros de todas as faixas etárias viajam muito mais pelo país que no passado. Os lugares onde se produzem vinhos no Brasil são superlegais de visitar. Quando a pessoa tem contato com o vinho brasileiro numa viagem de enoturismo, ela passa a ter uma relação muito diferente com o vinho nacional. Ela muda sua mentalidade em relação aos nossos vinhos. Passar quatro ou cinco dias visitando vinícolas na região Sul, provando seus vinhos, conversando com os produtores e suas famílias, isso conquistaria novos enófilos para o vinho nacional. Eu vejo no enoturismo um campo gigantesco para avançar e ampliar a base de consumidores. Nós, que estamos na ponta, nem precisaríamos divulgar tanto os nossos vinhos. Isso sem falar no vale do São Francisco, no sul de Minas Gerais e suas cidades históricas próximas da produção dos vinhos.
M.R. — Eu concordo com a Karina que o enoturismo seria uma boa opção para melhorar a imagem dos vinhos brasileiros. Mas quero abordar esse ponto que você comentou sobre resistências aos vinhos do Brasil em faixas etárias mais velhas da população. Isso talvez seja porque os mais velhos já beberam vinhos brasileiros no passado, quando a qualidade deixava muito a desejar. Porém, mesmo esse público acima dos 40 anos não deveria deixar de ser alvo das promoções dos vinhos brasileiros, porque são muitos milhões e têm grande influência dentro de casa.

Nas primeiras semanas de abertura das portas do bar-bistrô da Cave Nacional recebi pessoas dessa faixa etária que chegavam, olhavam, elogiavam o ambiente, mas quando eu falava que só trabalhávamos com vinhos brasileiros reagiam, e alguns chegaram a ir embora. Houve um em particular que ficou olhando um pouco na dúvida, e eu argumentei: "Você acredita que, se não houvesse vinhos brasileiros de qualidade para eu trabalhar, eu investiria a quantidade de grana que investi para montar isso aqui?" Ele me olhou, repensou e decidiu ficar com seu grupo. Hoje, sozinho ou acompanhado, ele vem com frequência à Cave e já experimentou mais da metade dos rótulos da adega, rompendo a barreira enorme que tinha em relação aos vinhos brasileiros. Por exemplos como este é que eu acho que vale insistir com as pessoas que lá atrás provaram e não aprovaram os vinhos brasileiros, e mostrar para elas que agora é muito diferente. Eu não deixaria de insistir, porque temos qualidade para mostrar nos vinhos que produzimos.

Como em qualquer país é preciso ter cuidado com aquilo que você oferece. Mas eu insistiria com essa faixa etária. Não é raro os pais indicarem a Cave Nacional para os filhos, e muitas vezes os vejo juntos à mesa bebendo nossos vinhos. Eu fico feliz quando presencio essas cenas de diferentes gerações na mesma mesa. Temos quebrado muitos paradigmas do tipo "Vinho brasileiro é ruim", "Vinho brasileiro só é bom quando custa muito caro", "Com este preço eu compro um argentino ou um chileno de melhor qualidade". Temos muito trabalho pela frente, mas acredito que chegaremos lá!

ENOGASTRONOMIA, GRANDES ADEGAS E VINHOS "EM COPO"

Entrevista com Marcelo Torres,
CEO e fundador do Grupo BestFork Experience

Rio de Janeiro, 27 de fevereiro, 13 de março e 21 de maio de 2018

Uma ideia que implantei em 1993 foi que o "copo de vinho" dos meus restaurantes corresponderia a um quarto da garrafa, ou 187 ml. Eu entendia que aquela quantidade era suficiente para uma pessoa moderada acompanhar a refeição.

Marcelo Torres

Marcelo, queria ouvir um pouco sobre você: onde nasceu, o que estudou, o que fez antes de ser o empresário e restauranteur, *sua trajetória antes do Grupo BestFork.*
MARCELO TORRES. Vou fazer um resumo rápido. Nasci na cidade do Rio de Janeiro, em Botafogo, no Hospital Samaritano. Estudei no Colégio Santo Inácio e na sequência fiz a Faculdade Cândido Mendes. Formei-me em direito, mas nunca advoguei. Na época do Santo Inácio havia três profissões a escolher: médico, advogado ou engenheiro. Por causa do Mário Henrique Simonsen, aparecia no radar a opção da economia, e havia a Escola de Economia da Pontifícia Universidade Católica (PUC), mas quem se formava nessa área na época ia trabalhar para o governo. Todos os que trabalhavam em bancos ou no mercado financeiro eram engenheiros, e engenharia eu não queria fazer. Medicina, então, nem pensar. Então decidi estudar advocacia. No segundo ano eu já tinha percebido que não exerceria a profissão, mas não sabia o que faria. Para não ficar pulando daqui para lá, embora eu já soubesse que não exerceria a profissão, decidi concluir a minha faculdade para ter um título.

Como eu não sabia o que queria ser, julguei que a faculdade me daria uma base. Em paralelo, comecei a fazer vários cursos na FGV, cursos excelentes, de dois, três meses, sobre organização e métodos de gestão. Isso foi no início da década de 1980. Os professores da FGV eram muito bons, estudei com professores maravilhosos. Fiz muitos cursos em busca de informação e identificação, e acho que fui me moldando para o lado da gestão empresarial. Desde pequeno eu tinha uma vocação para o comércio, comecei a trabalhar cedo, num negócio que eu e meu irmão Marcio montamos, uma administradora de imóveis. Em 1985 fui trabalhar no grupo Multiplan, no qual fiquei durante 14 anos. Eu trabalhava diretamente com o presidente do grupo, José Isaac Perez.

Eu ocupava um cargo legal, mas em 1992 resolvi abrir o Giuseppe. Eu tinha a empresa imobiliária com meu irmão, e decidimos vender. Aliás, essa imobiliária foi meu primeiro emprego. Foi lá que ganhei dinheiro pela primeira vez, e foi com o dinheiro da venda, que não era muito, que fiz o Giuseppe. Meu irmão montou uma empresa de informática, era meu sócio no Giuseppe e eu era sócio dele nessa empresa. Cada um fazia o que gostava. Enquanto eu trabalhava na Multiplan, ele cuidava da parte de gestão do Giuseppe. Eu cuidava da parte do conceito, do cardápio, dos detalhes da própria arquitetura. Depois descobri que esta era a minha verdadeira vocação.

O que o motivou a montar o Giuseppe e vários outros restaurantes italianos?
M.T. — São vários fatores. Eu sempre tive uma ligação muito grande com a Itália porque tenho amigos italianos e passei várias férias na casa deles, convivendo com eles em Roma. Além de adorar a cidade, tenho paixão pela comida italiana e quis criar um restaurante italiano. Eu trabalhava no Centro do Rio desde 1981 e achava todos os restaurantes bem fraquinhos. O Giuseppe foi um produto que desenvolvi para pôr em prática algumas coisas que eu desejava. Queria fazer um restaurante bonito porque gostava e admirava a arquitetura. Queria também fazer comidas gostosas, porque sou cozinheiro amador, mas um bom cozinheiro; não me autodenomino chef porque este título é para a pessoa formada em gastronomia. Fui eu quem montou o cardápio do Giuseppe, um cardápio interessantíssimo.

    O Giuseppe foi inaugurado em 1993, fez 25 anos agora. E 25 anos de vida para um restaurante no Rio é algo histórico, não há muitos, e 80% dos pratos do cardápio estão lá desde que abri a casa. Os clientes hoje veem aquelas mesmas páginas e encontram os mesmos pratos, com o mesmo padrão. Esse é o grande esforço, conservar o mesmo padrão. É uma coisa que virou tradição. O cliente vai lá comer aquilo: língua ao funghi, um dos pratos que criei. Acho que contribuí muito para a melhoria dos restaurantes do Centro do Rio. Quando eu abri o Giuseppe, não sei se você se lembra, a rua Sete de Setembro era invadida pelos camelôs. Tive de pedir a eles para deixarem uma abertura em frente ao restaurante, caso contrário quem vinha do lado de lá da Sete de Setembro tinha de ir até a Rio Branco e voltar, não conseguia atravessar a barreira. Era aquela loucura. Quem entrava no Giuseppe passava por uma *delicatessen* de produtos italianos, e depois que abria uma porta tinha a impressão de ter entrado num paraíso: pé-direito alto, que não era comum nos restaurantes, uma fonte que eu trouxe de Florença, a claraboia.

    Além do salão com o pé-direito enorme, a pessoa via no fundo um jardim e uma cascatinha. Está tudo lá até hoje. Era comum as pessoas entrarem e comentarem: "Como é que tem esse restaurante aqui no Centro, e na Zona Sul não tem nada semelhante?", e complementavam: "O dono é paulista?". Como carioca aquilo me ofendia terrivelmente. Por que tinha de ser de um paulista? Até havia a inspiração do bar, que peguei de um restaurante da Oscar Freire hoje fechado, muito bacana naquela época. Eu achava interessante aquele bar afundado, em que o *bartender* o atende no mesmo nível.

Onde você conseguiu aqueles tampos de mármore das mesas?
M.T. — O tampo do bar é de um mármore chamado Verde Alpi, naquela altura caríssimo, porque só era extraído durante três meses do ano. Hoje já deve haver tecnologia para tirar o mármore — ou então aquilo acabou e a gente não sabe. Há também os tampos das mesas de Rosso Verona, que são lindos e estão lá até hoje. Naquele momento eu já tinha preocupação com o ambiente. É engraçado porque tenho essa visão do mercado que é minha intuição de marketing: e eu ia aos restaurantes que abriam na Zona Sul, eles eram sempre bonitinhos, mas não tinham alma. A década de 1990 foi uma época infeliz na arquitetura dos interiores de bares e restaurantes: pintavam uma parede de verde e outra de rosa. A Brahma e a Antarctica, que brigavam terrivelmente no mercado, davam dinheiro para as pessoas fazerem seus empreendimentos, gente que não era do ramo, inclusive eu, e elas faziam bonitinho. Eu me lembro de que havia sempre um pôster de exposição do MoMa ou do British Museum enquadrado em sanduíche de vidro com uma moldurinha de aço. Eram assim as decorações de restaurante.

Eu fui pessoalmente comprar as gravuras do Giuseppe, gravuras florentinas de 1792 e que portanto tinham 200 anos naquela altura. Nunca vou me esquecer do que ocorreu quando comprei as gravuras. Elas foram bem caras e, quando eu cheguei ao Rio, meu irmão se virou para mim e falou: "Você ficou maluco, rapaz?! E se o Lula virar presidente? Nós estamos fritos". Aí eu disse: "Se isso acontecer, e nós realmente ficarmos mal, a única coisa que valerá algo aqui são as gravuras, porque o resto do investimento não vale grande coisa". E é verdade. Você faz um investimento num restaurante e tudo que você põe ali de móveis, decorações, só valerá alguma coisa se o negócio der certo; se der errado, você não vende por um terço do que comprou.

Como se chegou ao vinho na história do Giuseppe?
M.T. — O Giuseppe é o afloramento do gourmet, do guloso querendo comer bem. Eu entrei para o mundo do vinho em 1989-1990, quando tinha entre 27 e 28 anos. Foi quando comecei a ter contato e a poder comprar alguma coisa melhorzinha. No mercado brasileiro o vinho era escasso, mas quando viajava eu experimentava. Mesmo não sendo conhecedor, comecei a gostar de vinhos bons, e os *premier grand cru* não eram tão caros. Em 1991 me interessei pelo *relais* e *châteaux* e os estrelados Michelin. Foi uma descoberta desse novo mundo. Com 30 anos eu já tinha algum dinheiro para gastar com pequenos luxos.

Nas viagens, procurava ir nesses *relais* e *châteaux* gourmets para me exercitar na enogastronomia. Como era muito novo, descobri que para ser bem tratado em restaurante estrelado eu precisava me apresentar bem, de terno e gravata, e pedir logo de saída um grande vinho. Eu gostava do Cheval Blanc, que não era tão caro como hoje, custava menos de US$ 200, e pedia um bom prato. A partir daí o atendimento para mim e minha acompanhante melhorava muito.

Eu me casei em 1996 e foi nessa época que desenvolvi uma *Michelin* paranoia. Eu queria ir a todos os restaurantes estrelados, queria entender como aquilo funcionava. Fui tantas vezes que a *Veja* fez uma matéria na qual dizia que eu era o carioca — não sei como me identificaram — que somava mais estrelas em idas a restaurantes de duas, três estrelas Michelin. Eu me lembro de que pagava por um *premier grand cru* regular em torno US$ 200 com um câmbio bem tolerável. Eu adoro a boa gastronomia, mas me julgo bastante eclético: posso ir ao botequim ou ao restaurante de três estrelas. Aliás, atualmente nas minhas viagens busco mais restaurantes que servem comida regional, que o povo do lugar come. Outro hábito dessa época era a compra de vinhos quando eu nem tinha adega em casa. Eu só tinha o Giuseppe, e durante alguns anos guardava meus vinhos na adega do Locanda, que era do Danio Braga. Ele tinha uma adega enorme. Eu tinha de ir lá de vez em quando beber os vinhos ou trazer para beber aqui.

Onde e como você comprava os grandes rótulos?
M.T. — Já comprei bastante vinho em leilões e também da coleção familiar de alguém que morrera. Recebo aqueles catálogos da Sotheby's, Christie's. Um dia recebi o convite de um leilão da adega do Andrew Lloyd Webber. Eu me perguntei por que ele estaria vendendo sua coleção. Foi quando entendi por que não só ele, mas também outros milionários colocavam à venda suas coleções de vinhos: eles vão comprando muito mais vinho do que conseguem beber. Isso vira um hábito, um desejo incontido. É a compra emocional desenfreada simplesmente pelo desejo de ter aquele rótulo. Eu posso até ter me comportado assim, porém não mais. Atualmente não tenho vontade de ficar guardando vinhos; bateu a vontade, eu abro a garrafa. Vinho bacana é aquele que você está bebendo naquele dia.

A adega do Giuseppe tem algo a ver com sua adega pessoal?
M.T. — Não. A adega do Giuseppe sempre foi bem *standard*. O Giuseppe Itália foi meu primeiro restaurante. Eu entrei firme na história do vinho quando abri

em 1997 o restaurante Laguiole,[24] que ficava ao lado do Giuseppe, na Sete de Setembro 63. Você entrava por uma adega e o restaurante estava lá no fundo. Eu ainda estava na Multiplan, de onde só saí em 1998, e não tinha intenção alguma de abrir o segundo restaurante. O Giuseppe sempre foi um sucesso desde o dia em que abriu suas portas. Ele já me atendia, porque eu tinha um lugar legal para comer, me divertia com aquilo, recebia elogios, as pessoas falavam bem. Só que o vizinho era um restaurante alemão que não estava indo muito bem. Os proprietários queriam fechar e me ofereceram o estabelecimento. Não me interessou e declinei da oferta. No entanto, vi alguns candidatos do ramo de restaurantes, como a Chaika, o Guimas, se interessando pela aquisição, e então pensei que seria melhor comprar. Eles poderiam se instalar e até atrapalhar a operação do Giuseppe. E tem aquela teoria: "Se for para morder o seu braço, é melhor que você mesmo o morda, porque quando estiver doendo muito você pode parar".

Com a compra, eu fiquei na obrigação de desenvolver um novo produto que fosse diferente, que completasse o Giuseppe, não dividisse o público. Nesse momento a onda boa do vinho estava se iniciando. No final de 1996 fui a São Paulo visitar uma loja — Santa Maria — que a Expand tinha aberto naquele World Trade Center. Foi lá que vi os primeiros *wine keepers*.[25] Aí eu entrei em processo de criação. Acredito que foi nesse momento que passei a gostar e a compreender que aquilo me permitiria implementar uma grande inovação. O Laguiole ficou muito bacana, e foi por causa dele que me tornei importante na área do vinho.

Eu concebi um restaurante em que você entrava por uma adega toda branca, já quebrando um paradigma, porque as adegas eram escuras, soturnas. A minha adega não era de guarda de vinho para ele ficar ali adormecido por 20 anos. Era uma adega de consumo. Toda branca, com chão de mármore branco, teto branco e todos os móveis também brancos. Os vinhos ali saltavam aos olhos. Ela era climatizada na temperatura de 17°C, bem friazinha, e quando a pessoa entrava levava um choque térmico. A adega era uma câmara entre a rua e o restaurante. Quando o cliente entrava no restaurante ele deparava com uma claraboia linda, com um anjo do Alfredo Ceschiatti pendurado. Parecia um poema. De um lado

---

[24] Laguiole é o nome da vila do departamento francês de Aveyron onde originalmente se fabricavam as mundialmente conhecidas facas Laguiole (*couteaux de Laguiole*).

[25] *Wine keepers* são equipamentos pressurizados com gás inerte (nitrogênio ou argônio), dotados de bicos dosadores que permitem servir os vinhos diretamente da garrafa, preservando-os na temperatura ideal por semanas.

havia um *bar à vin* com 60 vinhos nos *wine keepers* para serem vendidos "em copo".[26] Eu tinha 60 vinhos para serem vendidos em copo, oferta que ninguém tinha visto no Rio de Janeiro. Na parte atrás do salão ficava um jardim com chão de grama artificial, duas jardineiras entre uma fonte enorme, com jabuticabeiras e uns rouxinóis cantando. Eu abri um restaurante com cerca de 600 rótulos e 60 vinhos em copo, coisa que não havia em nenhum restaurante da Zona Sul do Rio.

A mídia impressa comentou?
M.T. — Até hoje me ligam da imprensa: "Estamos fazendo uma matéria sobre vinhos. Preciso falar com você". Geralmente eu corto e digo que não entendo nada de vinho, não sou enólogo e muito menos sommelier. Explico que já bebi muitos vinhos, tenho boas adegas nos restaurantes, mas não sou *expert* em vinhos, não acompanho esse mundo. Enquanto estamos aqui conversando são lançados três rótulos novos. Eu sempre fiz a carta de vinhos dos meus restaurantes, sempre cuidei dos meus vinhos, mas não sou atualizado nas novidades que saem a todo momento. Não acompanho esse mercado.

Você sempre fez as cartas de vinhos dos restaurantes do Grupo BestFork? Que critérios usa para montá-las
M.T. — Fiz todas as cartas de vinho dos meus restaurantes. Não foi muito difícil, porque elas eram grandes, havia adegas com espaço, e nessas condições você faz as cartas sem se preocupar com racionalização, espaço, quantidade. Não foi tão complicado, as categorias foram assim: um monte de vinhos clássicos; um monte de vinhos bons; um monte de vinhos mais acessíveis. Fica fácil montar a carta de vinhos. Eu formei uma pessoa no mundo do vinho que depois alçou voo próprio e foi para o mercado. Atualmente ela é consultora de vinhos, e recentemente, quando eu estava montando o Xian, no terraço do shopping Bossa Nova Mall, queria fazer uma carta de vinhos pequena, inteligente, mas que abrangesse vinhos com valores diferentes, uvas diversas, países variados, ou seja, com uma infinidade de coisas diferentes. E eu não sabia fazer isso, nunca tinha me preocupado com cartas pequenas mas abrangentes. Isso é como um texto. Tem uma frase que eu adoro: "Desculpa lhe mandar esse texto tão longo,

---

[26] "Em copo" é a expressão utilizada pelo restauranteur para definir o serviço fragmentado de vinhos em taças.

mas é porque estou sem tempo". Quando você tem tempo consegue sintetizar as coisas sem torná-las incompletas.

Você fez cartas imensas, onde cabiam todos os vinhos de que gostava. Isso era perfeito para os vinhos clássicos, por conta da experiência pessoal. Mas como fazia cartas para um público específico, em que os clássicos ficam proibitivos?
M.T. — Tudo que eu gostava eu colocava nas cartas. Eu ganhei fama no mundo do vinho mas não sou *expert*. Conheço muito os vinhos clássicos, sendo capaz de reconhecer às cegas grandes Bordeaux, o Château Latour, um dos vinhos que eu mais bebi. Enfim, pensando no público específico que é a chave do sucesso do vinho no negócio, a primeira carta que fiz foi a do Giuseppe, que é um restaurante italiano. Claro que dei foco para o vinho italiano, mas não podia deixar de ter muitos vinhos franceses, que eram os que eu conhecia, e os grandes vinhos eram os franceses. Não havia grandes vinhos de outros lugares. Porém, tinha uma coisa muito curiosa, quando eu abri o Giuseppe. Você entrava e invariavelmente havia cinco, seis garrafas de uísque nas mesas de almoço. Há 25 anos as pessoas almoçavam bebendo uísque. Aquele pessoal do mercado financeiro, das corretoras, da Bolsa. Hoje isso não acontece. Ainda mais num restaurante como o Giuseppe.

Uma ideia que implantei em 1993 foi que o "copo de vinho" dos meus restaurantes corresponderia a um quarto da garrafa, ou 187 ml. Eu entendia que aquela quantidade era suficiente para uma pessoa moderada acompanhar a refeição; eu, por exemplo, tomaria dois copos, ou meia garrafa, que considero uma medida perfeita. E nós vendíamos o copo pelo preço de um quarto da garrafa; então, se uma garrafa custasse R$ 100 o copo custaria R$ 25. É assim até hoje. Meus restaurantes trabalham com esse formato há 25 cinco anos porque eu acho honesto, bacana; e penso que isso estimulou muito minhas vendas de vinhos. As pessoas no início não entenderam e diziam que o copo de vinho era caro! O pessoal do atendimento era orientado para informar que copo não era caro caso se considerasse o preço da garrafa. Esse é o copo mais honesto, porque é uma fração da garrafa!

E as perdas que sempre ocorrem com esse serviço, como eram compensadas?
M.T. — Não há compensação para possíveis perdas. Quando eu abri o Laguiole um amigo me indagou sobre a questão das perdas: "Se alguém vier aqui e falar

que o Château Mouton Rothschild está ruim, o que você faz?". Minha resposta foi que eu retiraria o vinho da mesa e não cobraria. Se estiver ruim o cliente está com a razão; se estiver bom eu bebo. Isso já aconteceu algumas poucas vezes, de o cliente não querer o vinho escolhido. Numa delas o cliente pediu um La Tâche e teve a audácia de dizer que estava ruim, que não ia pagar, que aquilo era um absurdo. Ninguém discutiu nada. Eles me ligaram e reafirmei meu direcionamento. No dia seguinte liguei para um amigo, convidei-o para almoçar no Laguiole e bebermos o La Tâche. O vinho estava perfeito, um espetáculo! Então, isso nunca foi um grande problema na minha vida empresarial. Quatro ou cinco vezes no máximo os vinhos realmente estavam ruins, e nem o cliente e nem eu iríamos beber um vinho em mau estado. Isso aí é do negócio.

Falávamos sobre a carta de vinhos do Giuseppe...
M.T. — O Giuseppe tinha uma carta inteligente e que atendia bem a seu público. Era uma carta mais curta e objetiva. Naquela época as pessoas não pensavam muito em vinho. Quando montei o Laguiole, quatro anos depois, em 1997, era outra coisa. O mundo do vinho estava começando a borbulhar, uma bolhinha aqui, outra acolá, e as pessoas começavam a entender como era boa a enogastronomia. Na carta do Laguiole havia Château du Pin, Barca Velha, Chablis Grand Cru em copo. Eu chamo de copo, mas as pessoas chamam de vinho em taça. Eu acho que taça é mais adequado para o champanhe. Cada um chame do que quiser. O fato é que o serviço em taça se generalizou.

O Laguiole, com seu serviço, me proporcionou muitas coisas interessantes. Pessoas de fora do Brasil queriam conhecer o restaurante. O Michael Mondavi veio ao Brasil e quis conhecer o Laguiole, então eu fiz um almoço para ele. Por acaso eu tinha feito a compra de uma *jéroboam*[27] Robert Mondavi Reserva 1979, que foi a primeira reserva do Robert Mondavi. Quando o Michael veio pela primeira vez ao Rio de Janeiro ele tinha medo de que uma cobra o mordesse em plena avenida Rio Branco; tinha aquele nível de informação do americano médio da Califórnia, que não sabe muito bem quais países existem na América do Sul. Enfim, talvez ele soubesse, porque exportava vinho para cá, mas não tinha muita noção. Quando ele entrou no Laguiole e viu a garrafa *jéroboam* do

---

[27] *Jéroboam* é a garrafa de vinho com capacidade para 3 litros, equivalente a 4 garrafas tradicionais de 750 mililitros.

seu vinho, olhou-me e disse: "Mas o que é isso? Essa *jéroboam* Robert Mondavi eu não tenho mais". Eu respondi prontamente: "Agora você tem. Esta é sua. Pode levar". Obviamente ele não levou. Tivemos um almoço simpaticíssimo, com vinhos que ele trouxe, e dois meses depois recebi um convite para ir visitar a Mondavi, com um programa de uma semana para mim e outro para minha mulher, que não bebe nem come carne, com passagens e todas as mordomias inclusas. Ela foi para um programa de spa, enquanto eu fui fazer as visitas que eram de meu interesse.

O mundo do vinho me proporcionou coisas muito interessantes. Nesse universo, em geral, as pessoas envolvidas são bacanas: o produtor, o fabricante da rolha, o tanoeiro. É uma indústria de pessoas bacanas que vivem num mundo diferente. Não vi malandragem, rasteiras. Eu estou falando dos anos 1990 e de uma maneira geral. É óbvio que há alguns picaretas por aí, inclusive produzindo vinho falsificado. Eu estou falando de produtores tradicionais de vinhos, barris, da Itália, França, Espanha, Portugal. O que percebo é que quase todos eles têm aquela mesma paixão e paciência para lhe mostrar e explicar os processos. É muito interessante e sempre me impressionou. Tudo que gira em torno da indústria eu acho fascinante.

As suas experiências com o mundo do vinho, então, são extremamente positivas.
M.T. — Extremamente positivas. Já conheci pessoas exóticas, porém, nunca conheci gente ruim, mau-caráter, mesmo entre os comerciantes. Lembrei-me da *master of wine* da Sotheby's, Serena Sutcliffe, talvez uma das pessoas que mais entenda de vinhos no *trade*, que se tornou minha amiga depois de algumas transações comerciais em Londres e aqui.

Há diferenças entre os vinhos dos restaurantes do Grupo BestFork e os vinhos pessoais do Marcelo Torres?
M.T. — Há. Os vinhos que estão na minha adega pessoal são os meus vinhos. Eventualmente, mas é raro, eu posso até mandar algum para um restaurante da rede para suprir uma eventualidade. Eu não misturo as coisas, mesmo não tendo sócios na maioria dos restaurantes do Grupo BestFork. O que existe são rótulos comuns entre as adegas porque eu comprei muitos vinhos em leilões ao longo desses anos. O mundo do vinho mudou muito, e nem sempre essas mudanças foram para melhor. Algumas, como a democratização do vinho, eu achei boas,

porque se tornou possível encontrar inúmeros vinhos de qualidade com preços muito bons. Tanto que hoje, nas cartas dos meus restaurantes, você encontrará muitos bons vinhos com preços bastante palatáveis.

De outro lado, alguns bons vinhos que eu sempre gostei de ter e de beber passaram a ter preços absurdos. Isso ocorre no momento em que os chineses descobrem as delícias do mundo do vinho e entram com tudo no mercado mundial. Qual foi o resultado? Os *premiers crus* do Médoc e Graves (Lafite-Rothschild, Latour, Margaux, Mouton-Rothschild, Haut-Brion), e os *premiers grands crus* de Saint-Emilion (Ausone e Cheval-Blanc), que continuam oferecendo a qualidade de sempre, passaram a ter os preços nas alturas! Antes era possível encontrar num bom restaurante o Cheval Blanc, o Haut-Brion ou um Latour na faixa dos US$ 200, US$ 300. Isso não existe mais. E não foi só com os *grands crus* franceses que aconteceu. Em Buenos Aires eu encontrava nos restaurantes o Catena Zapata por US$ 80. Vai ver quanto custa hoje! O Opus One, que era o meu vinho de mesa predileto nos Estados Unidos, seguiu o mesmo caminho. Em 2000, naquele leilão do século da Sotheby's, eu comprei caixas fechadas de vários *premiers crus* da safra de 1982. A caixa mais cara não chegou a US$ 6 mil. Observe que já tinham se passado 18 anos, e o mundo sabia que se tratava de uma supersafra.

A safra de 1982 foi consagrada como a grande safra de Bordeaux, a da grande virada. Robert Parker fez o seu nome apostando nessa safra.
M.T. — Sim. Houve a safra de 1945 e depois pulou para a de 1982. O engraçado é que em 1945 estávamos no meio da Segunda Guerra Mundial, e era viável comprar uma caixa de cada vinho. Aí fui bebendo. Eu talvez ainda tenha um pouco menos da metade dessa compra, porque os vinhos foram consumidos lentamente. Agora o choque: um belo dia, folheando um catálogo do leilão, vejo lá um Mouton Rothschild 1982 ofertado por US$ 1.100 a garrafa. Eu tinha comprado uma caixa de 12 garrafas por menos de US$ 5 mil! O Petrus de 1982 foi comprado a US$ 6 mil. Quem comprou naquele leilão e vendeu pelos preços atuais fez um grande investimento. Eu acho que o mundo dos grandes vinhos aloprou por conta dos chineses e indianos endinheirados que entraram firme comprando essa categoria de vinhos. Eu me sinto desconfortável ofertando um vinho de US$ 1.500. Tirei-os das minhas cartas, porque a que preço venderia?

O Grupo BestFork ainda tem nas cartas de vinhos dos restaurantes alguns desses grandes vinhos? O que de fato vende? Quem atualmente seleciona e compra os vinhos?

M.T. — Ainda tenho algumas poucas garrafas desses vinhos. Mas não é o que vende. Hoje nós já temos definida a linha de vinhos com que trabalhamos. Sobre a seleção de vinhos, vou lhe contar uma historinha. Eu formei uma pessoa no mundo do vinho que tem uma história muito interessante. Havia uma moça que começou a trabalhar como *hostess* e depois passou a gerente de salão, porque fazia um atendimento muito bom. Por problemas num negócio que eu tinha com um sócio, ela saiu. Era uma excelente funcionária, e eu lhe ofereci continuar como sommelière, embora ela não soubesse quase nada de vinhos. Comprei a *Enciclopédia do vinho* do Hugh Johnson para ela estudar, o que fez com muita dedicação. Depois ela fez vários cursos e virou uma sommelière maravilhosa. Foi contratada para trabalhar numa empresa dessas importadoras, e há mais ou menos seis meses a convidei para ser consultora de vinhos da BestFork e cuidar das cartas de vinho dos restaurantes. Sua primeira missão foi elaborar a carta do Xian, porque foi aí que descobri que não sabia nem nunca soube fazer uma carta de vinhos pequena. Eu fazia cartas de vinhos grandes, magníficas, mas não sabia fazer uma carta sintética, inteligente. Ela aceitou o desafio e hoje é a consultora de vinhos do BestFork. É ela quem vai para as feiras e prova os vinhos.

Atualmente não recebo nem provo vinhos. Não recebo mais amostras de vinhos, sei que não vou provar. E não vou pegar a garrafa e dar para os outros porque sou um comerciante sério. Hoje é proibido mandar amostra de vinhos para os meus restaurantes. A única possibilidade é quando decido comprar pelo histórico um bom vinho econômico de que estou precisando. Aí eu preciso provar, porque a metade não emplaca, por conta da qualidade. Nesse caso, faço umas sessões de prova de que eu e a Elaine participamos e convidamos algumas pessoas. O que tento saber nessas provas é se os vinhos têm bom potencial de vendas, se agradam ao público feminino, se o preço é competitivo, se o rótulo é atraente etc. O vinho geralmente é escolhido pelo lado direito, porque a pessoa está dura ou porque quer fazer bonito para alguém. No momento da escolha, quem está decidindo vai para o lado direito da carta; escolhe o preço que quer pagar e depois tenta enquadrar o vinho desejado. Se quer fazer bonito para alguém, o olho continua na mesma direção. Só que nesse caso ele escolherá, se o convidado gostar de vinhos portugueses, um Pera Manca, um Barca Velha.

VINHO E MERCADO

Sua longa experiência mostra esse comportamento dos clientes?
M.T. — Geralmente é isso o que acontece. Mas, voltando à criação de uma carta de vinhos, para atingir o objetivo de ser pequeno e inteligente, é necessário que você esteja ativo no mercado de vinhos participando das mostras das importadoras e provando muitos rótulos. Eu não faço isso. Sempre fiz as minhas cartas baseado nos produtores que eu conheço e de que gosto. Só que agora, com a necessidade de ter cartas condensadas, estoques controlados, eu tenho uma pessoa que me orienta.

Para entrar nos restaurantes do Grupo BestFork, um rótulo agora tem de passar pela sua sommelière? Acabou aquela história de contar com sua experiência de grande enófilo?
M.T. — Não é exatamente assim. Nunca entrou um vinho na minha carta sem a minha autorização, mesmo quando é a sommelière quem escolhe. Há um delimitador na seleção das importadoras. Eu procuro trabalhar sempre com os importadores de que gosto por serem aqueles com os quais criei vínculos. Mas há espaço para novos. A sommelière me apresentou a alguns importadores com os quais estamos fazendo experiência. Mas minha primeira opção é trabalhar com as pessoas que conheço.

Estou insistindo no tema porque queria entender seu modus operandi *para elaborar as cartas de vinhos do Grupo BestFork.*
M.T. — A sommelière, a Elaine, escreveu a primeira carta dela para o Xian. Agora fez a segunda carta para o Giuseppe Mar, baseada numa carta que eu já tinha. O Giuseppe Mar tem uma carta mais gorducha. Mas durante minha vida inteira de restauranteur as cartas de vinhos foram feitas por mim, por intuição comercial e pelo gosto que eu tinha por este ou aquele vinho. Conheço pessoalmente e sou amigo de vários produtores e os prestigio nos meus restaurantes. Evito aquelas dicas do tipo "Meu sobrinho está importando um vinho". Em geral peço para não mandarem a pessoa falar comigo por um motivo simples: não vou comprar porque ele é pequeno importador e está importando um vinho. Não tenho como fazer essa operação. Isso gera encrenca, depois, ele "manca vinho", dá uma desculpa de que não chegou. Vou lhe passar uma informação de cocheira: essas importadoras pequenas volta e meia "mancam vinho".

O que é exatamente "mancar vinho"?
M.T. — É ficar sem estoque, deixar acabar. Você coloca um vinho na carta, começa a trabalhar com seus clientes, a vender... Vou lhe falar de um vinho que estou vendendo muito, o Las Moras, de um excelente produtor argentino, com bom preço, boa qualidade. É um vinho gostoso para se apreciar com carne. Um dia você, a quem eu apresentei o vinho, chega ao Giuseppe, pede uma carne, o Las Moras, e a importadora mancou o vinho. Cliente insatisfeito eu não quero! Nesses casos eu corto o vinho. Todos no mercado já sabem e não mancam mais vinhos comigo. Quando eu compro muito determinado vinho de um fornecedor, ele precisa ter o vinho em estoque para quando acabar me mandar rapidamente. Se mancar eu tiro da carta e não volta mais. Busco um vinho substituto e inicio novo trabalho junto aos clientes, que, por confiarem no restaurante, são influenciados por nossa indicação. Nas cartas do BestFork não há vinho com bolinha. Acabou o estoque do vinho, eu tiro da carta e troco a página. Eventualmente pode haver um rótulo sem estoque, mas porque acabou naquele dia. Só faltam vinhos nas cartas se o importador falhar.

Eu tive de ser duro nesse tema, apesar de ser parceiro e amigo, porque é muito chata essa história de falha no fornecimento de vinho. Há vinhos que são como dinheiro em caixa. Você se lembra de quando a Expand importava o Santa Cristina, do Antinori? Um dia eu virei para o Otávio Piva de Albuquerque e falei: "Você deve ter uns 10 contêineres do Santa Cristina guardados em algum canto, este vinho não pode faltar". Era o melhor custo-benefício 15 anos atrás, quando não tínhamos ainda tanta oferta de rótulos. Era um vinho do Antinori muito benfeito, com preço bom, com o status da marca. Um dia faltou o vinho e eu disse a ele: "Você ficou maluco? Deixou faltar o Santa Cristina?" Mas aí já foi quando a Expand começou a se desequilibrar.

Além da falha no abastecimento, o que mais dentro da sua estratégia poderia provocar a retirada de um vinho da carta?
M.T. — De acordo com a estratégia seria quando percebo que estou com excesso de rótulos de um mesmo tipo de vinho. Como tenho bons espaços para vinhos no Giuseppe Grill do Centro e no do Leblon, e vinho tem muito a ver com a emoção, quando aparece um vinho novo que cai no seu gosto você compra e coloca lá. Daqui a pouco você percebe que está, por exemplo, com 10 vinhos rosés, e não precisa de tantos. Aí eu vejo quem gira mais rápido e descarto alguns. Isso é um

critério básico, mas aí tem um grande rosé que não vende tanto, mas você quer tê-lo. A estratégia existe, mas não pode ser só lógica, só razão.

Qual a participação do vinho nos seus restaurantes? Ficou forte no Laguiole, mas desde o Giuseppe já era importante. O que ele representa em termos financeiros?
M.T. — Desde o Giuseppe o vinho é importante. Antes de ver o que representa, quero fazer um histórico da minha experiência com o vinho. Quando eu abri o Giuseppe, um restaurante italiano, pensei que fazia muito sentido ter a maior parte de vinhos italianos. Mas não foi uma boa ideia, o brasileiro não conhecia vinho italiano. Estamos falando de 25 anos atrás, e para o consumidor brasileiro vinho tinha de ser francês ou português, embora este último fosse de qualidade inferior. Portugal não tinha grandes vinhos na época. Então logo mexi na carta do Giuseppe. No ramo dos restaurantes, você deve estar muito atento e ser muito preciso nas alterações.

Minha segunda carta foi do Laguiole, e não tinha como errar, porque fiz uma megacarta, fácil de ser feita. Ali foi um atrevimento. Eu abri um restaurante 21 anos atrás com mais de 500 rótulos e 60 vinhos em copo, ou seja, mais vinho em copo do que os restaurantes tinham nas cartas. Havia vinho austríaco, um vinho do Líbano chamado Château Musar, por sinal excelente, mas muito caro. Eu queria ter essa diversidade. Tinha vinhos raríssimos que as pessoas conheciam mas nunca tinham visto. Elas sabiam que do lado do Petrus tem o Le Pin, mas nunca tinham visto um Le Pin. Todo mundo sabia do Cheval Blanc, que o Valandraud é um *cult* de Saint-Emilion, mas ninguém tinha visto. A carta tinha 10 rótulos de safras diferentes de Valandraud. Aquilo era quase um centro de entretenimento do apaixonado pelo vinho.

Vou lhe contar um erro na minha vida empresarial. Foi a abertura do Giuseppe Grill da rua da Quitanda 49, quando elaborei a terceira carta de vinhos. O engraçado é que nessa altura eu já me considerava um *expert*, com uma mistura de conhecimento real e principalmente muita informação de como eu era visto pelo mercado. Quando as pessoas repetem muitas vezes a mesma coisa aquilo se torna verdade. Foi nesse momento que comecei a achar que entendia de vinho, porque muitos me tinham como referência. É possível que eu até entendesse alguma coisa efetivamente.

Foi um erro a abertura do Giuseppe Grill na rua da Quitanda? Qual foi a motivação?
M.T. — Eu comprei o imóvel do Sertão Gaúcho, lugar aonde todo mundo ia. Há uma historinha romântica, o Sertão Gaúcho era o restaurante aonde eu ia quando era pequeno. Com 12, 13 anos, eu ia "trabalhar" com meu pai na cidade, no escritório de advocacia, e ficava lá carimbando, desenhando, fazendo qualquer coisa até dar a hora do almoço, e nós íamos ao Sertão Gaúcho. O churrasqueiro de lá, José Carneiro, me conhece desde pequeno. Ele fez minha festa de 15 anos. Talvez por isso eu tenha passado a vida inteira indo no Sertão Gaúcho, mesmo tendo o Giuseppe e o Laguiole. Minha explicação é que tenho uma disciplina muito grande. O restaurante é o meu negócio, eu não o trato como meu *living*.

Vou dar um exemplo. Se eu o convidar para almoçar e quando chegar ao meu restaurante houver algum cliente aguardando, nós sentaremos depois dele. Essa é uma regra básica. Se eu estiver sentado na mesa e há fila de espera, é porque estou trabalhando com alguém, um produtor de vinho, pessoas com quem faço cerimônia; jamais estarei ali em lazer. Com essa disciplina, às vezes, na hora do meu almoço, no Giuseppe ou no Laguiole não havia mesa vaga. Isso acontecia pelo menos uma vez por semana. Então eu ia para o Sertão Gaúcho. Numa dessas vezes, o senhor Pereira, proprietário do lugar que também me conhece desde pequeno, virou-se para mim e disse: "Ô menino, quer comprar isso?". Eu respondi que não, que ali era o meu playground, e que se eu comprasse viraria trabalho. Depois de um, dois meses, lá veio o Pereira de novo com a mesma conversa. Numa dessas vezes eu fiz a bobagem de dizer que se o José Carneiro e o Bartô ficassem no negócio eu compraria. Quando voltei novamente o Pereira me disse que já tinha conversado com o José Carneiro e o Bartô e eles ficariam. Eu não tive como faltar com a minha palavra e comprei.

Comprei o Sertão Gaúcho no dia 13 de abril de 2002, lembro exatamente porque era dia do meu aniversário. Ele ficou fechado quase um ano, só abri o Giuseppe Grill em 8 de abril de 2003. Eu tinha de conceber um produto novo. Naquela altura tinha desaparecido a Carreta e só sobrava, naquele estilo da velha-guarda, a Majórica. Eu queria restaurar aquele churrasco carioca a que estava acostumado, que não era dos rodízios, então na moda. Queria criar um restaurante bacana, moderno, informal, que é um dos traços da minha personalidade. E aí eu criei um novo conceito. No Giuseppe Grill, não sei se você percebeu, ninguém fica ao seu redor. O garçom serve a carne pedida no prato e todo o acompanhamento fica à sua volta. Tudo o que você pedir será colocado na mesa, você se serve quando e na quantidade que quiser. O Giuseppe Grill foi concebido com ideias de um produto novo. No ambiente, eu quis uma cara bacana, nova-iorquina, mas carioca ao mesmo tempo.

Fale a respeito das premiações que os restaurantes receberam ao longo das suas atividades, especificamente da premiação do Wine Spectator. Há uma preocupação do BestFork com as premiações? Elas são importantes para o sucesso dos restaurantes?
M.T. — Nós não somos especialmente preocupados com a premiação, mas ela sempre é boa para os negócios, você é citado, a imprensa comenta. Quem ganhou a premiação da Wine Spectator foi o Laguiole, que em 1998 já era uma referência por conta da vasta carta de vinhos. Um dia, numa das muitas viagens, tomei conhecimento da premiação da Wine Spectator para as principais cartas de vinhos de restaurantes do mundo. Até então nenhum restaurante da América do Sul tinha recebido o prêmio. Entrei em contato com eles para saber o que devia fazer para avaliarem o Laguiole. Eles deram o caminho das pedras com um roteiro que segui e mandei. Para nossa felicidade, ganhamos um Award of Excellence, que é um copinho — o máximo são três copinhos, como as estrelas do *Michelin*. Ficamos superfelizes e orgulhosos porque éramos o primeiro da América do Sul a ser agraciado com tal honraria. Nosso restaurante tinha realmente uma carta diferenciada e um trabalho com o vinho muito forte.

A Wine Spectator avaliava não só pelos rótulos como também pelas safras. Às vezes os restaurantes têm alguns rótulos bacanas de vinhos importantes, mas de safras insignificantes. Hoje isso perdeu um pouco o valor, porque as safras estão muito ajustadas. Mas no passado, lá pelos anos 1970, 1980 e até 1990, a safra fazia toda a diferença. Um Bordeaux de 1991 e outro de 1995 têm valoração absurdamente diversa. Agora, com todo o conhecimento e tecnologia disponível, as safras são muito parecidas, diminuíram muito os erros.

Seus restaurantes receberam outros prêmios no Brasil?
M.T. — No Brasil nós recebemos outros prêmios. Melhor adega do Rio, melhor adega do Brasil por uma premiação de São Paulo cujo nome esqueci. Ganhamos duas ou três vezes. A melhor adega do Rio nós ganhamos várias vezes. Isso foi importante para o Laguiole, um reconhecimento para quem está fazendo um trabalho sério. No ano passado ganhamos um prêmio de melhor carta. No Giuseppe Grill já ganhamos algumas vezes o prêmio de melhor carta de vinhos,

possivelmente porque o restaurante tem a mesma pegada da carta extensa, abrangente, com vinhos Magnum, Double Magnum, vinhos que as pessoas conhecem ou de que já ouviram falar, mas nunca viram. Eu acho que a tendência será diminuir a extensão da adega.

E a questão do custo das suas grandes adegas? Tem um peso fazer o carregamento desses estoques. Como você trabalha administrativamente a questão?
M.T. — Esses grandes vinhos são como joias raras que você tem, mas sem grande disponibilidade. Se você chegar num dos nossos restaurantes e pedir quatro garrafas de Mouton 82, não encontrará. Tenho duas garrafas no Giuseppe Grill e duas no Laguiole. Não é uma vasta oferta, mas acho também que esse não é o ponto mais importante quando você está estudando o estoque em geral, porque, embora tenhamos a característica de possuir vinhos raros na carta, eles ficam mesmo nesta categoria como se fossem curiosidades para inglês ver, porque não vendem muito. Eu diria até que eles não estão aqui para ser vendidos. Nunca vou me esquecer de um dia em que venderam um Le Pin no Laguiole. Eu queria tanto beber aquele vinho num momento especial! Não esperava que fosse vendido, porque era bem caro. Não vamos chamar isso de estoque.

E os vinhos correntes?
M.T. — É com eles que os restaurantes hoje operam. Aí tem uma coisa que eu aprendi, inclusive em alguns cursos que fiz na FGV. Quem não tem estoque não vende. Você deve ter estoque. Estoque é fundamental para quem precisa vender. Se você tiver um estoque baixo, haverá um momento em que aparece a demanda e você não entrega. E quem não tiver o produto para entregar naquele momento perde a venda. Por isso eu sempre trabalhei com estoque alto. Dentro da organização da sua empresa, você deve ter um estoque alto do que se vende. Cinquenta por cento dos vinhos de sua carta, uma carta maiorzinha, um pouquinho mais extensa, representam 90% da venda. Então, é preciso ter esses vinhos no estoque. Isso eu aprendi há muitos anos. É um investimento. Eu já perdi dinheiro com um monte de coisa na minha vida, mas nos 25 anos de mercado nunca perdi dinheiro com vinho. Nunca tive uma compra que não foi vendida. Vinho é um ativo que você adquire e num momento qualquer sairá; se não for pelo preço desejado, você reduz 10%, 20% que ele sai. Dentro das características do nosso negócio, não tive maiores problemas em girar os vinhos como eu queria.

Você sempre foi o sommelier por trás dos projetos do Grupo BestFork. Mas, na sua avaliação, qual seria o papel do sommelier profissional para o negócio dos restaurantes?
M.T. — Eu acho que, nos restaurantes, a figura do sommelier, aquela pessoa que só fala e cuida dos vinhos, perdeu o sentido porque todo maître tem obrigação de conhecer os vinhos, todos os garçons têm obrigação de conhecer um pouco os vinhos da carta. Por isso a figura do sommelier perdeu importância. Essa história de fazer a harmonização perfeita, recomendar o vinho com características assim, assado... Não é preciso entrar em grandes detalhes nem ficar descrevendo sabores e aromas. Ninguém mais quer ouvir isso. Atualmente um bom sommelier é aquele que mantém a carta de vinhos atualizada de forma inteligente, com uma boa distribuição de regiões produtoras e castas, sem haver excesso de determinada coisa e ausência de outra. Seu melhor papel é realizar o desejo de todos os consumidores: beber o melhor pagando menos.

A busca do equilíbrio entre o custo e o benefício?
M.T. — Sim, a relação custo-benefício. O vinho é uma bebida com uma característica capitalista perversa. Não há um vinho muito caro ruim. Os vinhos muito caros são bons. Isso impede aquela coisa do consumidor bobo. Se você está pagando caro, tenha certeza de que beberá uma coisa muito boa. Se quer beber um bom vinho e não entende nada do tema, escolha pelo lado direito da carta, faça uma seleção dos três mais caros e peça ao sommelier uma recomendação: certamente você beberá um supervinho. Eu nunca bebi um vinho caro ruim. Já bebi vinhos baratos muito bons, mas é coisa rara num bom restaurante ou loja especializada. O vinho tem essa característica: você paga e leva.

Com restaurantes no Centro, Zona Sul e Barra, você percebe alguma diferença na forma de consumir vinho ou no tipo de vinho consumido?
M.T. — Não. Todo mundo quer beber o melhor possível pelo menor preço. E essa é a minha missão. Quero oferecer ao meu cliente o melhor possível pelo menor preço. Os vinhos *superpremium*, caros, viraram peças alegóricas. São muito bonitos de se ver, como num museu. Eles valorizam a carta do restaurante, com raridades como um Valandraud, um Screaming Eagle, e também Borgonhas e Bordeauxs raros e famosos. Eu tenho alguns, mas são como as peças de um museu, as pessoas olham, acham bacana, mas é muito raro vendermos algum.

Vendiam-se esses vinhos no final da década de 1990, quando eles custavam US$ 200. Pagava-se por um Latour, um Cheval Blanc US$ 200, nada barato, mas possível. Hoje, quando há estes vinhos num grande restaurante, eles custam R$ 10 mil, R$ 15 mil! Ninguém aceita pagar algo assim! O que as pessoas querem é beber o melhor pelo menor preço, e prover isso é a minha missão. Como eu não conheço esses vinhos, uso pessoas para me orientar.

Outro dia eu descobri um vinho Sauvignon Blanc espetacular, um dos bons exemplares que bebi ultimamente e que posso vender por R$ 160, R$ 170. Um restaurante vender um vinho da Nova Zelândia por R$ 170 é dificílimo, porque geralmente esses são vinhos caros. Os bons vinhos do Novo Mundo são caros, inclusive os nossos.

Pensando nos grandes fornecedores de vinho para o Brasil, como Chile, Argentina, Portugal, Itália, França, Espanha, como está a participação desses países no seu negócio?
M.T. — Eu ainda preservo bastante uma coisa, que é vender vinhos de que gosto. Para mim, hoje, o número 1 de vendas é a Argentina, até porque particularmente adoro os vinhos argentinos, eles se modernizaram, são benfeitos, e ao mesmo tempo têm um preço muito bom. Além de serem em geral perfeitos com as carnes que servimos. Não sei se isso é por conta do Mercosul. Sei é que temos acesso a vinhos argentinos excepcionais por preços muito bons.

Mas são os vinhos chilenos que detêm quase 50% de participação nas importações brasileiras.
M.T. — Aí é onde entra o meu gosto. Por que *los hermanos*? Porque eu gosto mais, e não sou fã de vinhos chilenos, que passaram muito tempo sendo produzidos e preparados para agradar o mercado americano. Eles se transformaram em *cucarachos* porque não são vinhos americanos. Eu adoro os vinhos americanos. São os famosos *wanna be* que não aprecio e me irritam bastante. Obviamente, excetuando vários produtores chilenos de altíssima qualidade, como o Eduardo Chadwick, um dos grandes produtores de vinho do mundo. Ele não é um dos grandes produtores do Chile. Quando um produtor é muito bom, não importa de onde ele é. Estou falando na média da produção de vinhos chilenos. Deve haver meia dúzia de vinícolas por lá produzindo vinhos que você bebe de joelhos, mas eu não os conheço. O Eduardo Chadwick é um ponto fora da curva. Eu prefiro

muito mais os vinhos argentinos aos chilenos. Pode ser uma questão pessoal, e talvez seja por isso que meus campeões de vendas sejam os argentinos, e não os chilenos.

Qual a participação dos vinhos brasileiros nos seus restaurantes?
M.T. — Aí é que está. Eu adoro tudo do Brasil. Se houvesse um vinho carioca, então, ia ser o mais vendido aqui, porque adoro o Rio de Janeiro. Mas o problema do vinho brasileiro é que ele peca na questão do custo-benefício. Há vinhos brasileiros muito bons, tenho tomado vinhos brasileiros muito benfeitos. Porém, na maioria das vezes, quando chega na relação custo-benefício, parece que entra a soberba brasileira: colocam o preço nas alturas, talvez para estabelecer um posicionamento de mercado, mostrar que o vinho é diferente do que existe por aí. Eu acho que isso pesa bastante, porque não se calcula o preço pelo custo da produção. Provavelmente são valores estabelecidos pelos produtores dos vinhos.

Eu quero muito trabalhar melhor com os vinhos brasileiros. Um vinho não deveria ser vendido no padrão tal porque se equipara a outro vinho bacana que está no mercado, independentemente de quanto ele custe. Ele não pode ter um custo de R$ 10 o litro e chegar ao mercado por R$ 150. Isso não é margem, é posicionamento. Talvez essa seja uma das explicações. No mundo inteiro o custo de produção é muito parecido. Com exceção dos países que não têm uma boa condição climática, o custo da produção de vinhos é semelhante. Então, acho que o maior problema dos vinhos brasileiros hoje são os preços. Provei muitos vinhos brasileiros excelentes, contudo, quando entra a questão do preço, concluo que eu precisaria vender por R$ 250, e isso não faz sentido.

Na sua cadeia de restaurantes há um número psicológico para o teto de valor de um vinho? Você poderia informar este valor?
M.T. — Claro que há, e não vejo problema em informá-lo. Esse número psicológico é o número atual, caso contrário viraria uma coisa extemporânea. Em maio de 2018 eu acho que é muito difícil uma pessoa sair de casa disposta a gastar mais de R$ 150 por um vinho no restaurante. Eu diria que 70% das pessoas vêm com a intenção de gastar até R$ 150 numa garrafa de vinho. Os outros 30% variam. Nesse grupo há aqueles que não sabem nem o valor do vinho, escolhem e pronto. E há até aqueles que escolhem o vinho pelo lado direito da carta: "Es-

colho esse aqui porque quero um supervinho" — e vai beber um supervinho na rede BestFork.

O desafio de hoje seria oferecer bons vinhos até o limite de R$ 150?
M.T. — É, até R$ 150. Essa é uma missão complicada, mas conseguimos cumpri-la. E aí é que a Argentina vem se destacando. *Los hermanos* estão fazendo um trabalho muito bacana e estão bem à frente de Brasil e Chile. Mas há uma coisa importante na vinicultura argentina: o vinho para eles é uma cultura muito antiga, não é nova, como no Brasil. Parece-me que os argentinos vendem mesmo vinhos *premium* com base nos custos de produção, na margem de lucro que a empresa pretende ter, ponto final. No caso dos vinhos brasileiros do mesmo patamar, a impressão que tenho é de que o produtor não pensa em quanto custa, mas por quanto acha que pode vender. Ele não pensa em fazer a venda com base numa razão lógica de planilha de custo, margem, lucro, pensa que o vinho vale. Isso não me parece o mais correto nem o melhor para viabilizar as vendas, e impede o público de conhecer e ter acesso aos vinhos brasileiros com um preço que faria sentido para o fabricante e para o consumidor. Fica-se preso em como o produtor almeja se posicionar a partir da sua percepção de valor do seu vinho. Como a produção desses vinhos é pequena, o preço fica muito elevado. Às vezes o vinho vira *cult* e vende para meia dúzia de pessoas.

Você acha que os vinhos espumantes brasileiros estariam na mesma situação dos vinhos tranquilos, ou há diferença? O espumante brasileiro teria encontrado um bom equilíbrio entre preço e qualidade?
M.T. — Eu não posso falar sobre vinhos espumantes porque não os conheço. Sou muito ruim para esse tipo de vinho em geral. As notícias que tenho é de que os espumantes brasileiros são de altíssimo nível, muito bons, mas eu não os conheço. Sei que são muito elogiados e que o melhor que o Brasil produz são os espumantes. O espumante que vendo em larga escala nos meus restaurantes, eu o compro por indicação do meu consultor de vinho, que me fala: "Esse espumante é o melhor do Brasil, ou um dos melhores". Às vezes eu bebo, mas não sei avaliar.

VINHO E MERCADO

Você é visto no mercado como um empresário que tem uma ligação forte com o mundo do vinho. O vinho tem participação forte na receita do Grupo BestFork?
M.T. — Isso é engraçado, é algo que sempre me encabulou muito. Apesar dessa importância que as pessoas me atribuem, não me considero um grande conhecedor de vinhos. No máximo sou um grande proprietário de vinhos que teve a oportunidade de beber grandes vinhos numa época em que isso era possível. Hoje, quem pode dizer que conhece vinhos? Enquanto estamos conversando, três ou quatro rótulos de diferentes vinhos devem ter sido inventados no mundo. Há novas tecnologias, novas castas, novos *blends*; vinhos fermentados em barris de carvalho assim e assado, em ânforas de barro. Cada um inventa o que quer. Então, não me considero mais um conhecedor de vinho. Atualmente os grandes vinhos ficaram inviáveis, depois que a China entrou no mercado comprando tudo. Nós estamos vivendo um momento muito divertido da descoberta de vinhos benfeitos para o cotidiano e que não precisam ser caros. Mas nada se compara a beber um grande vinho. Uma vez ou outra, vale o investimento.

E a participação dos vinhos no faturamento?
M.T. — Eu diria que nossa venda de vinhos nunca bateu os 20%. Mesmo no Laguiole, o máximo que conseguimos foi encostar em 20% da receita geral.

Mas aí não se inclui o valor intangível do vinho? Muitos clientes vão aos seus restaurantes pensando nas adegas?
M.T. — Eu acho que no Giuseppe Grill do Leblon, sim. No Laguiole, tenho 100% de certeza. Nos demais, não sei, porque não trabalho com adegas tão extensas. Nós estamos trabalhando com adegas enxutas e inteligentes, tentando atender de alguma forma a imensa diversidade do mundo do vinho. Mas acho que muitas pessoas já vieram aqui por causa do vinho, porque sabem que encontrarão uma diversidade de vinhos enorme, que vão se divertir vendo uma coisa ou outra. Além disso, um restaurante que tem uma adega dessas deve chegar à mesa com alguma coisa que faça jus à sua carta de vinhos, senão vira algo bobo. Uma coisa está associada à outra

O bom vinho quase sempre está associado a uma grande comida. O bom restaurante leva em conta o bom bebedor de vinho?
M.T. — Com certeza. Não é que só seja bem atendido o cliente que pede logo na entrada um vinho caro. Mas com a pedida do vinho você pode indicar que

espécie de cliente você é, e o tratamento será um pouco diferenciado. É engraçado isso, eu diria que o bom bebedor de vinho é bem recebido em qualquer grande restaurante do mundo. Nos meus restaurantes, nós o recebemos com muito carinho. Por exemplo, na questão da cobrança de rolha: eu só a cobrarei se você trouxer um vinho corrente que não diz muita coisa. Mas se você trouxer um grande vinho, nenhum restaurante meu lhe cobrará a rolha, porque considero uma honraria você escolher a minha comida para beber com aquele vinho. Esta é a nossa regra. Aí me perguntam o que é um grande vinho. Todos os *premiers* e *grands crus* da Borgonha e Bordeaux, os vinhos *masters* de grandes países produtores, o Sassicaia, um grande Barolo ou Barbaresco, o Opus One. Esses vinhos são bem-vindos, você jamais pagará o preço da rolha nos meus restaurantes se chegar com um deles.

O teto dos 20% do faturamento geral mesmo no Laguiole e no Giuseppe Grill do Leblon me surpreendeu. Achei que fosse ao redor de 30%.
M.T. — Nunca chegou a 30%. Apesar de o Laguiole possuir a maior carta de vinhos da América do Sul, e na sequência a melhor carta de vinhos do Brasil, ele fica no Centro, funciona de segunda a sexta, na hora do almoço. Eu não afirmaria peremptoriamente que se bebem os melhores vinhos à noite, porque, por exemplo, prefiro beber no almoço que no jantar.

E o futuro, como você o imagina?
M.T. — Em termos de consumo de vinho, acredito cada vez mais na democratização da bebida. O vinho ficará mais acessível, com fechamento do tipo *screw cap*, para abrir rápido, fácil, para mantê-lo pelo tempo necessário. Não vejo necessidade de uma rolha natural cara para manter um vinho que não é feito para ser guardado. Teremos cada vez mais vinhos para serem bebidos dentro de um, dois, três anos no máximo. Eu acho que o vinho deve ser democratizado, deve ser mais fácil de ser bebido para atrair os mais jovens, que ficariam melhor bebendo vinhos do que destilados como vodca, gim, bebidas que levam a um estágio psíquico mais acelerado. O vinho vai mais lentamente, se você não exagerar. E depois há as cervejas *premium* e as artesanais, que já dominam boa parte do mercado que poderia ser do vinho. As coisas são cíclicas.

UM NOVO POSICIONAMENTO PARA O VINHO BRASILEIRO

Entrevista com Diego Bertolini,
gerente de promoção do Ibravin

Bento Gonçalves, 15 de junho de 2018

Pode acontecer que os espumantes inferiores se aproveitem da imagem positiva do seu país de origem, como Itália, França e Espanha, e que seduzam aqueles consumidores que ainda têm o pé-atrás com os produtos made in Brasil. Isso (...) é uma questão cultural.

DIEGO BERTOLINI

Diego, antes de começarmos a falar sobre a importância do seu trabalho no Ibravin como gerente de promoção para a indústria do vinho no Brasil, queria ouvir sobre sua trajetória pessoal, como você veio parar no Ibravin.

Diego Bertolini. Eu sempre trabalhei com vinho, estou no setor vitivinícola desde 2000. O primeiro contato com o setor foi através de meu tio, proprietário de uma vinícola pequena. Eu trabalhava como assistente de enólogo, mas comecei a estudar e a me aperfeiçoar mais na área, e caí no feitiço do vinho, literalmente me apaixonei pela cultura e pelo mercado. Fiquei na vinícola durante uns quatro anos e depois fui ser estagiário na área de marketing da Cooperativa Vinícola Aurora, onde trabalhei por mais quatro anos.

Na Aurora, comecei como *trainee* e terminei como gerente de comércio *on trade*, com foco em bares e restaurantes. As minhas grandes escolas foram a produção de vinhos numa pequena vinícola e o comércio *on trade* na Aurora, que é a maior vinícola do Brasil, com faturamento superior a R$ 500 milhões, opera uma estrutura comercial gigantesca. Lá eu aprendi muito no contato com o mercado. Gastei muita sola de sapato andando com a equipe comercial lá na ponta, conversando com compradores e clientes. A andança foi fundamental, porque eu era gerente de produto da marca do Keep Cooler, um *soft drink* muito bem segmentado. Depois, indo para a área de *on trade*, trabalhei com todo o portfólio da Aurora, desde os produtos de entrada até os produtos *premium*. Já era importante fazer algum tipo de segmentação dividindo aquele grande portfólio: atacado, distribuidores, restaurantes, lojas especializadas etc. Quando saí da Aurora entrei no Ibravin.

O que você estudou? Marketing, enologia? Alguma outra especialização?

D.B. — Minha graduação foi em administração de empresas. Posteriormente fiz um MBA sobre marketing do vinho na Escola Superior de Propaganda e Marketing (ESPM), na primeira turma no Rio Grande do Sul. Depois cursei gestão empresarial na FGV, em Caxias do Sul, e há dois anos fiz o MBA Identidade Empresarial, na Faculdade Antonio Meneghetti, em Santa Maria, Rio Grande do Sul. O diferencial desse curso é a utilização da intuição na gestão empresarial. Também fiz um MBA na Icade Business School, da Comillas Pontifical University, em Madri. Fiz cinco módulos e, com o *wine business*, passei pela Sonoma State University, em Adelaide, em Bordeaux, na própria sede da Icade. Dois meses atrás cursei um módulo sobre marketing digital na China. Fiz o curso da Icade principalmente pela questão da expansão internacional. É preciso compreender a dinâmica comercial no mundo para conseguir aplicar nas nossas estratégias aqui e também nas estratégias internacionais.

Quando você fez o curso da Icade Business School? Qual foi o tema de seu trabalho de final de curso?
D.B. — Comecei no segundo semestre de 2016 e finalizei o último módulo um mês atrás, com o marketing digital na China. Não fiz um trabalho final, mas um trabalho para cada módulo. O trabalho que fiz em Sonoma foi de *direct-to--consumer* (DTC), sobre como as vinícolas de pequeno porte nos Estados Unidos se desenvolveram no mercado americano, que é bastante concentrado. Isso é muito importante para o Brasil, também há muita concentração, com 15 vinícolas representando 65% das vendas totais. Este é um *case* que traremos para o VIIº Congresso Latino-Americano de Enoturismo, em Bento Gonçalves, ainda em 2018, e que será apresentado pela *master of wine* Liz Thach. Foi ela quem ajudou, por intermédio da Sonoma State University, a aplicar uma estratégia específica para as pequenas vinícolas do Napa Valley e de Sonoma. O objetivo era desenvolverem no mercado americano clubes de vinho e estratégias focadas no consumidor final.

Em Bordeaux o trabalho foi sobre mercado de luxo, para entender como os vinhos bordeleses conseguiram se posicionar como produtos de luxo, como eles se posicionam atualmente em relação ao mercado. Na Austrália o trabalho foi sobre marketing do vinho, mas muito centrado nos mercados da Ásia e Oceania, onde eles estão se desenvolvendo. E por último, na China, foi sobre marketing digital. Este módulo foi muito interessante porque não havia apenas participantes da área de bebidas. A maioria era chinesa, mas havia muitos americanos, alemães e franceses de outros segmentos como cosméticos (L'Oréal) e setor bancário. Tivemos um panorama sobre a dinâmica atual do mercado chinês. Para mim foi uma grande experiência, e estou ainda digerindo toda a informação recebida. Aos poucos iremos passando essa experiência para a indústria vitivinícola brasileira, porque esse é o meu papel: fomentar o conhecimento e as estratégias do setor vitivinícola brasileiro nacional e internacionalmente.

Na definição do Ibravin consta que o conselho deliberativo é um órgão do fórum representativo de toda a indústria brasileira do vinho. Alguma distância entre a teoria e a realidade? Quem efetivamente participa do conselho?

D.B. — O Ibravin representa toda a cadeia produtiva, sendo o elo, como um todo, entre os sindicatos de produtores rurais (Sindivinho-RS e Sindirural-Caxias) e a indústria, via entidades como a União Brasileira de Vitivinicultura (Uvibra), a Associação Gaúcha de Vinicultores (Agavi), a Federação das Cooperativas Vinicolas do RS (Fecovinho), a Associação Brasileira dos Enólogos (ABE) e o governo do estado do Rio Grande do Sul.

Por que só um estado? Porque 90% da produção vitivinícola brasileira está concentrada no Rio Grande do Sul, e talvez seja o local onde o setor está mais organizado institucionalmente. Nesse ponto eu chamo atenção para a questão financeira, fundamental para a execução de projetos coletivos nacionais. Tomando como exemplo a vitivinicultura na Europa, ela é subsidiada pela União Europeia, que atua como bloco comercial, e ainda há as estratégias individuais nacionais de cada país. Estes últimos investem na vitivinicultura tanto na parte produtiva, com vários incentivos fiscais, quanto na promoção para viabilizar as vendas dos seus produtos em todo o mundo.

Como acontece no Brasil? O Ibravin conseguiu em 2004 aprovar, no nível estadual, o Fundo de Desenvolvimento da Vitivinicultura (Fundovitis), que arrecada 50% dos impostos recolhidos sobre as uvas processadas no estado. Os recursos são pagos pelas vinícolas ao Ibravin, e é com eles que se fazem o ordenamento no setor e também a promoção da cadeia vitivinícola. No ordenamento está incluída até alguma assistência técnica rural. O Ibravin desenvolveu, por exemplo, um laboratório de Referência Enológica (Laren) para fiscalização dos produtos, realização de pesquisas, entre outras coisas. Com esse recurso também é feito o trabalho de promoção dos projetos internos Vinhos do Brasil e 100% Suco de Uva do Brasil. Esses projetos promovem a categoria de vinhos espumantes e o suco de uva, atualmente responsável pelo consumo de 50% de toda a uva processada.

Como estão representados os outros 10% da produção vinícola brasileira? Há convênios para viabilizar atividades de interesse comum no plano nacional?

D.B. — Os outros 10% da produção vitivinícola brasileira também têm representatividade no Ibravin. No conselho consultivo estão representantes de entidades como a Associação Catarinense de Produtores de Vinhos Finos de Altitude (Acavitis) de Santa Catarina, uma associação dos produtores de São Roque e o sindicato de Jundiaí. O Ibravin iniciou um intercâmbio com outros estados na tentativa de englobar as demais regiões produtoras para deixar de ser o "Instituto Gaúcho do Vinho", e ser mais o Instituto Brasileiro do Vinho. Com o recurso do Fundovitis é possível bancar as contrapartidas e fazer convênios com o Serviço Brasileiro de Apoio às Médias e Pequenas Empresas (Sebrae) nacional, com a Agência Brasileira de Promoção de Exportações e Investimentos (Apex).

A Acavitis sozinha, com seus associados, não teria recursos financeiros suficientes para bancar uma equipe a fim de desenvolver uma gestão profissional, ou montar um departamento de inteligência em apoio ao setor de vinhos catarinense. Com convênios com o Sebrae-Brasil se viabiliza a criação de trabalhos com abrangência nacional em conjunto com outros estados brasileiros produtores de vinhos. Um exemplo disso é o projeto de indicações geográficas (IGs) envolvendo as cinco IGs do Rio Grande do Sul, uma de Santa Catarina e outra do Vale do São Francisco. Isso é trabalho no plano nacional de um Ibravin que se viabilizou com o convênio e recursos financeiros do Sebrae-Brasil. O Programa Alimentos Seguros (PAS-Uva para Processamento) é um deles, envolvendo também o Serviço Nacional da Indústria (Senai) e a Empresa Brasileira de Pesquisa Agropecuária (Embrapa) Uva e Vinho. Na parte de assistência técnica rural, o Ibravin desenvolveu metodologia que está validada para mais de 5 mil produtores no estado do Rio Grande do Sul. A Coca-Cola certificou essa metodologia para utilizar quando ela compra suco de uva concentrado. A metodologia está sendo levada para outros estados, como Santa Catarina, Paraná, São Paulo, Bahia e Pernambuco. A expansão nacional do Ibravin começa desenvolvendo projetos nacionalmente.

O projeto Wines of Brasil com a Apex não se incluiria nesse processo de expansão nacional do Ibravin?
D.B. — O projeto de exportação com a Apex, Wines of Brasil, certamente se incluiria. Hoje nós temos 42 vinícolas dentro do projeto. São vinícolas de Rio Grande do Sul, Santa Catarina, São Paulo, Paraná e Vale do São Francisco. O Ibravin já opera no nível nacional por meio desses convênios com entidades que têm como objetivo a pluralidade da questão produtiva. Isso permite que ganhemos muito nos desenvolvendo nacionalmente. Os recursos do Fundovitis são somente do

Rio Grande do Sul, mas os aplicamos também em projetos nacionais. Para evitar a continuidade dessa situação, de somente o nosso estado ter um fundo com recursos para o setor vitivinícola, enviamos o passo a passo do convênio técnico com o governo para Santa Catarina criar o mesmo fundo de desenvolvimento. Na realidade, ele é um crédito fiscal, e não a doação para um fundo. Num primeiro momento o governo deixa de arrecadar, mas estamos investindo. Já foi comprovado para o governo que nos últimos oito anos, desde que começaram os aportes para o Fundovitis, o faturamento anual do setor saiu de R$ 800 milhões para R$ 2,5 bilhões. O governo, com esse investimento, viabilizou o ordenamento e a promoção dos produtos derivados de uva que lhe permitiram agregação de valor. Produtos que eram vendidos na sua maioria (70%) a granel para outros estados se transformaram em produtos engarrafados, como o suco de uva e os espumantes, que geram muito mais ICMS, melhorando a arrecadação estadual.

O conselho deliberativo do Ibravin define as grandes estratégias, mas são os comitês que as transformam em ações. Quantos e quais são esses comitês?
D.B. — Sendo bem sincero, há no Ibravin muitas reuniões, porque são 12 os comitês em atividade. Somente na minha gerência de promoção há o comitê de mercado, no qual discutimos as ações do mercado interno. Há o comitê do suco de uva, porque quando falamos de mercado envolvemos empresas que fazem suco de uva e vinhos, e empresas que fazem somente um ou outro produto. Além disso, o suco de uva demanda foco específico, é uma bebida não alcoólica, faz parte de outro mercado. Há também o comitê do projeto para o mercado internacional do Wines of Brasil e Grape Juice of Brasil, em que analisamos bebidas alcoólicas e não alcoólicas. Até 2015 não exportávamos suco de uva integral porque não conseguíamos atender à demanda do mercado local.

Agora, com o aumento da capacidade produtiva, começamos a desenvolver estratégias para o suco de uva no mercado internacional. Como foram definidos como mercados-alvo a Flórida, Xangai e o Paraguai, devemos realizar pesquisas de mercado nesses locais para entendê-los melhor. Em setembro começaremos uma pesquisa na China, porque uma coisa é um produto dar certo no Brasil e outra coisa é o mercado chinês. Essas pesquisas demandam recursos financeiros. Nossa estratégia não foi só participar das feiras de vinho que ocorrem por lá. Consideramos importante ter bons dados técnicos para competir no mercado, com mais foco e clareza do nicho em que atuamos.

Há outros comitês, como o tributário, no qual o principal tema hoje é o ICMS-ST, ruim tanto para os vinhos brasileiros quanto para os importados. Nos últimos cinco anos a importação direta de vinhos aumentou sua participação no mercado brasileiro em cerca de 20%. Se não trabalharmos na questão do ICMS-ST, isso irá piorar. Esse formato de recolhimento do ICMS castiga todo o mercado de vinhos, a indústria tem de pagar o imposto antecipado, o que interfere fortemente no seu fluxo de caixa e na sua capacidade de investimento, além de encarecer o produto e dificultar a expansão do mercado. O governo, com isso, acaba arrecadando menos impostos. Essa é uma questão crucial, e o comitê tributário está trabalhando forte no tema.

A retirada do vinho do grupo de produtos submetidos ao ICMS-ST é fundamental para o crescimento dos negócios do vinho no país, mas vocês estão tratando também das demais questões tributárias e da legislação sobre o vinho?
D.B. — Sim. A ST é a questão maior porque é o que mais prejudica toda a cadeia de negócios do vinho. A segunda maior questão é o Imposto sobre IPI, que depois da última mudança passou a onerar fortemente os vinhos não só pela elevação do percentual, mas também por incidir sobre os valores dos vinhos, e não sobre a embalagem. Mas o fato é que a importação direta vem crescendo aceleradamente como um caminho utilizado para se eximir da ST. Pelo peso dos tributos, o comitê tributário se tornou muito importante para nós discutirmos e construirmos estratégias a fim de reduzir a carga tributária.

Há também um comitê de enologia em que estudamos a revisão da lei do vinho. Participa dele, além do Ministério da Agricultura, o estado de Santa Catarina. Nele ocorrem discussões setoriais para definir, por exemplo, se espumantes podem ser elaborados com uvas híbridas e americanas. Há produtores de outros estados que gostariam de produzir espumantes com variedades americanas e híbridas, mas, pensando a longo prazo, seria uma boa estratégia fazer alterações num produto brasileiro que vem se destacando nacional e internacionalmente? Esse comitê trata, além de questões como a lei do vinho, das consultas públicas. Agora mesmo há uma nova consulta da Agência Nacional de Vigilância Sanitária (Anvisa) sobre os açúcares do suco de uva. Eles querem colocar um semáforo, mas o suco de uva é frutose, não é açúcar adicionado; estão tratando a frutose como açúcar. Então a gente tem de participar dessas questões de consultas públicas, gastar um monte de dinheiro com passagens aéreas para Brasília. Todos esses temas são tratados neste comitê, no qual estão entidades e especialistas da área.

As secretarias de Agricultura dos estados e os ministérios também participam do comitê de enologia porque ele é o fórum de discussão para que se tenha uniformidade na informação em todo o setor, e não só num grupo. A cadeia do setor é diversa: tem produtores só de vinhos de mesa, só de vinhos finos, de suco de uva, então, é dessa forma que conseguimos gerar uniformidade. Outro comitê importante é o de indicação geográfica. O Ibravin coordena e participa de 12 comitês em que se discutem as ações que serão encaminhadas ao conselho deliberativo, responsável pelas decisões. Esse é o sistema.

Como executivo e gestor da instituição, participo do comitê tributário porque interfere no mercado do Wines of Brasil, do Suco de Uva; do comitê das IGs, porque a indicação geográfica é questão fundamental para agregar valor aos produtos. Nós fizemos recentemente uma missão técnica para a região do Prosecco na Itália, produto vinícola que mais cresce mundialmente em termos de exportação, para mostrar aos nossos produtores o que eles conseguiram desenvolver para ganhar o mercado mundial, que é o "ouro branco", como eles chamam por lá. Tudo começou há muitos anos com a criação de uma IG, que é uma certificação, e com a união setorial.

Afinal, de quantos comitês a gerência de promoção dos mercados interno e externo participa ou está sob sua gestão?
D.B. — Eles não estão sob minha gestão, mas participo de seis comitês: mercado nacional, internacional, tributário, indicações geográficas, enoturismo e suco de uva. A gerência de promoção precisa acompanhar as questões debatidas em todos estes comitês.

Como está a questão do cadastro nacional vitivinícola? A Lei nº 7.678 define a criação de um banco de dados no nível nacional, mas até agora só vemos os dados do Rio Grande do Sul. Os outros dados não seriam fundamentais para a definição das estratégias do setor?
D.B. — O que posso dizer é que é fundamental o setor ter as informações da vitivinicultura. Aqui no Rio Grande do Sul é o Ibravin que paga com seus recursos financeiros todas as despesas de pessoal, material e pesquisa para sustentar o cadastro vitícola. Para a identificação de todos os vinhedos, o Ibravin, em

parceria com a Embrapa, pagou um estudo com GPS para saber quantos hectares de vinhedos existem. O sistema de informações do cadastro vinícola foi desenvolvido pelo Ibravin. É um pleito antigo nosso haver cadastros vitícola e vinícola nacionais para termos dados de todo o Brasil. Nós precisamos conhecer as estatísticas de produção e comercialização dos outros estados, porque o que temos efetivamente são os dados do Rio Grande do Sul. Eu não sei oficialmente qual a produção e comercialização de uvas e vinhos de Santa Catarina. O que temos é uma estimativa. É possível que em termos percentuais Santa Catarina, nos últimos anos, tenha crescido mais em alguns produtos que o Rio Grande do Sul. Os dados com que a OIV trabalha são apenas do Rio Grande do Sul. Só não são tão distorcidos porque 90% da produção ocorre no estado. É lamentável termos perdido o controle. Pelo cadastro vinícola do Rio Grande do Sul é possível ver a comercialização das empresas do estado mês a mês. Essas informações nos ajudam muito a pensar as estratégias para o setor.

Tendo recursos financeiros é possível contratar consultorias especializadas para levantar informações do mercado. O Ibravin usa essa alternativa?
D.B. — Sim. Recentemente foi contratada uma auditoria das importações de vinhos do ano de 2017 para termos acesso a uma série de informações: países de origem das importações, volume, preços, os principais importadores, os canais de vendas do tipo supermercados, empresas do comércio on-line, distribuidores. Para gerar inteligência, monitoramos todas essas informações e cruzamos com o cadastro vitivinícola de que dispomos. Eu diria que já temos algumas boas informações, e o próximo passo é começar a oferecer inteligência para a indústria do vinho do Brasil por meio do observatório vitivinícola brasileiro. A partir de outubro de 2018 começaremos a ter informes mensais sobre o desempenho do enoturismo etc.

Formamos outras parcerias com a Euromonitor, com fornecedores da cadeia do TetraPak (informações do setor de não alcoólicos), estamos agora assinando um contrato com a Wine Intelligence para ter acesso também a dados do mercado internacional. Nossa intenção é levar essas informações como serviço para a indústria vitivinícola. Mas os dados nacionais são importantes, e por isso a gente está pressionando o governo federal a fim de levar adiante o cadastro vitivinícola para o Brasil. Será necessária uma forte sensibilização das secretarias de Agricultura de São Paulo, Santa Catarina, Paraná, de modo a organizarem seus cadastros e fornecerem os dados. Aqui no Rio Grande não há problema, temos as informações necessárias.

O Ministério da Agricultura desenvolveu outro sistema quando poderia ter utilizado o nosso, que está pronto e que oferecemos gratuitamente. Mas essas são questões burocráticas que superaremos trabalhando com os dois sistemas. O importante agora é sensibilizar os outros estados, mostrando, com o exemplo do nosso estado, o quanto é importante ter essas informações. É com elas que superamos a informalidade e geramos inteligência para que todo o mercado se beneficie. Precisamos das informações dos outros estados produtores mesmo que a produção ainda seja pequena, ao redor de 10%.

Falando em estratégias, como fazer para manter a liderança do mercado no Brasil, onde os vinhos brasileiros totais detêm a liderança de mercado com share em volume ao redor de 70%, mas visivelmente decrescente na observação do período de 2007 a 2017?

D.B. — Acho que há duas questões. Vou passar por vários pontos. O setor vitivinícola brasileiro, da mesma forma que em outros países, tem uma pluralidade em relação a estilos de produtos. Há produtores focados nos espumantes, produtores que se concentram mais em vinhos de mesa, outros em suco de uva, muitos centram-se nos vinhos finos, vendendo no varejo direto para o consumidor final, e portanto no enoturismo. Existe uma série de estratificações em relação ao foco dos produtores. Como o Ibravin deveria fazer um posicionamento de marca que atendesse amplamente a isso?

Para responder a esta e outras questões nos reunimos durante 120 horas com os empresários do setor para discutir um planejamento estratégico. Um ponto importante é que os vinhos brasileiros totais lideram o mercado, mas nós não assumíamos essa posição de liderança. O discurso do Ibravin há muitos anos era de que tínhamos 10% de participação no mercado, olhando somente para o mercado de vinhos finos, num discurso mais orientado pela força dos produtores de vinhos finos que, na ânsia de vender sua produção, esqueciam que o grande mercado e o grande volume vendido são dos vinhos de mesa, que têm melhor relação custo-benefício. Esse era um indício claro de que olhávamos a cadeia de negócios com o foco apenas no produto.

Outro ponto detectado é que, de maneira geral, os consumidores ainda não sabem muito bem o que desejam, o que é um varietal de *cabernet sauvignon* ou *merlot*. Para ele é vinho tinto, branco, rosé e espumante. Um terceiro ponto é que, segundo dados recentes da Wine Intelligence, apenas 32 milhões de brasileiros beberam vinho regularmente nos últimos seis meses, isso numa população de cerca de 220 milhões de pessoas, com cerca de 130 milhões na idade adulta. Se analisarmos bem, concluiremos que o setor vinícola brasileiro desenvolveu estratégias de produção e comerciais apenas para esses 32 milhões de consumidores. Se pensarmos nos outros 90 milhões, concluímos que os nossos concorrentes principais não são os vinhos chilenos, argentinos, portugueses, italianos, franceses e espanhóis, mas as cervejas e os destilados. A questão é que para acessar os consumidores desse mercado nós precisaremos mudar a estratégia, deixar o foco no nicho dos enófilos e desenvolver estratégias para novos consumidores.

Dou um exemplo para o suco de uva, de alguns *insights* que surgiram nesse planejamento. Em 2009 desenvolvemos o posicionamento de que o suco era bom para a saúde. A partir daí começamos a investir em pesquisa focando nesses benefícios, para os pesquisadores descobrirem quais eram, e isso virou pauta de programas nacionais que geraram consciência no mercado. Em 2017 fizemos um novo posicionamento para o suco de uva, com a convicção de que não poderíamos continuar somente com a embalagem de vidro, porque estávamos perdendo a merenda das crianças. Não estávamos, como a Coca-Cola, presentes em todos os momentos da vida do consumidor, com as embalagens pequenas, de 187 ml, até as gigantescas, de três litros. A questão é a seguinte: o suco de uva tem de estar na embalagem de vidro, mas, se quero crescer a categoria para além dos atuais 120 milhões de litros, é preciso estar no plástico, no PET flexível, no PET rígido etc. Isso é orientação para o mercado buscando acessar novos públicos.

Para o mercado vinho, quais são as novas estratégias? Como líder e portanto alvo dos importados, não seria mais importante focar na ampliação da base de consumo.
D.B. — Nós decidimos direcionar nossas energias de promoção para ações que tragam mais pessoas para o mundo do vinho, numa tentativa de ampliar a base de consumo. Não iremos falar de vinho brasileiro, mas tentar trazer mais pessoas para essa base. Os vinhos brasileiros lideram o mercado, e o primeiro posicionamento foi assumir que somos de fato o líder do mercado no Brasil. Atualmente, em qualquer material de divulgação do Ibravin, nós afirmamos que os vinhos brasileiros detêm 65% de participação no mercado. Antes falávamos

que tínhamos 10%, pensando apenas no mercado de vinhos finos. Essa era uma defesa baseada em diferentes motivos. Um deles, bem conhecido, foi a questão da salvaguarda, porém, havia vários outros motivos políticos e institucionais. Mas tudo isso é passado. Temos de esquecer, olhar para a frente e nos concentrarmos na ampliação da base de consumo, que é a alternativa para o líder que só tem a perder se não pensar e agir com esse foco. A melhor defesa é batalhar para a ampliação do mercado.

As estratégias de mercado são importantes, mas as estratégias institucionais na questão de tributos também não seriam decisivas para baratear os vinhos brasileiros e importados, facilitando a ampliação da base de consumo?
D.B. — Claro! Os tributos no Brasil inibem o crescimento do mercado porque tornam o preço dos vinhos caros para o poder aquisitivo da população. Nós temos trabalhado em diversas estratégias nessa área. Uma delas foi a aprovação do Simples Nacional, que beneficiou não só a indústria do vinho, mas grande parte da indústria brasileira de bebidas, que é de pequeno porte. Beneficiaram-se também as pequenas cervejarias e as microdestilarias de cachaça. Uma vinícola pequena que vendia ao consumidor final e pagava 34% de imposto no lucro presumido está pagando 11% hoje. Com um faturamento anual de até R$ 2 milhões, ela pagará 4% de imposto. Essa é uma diferença enorme, que ela poderá investir no varejo, em sites e outras modernidades. Isso é importante porque o Brasil não é como a Europa e o Chile, onde, pelo interesse governamental, é possível obter recursos financeiros com 50% a fundo perdido para fazer, por exemplo, a reconversão de um vinhedo.

Uma segunda questão para a qual é preciso desenvolver uma estratégia vencedora se chama ICMS-ST. Urge retirarmos o vinho da lista de bebidas inseridas na substituição tributária. Quem é inserido nessa lista deve pagar antecipadamente o ICMS quando o produto é embarcado, no início do processo comercial. Isso afeta fortemente o fluxo de caixa das vinícolas, que muitas vezes têm de recorrer a crédito de capital de giro para embarcar suas mercadorias.

Qual o posicionamento do Ibravin em relação ao aumento do IPI, que além de ter sua alíquota acrescida passou a ser cobrado sobre o valor da bebida?
D.B. — Houve uma promessa do atual ministro da Agricultura, que chegou a anunciar uma escala de redução de 10% para 7%, e finalmente para 5%. Mas até agora

não foi adiante. Isso seria benéfico para todo o mercado da bebida, incluindo os vinhos brasileiros e importados. Voltando à questão do ICMS-ST, podemos verificar, ao analisar os números de importação de vinhos nos últimos anos, que os maiores beneficiados são as grandes superfícies de varejo (hipermercados e supermercados) e empresas puros-sangues do comércio on-line, que fazem importações diretas e vendem diretamente ao consumidor final, escapando da obrigação do recolhimento antecipado do ICMS via ST. Eles estão tomando mercado dos importadores-distribuidores. Por isso mantemos conversações com a Associação Brasileira de Exportadores e Importadores de Alimentos e Bebidas (Abba) e com a Associação Brasileira de Bebidas (Abrabe), a fim de termos uma estratégia única, porque importadores-distribuidores como Casa Flora, Mistral, Decanter, entre outros, também são prejudicados. As margens são melhores para quem não tem de pagar ICMS-ST.

Não estou demonizando esses segmentos, eu faria o mesmo no seu lugar, aproveitando a distorção da política tributária brasileira. A Vinha Concha y Toro do Brasil (VCT), que investiu pesado numa distribuidora no país, perdeu cerca de 50% de vendas nos últimos dois anos porque as grandes redes, como Pão de Açúcar, Verde Mar, Grupo Záffari e muitas outras, não têm mais razão para comprar da VCT Brasil, importando direto da VCT no Chile. O setor aumenta suas dificuldades e o governo ainda arrecada menos, porque recebe ICMS sobre o valor de entrada dos importados. Esse é o discurso que precisamos levar a Brasília.

Consideramos importante dividir as ações do Ibravin em duas frentes: a da estratégia de posicionamento, em que tratamos a questão de orientar nosso discurso para o mercado; e a da competitividade de mercado, que trata das questões tributárias. Um exemplo interessante que podemos citar é o tratamento diferenciado que há para a soja, embora reconheçamos sua elevada importância para a balança comercial brasileira. Se uma empresa desse setor quiser comprar um silo, ela consegue financiamento com taxa de 2%, com três anos para pagar. Se o tanque de inox de nossas vinícolas, que funciona como tanque de armazenamento onde o vinho repousa, se chamasse silo, a indústria do vinho poderia acessar esse benefício. E se a praga de plantio incluísse os vinhedos, poderíamos acessar créditos para fazer reconversão de vinhedos. Se o governo permitisse que essas linhas de créditos exclusivas para determinados setores fossem acessadas pela indústria do vinho, melhoraria muito a capacidade de investimento da indústria.

Na visão do Ibravin, o Simples Nacional, que já está vigorando desde janeiro de 2018, o ICMS-ST e o IPI seriam as questões fundamentais para melhorar as condições de investimento da indústria do vinho e ampliar a base de consumo de vinhos no Brasil?

D.B. — Sem qualquer dúvida! E não só aumentar a base de consumo, mas também viabilizar investimentos em modernas tecnologias para aprimoramento dos produtos, na expansão e erradicação de vinhedos etc. O posicionamento correto dos nossos produtos também é importante. O estudo estratégico que fizemos para posicionar os espumantes brasileiros no mercado externo se enquadra nisso. Com a análise das tendências de mercado nos últimos anos verificamos que havia oportunidades para o produto no mercado internacional. Por isso ele é o nosso *flagship* nas exportações. Passaram-se 15 anos até decidirmos esse posicionamento.

Na última feira ProWein (em março de 2018) nossos concorrentes do Wines of Chile e Wines of Uruguai chegaram a dizer que afinal tínhamos admitido que "o espumante é o melhor produto que temos para o mercado internacional". Nosso posicionamento anterior era o da diversidade: brancos, tintos, espumantes, vinhos de Santa Catarina, do Vale de São Francisco. Eu acrescentaria a questão da qualidade do produto, a observação de que no Hemisfério Sul não há país que seja referência em espumantes. Então, essa é uma oportunidade excelente de posicionarmos nosso produto. Eu ainda chamaria atenção para o fato de que o espumante é o produto que mais cresce em valor FOB nas transações comerciais do mundo. Nos últimos dois anos, ele cresceu 2,3%, enquanto os vinhos tranquilos cresceram 0,5%. E o Brasil tem vocação e boa tradição na produção de espumantes pelos métodos tradicional ou *champenoise*, *charmat*, espumantes moscatel, o que significa a possibilidade de oferecer um portfólio diversificado de espumantes com elevada qualidade e excelente relação custo-benefício.

Como essa inteligência desenvolvida no Ibravin é passada para a indústria?

D.B. — Eu darei um exemplo prático. O comitê de mercado interno é composto por 42 indústrias de vários estados. Elas são estratificadas em perfis de maturidade: iniciante, intermediária e internacionalizada. Assumimos que uma empresa é internacionalizada quando ela tem um escritório comercial no exterior, como a Vinícola Salton, que está estabelecida nos Estados Unidos; a Cooperativa Aurora ascendeu em 2018 ao nível de internacionalizada com um agente comercial na

China; a Fante Indústria de Bebidas também é uma empresa internacionalizada, com um agente comercial *full time* no Paraguai. Das 42 empresas participantes, apenas 18 exportam, mas as outras 24 querem exportar. Então desenvolvemos o Projeto Primeira Exportação (PPE). Ainda hoje teremos um seminário do PPE cujo tema é a documentação necessária para a exportação. Os associados participantes são qualificados. Para empresas dos outros estados ou mesmo de outras cidades do Rio Grande do Sul gravamos um vídeo e passamos o conteúdo por um *link* com área restrita no You Tube.

Estamos desenvolvendo também informativos mensais bem didáticos e claros com os mais variados dados sobre mercado interno e externo das bebidas alcoólicas e não alcoólicas. Estamos trazendo para o Ibravin pessoas especializadas da área do jornalismo econômico para transformar uma montanha de números em conteúdo útil para as empresas. Este é o Ibravin como prestador de serviços para as indústrias do setor. Nós temos vinícolas que acessam o projeto Wines of Brasil só para receber informações. Elas não participam de nenhuma atividade, mas gostam de estar lá para receber dados de consultorias como da Wine Intelligence e outras.

Em 2017 os espumantes brasileiros perderam 6% de participação, embora liderem o segmento com 76%. A base de consumo é ainda menor, ao redor de 23 milhões de litros anuais. O que fazer? A questão tributária influiu?
D.B. — No primeiro quadrimestre de 2018 constatamos que as importações de vinhos tranquilos se reduziram bastante, mas as dos espumantes continuaram a crescer. A análise das importações nos levou à conclusão de que o problema maior não são os produtos importados, e sim a questão tributária. Quem está importando os maiores volumes são as empresas que têm vantagens no ICMS--ST, como os SM e HM, e as empresas puros-sangues do comércio on-line. Sem a vantagem na questão tributária esse número certamente cairá, porque os importadores nesse caso são aqueles que vendem diretamente ao consumidor final com margens bem mais folgadas, que permitem fazer *flash sale* com 70% de desconto. Um dos problemas é essa fresta na questão tributária, que eles estrategicamente aproveitam muito bem.

O forte crescimento na importação de espumantes se explica muito do mesmo modo. Em março último, quando eu estava na ProWein, vi os nossos principais importadores ansiosos buscando preço, preço, preço! Estavam atrás de espumantes baratos, preocupando-se muito pouco com a qualidade, porque nem sequer provavam os espumantes. Então, uma preocupação é o valor unitário dos produtos que estão chegando ao mercado, mas ao mesmo tempo estamos confiantes, porque no custo-benefício os espumantes brasileiros são bem melhores. Pode acontecer que os espumantes inferiores se aproveitem da imagem positiva do seu país de origem, como Itália, França e Espanha, e que seduzam aqueles consumidores que ainda têm o pé-atrás com os produtos *made in* Brasil. Isso existe, e temos de trabalhar ainda muito para mudar, é uma questão cultural.

Estamos estudando as estratégias desses *players*, eles fizeram um excelente trabalho investindo muito em estudo de mercado, marketing, atendimento aos consumidores, desenvolvendo o seu negócio brilhantemente. Os demais *players* da cadeia de negócios do vinho, tal como os importadores-distribuidores, precisam ficar atentos e se organizar, porque serão cada vez mais difíceis as condições para competir. As grandes superfícies de varejo têm a oferta na mão deles. Um importador-distribuidor ou um produtor brasileiro deve a ST e a promoção de venda, ao contrário da marca própria de um vinho importado diretamente. O comprador de uma rede de varejo é orientado pela margem que o produto adquirido deixa para sua companhia. Será cada vez mais difícil competir com as importações diretas que se transformam em marcas próprias e que possibilitam margens de lucro cinco ou mais vezes superiores. Isso mexe até com áreas de exposição em gôndolas, é natural que se dê maior visibilidade a produtos com maior retorno. Sabemos que até a Wines of Chile e a Wines of Uruguai estão preocupadas com a questão do grande número de marcas próprias.

Nesse cenário, qual seria o melhor papel para a área de mercado do Ibravin se empenhar, partindo do pressuposto de que a distorção provocada pela política tributária não se resolva a curto prazo?
D.B. — Eu acho que o setor, e não somente o Ibravin, tem papéis importantes a desempenhar: unir-se para analisar com profundidade essas questões; criar argumentos de modo a tirar o vinho da tributação via ICMS-ST; e fazer um trabalho de divulgação poderoso para aumentar a base de consumo. No próximo Seminário Vinho & Mercado da FGV e do Rio Wine and Food Festival (RWFF) de 2018, lançaremos uma campanha publicitária com a estratégia que adotaremos agora e que não fala do Brasil, dos *terroirs* brasileiros ou das uvas que processamos. A campanha falará de vinho e não do vinho de determinado país. Claro que

ela terá um DNA brasileiro para mostrar que possuímos produtos de qualidade mundial, mas o foco é o aumento do consumo. Estamos assumindo que temos o papel de trazer mais consumidores para o mercado do vinho.

Em geral, para aumentar a base de consumo e posicionar a marca do país, o foco é na divulgação dos Vinhos do Brasil, Wines of Brasil. Mas com que produtos? Qual o público-alvo dessa divulgação? Qual o perfil desse consumidor?
D.B. — Em relação à produção, anos atrás nós falávamos dos vinhos da Serra Gaúcha como se fossem todos a mesma coisa. Acontece que a Serra Gaúcha tem diferentes localidades e *terroirs*, com uma Denominação de Origem Vale dos Vinhedos (DOVV) já reconhecida pela União Europeia e quatro Indicações de Procedência (IPs). Seus territórios fazem vinhos espumantes e tranquilos de qualidade e características bem diferentes entre si. A IP Pinto Bandeira brevemente terá uma DO focada em espumantes feitos pelo método tradicional que se somarão aos seus vinhos tranquilos; a IP Farroupilha, o maior produtor de moscatel da Serra Gaúcha, se propõe a elaborar vinhos finos de diferentes tipos baseados nessa casta; as IP Altos Montes e Monte Belo aprovaram muitas variedades de uvas e aparentemente ainda não se decidiram em qual delas irão se concentrar. Começa a haver definições claras de foco na Serra Gaúcha, porque passou a época de ficar na tentativa e erro.

É fundamental trabalhar o que cada território oferece de melhor. Os produtores do território Pinto Bandeira definiram que farão os melhores espumantes do Brasil, e irão para o mercado com esse foco para convencer os consumidores. O Vale dos Vinhedos diz que faz os melhores varietais tranquilos de *merlot* e *chardonnay*, deixando de lado os varietais de *cabernet sauvignon*. Então, já existem na área produtiva da Serra Gaúcha definições de foco que irão orientar o posicionamento do território. Na Serra Gaúcha, por exemplo, acabou o *cabernet sauvignon*, a Campanha Gaúcha e a Serra do Sudeste é que irão priorizá-lo. Constatamos isso quando olhamos as estatísticas do cadastro vitícola e observamos que a *chardonnay* já está com 2 milhões de quilos a mais de produção que a *cabernet sauvignon*. A *merlot* também já passou a *cabernet*. Os *terroirs* estão se organizando.

Com o setor produtivo, então, está tudo bem encaminhado, os territórios se concentram em suas vocações. Como isso chegará ao mercado consumidor?
D.B. — O Ibravin e o Sebrae Nacional firmaram um convênio para o projeto Valorização dos Vinhos Brasileiros, com a finalidade de melhorar a percepção positiva da qualidade dos produtos, fortalecer a qualificação do setor e a posição comercial no mercado interno. Será disponibilizado para o mercado um site em que se mostrarão, com todas as suas características, as IPs formalizadas, as informações de todas as *master classes* realizadas país afora com formadores de opinião; uma cartilha com projeto de imagem bem bacana; se dará destaque aos jornalistas e sommeliers que se dispuserem a conhecer nossos *terroirs*.

É importante que o mercado consumidor saiba, por exemplo, por que o moscatel da Serra Gaúcha e o moscatel de Petrolina são diferentes, que ambos têm qualidades distintas, e um não é melhor que o outro. Petrolina, numa estratégia coletiva, quer criar uma IP com foco no seu moscatel porque está convencida de ser o melhor que pode produzir em termos de custo-benefício. Temos observado bastante o que a marca coletiva de cada região, de cada país — do Velho Mundo ou do Novo Mundo — consegue fazer. Houve evolução, mas até em passado recente nos posicionávamos mais como produtores de vinhos de imigrantes italianos próximos do Velho Mundo que como um vinho brasileiro. Isso provocava questões de autenticidade, brasilidade etc. Nossa aposta atual é posicionar um DNA da marca Vinhos do Brasil, se assumir como líder de mercado ante o *trade*, mostrando que a liderança nas gôndolas é do vinho brasileiro. Os supermercados são o canal que mais vende, com 81% de participação, e os vinhos do Brasil são os líderes, com 65% do mercado.

Com uma atuação conjunta, os vinhos do Brasil se transformam num player *importantíssimo, com argumentos para facilitar bons acordos. Essas novas estratégias têm foco em algum público-alvo?*
D.B. — Passando confiança para o canal, isso facilita fechar o acordo. Esse é um ponto importante, mas a questão do posicionamento de um DNA Brasil também ajudará. Sobre o ponto do público nós temos alguns dados da última Wine Track que nos deixaram bem mais tranquilos. É que quando segregamos as faixas etárias de consumo em 20 a 30 anos, 30 a 35 anos, 35 a 40 anos e 40 a 45 anos, verificamos que os consumidores de até 35 anos não têm preconceito contra o vinho do Brasil, colocando-o em primeiro lugar na sua preferência.

Com os consumidores de mais de 40 anos o Brasil se posiciona em segundo lugar, possivelmente porque eles tiveram experiências do produto brasileiro na década de 1980, criando resistências. Embora tenhamos de continuar atentos com essa faixa, não é nela que devemos focar 100% da nossa energia; talvez fosse melhor focar nesse consumidor mais jovem que não tem preconceito com a categoria Brasil, e principalmente o consumidor com menos de 35 anos, que está bebendo destilados e cervejas. Seria uma oportunidade trazê-lo para a categoria do vinho, mostrando que é uma bebida fácil, mais saudável etc. Como líderes de mercado, temos o papel principal de aumentar a base de consumo.

Sem dúvida a maior responsabilidade é do líder do mercado. A realização de master classes com formadores de opinião pelo país afora poderia oferecer a oportunidade de mostrar os diferentes terroirs do Brasil?
D.B. — Sim, podemos mostrar quais são os nossos DNAs, possivelmente destacando menos a questão das variedades de uvas utilizadas, embora seja produtivo destacar o *merlot* da DOVV, *o syrah* de dupla poda do leste de São Paulo. Mas teremos de unificar a mensagem, porque não adianta o Ibravin ter esse discurso e a indústria do vinho não assumir. Para isso o Ibravin está fazendo *workshops* e palestras nas diferentes regiões produtoras de vinhos, desde a Campanha Gaúcha até o Vale do São Francisco. A mensagem é que precisamos fortalecer o vinho do Brasil, que estamos todos no mesmo barco e não devemos perder tempo falando mal do vizinho ao lado, ou do vinho gaúcho. Todos deveriam entrar no guarda-chuva, pois teríamos mais a ganhar.

É uma boa mensagem. Mas, falar de foco numa determinada faixa etária não significa deixar de lado as demais?
D.B. — Não. Quando falei em se concentrar na faixa até 35 anos, mencionei apenas uma de nossas diferentes estratégias. As *master classes* e os eventos de degustação, por exemplo, não seriam para este público, mas para um público de enófilos de outras faixas etárias. Continuaremos também fazendo trabalhos com as revistas de vinhos, participando de eventos como o RWFF, que tem um público mais de enófilos. Mas não podemos só nos dedicar a esse público. Se quisermos aumentar a base de consumo, teremos de investir pesado em outros segmentos, caso contrário o consumo não sairá nunca de 1,8, 1,9 litro *per capita* ao ano.

Na questão dos preços de vendas ficou clara a influência significativa da política tributária. Mas há também o custo da indústria. Quais as estratégias das vinícolas para reduzir os custos de produção de uvas e vinhos? Pensa-se também numa política coletiva para reduzir os preços de determinados insumos?

D.B. — Sim. Sobre o custo da produção de uvas, os dados do cadastro vitícola evidenciam que no Rio Grande do Sul a expansão da área de vinhedos está se dando na Campanha Gaúcha. A razão é bastante simples: as terras são mais planas, viabilizando a mecanização; o clima permite a obtenção de uvas saudáveis com maiores teores de açúcar; os novos vinhedos são plantados com base em modernas tecnologias de viticultura. Enfim, essa é uma região com custo de produção menor que o da Serra Gaúcha, onde há uma matriz familiar. Salton e Miolo já têm grandes áreas de vinhedos mecanizados.

Na produção, ou seja, no interior das vinícolas, quando consideramos as questões de insumos e distribuição, verificamos que será necessário evoluir bastante em termos de maturidade da indústria para testar algumas possibilidades. Percebemos que as pequenas empresas têm mais abertura que as grandes para testar procedimentos coletivos. Acho inclusive que a hipótese de distribuição coletiva será o último ponto a ser considerado. Dificilmente uma grande empresa dividirá o fator competitivo da escala com a pequena. A indústria do vinho no Brasil ainda é jovem para tanta maturidade. Em visitas a vinícolas na França, observamos que às vezes *chateaux* com boa produção não investem numa linha de engarrafamento; para reduzir custos, caminhões com linhas engarrafadoras são contratados para executar o processo. Não existe a preocupação de a vinícola ser proprietária de todo o processo. Em compensação, no Vêneto, qualquer pequena vinícola tem sua linha de engarrafamento. Só para lembrar, os ancestrais da maioria dos produtores da Serra Gaúcha vieram de lá!

Você diria que ainda é excessiva a preocupação com a verticalização de todo o processo, desde o vinhedo até as caves de maturação?

D.B. — Sim. O pensamento preponderante ainda é a verticalização de todo o processo, muitas vezes incluindo a viticultura. No Sul da Itália é diferente, as cooperativas são muito presentes. A questão cultural e a tradição pesam bastante. Pessoalmente aprecio bastante o modelo de cooperativismo com suas práticas coletivas. Aqui temos algumas cooperativas bem-sucedidas como Aurora, Garibaldi, Nova Aliança. A Nova Aliança foi criada a partir da fusão de

15 cooperativas, e com isso ganharam escala em todos os processos. Analisando os dados é possível constatar que as cooperativas vinícolas cresceram mais que a indústria. Elas têm conseguido escala de produção e otimização de processos. Agora mesmo Garibaldi, Aliança e São João farão uma concentradora coletiva. Eu acho que as cooperativas funcionarão como exemplo para a indústria, que tem uma visão mais individualizada. O tempo dirá se o caminho das cooperativas para a indústria evoluirá.

E sobre as exportações? Como estão os projetos Wines of Brasil e 100% Grape Juice of Brazil, frutos da parceria entre o Ibravin e a Apex-Brasil? Por que é tão drástica a oscilação de um ano para outro em termos percentuais de volume e valores?
D.B. — A parceria existe desde 2004, ganhou músculos e trouxe bons resultados. Ela destinará R$ 6,6 milhões até o ano de 2020 para a promoção dos vinhos tranquilos, espumantes e sucos de uva brasileiros no mercado internacional. Estão previstos investimentos robustos em várias ações para os mercados-alvo definidos por pesquisas de mercados. Entre elas há: ações individualizadas com vinícolas participantes do projeto; eventos de degustação com foco no consumidor final; aproximação entre empresas e compradores para fortalecer a marca coletiva Brasil junto a restaurantes internacionais; e suporte aos importadores e aos distribuidores. Em termos de resultados, os números do período entre 2012 e 2017 são bastante animadores, com os valores das exportações apoiadas saindo de US$ 4,5 milhões para mais de US$ 12 milhões, o que evidencia o grande potencial dos projetos.

Além dessas iniciativas no exterior, envolvendo a participação em feiras setoriais e o contato direto com agentes do *trade* e formadores de opinião, os projetos Wines of Brasil e 100% Grape Juice of Brazil atuam na formação e capacitação para internacionalizar as vinícolas, orientando os produtores no caminho da exportação. Outra coisa que o convênio possibilita é agregar conhecimento e oferecer oportunidades para as vinícolas exportadoras. No caso das vinícolas associadas que ainda não atuam no mercado internacional, procuramos desenvolver a cultura de exportação. O foco atual é aumentar a eficiência da exportação identificando melhor os mercados-alvo e os secundários, até porque não somos um grande produtor como França, Itália, Espanha, Portugal, Argentina ou Chile, que precisam do — e tentam operar no — máximo de mercados possíveis.

Sobre as fortes oscilações, eu diria que elas ocorrem mais por conta de uma base de exportações ainda pequena, em que eventos climáticos como os da safra de 2016 podem interferir fortemente nos números. A escassez de produtos pode implicar redefinições das prioridades das vinícolas, e as exportações talvez sejam prejudicadas. Eventualmente os números também podem oscilar fortemente por conta do Programa de Escoamento da Produção (PEP), pelo qual o governo subsidia as exportações. Acredito que sem quebra de safra e PEP teremos uma racionalidade maior nos números de exportação.

E quais seriam os mercados-alvo para os vinhos do Brasil?
D.B. — Atualmente, em termos gerais, os mercados-alvo são China, Reino Unido e Estados Unidos, sendo que neste último as ações do Wines of Brasil serão direcionadas para Nova York. Em 2014, havia 12 mercados-alvo. Não adianta abrir o leque porque, se conseguirmos apenas 15% do mercado de espumantes da Flórida, não haverá produto para fornecer. Contudo, é importante assinalar que não serão perdidas quaisquer oportunidades no Texas ou na Flórida.

A América Latina nos últimos anos tem ganhado destaque em valores exportados. Em 2017, por exemplo, ela foi responsável por 41,3% do valor global negociado. Por isso, destinos potenciais como Colômbia e Paraguai foram incluídos entre os países secundários. Essa decisão se baseou em estudos realizados pela equipe de inteligência da Apex-Brasil ao longo dos anos, no reposicionamento setorial brasileiro realizado em 2017 e em experiências obtidas em ações e estratégias de sucesso nos países em questão. No caso da América Latina, minha percepção é de que teremos muitas oportunidades.

Fomos convidados em 2018 para participar como país convidado da maior feira de vinhos da Colômbia, a Expovinos do Grupo Éxito. Numa parceria entre Ibravin e Itamaraty, estaremos lá com cinco vinícolas organizando *master classes* para divulgar os vinhos do Brasil. Nos anos anteriores só havia vinhos argentinos e chilenos, e acredito que eles resolveram mudar o cenário. Houve falha do Brasil ao se concentrar muito tempo na Europa e na China, esquecendo-se do potencial de nossos vizinhos. Provavelmente perdemos boas oportunidades na América Latina nesse meio-tempo. Junto aos nossos vizinhos poderemos ser mais competitivos, porque na China, o Chile, com seu acordo bilateral, não paga imposto de importação, e o Brasil paga. No Paraguai, Colômbia, Peru e Equador temos livre comércio.

A estratégia atual, portanto, é focar as ações do Wines of Brasil num pequeno número de mercados-alvo, como ser o maior dos espumantes em Miami, e não mais um na Flórida?

D.B. — Sim, pelo tamanho da nossa produção pode ser mais inteligente ser o maior em alguns mercados específicos que ser mais um em todos os mercados. No planejamento de médio e longo prazo focalizaremos apenas os mercados-alvo. Acreditamos que será assim que obteremos resultados melhores. A observação dos volumes exportados no acumulado até junho de 2018 *versus* o acumulado até junho de 2017 evidencia um crescimento bastante animador: espumantes (+61,2%), vinhos tranquilos (+37,4%), vinhos totais (+39,2%). É certo que o volume de exportações de espumantes representa apenas 9% do total (1,59 milhões de litros), mas o preço médio por litro (US$ 4,88) é mais que o dobro dos vinhos tranquilos, o reconhecimento do seu custo-benefício pelos mercados é enorme, e esse é o tipo de vinho que mais vem crescendo no mercado mundial.

Possivelmente já estamos colhendo os frutos das estratégias mais assertivas postas em prática. Embora Estados Unidos, Reino Unido e China, por serem mercados maduros, formadores de opinião e compradores de rótulos de maior valor agregado, continuem entre os mercados-alvo do projeto Ibravin-Apex, teremos ações voltadas para a América Latina em função de vantagens competitivas, como proximidade geográfica, livre comércio e também perfil de produto. Os consumidores dessa região possuem paladar semelhante ao do nosso mercado interno, que aprecia vinhos mais leves e frutados.

As exportações de vinhos do Brasil são feitas apenas por vinícolas que participam do projeto Ibravin-Apex?

D.B. — Quase todas as exportações são efetuadas pelas vinícolas que participam do projeto com a Apex. As 42 empresas participantes do projeto setorial Wines of Brasil foram responsáveis por aproximadamente 95% do resultado obtido em 2017 na exportação.

A IMPORTÂNCIA DO ENOTURISMO NOS NEGÓCIOS DO VINHO

Entrevista com Ivane Fávero, presidente da
Associação Internacional de Enoturismo (Aenotur)

Bento Gonçalves, 15 de junho de 2018

Esse é um produto que só pode ser vivido no local e no momento em que a pessoa chega. O que as pessoas procuram é a autenticidade da experiência, a verdade da experiência.

Ivane Fávero

Ivane Fávero, antes de entrarmos no tema propriamente dito, queria ouvir sobre você, onde nasceu, onde estudou, sua vida profissional, o que você fez antes de chegar à presidência da Aenotur.

IVANE FÁVERO. Nasci na região serrana do Rio Grande do Sul, no interior de Bento Gonçalves, hoje um município emancipado de Santa Tereza, em meio à cultura da uva e do vinho, ainda no período do vinho "colonial",[28] feito com uvas não vitiviníferas. Eu trabalhava direto nas parreiras, fora do turno. Era filha de pai professor, mãe agricultora e avô subprefeito, tive aí as bases do que seria no futuro minha atuação pública. Quando fui cursar o ensino fundamental em Monte Belo do Sul, comecei a ter esse olhar mais público, do que fazer pelo bem comum, quando fundei a cooperativa dos estudantes. Fui presidente do grêmio estudantil, e passamos a trabalhar o conceito do envolvimento dos alunos naquilo que eles desejavam de melhor para a escola. Aos 15 anos fui morar em Porto Alegre, porque meus pais tiveram seis filhas mulheres e um homem, numa pequena colônia muito acidentada geograficamente, como são as colônias da imigração italiana. Não havia futuro nessa terra para seis mulheres e fomos saindo aos poucos de casa. As mais velhas saíram ainda mais cedo, com 11, 12 anos, e já para trabalhar. Em Porto Alegre comecei logo a trabalhar, a me sustentar e a estudar. Quando chegou o momento do ensino superior, eu estava muito em dúvida se fazia psicologia, mas terminei me definindo pelo turismo, até porque era uma faculdade noturna, o que propiciava que eu trabalhasse durante o dia. Concluí então na PUC, em 1988, minha formação em turismo numa época que muito pouco se falava nesse tema no Brasil.

Desde o início eu gostava do planejamento macroestratégico de políticas públicas, enquanto a maior parte dos meus colegas gostava de agenciamento e hotelaria. Nunca me interessei em atuar nesse setor. Eu lembro bem quando as pessoas diziam: "Para que estudar turismo? Tu vais estudar para viajar? Tu vais ser guia de turismo?". Eu tentava explicar que eu não seria guia turístico, que eu era "turismóloga". Como o mercado não existia, decidi criar uma empresa. Trabalhei com confecção empresarial para uniformes de eventos, já começando de certa forma ligada ao setor.

---

[28] O vinho colonial é produzido a partir de uvas de mesa (espécies de *vítis* não viníferas) também conhecidas como uvas americanas, mais apropriadas para o consumo direto, produção de suco e uvas passas. No Brasil a Lei Estadual nº 12.659/2014 regula a sua produção e comercialização.

Depois, já casada, mudei-me para Torres, onde fiquei por um ano. Não me adaptei e acabei voltando para a Serra. Minha mãe me dizia: "Mas se tu não queres mais ficar em Porto Alegre, por que não voltas para a tua terra? Não seria melhor recomeçar aqui?" — e acabei aceitando a ideia de me mudar de novo com a confecção, dessa vez para Bento Gonçalves. A diferença é que eu estava tentando um lugar no setor público, e fui convidada pela Prefeitura de Bento Gonçalves, na qual comecei a atuar em 1998 como técnica diretora de turismo, na Secretaria de Indústria, Comércio e Turismo. Fiquei um mandato lá e depois fui convidada a ir para Garibaldi.

Quanto tempo você ficou em Bento Gonçalves?
I.F. — Ali trabalhei cinco mandatos, num total de 20 anos, entre Bento Gonçalves e Garibaldi. No início eu era diretora, depois fui secretária municipal de Turismo e Cultura. Nesse meio-tempo também fiz uma pós-graduação, em 1999, talvez, uma especialização em gerenciamento e desenvolvimento turístico, a única especialização em turismo na região. Em função disso fui convidada a assumir a coordenação dos cursos de turismo da Universidade de Caxias do Sul (UCS), onde fiquei, como coordenadora e professora de várias disciplinas, em torno de nove anos. Acabei assumindo também algumas consultorias pelo Sebrae. Em 2003 abriu o mestrado em turismo na UCS e me tornei mestre em turismo. Por ter atingido a nota máxima na dissertação, ela foi publicada em livro: *Políticas do turismo: planejamento na região de uva e vinho*. Depois disso ainda fiz especialização em gestão pública municipal pela Universidade Federal do Rio Grande do Sul (UFRGS). Com o apoio do Sebrae também fiz um MBA em marketing turístico pela Washington University, num instituto de hotelaria instalado em Salvador, na Bahia. No final de 2016 deixei a carreira ligada ao setor público, de que gosto muito, mas onde não é fácil trabalhar, e comecei a atividade instável de consultoria. Hoje tenho a minha empresa e atuo como consultora independente em turismo, mas também realizo muitos trabalhos para o Sebrae de Rio Grande do Sul, Paraíba e Minas Gerais. Aqui no Rio Grande do Sul assumi a função de mentora dos projetos Enoturismo na Serra Gaúcha e Enoturismo no Pampa Gaúcho.

Com a sua empresa de consultoria?
I.F. — Sim, contratada pelo Sebrae. Em 2010, com outra professora, a colega Janete Rotta Antunes, fiz a primeira edição do Congresso Latino-Americano de Enoturismo. Em 2001, ainda na UCS, nós fizemos uma pesquisa sobre a oferta enoturística no Rio Grande do Sul e detectamos que já havia mais de 100 vinícolas operando com enoturismo. Mas, quando fomos analisar a oferta, eram todas muito similares, baseadas em visitação, degustação e vendas no varejo. Nós entendemos que poderíamos começar a ampliar a discussão para buscar inovação, criatividade, competitividade do setor. Já percebíamos a importância que o enoturismo teria na sustentabilidade dessas empresas, mas o segmento não estava desenvolvido no Brasil. Nenhum órgão falava: "Nós temos uma oferta enoturística, nós somos um destino enoturístico". E aí começamos a batalhar em cima disso.

Naquele tempo, em 2008, eu assumi o Sebrae como gestora de turismo da Serra Gaúcha e criei o primeiro projeto de enoturismo. Reunimos um grupo de discussão para formular um conceito e produzir conhecimento, já que não havia publicações na área. Lembro bem de que participavam o Reinaldo Dal Pizzol, que trouxe importantes contribuições, a Bia da Atuaserra, a Márcia do sindicato, a Faculdade de Integração do Ensino Superior do Cone Sul (Fisul). Na Fisul, para onde fui depois que saí da UCS, criamos o primeiro curso superior de tecnólogo em enoturismo do Brasil, talvez o único do mundo no nível superior. Ele tinha a duração de dois anos e meio, na primeira metade formando sommeliers e na conclusão tecnólogos em enoturismo. O curso durou alguns anos e foi fechado por falta de procura.

Com a realização do Congresso Latino-Americano de Enoturismo, que organizamos em 2010, e entendendo que aquilo que eu estava pesquisando desde 2001 carecia de novos conhecimentos, saí de férias em 2013 e fui a Portugal, onde encontrei um dos palestrantes do congresso que era secretário-geral da Associação dos Municípios Portugueses do Vinho. Comentei com ele que seria importante construirmos uma aliança e unirmos todos os destinos de enoturismo do Brasil e dos principais países produtores de vinhos do mundo. Ele nos levou para uma visita a Cambados, na Espanha, na fronteira com o norte de Portugal. Lá nos encontramos com o prefeito Luis Aragunde e Manuel Solim, um técnico contratado. Com eles começamos a discutir as bases da constituição da primeira Associação Mundial de Enoturismo, a Aenotur. E lá ela foi criada, nessa viagem que seria de férias, mas acabou em trabalho. Eu representava Garibaldi, Cambados, a prefeitura, a MPV, Portugal. Logo conquistamos a adesão da Espanha, com a Asociación Española de Ciudades del Vino (Acevin), da Itália, com a Città del Vino, da França, com a Intervitis, do Uruguai, com a Associação de Turismo Enológico (ATE), da Argentina, com As Bodegas Argentinas, e do Brasil, naquele momento com as prefeituras e logo depois com o Ibravin assumindo, como de praxe nos outros países.

Atualmente esses são os participantes da Aenotur?
I.F. — São esses países. Nós deveremos ampliar agora com o Chile, que desde o início participa não oficialmente de todos os congressos e discussões, mas não tinha uma instância nacional, embora seja um país com forte indústria de vinho e com enoturismo muito desenvolvido. Estamos tentando ver se pela Rota do Vinho Colchagua eles aderem. Agora a Prefeitura de Santiago se interessou, mas não o governo do Chile.

A atração de Colchagua seria interessante, eles estão bem organizados no enoturismo.
I.F. — É a que está mais organizada. Nosso vice-presidente e o secretário da Aenotur vão até lá, aproveitando a vinda para o congresso, para tentar estimular a adesão. Eles são convidados novamente para expor trabalhos no congresso. Nós sempre tratamos o Chile como um membro integrante, mas precisamos formalizar. E também precisamos ampliar para outros países. O maior obstáculo, como de costume, é a falta de recursos. Hoje a Aenotur depende das ações dos seus associados, pois ela não tem estrutura própria. A estrutura é a que existe onde está a presidência atual. Hoje a responsabilidade da manutenção é do Ibravin. No momento em que outro país assumir, será deste país e de sua instância. Só que isso embute riscos. Por outro lado estamos discutindo formas legais de modificar a própria estrutura jurídica e a possibilidade de haver captação de recursos dos associados ou de projetos. Mas isso ainda é discussão para a próxima assembleia.

Não quisemos colocar já no início um valor de adesão, uma anuidade, precisávamos primeiro criar o conceito do que era o enoturismo, e entendíamos que qualquer burocracia poderia frear a implantação da própria Aenotur. Preferimos caminhar no sentido de trabalhar com os esforços individuais e na soma nos fortalecemos. Eu sempre dizia que o Brasil precisava se aliar a outros países do mundo para que o mundo entendesse, e principalmente o próprio Brasil, que o país é também destino de enoturismo. Quando conquistamos isso, essa visibilidade que a Aenotur deu, a própria Secretaria de Turismo do Estado do Rio Grande do Sul passou a promover o enoturismo. A Câmara dos Deputados fez no ano passado a primeira audiência pública sobre o tema. Eu estive lá, falando sobre a Aenotur, mas principalmente sobre o que é o enoturismo brasileiro. O próprio Ministério do Turismo começou a divulgar o enoturismo brasileiro nas feiras internacionais que a Embratur participa. Isso começou há dois anos.

Você acredita que a participação do Ministério do Turismo seja importante para conseguir desenvolver o enoturismo nas regiões brasileiras produtoras de vinho, ou em qualquer outro país? Uma instância maior, federal, é importante? Como ela poderia ajudar?
I.F. — Com certeza é importante. Primeiramente assumindo que o Brasil é um destino enoturístico. O Brasil, com mais de 200 milhões de habitantes, têm 6,5 milhões de turistas internacionais, o que é muito pouco para nosso potencial. Ontem eu estava ouvindo o palestrante da Nova Zelândia, e eles têm 4 milhões de habitantes e 4 milhões de turistas internacionais! É como se nós tivéssemos no Brasil 200 milhões de turistas internacionais. Se tomarmos historicamente a promoção do turismo do Brasil, ela começa com o Rio de Janeiro, passa pelo Nordeste, no máximo desce até Foz do Iguaçu, quiçá até as praias de Santa Catarina. O Rio Grande do Sul nunca participou dessa promoção do Brasil no exterior. Eu sei que o país é muito diverso, e o imaginário do mundo sobre o Brasil é de que somos o país do samba, praias, carnaval, futebol e Amazônia, não cabe aí Rio Grande do Sul. A única forma de o Sul do Brasil, principalmente o Rio Grande do Sul, ser competitivo é pelo enoturismo. Não somos competitivos em praias, não adianta tentar vender frio para o turismo internacional. Mas quando divulgamos o enoturismo o mundo se interessa, porque quem viaja com essa motivação procura sempre novos destinos. Essa é uma ideia que sempre defendi para o ministério e que hoje começa a ser compreendida.

Vocês são praticamente vizinhos das cataratas do Iguaçu. Basta fazer uma pequena extensão.
I.F. — Nós sempre estimulamos trabalhar mais a oferta do enoturismo na América Latina, na América do Sul. Foi muito bonito ver algumas agências, como, por exemplo, a Quetec de Mendonza, em função do congresso da Aenotur, fazer roteiros vendendo o Sul do Brasil, Uruguai e Argentina; ou o Sul do Brasil, Mendonza e Chile. Nós somos um *hub* também, é possível chegar por aqui e partir para o Uruguai, a Argentina ou o Chile, traçar esse conceito do enoturismo do Novo Mundo falando para mercados mais distantes como Europa, Ásia etc., que estão em busca de descobertas.

Enoturismo do Novo Mundo, formando um eixo aqui no Cone Sul — isso já é realidade?
I.F. — Esse conceito começa a se criar. Já há uma operadora de turismo de Mendonza vendendo pacote turístico para a América Latina. No Congresso de Enoturismo no Uruguai debateu-se muito como comercializar a América Latina de forma integrada, com uma oferta enoturística para o mundo. Quanto mais distante for o país remissivo, mais forte deve ser a oferta. Portanto, essa integração é necessária. São esses os conceitos com que temos trabalhado para que a Embratur comece a divulgar o Sul, mas não somente, porque devem aí entrar todos os estados que têm enoturismo no Brasil. Precisamos divulgar o que é nosso porque é comum encontrarmos enoturistas brasileiros no Chile, Uruguai, Argentina, e há países europeus que nunca visitaram as vinícolas no Brasil, desconhecem essa possibilidade. Deixar isso a cargo das vinícolas ou de uma entidade como o Ibravin, que só tem recursos do Fundovitis do Rio Grande do Sul, não é justo nem possível, é uma força que acaba se esvaindo. O Ministério do Turismo também deveria divulgar o enoturismo brasileiro para o Brasil. Nós somos o terceiro mercado mundial em viagens domésticas, o brasileiro viaja bastante. O que nos sustenta atualmente é o mercado interno. É muito importante que ele tome conhecimento da oferta de enoturismo no Sul, principalmente agora, com a alta do dólar. A oferta precisa ir além de Gramado, Canela, que são também destinos fantásticos.

Pensando no turismo internacional, a proximidade da Serra Gaúcha com as cataratas do Iguaçu, com outros países produtores de vinho do Cone Sul, como Uruguai, Chile, Argentina, permitiria se produzir alguma sinergia? Qual a receptividade do Ministério do Turismo para o enoturismo? Ele o apoia efetivamente?
I.F. — Não. No âmbito de ação do Ministério do Turismo com a Embratur, foram promovidos alguns eventos internacionais, como a participação em feiras, em que se divulgou o enoturismo. Convidou-se um sommelier indicado pelo Ibravin, que falou sobre vinhos e destinos enoturísticos do Brasil. Mas ainda falta consolidar isso, para que não haja mais o risco de mudanças. Ao longo dos últimos 15 anos tivemos idas e vindas com as trocas de ministro. Toda vez que isso ocorre temos de retomar o diálogo. Com o ministro Luiz Barreto chegamos a fazer um *benchmarking* em enoturismo com a Itália, porque ele se entusiasmou com o que viu quando esteve aqui num dos nossos eventos. Ficou deslumbrado com nossa oferta enoturística e quis aprimorar seu conhecimento fazendo esse *benchmarking* com a Itália, num evento em Milão. Contudo, logo em seguida ele saiu, e aquele esforço se perdeu.

Não foi possível consolidar um plano dentro do Ministério
I.F. — Alguns técnicos se apropriaram do plano, mas acabaram deixando também o Ministério. Com Vinícius Lummertz, que é de Santa Catarina, temos novamente esperança. Por outro lado, nas políticas nacionais, na Câmara dos Deputados só há Afonso Hamm ligado à vitivinicultura com um olhar para o enoturismo. Herculano Bastos já veio à Serra Gaúcha e criou na câmara um comitê de enoturismo que está discutindo o tema. Mas é preciso que isso vire uma política de governo que consolide o destino do enoturismo não só internamente como também para o mundo. Nossa oferta enoturística está qualificada para receber brasileiros e turistas internacionais. Já se pensa em voos internacionais que liguem Porto Alegre a vários destinos turísticos do mundo com o mesmo tipo de oferta. É preciso avançar mais, consolidar, daí a importância da presidência da Aenotur ser brasileira, trazendo um pouco mais de força para o projeto de enoturismo. A Aenotur é a entidade que representa os principais *players* do enoturismo do mundo, e é importante que o Brasil não perca esse bom momento.

Pensando globalmente, você poderia explicar o que é enoturismo? Por que ele cresce tanto no mundo? Por que as pessoas estão procurando cada vez mais produtos que tenham origem conhecida?

I.F. — O enoturismo é o movimento de turistas de fora de determinada região motivados por conhecer o território onde se produzem uvas e vinhos, e ali viver experiências significativas ligadas a esse mundo. Eles chegam geralmente motivados. Boa parte dos atuais turistas é ocasional ou no máximo interessada. O enoturismo no mundo está se fortalecendo porque em geral em seus territórios há qualidade de vida muito boa, e é isso que as pessoas buscam, ali viverão experiências significativas, memoráveis, seguras. A que se ligam essas experiências? Ao *terroir*, que é muito mais que o *terroir* dos vinhos, é o *terroir* das pessoas, da cultura, da gastronomia, de toda uma oferta de bem viver e da segurança que em geral a ele está ligada. Eles não vêm comprar vinhos, podem fazer isso pela internet. Vêm viver a cultura, a paisagem daquele território. Esse é um produto que só pode ser vivido no local e no momento em que a pessoa chega. O que as pessoas procuram é a autenticidade da experiência, a verdade da experiência. Quanto mais autêntica, única e ligada à identidade da pessoa que está acolhendo, mais valorizada pelo enoturista ela será.

Todos nós gostamos disso, do turismo de experiência. O enoturismo é um dos grandes segmentos de turismo de experiência do mundo. Ele pode sempre oferecer uma experiência significativa e única. Nossa preocupação atual aqui na Serra Gaúcha é em relação a isso, para que as experiências sejam diferenciadas entre uma vinícola e outra, e que o respeito à cultura e à paisagem de um território esteja presente.

Qual a definição da Aenotur para o enoturismo? Um bom planejamento estratégico depende da definição clara, consistente da atividade. Ele só é possível de ser praticado numa região produtora de vinhos? Ou o enoturismo é maior que um território, uma região?

I.F. — Do lado do turista, ele é a motivação de viagem ligada ao território que produz as uvas e os vinhos, ou que tenha um trabalho relacionado à cultura da uva e do vinho. É então, nesse território, que ele busca se impregnar da cultura do território, embora eu sempre fale do composto da oferta enoturística. Do lado do território, é a possibilidade de auferir sustentabilidade à cadeia da produção das uvas e dos vinhos agregando valor à experiência vivida pelo turista. Insisto em que nenhum enoturista viaja apenas para comprar e beber vinhos. Ele vai viver a cultura e a paisagem do território, com todas as experiências ligadas ao turismo e à oferta turística do lugar. É importante ter o conceito do sistema turístico ou do sistema enoturístico, que envolve comunicação, segurança, hotelaria, restaurantes, agências, passeios, transportadoras, acesso, enfim, toda a estrutura da cidade. Tudo isso deve ser muito organizado, propiciando sustentabilidade para o território e experiências memoráveis para o turista.

O que é um enoturista? Dá para pensar nele como figura única, bem definida, ou há uma complexidade um pouco maior? Falo estrategicamente, porque é preciso definir o público-alvo para oferecer os serviços com maior assertividade.
I.F. — Definir apenas que o enoturista é quem faz enoturismo não leva a lugar algum. Mas por muito tempo aqui, na Serra Gaúcha, nós e as vinícolas pensávamos que éramos visitados por turistas, não por enoturistas cuja motivação é alimentada por tudo que envolve a cultura do vinho. Eu gosto muito do conceito que classifica o enoturista entre o ocasional, o interessado e o profissional. O ocasional é aquele que chega, por exemplo, em Gramado e faz o *tour* da uva e vinho. Ele acabará visitando uma vinícola sem nem saber exatamente que isso estava no pacote. Alguns deles se interessam e acabam passando a consumir vinhos brasileiros, ou mesmo a entrar mais seriamente no mundo dos vinhos. O interessado é alguém que já conhece um pouco o mundo dos vinhos, consome com alguma frequência e busca aprender mais visitando os territórios onde ele é produzido. O profissional é aquele que já tem um conhecimento do tema. A nossa discussão atual com o setor vinícola é que não é possível tratar os três da mesma forma, porque o interesse de um não é o mesmo do outro. Talvez, para o profissional, não adiante levá-lo para aquela visita padrão e falar de como se produzem vinhos, castas, barricas de carvalho, fermentação, leveduras etc. Ele quer debater o vinho.

O contrário também é verdade. Não adianta aprofundar com alguém que foi fazer turismo em Gramado e deu um pulo na região vinícola.
I.F. — É preciso levar em conta o perfil do visitante. Por isso, numa pequena vinícola, muitas vezes isso acontece mais naturalmente, porque o formato é mais personalizado. Numa vinícola maior, com fluxo também maior, fica mais difícil. Mas as vinícolas têm procurado criar diferentes visitas e atendimentos

para esses perfis de público distintos. Todos os tipos de turistas nos interessam e todos podem se tornar grandes consumidores de vinhos brasileiros.

Qual foi a motivação de trabalharmos com o enoturismo na região, a começar com o enoturismo no Brasil? A compreensão é que essa seria a melhor estratégia de marketing, uma vez que você educa para o consumo, comprova a qualificação dos vinhos do Brasil e constrói uma nova imagem do produto que estava desgastada, com alguma razão, porque por muitos anos se produziram vinhos que não tinham qualidade quando comparados aos vinhos de outros países produtores, com uvas não viníferas. Com todo o conhecimento adquirido, a evolução tecnológica, o trabalho da Embrapa, a vinda das escolas de enologia, os enólogos voltando para casa, a crise na Cooperativa Aurora, começou-se a qualificar essa produção de vinhos e a fazer vinhos de excelência no Brasil.

O consumidor brasileiro não tinha conhecimento dessa evolução. A melhor estratégia foi atraí-los para cá. Conhecendo o que estávamos fazendo ele poderia se tornar consumidor possivelmente fidelizado, mas sobretudo divulgador do que via. Até hoje acho que essa é a melhor estratégia de marketing. Por isso todos os públicos ainda nos interessam. Em outros países produtores de vinho já há uma seleção, já se cobram valores mais elevados para a visitação, já não estão sempre de portas abertas — nem onde nasceu o enoturismo, na Itália, com o movimento Cantina Aberta. Aqui as vinícolas estão abertas todos os dias, fechando no máximo dois dias por ano, muitas delas não cobram pela visita, porque o enoturismo ainda não é encarado como um negócio-fim, mas como uma estratégia de educação do consumidor brasileiro quanto aos vinhos do Brasil.

Como está estruturado o enoturismo no nível dos municípios produtores de vinhos? Há planejamento com um budget *definido? Talvez sua experiência seja maior na Serra Gaúcha, mas se for possível dê um panorama de outros municípios fora da região.*

I.F. — Começando por Bento Gonçalves e Garibaldi, eles possuem seus planos municipais de turismo no qual o enoturismo é o produto âncora, o mais forte. Claro, compondo com toda a oferta múltipla: rural, cultural, de negócios, de eventos. Mas o enoturismo é sempre o cenário fundo dessa oferta. Se falarmos sobre a Maria Fumaça, como a definiríamos? É um produto cultural, mas está lá o vinho presente através da degustação. Sem falar nos eventos. Uma feira do setor moveleiro, como a Fimma, a Movelsul, por que tem tanta força? Porque elas têm o vinho como território que agrega valor às experiências dos congressistas. Já está bastante consolidada no setor público municipal a importância do enoturismo.

Nos últimos 15 anos há um trabalho sério voltado para as políticas públicas municipais. Os municípios enfrentam a crise nacional de falta de recursos, que estão cada vez mais escassos, e as demandas estão cada vez maiores. Por outro lado, eles assumiram que são destinos do enoturismo e têm trabalhado nisso, desde a estrutura dos municípios, que foi se qualificando com esse objetivo: capacitação de pessoas, promoção dos destinos. Isso não foi só nesses dois municípios onde eu atuei, mas na Região Uva e Vinho, em que há governanças regionais, como a Associação de Turismo da Serra Nordeste (Atuaserra), que abrangem em torno de 30 municípios da Região Uva e Vinho e fazem parte da Serra Gaúcha, e o Sindicato Empresarial da Gastronomia e Hotelaria (SEGH) da mesma região, que são os parceiros nas ações junto ao Ibravin. Essa política regional e municipal está bem instaurada. Ainda há muito a fazer, mas ela já comprovou seus resultados. Ampliou-se muito o fluxo de turistas graças ao trabalho integrado de setor público, privado e instâncias do terceiro setor, atuando em conjunto para o fortalecimento dos destinos turísticos da região.

A segunda principal região enoturística do Rio Grande do Sul é o Pampa Gaúcho, que abrange a fronteira oeste e a região da Campanha Gaúcha. Ali está se iniciando a construção de uma política de turismo em que o Sebrae, como na Serra, é um agente importante. Por volta de 2001 foram lançadas, com apoio do Sebrae, as primeiras rotas voltadas para o enoturismo. Já havia alguma coisa, como o Vale dos Vinhedos, mas nesse momento já se abrangeu toda a região, chegando até a fronteira do estado. Tem sido bem importante o aporte de pesquisas e de conhecimento do Sebrae. Na Campanha trabalha-se um dos grandes eixos do enoturismo. Estas são as principais regiões enoturísticas do Rio Grande do Sul. Claro que há iniciativas na região central e em outras, porém, as mais fortes são essas, que já iniciaram uma política institucionalizada.

Se avançarmos para o Brasil, eu citaria Santa Catarina, São Paulo, Espírito Santo, Minas Gerais e Petrolina. Há mais força no Nordeste, na região do Vale do São Francisco, com municípios que defendem e entendem a importância do enoturismo para fortalecer o turismo dos seus territórios. Em Santa Catarina há um mix, mas ainda não se percebe tanto uma orientação política institucionalizada.

No seu período na Secretaria de Turismo de Bento Gonçalves havia um planejamento estratégico com uma visão enoturística definida? Ela trouxe resultados concretos?
I.F. — Bento Gonçalves é um dos 65 destinos indutores de turismo do Brasil. Como minha formação também é nessa área, desde o início entendi que só há uma forma de desenvolver o turismo com sustentabilidade em qualquer território: um bom planejamento. Sempre usamos a metodologia participativa integrando os vários setores e todos os entes que devem trabalhar no processo. Nós fomos pioneiros nos planos municipais de turismo no Rio Grande do Sul. Fomos os primeiros municípios a criar algumas figuras como os aplicativos de promoção Turismo Bento, Turismo Garibaldi, a trabalhar o marketing digital, e por isso somos destinos turísticos fortes no estado. Também criamos o Film Commission, um escritório de captação de produções audiovisuais em que o foco é estimular os produtores de cinema, novela, seja o que for, a tornar o vinho presente em seus trabalhos.

Verificamos no mundo que não são os grandes eventos que trazem os melhores resultados. Analisando os dados do período da Copa do Mundo e das Olimpíadas no Brasil, elas não aumentaram nem 6% nosso fluxo turístico, ao passo que um filme como *Coração valente*, na Escócia, aumentou o fluxo em 300%. E se o cinema e todas as produções audiovisuais são responsáveis pelos melhores resultados, por que não investir neles? Foi com base nisso que criamos as primeiras *film commissions* e eventos inovadores, como o Garibaldi Vintage. Utilizamos muitas estratégias de forma planejada e bastante inovadora. Com essas ações e outras políticas públicas instauradas nesses municípios recebemos várias premiações nacionais e estaduais. E eu diria que elas contribuíram concretamente para o desenvolvimento do enoturismo.

Qual a importância econômico-financeira atual do enoturismo no orçamento dos municípios de Bento Gonçalves e Garibaldi em termos percentuais?
I.F. — Você pegou um calcanhar de aquiles do setor, que é a falta de pesquisa e monitoramento. Ainda hoje a pior nota de todos os destinos turísticos do Brasil — a própria FGV fez o estudo de 65 destinos indutores — é para o monitoramento. O Brasil todo carece de um trabalho mais técnico nesse quesito. Para responder sua pergunta teríamos que aplicar algo que já existe no mundo que é a Conta Satélite do Turismo. Nós não temos esta ferramenta no Brasil. No balanço econômico de qualquer município você encontrará a rubrica do turismo, e sempre será

um valor muito pequenininho. Por quê? O que está lá contabilizado? Somente hotéis, restaurantes, transportadoras, agenciadores de viagens. Nós entendemos que o turismo e o enoturismo são atividades que abrangem todos os setores da economia: primário, secundário e terciário. Por exemplo, os resultados do turismo rural que envolve a viticultura e do setor secundário que envolveria todas as vinícolas não entram. É um absurdo, mas os resultados das vinícolas com o turismo não entram na conta do turismo porque elas são indústrias. Resultados do comércio por causa do turismo não entram na rubrica. O número que está lá é só uma parte dos serviços, o que é ligado efetivamente ao turismo. Por isso é difícil responder sua pergunta. Precisaríamos ter outro estudo que de fato trouxesse informações do impacto do enoturismo na agricultura.

Na Serra Gaúcha há turismo rural em todos os distritos, com forte impacto sobre a indústria. Os dados estão nas vinícolas, é só perguntar. Como consultora para cerca de 40 vinícolas pequenas, posso afirmar que 90% do seu faturamento vêm do enoturismo. Para outras, talvez as poucas grandes vinícolas, esse percentual passa a ser de 5%, talvez 10%. As vendas são muito fortes, representativas, mas não entram na conta do enoturismo, indo para a conta da indústria.

Em Bento Gonçalves há em torno de 1,5 milhão de visitantes, e em Garibaldi em torno de 600 mil que permanecem na região mais ou menos 1,3 dia e gastam em torno de R$ 300 por dia. A conta seria simples, mas não real, não é assim que se faz. Nós realmente precisamos ter um estudo mais amplo. Quem sabe um dia a FGV não faz a Conta Satélite do Turismo no Brasil. Sozinhos nós não conseguimos produzir essa informação.

Tenho provocado muito o Ministério do Turismo para criar a metodologia, porque não há hoje uma forma unificada de medir o fluxo de turistas no Brasil. Quando tomamos os dados de Gramado — eles são medidos no pedágio —, a informação será em torno de 6 milhões de turistas. Em Bento Gonçalves a medição é feita nos hotéis, nos eventos e atrativos turísticos e no Centro de Atendimento ao Turista. Daria certo comparar esses números? Uma coisa é medir no pedágio, outra é medir os cadastros em alguns pontos. Nem todos os turistas procuram esses pontos que têm cadastro, nem todos os carros com placa de fora que passam por Gramado são de turistas. Eu trabalho em Bento Gonçalves, passo por lá frequentemente e não sou uma turista.

Há uma ideia de que todo viajante, mesmo que motivado por trabalho e remunerado, pode ser considerado turista. Mas o conceito é de que turista é aquele que tem motivações que não essas, forçosas ou remuneradas, como um velório ou um trabalho. Nós, por exemplo, utilizamos um dado de que temos ao redor de 600 mil enoturistas no Rio Grande do Sul. Mas ele é baseado no número de turistas do Vale dos Vinhedos (400 mil) e de Garibaldi (em torno de 600 mil). Só que nem todos são enoturistas. A partir desses números faz-se um afinamento para melhorar a assertividade e afirmar que temos mais de 600 mil enoturistas no Rio Grande do Sul. E o Brasil, com todas as suas regiões vinícolas? Haveria mais de 1 milhão de enoturistas no Brasil? Isso é só percepção, não é um número embasado numa pesquisa exata.

Como estão as rotas turísticas nos municípios? Numa comparação com o enoturismo internacional, as nossas rotas estariam bem definidas? O visitante que aqui chegar poderia confiar em sua definição? Quais são elas? O enoturista atraído para uma região, quando chega, quer lê-la com facilidade.
I.F. — Nós viemos de um modelo de planejamento e desenvolvimento do turismo que propiciava a elaboração de rotas, para que depois o mercado — as agências de turismo — criasse seus roteiros e pacotes precificados a partir disso. O modelo é um tanto antigo e está em processo de mudança. Temos muito claro que as pessoas procuram destinos e a partir daí formam seu roteiro de acordo com uma oferta que precisa estar muito clara na internet. Acho que 80% do turista da Serra Gaúcha não é mais agenciado, não procura uma agência, não tem interesse numa rota turística. Ele está buscando o território, e a partir daí compõe um mix de acordo com a oferta que entende qualificada, muito em função dos sites de avaliação, como por exemplo o Tripadvisor. É isso que hoje está definido.

O Vale dos Vinhedos seria uma rota ou um território? Ele começou com o conceito de rota, mas atualmente tem a força de um território. Ali não há só vinícolas, mas toda uma oferta de serviços, o composto enoturístico já se constituiu. Por isso é competitivo, tem crescido, é sustentável. No âmbito da competitividade, cabe se preocupar agora um pouco mais com a manutenção do território, a sustentabilidade da paisagem vitivinícola, que agora talvez seja a única ameaça premente e forte que poderia diminuir a competitividade desse território. Temos outros casos, como a Rota dos Espumantes, um nome fortíssimo. Mas ela precisa se apropriar mais da força do território. A Estrada do Sabor, que no início não tinha tanta força, aderiu mais ao conceito de território com suas experiências e ganhou força. A rota dos Vinhos de Montanha é mais procurada pelos turistas, talvez, por conta de Pinto Bandeira. Há a rota dos Vinhos dos Altos Montes, que atrai mais por causa de Flores da Cunha.

Em alguns casos a rota assume a força do território. O território do Vale dos Vinhedos talvez já seja mais forte que o nome de Bento Gonçalves e Garibaldi, enquanto em outros o município ainda tem força. Mas talvez nem seja Flores da Cunha que funcione como atrativo; o mais provável é que já seja a Serra Gaúcha, a região dos vinhedos. Eu costumo perguntar aos turistas onde eles estão, e a resposta é que estão na região dos vinhos, no Vale dos Vinhedos, mesmo estando fora de lá. A pessoa pode estar em Tuiutí e nem saber que está fora do Vale dos Vinhedos, que é o nosso maior apelo.

É preciso ter o cuidado, no lançamento de muitas rotas, para não criar no mercado mais confusão que esclarecimento. É muito importante entendermos o que é o território, como ele é entendido pelo mercado hoje, e a partir dessa compreensão tentar ajudá-lo a não complicar. Provavelmente é por isso que nem todas as rotas se fortaleceram: na maioria das vezes é o território que se sobrepõe. É fundamental entender a dinâmica da oferta sem olhar somente para ela, mas também para o interesse do mercado. Esse foi um erro que se cometeu muito por aqui. De nada adianta por ter uma cascata, ofertá-la e esperar simplesmente que o mercado a compre. Primeiro é preciso verificar o interesse para depois fazer a oferta. Possivelmente isso influenciou a demora para se estruturar o turismo por aqui, é a nossa preocupação, por exemplo, com a Campanha Gaúcha. O mais importante talvez não seja criar rotas, mas sim a compreensão daquela oferta enoturística, que é muito diferente da oferta da Serra Gaúcha. Seria preciso criar o conceito daquele território e vender o conceito. Que experiências podem ser ali vividas por um casal, uma família, uma pessoa mais idosa ou um grupo de amigos. É isso que precisa ficar muito bem esclarecido para o mercado. Cumpre entender as demandas do mercado, e não simplesmente ficar colocando ofertas.

No fortalecimento dos territórios pode ser importante a participação de nomes com apelo, as estrelas regionais. Como enoturista, já fui visitar determinados territórios só por conta de um restaurante, um chef, um enólogo, uma vinícola. Isso ajudaria?
I.F. — Claro. Nós temos algumas vinícolas que são âncoras. Muitos enoturistas vêm em busca da Miolo, da Valduga, que são as mais conhecidas. Essa é uma constatação de quem acompanha o mercado e conversa com muitos turistas. Mas depois de visitá-las vem sempre a pergunta sobre o que há de novo? Quanto mais

envolvido no mundo dos vinhos, mais o turista se interessa por aquela vinícola pequena que não chega aos mercados de São Paulo, Rio de Janeiro ou qualquer outro estado. Eu concordo que poderíamos fazer mais eventos utilizando os personagens da região. Acredito que muitas vezes eles não se façam presentes porque estão superatarefados. Uma pessoa ligada a uma vinícola na maioria das vezes é o produtor das uvas, cuida da produção dos vinhos, da comercialização, do marketing e, daqui a pouco, ainda dessa promoção que seria inovadora.

Temos assessorado muito dos chefs da gastronomia que vêm se transformando em personagens e personalidades daqui, auxiliando muito na consolidação do enoturismo, porque não existe vinho sem gastronomia. Já se fala em destino enogastronômico. Eu não gosto muito do termo, mas o destino enoturístico tem a gastronomia como algo intrínseco. Digo que a gente decide o destino turístico com a mente, com o coração e com o estômago. São os três órgãos decisórios.

Do nacional para o município, chegamos às vinícolas. Elas estão preparadas adequadamente para receber o enoturista? Que apoio de infraestrutura é dado para elas fazerem um bom trabalho na recepção do enoturista?
I.F. — Primeiro vou dar uma informação em primeira mão: no próximo mês de agosto nós nos reuniremos no Comitê de Mercado do Ibravin para trabalhar com uma visão macro, o primeiro plano estadual de enoturismo. Pretendemos definir o que queremos para o enoturismo no Rio Grande do Sul, visto que aqui há o Fundovitis, um recurso financeiro do setor vinícola. Se realmente queremos que o Rio Grande do Sul se consolide como um destino turístico importante, devemos ter um plano com visão macro que não pode ser só municipal ou regional. Vamos cuidar para que as grandes instâncias, como o Ibravin, o Sebrae, que são os principais apoiadores desse desenvolvimento, tenham de fato noção do que é essa oferta, os pontos fortes, os pontos fracos, as ameaças, enfim, aonde queremos chegar com tudo isso. Será o primeiro plano estadual de enoturismo que constituirá um importante avanço.

Voltando às vinícolas da Serra Gaúcha, acredito que elas têm uma oferta de enoturismo que se equipara a qualquer oferta qualificada do mundo. Nós temos de defender e divulgar isso, porque o complexo de vira-lata brasileiro algumas vezes atrapalha. Eu já visitei várias vinícolas do mundo, mas quando volto de uma missão técnica, de visitas, congressos etc., eu penso: "Nós realmente estamos qualificados". Claro que há sempre oportunidades de melhorar, de qualificar.

Acho que o "método Kaisen" de melhoria continuada deve ser mantido, mesmo já com uma oferta importante na viticultura, na produção dos vinhos e na estrutura do enoturismo. São boas as experiências das grandes, e das pequenas vinícolas, são ofertas autênticas. Há uma ampla diversidade de experiências e de produtos. Mas é preciso continuar buscando cada vez mais a essência daquela empresa para criar uma experiência única para o turista. Isso aumentará a competitividade. O Brasil e em particular a Serra Gaúcha estão equiparados às boas ofertas enoturísticas do mundo, vale viver uma experiência aqui. Os territórios também estão se qualificando e oferecendo distintas experiências.

Nas vinícolas menores, que acabam sendo as cerejas do bolo que podem realmente fazer a diferença, é importantíssimo todo o cuidado com a experiência para que ela seja inesquecível e fidelize o visitante. Elas precisam de apoio e informação para cumprirem bem o seu papel.
I.F. — Sim, não pode faltar apoio com informação. O projeto do Sebrae funciona com uma equipe de cerca de cinco consultores. Um deles é o arquiteto, que trabalha com a adequação da estrutura, numa proposta que não é uma intervenção. Não se fala em grandes investimentos em construção, até porque vivemos um momento economicamente complicado. Cabe ser realista, não dá para chegar e dizer que se deve refazer toda a vinícola, mas aquela adequação que qualifica a experiência: a disposição, a iluminação, o ajardinamento, o paisagismo, o mobiliário. Também temos uma historiadora que trabalha com propostas de resgate da história que precisa ser contada — porque as pessoas se interessam por isso, que alguns omitem às vezes por desconhecimento, incompreensão da importância ou até vergonha. E é sempre tão bonito! As histórias são belíssimas por serem histórias de superação, acima de tudo.

Há uma consultora de gastronomia para qualificar o pessoal nessa parte: a degustação não deveria ser só com o vinho, sem comida. Procura-se deixar claro que também é bom criar acima desta faixa padrão. Uma tábua de produtos regionais seria outra faixa, na qual seria possível oferecer uma experiência mais qualificada. Há vinícolas com restaurantes que oferecem uma proposta ainda mais elevada. Depois, é possível se trabalhar com marketing digital. Para uma pequena vinícola que não consegue contratar uma assessoria de imprensa e de comunicação, porque impactaria muito o orçamento, é possível trabalhar com o marketing digital de uma forma qualificada. Para isso existe também uma assessoria.

Depois entramos com o calendário de ações e eventos, e a empresa precisa entender que é necessário criar ações ao longo do ano para estimular a primeira visita ou o retorno de alguém. A ação não precisa ser um grande e custoso evento. Bastaria o lançamento de uma safra, uma degustação vertical ou uma conversa com o enólogo da empresa orientado para explicar processos, castas utilizadas nos produtos da vinícola, que nem todos conhecem. Ou promover outras experiências, como piquenique no edredom, colheita ao luar, os vinhos do mundo. São experiências que foram criadas, são únicas e de fato fazem com que o turista guarde na lembrança e volte. É nisso que temos trabalhado muito com as vinícolas da Serra e do Pampa Gaúcho.

Um trabalho fundamental para as pequenas e mesmo as médias vinícolas, que são muito importantes na cadeia do enoturismo. Você poderia descrever um pouco mais esse trabalho do Comitê de Enoturismo do Ibravin?
I.F. — Realmente são as pequenas e as microempresas que normalmente mais precisam desse serviço. Ele será feito pelo Comitê de Enoturismo e o Comitê de Mercado, não podemos mais separar a oferta de experiências das demandas do mercado; desenvolveremos o plano estadual do enoturismo deixando claras as diretrizes. O comitê foi criado há mais ou menos um ano, e por um tempo a compreensão era trabalhar com os eventos integrados e integradores, como o Dia do Vinho; foi nele que começamos o debate sobre o Congresso de Enoturismo. Mas agora é a hora de avançar para que o comitê saiba das necessidades, para que o estado qualifique a oferta enoturística e busque os parceiros certos.

Hoje temos um parceiro do Ibravin e da Aenotur que é o Sebrae, atuando até por iniciativa própria no processo. Ele está atendendo em torno de 45 vinícolas pequenas e microempresas do Rio Grande do Sul nesse projeto de qualificação que expliquei. Mas, o que mais se deve fazer? Talvez ainda não tenhamos todas as respostas porque nunca sentamos juntos de fato para discutir todas as necessidades do Rio Grande do Sul em relação ao enoturismo. Por isso acredito que esse plano será de suma importância para direcionar não só as ações do Comitê de Enoturismo, mas até de outros parceiros, como as universidades. Estão faltando cursos de formação, não sabemos se de nível superior ou técnico. Talvez baste a formação profissional curta para alguém que já tenha concluído o ensino médio. Há poucos dias fui a uma vinícola que me pediu duas pessoas entendidas em enoturismo para trabalhar ali. O enólogo entende do vinho, mas não necessariamente de turismo; já o "turismólogo" entende de turismo, porém, não entende do vinho. Infelizmente a Fissul fechou o curso de enoturismo.

São essas as discussões que o comitê terá de fazer direcionando ações de estruturação, formação, competitividade e promoção. Ele deverá definir as principais necessidades e quem são os agentes a se buscar para esse apoio. Eu acredito que sem planejamento fica muito difícil unir pessoas na busca de um mesmo objetivo. Será bem importante construir esse primeiro plano estadual do enoturismo.

Em setembro teremos a Wine South America em Bento Gonçalves, uma importante feira de negócios na maior região produtora do Brasil, além da realização do Congresso Latino-Americano de Enoturismo. Qual a importância desses eventos para o enoturismo?

I.F. — Em junho será o Congresso de Enoturismo e em setembro a Wine South America. Eu vejo esses eventos como uma oportunidade para o desenvolvimento, no plano nacional, do enoturismo, que precisa transcender o aspecto regional. Para isso é importante que o Ministério do Turismo e o Sebrae nacional aportem recursos desenvolvendo o enoturismo nacionalmente. O envolvimento do Ibravin, e da Aenotur agregaria muito ao processo, mas é fundamental um olhar nacional para a questão. Enquanto o enoturismo for algo regionalizado no Sul, ele perderá a força da visão global.

Voltando à realização do Congresso Latino-Americano de Enoturismo aqui em Bento Gonçalves, a ideia surgiu quando eu estava na Secretaria de Turismo. Este é um congresso nascido de uma iniciativa local que se internacionalizou. Já aconteceu duas vezes na Argentina, uma vez no Uruguai, outra na Espanha, em Portugal e na Itália, e agora volta para a América do Sul. E isso é muito bom, porque conseguimos criar um fórum de discussão do enoturismo no plano global. A Organização Mundial do Turismo (OMT) há dois anos realizou uma Conferência Mundial do Enoturismo. Nossa intenção na Aenotur é trabalhar mais em conjunto com a OMT e também com a OIV. O congresso tem a missão de formar conceitos sobre o enoturismo. Começou definindo o que seria o enoturismo, se aprimorou com o trabalho sobre o composto da oferta, a promoção, e agora a principal temática dessa edição será trabalhar a venda direta ao consumidor. De um modo geral, as pessoas ainda não sabem como vender direto ao consumidor.

No passado recente havia o intermediário do turismo com suas lojas e vendedores sem qualificação específica para o tema. Hoje há uma aproximação com o público consumidor, e é preciso saber como efetuar a venda. Como qualificar as pessoas? Como fazer para que o visitante se torne posteriormente um consumidor fidelizado? É preciso criar canais de comercialização direta acessíveis, porque o enoturista é um cliente potencial que não pode ser desperdiçado. E na maior parte das vezes isso acontece porque nada se faz na pós-venda ou na pós-visita. São esses os temas do congresso. O resultado das discussões estará disponível nas várias publicações e também no site da Aenotur, que em breve será lançado. A intenção é criar um banco de informações e um fórum de debates, visto que temos muito pouca publicação sobre enoturismo, e disponibilizar para o Brasil e para o mundo.

Em relação a Wine South America, eu diria que é muito importante sua realização na região onde temos a maior oferta enoturística. Com certeza esses dois eventos ajudarão muito o desenvolvimento do enoturismo. Para o Congresso de Enoturismo estamos trazendo representantes dos governos federal e estadual, do Ministério do Turismo, da Câmara dos Deputados, Embratur, Secretaria de Turismo etc., a fim de debater e para que as responsabilidades sejam assumidas em conjunto. Para aumentar a competitividade do turismo no Brasil não bastará apenas o trabalho do Ibravin, das vinícolas e da Aenotur. Nós temos clareza de que será preciso um trabalho conjunto para levarmos adiante a bandeira. Essa não pode ser só mais uma iniciativa do Sul, daí a importância do congresso. Ele será conceitual, trazendo toda uma nova base teórica. Aprenderemos com as boas experiências de Europa, América do Norte, América do Sul e do próprio Brasil, mas também tentaremos aproveitar o momento político, que será oportuno para angariar mais força para a nossa visão. Eu acho que será um momento bem positivo.

No comitê de enoturismo do Ibravin as vinícolas estão presentes?
I.F. — Sim, com as rotas turísticas, regiões e associações. Por exemplo, há a Associação dos Vinhos da Campanha, o Vale dos Vinhedos, o poder público. Nas associações estão os proprietários de vinícolas, de hotéis; há também o Sindicato da Gastronomia e da Hotelaria. Eu acredito que a representação do setor é bem interessante. Em alguns momentos nos juntamos com a Comissão do Mercado, que é só de vinícolas, para trabalhar estrategicamente e não nos atermos só à visão da oferta.

O IMPACTO DAS TECNOLOGIAS EMERGENTES NOS NEGÓCIOS E AS NOVAS FERRAMENTAS DA PUBLICIDADE ON-LINE

Entrevista com Marcos Figueira,
sócio da consultoria de marketing e
branding WyseGroup e professor dos MBA's da FGV

Rio de Janeiro, março-abril de 2018

*Abrir uma garrafa é sempre como abrir um presente.
Pode-se tentar adivinhar o conteúdo, mas será sempre
uma surpresa. Acho essa característica do produto vinho
uma tremenda vantagem no comércio eletrônico.*

MARCOS FIGUEIRA

Marcos, antes de entrarmos no assunto específico do e-commerce gostaria que você falasse sobre sua trajetória profissional, sua atividade como professor dos MBA's da FGV e também sobre sua consultoria de marketing e branding.
Marcos Figueira. Eu tive a sorte de me encontrar na profissão ainda cedo. Aos 20 anos já trabalhava com publicidade e propaganda. Desde então trabalhei somente em áreas correlatas ao marketing. Atuei em empresas de diversos segmentos no Brasil e no exterior. Quando estava chegando aos 40 anos, pensei que era hora de me preparar para passar o bastão. Sempre tive um desejo, ou chamado, para a área acadêmica. Procurei então preencher essa "lacuna acadêmica". No final do mestrado na FGV fui convidado para desenhar uns cursos para a instituição. Durante o doutorado fui convidado para ministrar aulas nos MBA's e não parei mais. Já se vão aí uns sete anos em docência. Mas continuo à frente da minha consultoria, porque acho que essas experiências se complementam. Hoje, no Wyse Group, estamos focados nas questões de transformação digital e aceleração de negócios. Procuramos ajudar as empresas em suas necessidades de marketing, principalmente no que diz respeito a consolidar as suas operações on-line e a escalar suas vendas.

De maneira geral, por que seria importante para um negócio de vinhos ou de qualquer outro produto ou serviço estar presente no comércio eletrônico? É uma boa estratégia investir no e-commerce?
M.F. — Os hábitos dos consumidores vêm mudando rapidamente. O e-commerce é um caminho sem volta, e ficar de fora dele representa uma desvantagem competitiva importante. Enquanto uma loja física tem sua operação restrita a um raio específico e ao atendimento em horários determinados, uma operação on-line pode atender 24/7, ou seja, 24 horas por dia, sete dias por semana, atingindo diversos mercados, seja numa região geográfica maior, seja para um público mais diversificado. Além disso, é importante considerar que há outros concorrentes on-line que estão a todo o momento ofertando produtos ou serviços na sua área de atuação, para o seu mercado, e você não está competindo no mercado deles. Essa é uma das desvantagens competitivas a que me refiro. A concorrência, portanto, é inevitável. A questão maior é se o varejista reagirá ou se deixará vencer pelos *players* do seu segmento que já operam no mercado on-line.

Você diria que um varejista que não participa do comércio eletrônico estará em posição estratégica desvantajosa em relação a seus concorrentes diretos?
M.F. — Eu não tenho a menor dúvida. Já podemos perceber claramente, em diversos segmentos, uma migração dos pequenos negócios do varejo físico para o on-line. Esse movimento não está relacionado somente à crise brasileira, pois acontece simultaneamente em Manhattan, Paris, Londres e outras tantas grandes capitais do mundo que não estão atravessando crises econômicas. Isso é um processo inexorável. Claro que a mudança do varejo físico para o on-line se subsidia também nos custos do metro quadrado dessas capitais. Em cidades que passaram por crises recentes, como Madri, por exemplo, ou mesmo em diversas cidades brasileiras, o fenômeno é ainda mais perceptível. Em resumo, a crise pode até acelerar o processo para o varejo digital, mas é um caminho sem volta.

Como foi a evolução do comércio eletrônico no Brasil nos últimos quatro ou cinco anos? Em termos de valores, que patamar foi atingido? O volume de pedidos está crescendo satisfatoriamente? E o tíquete médio?
M.F. — No Brasil, o comércio eletrônico vem crescendo a dois dígitos por ano há quase 10 anos. O único ano em que cresceu "somente" 8% foi 2016, quando a economia brasileira amargou uma perda considerável de quase 4% do PIB. Já em 2017 o e-commerce brasileiro voltou a retomar o fôlego e aos dois dígitos, crescendo 12%. Isso representa R$ 60 bilhões de vendas.

O tíquete médio geral vem crescendo lentamente com algumas oscilações pontuais. Em 2017 ficou próximo de R$ 300,00. Tais oscilações são justificadas não só pela crise que atravessamos como também pela mudança do perfil de usuários. A classe C está cada vez mais se familiarizando com o consumo on-line e se fazendo presente em diversos segmentos.

Quais são os meios de acesso e de pagamento geralmente utilizados? Quais são os principais motivadores para a compra on-line e a maior preocupação dos consumidores que desmotivam a compra on-line? O receio de não receber o que comprou, ou o fato de não ver ou experimentar o que está comprando?
M.F. — Sem sombra de dúvidas, pela sua conveniência, o cartão de crédito se consolidou como o meio preferido para compras on-line. Os consumidores estão mais conscientes quanto à reputação dos varejistas on-line, e as entidades de proteção aos consumidores, como a Associação Brasileira de Defesa do Consu-

midor (Proteste) e o Programa de Defesa e Proteção do Consumidor (Procon), estão se fortalecendo. Essa "garantia" dá aos consumidores on-line uma sensação de segurança muito positiva para o crescimento do comércio eletrônico. Evidentemente alguns produtos que dependem muito da experimentação enfrentam um desafio a mais para convencer os consumidores. Itens como cosméticos, por exemplo, sofrem muito com a necessidade prévia de se experimentar.

Os consumidores de vinhos são um caso atípico e curioso. Mesmo quando o processo de compra ocorre em um varejo físico, há um componente de incerteza, pois sendo o vinho um produto "vivo", nunca se sabe exatamente o que ele oferecerá. Para mim, pessoalmente, abrir uma garrafa é sempre como abrir um presente. Pode-se tentar adivinhar o conteúdo, mas será sempre uma surpresa. Acho essa característica do produto vinho uma tremenda vantagem no comércio eletrônico.

Notícias divulgadas por diferentes mídias econômicas informaram que várias operações importantes de e-commerce no Brasil ainda estão no vermelho. Qual o status atual do e-commerce no país? Você concorda com essas informações?
M.F. — É preciso separar os momentos e os tipos de operação de e-commerce para entender melhor essas informações. Eu dividiria a evolução do e-commerce no Brasil em quatro grandes momentos. O primeiro foi até 2001, quando houve o *crash* na Nasdaq. Essa época pertenceu aos pioneiros desbravadores das conexões discadas com limitados recursos tecnológicos. As primeiras tentativas de comércio on-line muitas vezes se limitavam a um folder eletrônico, havia pouca ou quase nenhuma interação. Entretanto, as empresas que começaram nesse período tiveram oportunidades de vislumbrar como seria o futuro do e--commerce e mesmo o seu potencial.

O segundo momento durou mais ou menos até 2003, marcando uma era de racionalidade e reflexão na qual se discutia se o e-commerce iria acabar com as lojas físicas. Hoje sabemos que se tratava de uma premissa equivocada. Naquele momento o foco era a geração de resultados de vendas para almejar uma rodada de investimentos, ou quem sabe um Initial Public Offering (IPO). Exatamente por isso algumas empresas descobriram a necessidade de amadurecer suas estruturas, profissionalizar sua gestão e investir em governança para contar com capital externo proveniente de fundos de investimento ou investidores independentes.

No terceiro momento, que se situaria entre 2003 e 2012, houve a década de ouro do varejo. Experimentamos um longo período de expansão das vendas acima do crescimento do PIB, com taxas de crescimento anuais superando os 20%. Mais de um terço das empresas presentes no ranking de 2017 das 70 maiores do e-commerce no Brasil surgiu nesse período, mais precisamente entre os anos 2006 e 2011.

No quarto momento, a partir de 2013, já se discutia a integração entre o digital e o físico. Foi e tem sido uma época conturbada, marcada por períodos recessivos a exigir grande resiliência por parte das empresas. Ainda assim, com exceção do ano passado, o e-commerce tem conseguido manter uma taxa de crescimento acima dos dois dígitos. A abertura de capital da Netshoes em 2017, por exemplo, indicou uma nova oportunidade de captação de recursos e um sopro de otimismo para o mercado.

Nesse quarto e atual momento, o Brasil tem conseguido atrair investimento inclusive de fundos e empresas estrangeiras, principalmente pelo potencial consumidor que o país representa. Relevantes operações de e-commerce vêm se consolidando nestes últimos anos.

Por que alguns desses grandes empreendimentos têm feito a opção de operar com centros múltiplos de distribuição? O que pesa mais nessa decisão, as dimensões continentais do Brasil ou os nossos eternos gargalos logísticos? Lembro que os dois maiores e-commerce de vinhos operam com centro único de distribuição.
M.F. — Eu diria que as dimensões continentais do nosso país e os gargalos logísticos são os principais motivadores do estabelecimento de múltiplos centros de distribuição em diferentes regiões. São as grandes operações que contemplam esses múltiplos centros com elevada automação de processos, que envolvem elevados aportes de capital. E como em todo grande investimento o tempo demandado para atingir o ponto de equilíbrio e o *payback* é bem maior. Além disso, o fraco desempenho da economia entre 2015 e 2017 contribuiu para o atraso no retorno desses investimentos. Ainda assim, é importante assinalar que o e-commerce no Brasil mantém o crescimento contínuo há mais de uma década. Já as operações menores de e-commerce tendem a atingir o ponto de equilíbrio mais rapidamente. Então, é preciso entender de que tipo de e-commerce estamos falando.

Um dado importante no momento atual brasileiro é que cerca de 75% do volume total das vendas do e-commerce estão concentrados nas mãos de 50 lojas. Eu acrescentaria ainda que mais da metade do volume total de vendas, precisamente 51,95%, está concentrada em cinco grandes grupos: B2W, CNova, Magazine Luiza, Privalia e Netshoes. Ou seja, a estratégia de investimento, mesmo considerando o retorno em prazo mais longo, parece que está dando certo e atraindo grandes *players* para o e-commerce.

No caso dos dois maiores e-commerce de vinhos a utilização do centro único de distribuição talvez seja porque eles não são ainda tão grandes assim para justificar o uso dos múltiplos centros de distribuição.

Você mencionou a concentração das vendas provenientes do e-commerce entre um grupo seleto de empresas. Como é o desempenho dos varejistas de vinhos on-line no ranking da Sociedade Brasileira de Varejo e Consumo (SBVC)?
M.F. — No ranking geral de 2016 da SBVC podemos verificar a presença de duas operações exclusivamente on-line de vinhos (e-commerce puro ou *pure player*), que são a Wine.com e a Evino. A Wine.com subiu duas posições em relação ao ano anterior, aparecendo na honrosa 15ª posição, com um faturamento de R$ 375 milhões. A Evino, por sua vez, pulou cinco posições no ranking, e atualmente ocupa a 32ª posição, com um faturamento de R$ 100 milhões. Em 2017 essas duas empresas, segundo suas próprias informações presentes nas mídias, faturaram respectivamente R$ 402 milhões e R$ 254 milhões.

Embora esteja com dificuldades de crescimento nos últimos anos muito provavelmente pelas condições adversas da economia, eu acredito que o mercado brasileiro consumidor de vinhos ainda possui um grande potencial de crescimento. Basta observar o consumo *per capita* anual, que é bastante baixo quando comparado ao dos países grandes consumidores mundiais. E mesmo nesse cenário de crise econômica a Wine.com, um puro-sangue do e-commerce brasileiro de vinhos, cresceu aceleradamente, ocupando hoje a terceira posição mundial do segmento. A Evino, que é sua principal concorrente, mais que dobrou de tamanho nos últimos dois anos. Parece-me que esses dados são bastante animadores para o setor porque, conforme o consumo de vinhos no Brasil cresça, teremos inclusive o potencial para liderar mundialmente as operações de e-commerce do segmento.

VINHO E MERCADO

No ranking das 70 maiores da SBVC, onde só aparecem duas operações exclusivas de vinhos, observamos que a 70ª posição é ocupada por uma empresa multicanal com faturamento de pouco mais de R$ 1 milhão. Estaria o e-commerce puro de vinhos no Brasil muito concentrado? Seria essa a tendência, com poucas operações de grande escala e um grande número de pequenas operações puro-sangue?
M.F. — Como em outros tantos segmentos do comércio on-line, há líderes de mercado com médias e pequenas operações. O mais provável é que o comércio on-line de vinhos e bebidas se fragmente entre muitos *players* de todos os tamanhos. E nesse cenário é muito importante buscar se diferenciar da concorrência. O mais provável é que o caminho aponte para o surgimento de operações cada vez mais especializadas e segmentadas, tornando a busca de nichos essencial para se obter os melhores resultados. E aí a especialização pode ser nos serviços, nos tipos de produto ofertados, qualquer coisa que permita se destacar na multidão.

Você saberia quantas lojas on-line de vinhos estão operando no mercado brasileiro? Existe um ranking específico do e-commerce de vinhos?
M.F. — Eu não conheço um ranking específico, mas observo que já há, com certeza, algumas dezenas de lojas de vinhos on-line. Um empreendedor que esteja planejando entrar no comércio eletrônico não deveria considerar o número de *players* estabelecidos como um impedimento. A preocupação deveria se concentrar no cuidado com a sua marca, no seu posicionamento, no seu diferencial competitivo e na formulação de uma estratégia de *go-to-market* (de entrada no mercado) eficiente.

Falando de maneira ampla, já que gargalos podem estar presentes em qualquer tipo de operação, quais seriam os principais gargalos do e-commerce no Brasil?
M.F. — A burocracia do sistema fiscal é sem dúvida um grande complicador, mas isso não acontece somente com o e-commerce. De qualquer modo, hoje já podemos contar com sistemas de gestão, dos mais simples aos mais robustos, que facilitam o processo de controle de estoques, pedidos de compra, emissões de notas fiscais etc. Do mesmo modo, a conciliação bancária está bastante automatizada, pois os sistemas embarcados nos *gateways* de pagamento se encarregam da gestão dos recebimentos. Isso ajuda na gestão de uma burocracia fiscal realmente absurda.

O maior gargalo na atualidade, contudo, está relacionado à logística para a entrega dos produtos, porque até agora somente os Correios possuem a capilaridade necessária para entregas porta a porta com cobertura nacional. E os custos são bem elevados, especialmente quando se trata de remessas para as regiões Norte e Nordeste do Brasil. A solução oferecida pelos Correios talvez também não seja adequada para produtos mais pesados ou frágeis como as bebidas, por exemplo. Companhias desse segmento frequentemente utilizam empresas particulares que oferecem custos mais competitivos. Entretanto, nem sempre elas possuem a capilaridade de entrega necessária.

Informações de grandes operações de e-commerce de vinhos indicam que os Correios, por mais que se esforcem, não conseguem atendê-los de modo eficiente, obrigando-os a operar com outros modais de logística. Contudo, operações menores têm sido atendidas satisfatoriamente. Qual sua opinião sobre esse calcanhar de aquiles do e-commerce de vinhos?
M.F. — Isso é um fato. No momento não há uma solução elegante para essa equação. Os Correios possuem capilaridade, são capazes de entregar porta a porta em qualquer lugar, mas não são eficientes em escala. Mesmo operações menores deveriam considerar parcerias com operadores privados para as remessas destinadas às capitais. A operação com diferentes modais é necessária, e não vejo como o e-commerce de vinhos de qualquer porte conseguirá fugir disso.

Cada vez mais ouvimos falar em omnichannel como um facilitador para aumentar as relações e experiências com os clientes nas operações do comércio on-line. Isso é mais um modismo, ou é uma tendência?
M.F. — A agenda de transformação digital do varejo brasileiro passa obrigatoriamente pelo desenvolvimento de operações on-line sólidas. Estou me referindo às operações de e-commerce integradas às lojas físicas e com todos os outros canais de atendimento, em estruturas que reflitam uma experiência integrada e transparente para o cliente final, mas que também permita uma visão unificada dos clientes por parte dos lojistas. Isso é o que chamamos de omnichannel. Em outras palavras o omnichannel pode ser definido como um modelo de negócios com uma estratégia de conteúdo entre canais usado para melhorar a experiência dos usuários com as empresas. É uma forma integrada de pensar as relações das pessoas com as organizações.

No lugar de um trabalho em paralelo, os canais de comunicação são projetados para cooperar e construir uma estratégia de produto *cross-channel* coerente e em evolução. É um processo que vem sendo vivido pelas empresas em diferentes graus de maturidade. O uso das novas tecnologias e inteligência associado ao desenvolvimento de uma cultura digital irá proporcionar às empresas a possibilidade de identificação dos movimentos dos clientes e sua transformação em oportunidades de negócios que podem ser exploradas nos diferentes pontos de contato com os consumidores. Pesquisas recentes apontam que para 70% dos consumidores on-line entrevistados, a possibilidade de efetuar trocas nas lojas físicas de produtos comprados on-line é um atributo importante. Isso ainda representa um desafio enorme, especialmente para marcas que operam com redes de franqueados.

Fortalecer o relacionamento com os clientes em múltiplos pontos de contato e integrar esses canais para oferecer experiências mais relevantes não é um modismo, mas um caminho inexorável para o varejo no Brasil e no mundo.

O omnichannel é um tópico tão atual que merece maior compreensão. Omnichannel e multicanal seriam a mesma coisa? Você poderia explicar um pouco melhor esses conceitos?
M.F. — O termo multicanal é utilizado para empresas que utilizam múltiplos canais tais como redes sociais, web e e-mail para engajar e atrair os consumidores. As empresas que têm essa abordagem oferecem mais de uma opção, ou canal, para o cliente efetuar uma transação. Contudo, elas não estão necessariamente focadas em oferecer uma experiência amigável que conecte esses múltiplos canais e otimize o processo de compra do consumidor. Ocorre que com o passar do tempo a experiência multicanal deixou de ser suficiente para satisfazer as necessidades dos consumidores. Surgiu então o omnichannel, que oferece aos clientes interações consistentes em todas as plataformas utilizadas para efetuar compras, conectando lojas físicas e on-line aos smartphones, tablets e notebooks.

O que está definindo o futuro do mercado varejista nacional e internacional é o conceito de omnichannel, no qual todos os canais de uma marca, lojas on-line, lojas físicas, lojas de celulares e outros são integrados para atender o consumidor onde quer que ele esteja. Essa tendência é uma evolução do conceito de multicanal, pois é extremamente focada na experiência do consumidor nos diferentes canais existentes de uma determinada marca. Por meio da integração dos canais, o consumidor satisfaz suas necessidades onde e quando desejar, no momento mais confortável para ele, sem restrições de local, horário ou meio. De forma prática o consumidor pode efetuar sua compra na loja on-line, receber o produto na loja física, solicitar a troca por e-mail ou ainda acionar o suporte técnico pelo WhatsApp. O varejista por sua vez pode oferecer novos produtos ou serviços ao cliente por mensagens via SMS ou impactar esse consumidor por anúncios personalizados com produtos de seu interesse nas mídias sociais como Facebook, ou Instagram.

A principal premissa do omnichannel é portanto integrar o processo de compra do consumidor e otimizar sua experiência em diferentes canais. É imperativo que os varejistas acompanhem o comportamento dos consumidores que precisam de informações sobre marcas ou produtos, independentemente do canal que estejam sendo utilizados para buscar tais informações. O omnichannel representa a possibilidade de fazer com que o consumidor não veja diferença entre o mundo on-line e o off-line.

É importante destacar ainda que, para se alinhar a essa visão, é imperativa a consolidação dos sistemas tecnológicos em uma plataforma unificada capaz de gerenciar todos os canais de venda. Tal convergência é que permitirá ao cliente uma experiência de compra assistida e, ao varejista, oferecer sugestões de compra mais persuasivas e personalizadas.

Alguns desses grandes players *no topo da lista das mais bem-sucedidas operações de e-commerce são chamados* marketplaces. *O que são os* marketplaces *e o que eles representam? Eles são diferentes dos* one-stop-shops?

M.F. — É preciso fazer uma distinção entre *marketplaces* e *one-stop-shops*, muito embora algumas lojas sejam híbridas, e os conceitos acabem se confundindo. *One-stop-shop* é um modelo de loja onde múltiplos produtos e serviços são oferecidos. O conceito se baseia na promessa de que o consumidor encontre tudo o que precisa em uma só parada. Amazon, Submarino, Americanas, Extra etc. são exemplos de *one-stop-shops*. Esse modelo de e-commerce pode adquirir contornos de um shopping center, onde múltiplas lojas se agrupam sob um portal *one-stop-shop*, ou pode se constituir como uma loja de departamentos multimarcas.

No caso das *one-stop-shops*, a modelagem logística mais frequente é que o portal funcione como um agregador, um consolidador de vendas e pagamentos, transferindo a responsabilidade logística para as lojas que atuam de forma independente. Esse é, por exemplo, o modelo da Amazon. O portal é responsável pela venda dos produtos e repassa ao lojista a responsabilidade pela entrega. Já as Americanas, entre outros, atuam de forma híbrida. Alguns produtos são entregues pela própria loja, enquanto outros são entregues pelos lojistas parceiros. Outros tantos portais optam por atuar como lojas de departamento, concentrando os estoques de cada loja, cuidando de toda a operação, desde a cobrança ao envio do produto. Exemplo dessa modalidade de e-commerce é a Privalia, um clube de compras multimarcas.

Os *marketplaces* também se baseiam em um modelo de loja on-line em que múltiplos produtos e serviços são oferecidos. Entretanto, a oferta se limita a um nicho de mercado ou categoria. Daí talvez surja a confusão. Assim como as *one-stop-shops*, também os *marketplaces* podem adquirir contornos de shopping centers ou lojas de departamentos. Em ambos os casos, os *marketplaces* irão optar por agregar produtos de uma mesma categoria ou voltados para suprir determinada necessidade de uma indústria ou mercado em particular. Há *marketplaces* que concentram prestadores de serviços de programação, como o Workana, outros que oferecem artesanato, como o Elo7. Ainda podem-se encontrar *marketplaces* especializados em segmentos industriais que concentram ofertas de matérias-primas ou refugos, bem como uma infinidade de outras opções. De qualquer forma, convencionou-se chamar todas essas operações similares de *marketplaces*, mas do ponto de vista acadêmico é preciso fazer a distinção.

As *one-stop-shops* e os *marketplaces* fazem parte das forças aceleradoras do e-commerce em todo o mundo. Na verdade, cinco dos seis maiores varejistas on-line do país atualmente operam nesse formato. Isso possibilita abrir o sortimento de produtos e alcançar os desejos específicos de compras de um número maior de consumidores. Do ponto de vista dos pequenos lojistas e fornecedores, operar em conjunto com grandes *marketplaces* aumenta o alcance de suas ofertas e até a exposição da sua marca. Há, portanto, uma sinergia interessante a ser explorada.

Como você classificaria uma grande superfície de varejo como um supermercado, hipermercado ou "atacarejo", que faz venda on-line de vinhos? Poderíamos classificá-los como one-stop-shop *ou como* marketplaces?

M.F. — Se considerarmos a definição clássica, ainda não existe um *marketplace* de vinhos. Ele funcionaria como uma grande "vitrine" onde diferentes lojas poderiam ofertar seus produtos. Tal *marketplace* seria responsável essencialmente pelas vendas dos produtos, e as próprias lojas se encarregariam das entregas diretas ao consumidor final. Um supermercado ou hipermercado, podemos afirmar que funciona como uma *one-stop-shop* em que a venda e a remessa dos produtos são efetuadas pela mesma entidade. Destaco que não me parece que os supermercados no Brasil se dediquem aos vinhos como uma categoria de produtos em destaque. Eu até afirmaria que eles visualizam o produto vinho somente como componente de um mix de ofertas aos consumidores.

Estrategicamente você acredita que seria conveniente uma parceria entre uma pequena vinícola ou um pequeno e-commerce de vinhos com um grande marketplace? Isso os dispensaria de construir sua própria operação de e-commerce, por exemplo?
M.F. — Em particular acredito que o fato de um fornecedor ou pequeno e-commerce atuar em parceria com um grande *marketplace* não torna a sua própria operação de e-commerce dispensável. Seria mais conveniente investir nas duas frentes preservando sua autonomia e independência. Eventualmente, um lojista físico de vinhos pode até estabelecer um mix de produtos diferente para cada canal. O consumidor típico de um *marketplace* espera ali encontrar uma boa quantidade de ofertas disponíveis de diferentes fornecedores para um mesmo tipo de produto ou serviço. Não raro, ele decide sua compra influenciado basicamente pelo preço. Como em geral é mais saudável ou confortável se apoiar em estratégias de diferenciação do que ficar somente competindo por preço, seria bem mais eficaz se as empresas do setor de vinhos ou qualquer outro construíssem uma experiência on-line própria.

Pelo que foi exposto, o e-commerce no Brasil parece bastante maduro, com diversos players *importantes operando on-line em praticamente todos os segmentos. Que chances teria uma pequena loja iniciante de vinhos de competir nesse mercado on-line? Já estaria tarde demais?*
M.F. — Eu lembraria aquela máxima do "Antes tarde do que nunca". Os lojistas que abraçaram o e-commerce há cinco ou 10 anos tiveram tempo maior para aprender com os erros e continuam seu aprendizado de forma mais orgânica. Promoveram melhorias incrementais em suas lojas e ampliaram sua base de clientes de forma mais natural. Por outro lado, erraram muito, porque não havia

soluções tecnológicas prontas ou possibilidade de fazer *benchmark*. Ainda me lembro do momento em que mesmo grandes *players* do varejo processavam os cartões de crédito manualmente, utilizando o modelo de assinaturas em arquivo. Não há mais espaço ou necessidade disso. Está disponível no mercado uma miríade de soluções de pagamento capazes de processar desde cartões de crédito, débito, boletos, até as moedas digitais como os bitcoins. Os sistemas antifraudes melhoraram muito, e o mais importante é que também mudou o comportamento dos consumidores. Hoje uma grande parcela dos consumidores efetua sem maiores receios suas compras on-line com cartão de crédito.

Os pioneiros do e-commerce erraram muito, e errar custa muito caro. Eles tiveram desvantagens e vantagens, sendo a maior delas, em minha opinião, o que o marketing chama de *share of mind*. Quero dizer com isso que muitas se tornaram referências na cabeça dos consumidores. Desbancá-las irá requerer um esforço adicional por parte dos entrantes, o que também custa muito caro.

Mas ainda é baixa a presença das grandes empresas do varejo brasileiro no mercado on-line. Eu acrescentaria que mesmo entre as maiores do ranking da SBVC é possível encontrar várias empresas com pouco tempo de operação on-line.
M.F. — Sim, se analisarmos as 300 maiores empresas do varejo brasileiro constataremos que somente cerca de 40% delas, ou 119 empresas, estão operando no mercado on-line. Sobre o pouco tempo de vida na operação on-line, vale ressaltar que oito das empresas listadas no ranking das 70 maiores do e-commerce brasileiro iniciaram suas operações on-line nos últimos dois anos. O crescimento dessas operações mesmo em um momento de profunda crise econômica vivida pelo país mostra que ainda há boas oportunidades para o desenvolvimento de novos negócios no ambiente digital. Não é simples, mas os lojistas físicos que desejarem implementar um e-commerce encontrarão soluções prontas, muito eficientes para todos os níveis de orçamentos. Há sistemas de e-commerce profissionais e consolidados, tanto proprietários, como o VTEX, quanto gratuitos de código livre, como o Magento. Existem ainda diversas consultorias e agências especializadas que podem construir uma operação de e-commerce, desde a mais simples até as mais complexas.

Quais seriam as diferenças, as vantagens e desvantagens de um sistema proprietário e de um sistema de código livre? A indicação para a utilização de um ou outro é em função do tamanho da operação que se quer montar?

M.F. — O que existe são bons e maus projetos. Na prática, operações de grande porte contam com equipes internas próprias que frequentemente já escolheram os seus sistemas de ERP (sistemas de gestão). A integração de um sistema de e-commerce com um sistema de ERP é um ponto extremamente sensível do projeto. Em operações de grande porte a tomada de decisão passa pelo pessoal de tecnologia da informação (TI), que na maioria das vezes prefere uma solução de ERP que já venha com um pacote de e-commerce. Essas soluções são geralmente proprietárias. Nem sempre são as melhores nem as mais econômicas, mas são as mais seguras do ponto de vista de responsabilidade da escolha.

Outro caminho seria optar por um sistema de código aberto, como o Magento, e integrá-lo a um ERP existente. Em minha opinião, essa é uma opção muito acertada, visto que a plataforma é a mais utilizada no mundo e possibilita a integração por meio de protocolos também abertos. Costuma ser também a opção mais econômica, e mantém a independência de sistemas proprietários. Em alguns casos, há plataformas de e-commerce proprietárias especializadas na vertical daquele segmento. Alguns varejistas preferem escolher uma solução que esteja mais pronta para o uso. No caso, trocam a flexibilidade e a independência pela velocidade de implantação. Cada situação é um caso à parte que demanda análise compatível com a estratégia do negócio.

As duas grandes operações on-line exclusivas de vinhos presentes no ranking das 70 maiores da SBVC tiveram taxas de crescimento muito elevadas nos anos recentes, às vezes duplicando suas operações anualmente. Isso é comum no varejo on-line?

M. F. As grandes e tradicionais operações on-line geralmente crescem a taxas bem menores que os exemplos citados. O crescimento com taxas elevadas tem se dado no varejo especializado, no qual as empresas encontram boas oportunidades de desenvolvimento a partir da oferta de produtos e serviços de nicho ou segmentados, a partir do entendimento das necessidades e dos desejos específicos dos seus públicos-alvo. Em minha opinião, essa pode ser uma excelente porta de entrada para os novos *players*. Buscar a diferenciação e segmentar são estratégias alternativas extremamente valiosas.

Você mencionou sistemas antifraude. Como funcionam esses sistemas? Há muitas fraudes no e-commerce brasileiro?
M.F. — Infelizmente há fraudes no Brasil, e os nossos números não são muito diferentes daqueles do mercado internacional. As lojas on-line mais afetadas são as que ofertam produtos que podem ser revendidos com enorme facilidade, como os aparelhos eletroeletrônicos, alguns itens de vestuário, cosméticos e afins. Enfim, todos aqueles produtos que possam ser convertidos em dinheiro facilmente.

Os sistemas antifraudes são softwares terceirizados integrados a uma loja on-line que avaliam em tempo real, no exato momento em que o consumidor está efetuando a compra, o risco daquela transação. Esses sistemas utilizam algoritmos cada vez mais sofisticados que analisam dezenas ou centenas de parâmetros, como o perfil de compra do usuário, sua localização, horário e tipo de endereço de entrega. Alguns sistemas mais sofisticados levam em consideração até o tempo que o usuário leva para digitar determinados campos do formulário. Além disso, ainda podem fazer o cruzamento com outros bancos de dados que podem resgatar o histórico daquele consumidor. Esses sistemas estão se tornando indispensáveis, pois oferecem aos lojistas desde uma simples avaliação do risco daquela transação, até uma análise mais detalhada ou mesmo um seguro no caso de fraude.

Você poderia citar empresas que efetuam esse tipo de serviço?
M.F. — Atualmente existem diversas soluções ofertadas por *players* tradicionais como ClearSale, F-Control, Neural Risk Persona e, ainda mais recentemente, soluções integradas às próprias adquirentes, como Cielo, Stone, Rede e outros. Ou seja, essas empresas não só processam os pagamentos, mas oferecem também a gestão do risco. Como os preços e soluções variam bastante, é importante conhecer melhor as opções possíveis.

Parece-me bem complexo para um pequeno lojista investigar e conhecer todas as opções, plataformas, adquirentes, sistemas antifraude. Qual seria o melhor caminho?
M.F. — O melhor caminho a seguir para um pequeno lojista que deseje operar on-line é procurar uma empresa que possa auxiliar no projeto, seja oferecendo apenas uma consultoria, seja no desenvolvimento total da loja em si. Uma equipe

experiente poderá ajudar em todo o processo, indicando os fornecedores mais adequados de acordo com as necessidades específicas, o prazo e, mais importante, o orçamento disponível. Algumas consultorias oferecem ainda contratos de manutenção e treinam a equipe que vai operar a loja on-line. Isso é importante, pois, de forma análoga, uma loja on-line é um sistema como o laptop que você utiliza. Eventualmente seu computador precisa ser reformatado, atualizado etc. Uma loja on-line também precisa de manutenção frequente. Isso para não falar em atualizações com imagens e *banners* sazonais, cupons de ofertas, eventuais dúvidas operacionais da sua equipe etc.

Você poderia dar algumas dicas ou segredos para aumentar as chances de sucesso de uma pequena loja de vinhos on-line?
M.F. — A recomendação geral que funciona para qualquer tipo de negócio, seja on-line ou off-line, é o planejamento prévio. Resumindo drasticamente, é desenvolver um produto ou serviço adequado, corretamente precificado, para se apresentar a um público bem definido que reconheça *valor* na sua oferta. Nessa fase, há todo um arsenal de planejamento estratégico e de marketing a ser utilizado. São modelos para determinar o posicionamento da marca e dos produtos, mapear o mercado do ponto de vista da concorrência, determinar a segmentação, identificar os *buyer personas* (personagens fictícios que representam o perfil comportamental dos clientes reais), entender a jornada de compra do consumidor, a linha de comunicação etc. É muito importante investir todo o tempo necessário no planejamento para não perder tempo e dinheiro na execução.

Em relação ao empreendimento on-line em si, temos comprovado que a recompra é absolutamente fundamental. Claro que o consumo recorrente é importantíssimo para negócios tradicionais também, mas quando falamos de e-commerce a fidelização dos clientes é peça vital na sustentação e no crescimento do negócio. Por isso mesmo é que vemos varejistas consagrados criando clubes de compra como os clubes de vinhos, e outras tantas iniciativas de fidelização com o objetivo de aumentar o tíquete médio e a compra recorrente. De qualquer modo, para haver a fidelização é necessário que antes conquistemos a primeira compra. Se não houver um consumidor não teremos quem fidelizar. É importante a formulação de uma estratégia de comunicação para primeiramente divulgar o negócio e em seguida converter esse visitante em cliente.

Campanhas de *brand awareness*, ou divulgação da marca, são fundamentais especialmente no início da operação. O objetivo de tais campanhas é, de forma geral, atingir o maior número possível de pessoas qualificadas. No que tange às campanhas no ambiente on-line, elas podem ser utilizadas ainda para validar as premissas acerca dos *buyer personas* e público-alvo, estabelecidos na fase do planejamento. Hoje há ferramentas que nos permitem identificar que tipo de público está mais sensibilizado ante aquela mensagem, oferta e marca. A partir da análise desses dados é possível determinar de forma mais precisa os consumidores que deverão ser impactados na fase das campanhas de performance, ou seja, nas campanhas com foco em vendas.

Não é incomum identificarmos públicos e comportamentos que não haviam sido previstos na fase inicial. Para exemplificar, de forma simples, foi estabelecido na fase de planejamento de um projeto que coordenamos, que o público consumidor de determinado produto seria de alta renda, do sexo masculino e apaixonado por turismo de aventura. Na fase da campanha de *brand awareness*, identificamos determinado grupo do sexo feminino que não tinha renda própria e que gostava de assuntos ligados a gastronomia que era o segundo grupo que mais se interessava pela oferta. Esse segundo grupo não estava contemplado no planejamento inicial, mas a partir dessa análise foi incluído na campanha de performance, voltada para as vendas efetivas. Na sequência, uma pesquisa qualitativa com esse segundo grupo revelou que as mulheres exerciam forte influência no comportamento e na jornada de compra desses homens inicialmente selecionados. Muitas vezes eram elas as responsáveis pela decisão da compra. Sem essa campanha e essa análise, teríamos deixado de fora um importante grupo consumidor.

A taxa de conversão das lojas on-line está em torno de 1%. Isso não é baixo? Como é possível melhorar esse Key Performance Indicator (KPY, ou indicador-chave de desempenho)?

M.F. — Só para esclarecer, a taxa de conversão é um importante indicador de performance, pois reflete a taxa do número de visitantes pela quantidade de vendas efetivadas. No caso, significa que para cada 100 pessoas que trazemos à loja on-line geramos uma venda. Segundo o Serasa Experian, em 2015 a taxa de conversão média era de 1,44%. Em 2016, com o aprofundamento da recessão, a taxa caiu para 1%. É importante observar que isso é uma média geral do e-commerce brasileiro, devendo ser considerado apenas como referência.

Na jornada de compra on-line há diversos pontos críticos que nós chamamos de "momentos da verdade". Há o momento em que o potencial cliente decide clicar em um anúncio. Outros em que ele chega ao website, coloca um produto no carrinho, preenche os dados para compra etc. Nos pontos que dizem respeito à loja on-line, a experiência do usuário é um fator crítico de sucesso. Essa experiência começa logo que o cliente acessa a loja on-line. Um estudo do Google, publicado em 2017, constatou que um website ou loja on-line que leva mais de quatro segundos para carregar perde cerca de 40% do seu tráfego! Além disso, para cada segundo a mais de espera, há uma queda de 20% na taxa de conversão. Isso ocorre antes mesmo que qualquer contato visual com o website ocorra.

Uma vez carregada a primeira tela, a tomada de decisão pelo visitante, se ele continuar a navegação, é feita em menos de 250 milissegundos, ou seja, em uma piscada de olhos. Então a pergunta que se aplica aqui seria: o que é possível absorver em tão pouco tempo. Certamente não é possível ler sequer um título, muito menos um texto. Também não é possível admirar todas aquelas belas imagens que se alternam em efeitos de *fade-in* e *fade-out*. Tudo o que o visitante consegue absorver em uma piscada de olhos é a percepção, que pode ser positiva ou negativa. Segundo estudos acadêmicos recentes, a percepção é formada a partir de aspectos visuais como clareza, equilíbrio, arejamento, concisão etc. Outros aspectos prévios como confiança ou reputação da marca também podem interferir na percepção positiva, ou negativa.

Outro momento crítico da verdade acontece quando o cliente coloca um produto no carrinho. Três em cada quatro visitantes irão abandonar o carrinho de compras. Isso se dá por diferentes motivos, muitos associados à possibilidade de usar a loja on-line, seja por incluir muitas etapas até a conclusão da compra, seja por exigir muitas informações do visitante ou por exigir senhas etc. Além de questões relacionadas à possibilidade de uso, também se destaca como razão para o abandono do carrinho o custo do frete. Cuidar desses momentos críticos da verdade e mitigar os seus efeitos negativos são o segredo para melhorar a taxa de conversão e estimular a recorrência.

Outro tópico do momento é o marketing digital. Afinal, o que é marketing digital? Quais os potenciais benefícios para as empresas?
M.F. — Antes de tentar definir o marketing digital, vamos determinar o que o marketing digital não é. Em primeiro lugar, ele não é "venda". Vendas represen-

tam o resultado direto e necessário de ações do marketing digital. Entretanto, estratégias de marketing digital efetivas devem sempre buscar estabelecer um relacionamento prévio com o consumidor antes que a venda aconteça. O princípio aqui é claro: as empresas querem se valer do marketing digital para impulsionar suas vendas, mas somente através da construção de relacionamentos o marketing digital pode alcançar o potencial pleno do processo de vendas. Não devemos olhar a venda como um ato isolado, mas como a consequência óbvia de um processo de relacionamento e engajamento entre o consumidor e a marca. A partir daí, o valor futuro do cliente (*lifetime value*) passa a ser exponencial, senão infinito.

Em segundo lugar, o marketing digital não é *branding*. As pessoas podem facilmente confundir a construção de relacionamento com *branding*, mas são conceitos distintos. A American Marketing Association define marca, ou *brand*, como um nome, sinal, termo, símbolo ou design, ou uma associação de vários desses elementos, com o intuito de diferenciar um produto ou serviço de seus concorrentes. Por isso mesmo, não devemos nos referir a logotipos como marcas. Marcas são percepções advindas de experiências muito mais amplas, da qual o logotipo também faz parte. A identidade corporativa como um todo, as cores, a decoração dos pontos de venda, o atendimento e tudo que circunscreve o contato do consumidor com a marca são o que irão formar a chamada "percepção da marca", ou *brand awareness*. O *branding* trata exatamente do gerenciamento desses pontos de contato entre consumidor e marca, de forma a estabelecer uma imagem distinta e positiva que estimule o engajamento, a identificação e, por que não, a simpatia. Já o marketing digital tem como objetivo catalisar e amplificar a qualidade desse engajamento para criar uma conexão duradoura entre o consumidor e a marca. O *branding* seria responsável por projetar sua casa para que ela seja bela, agradável e aconchegante; já o marketing digital ficaria responsável por convidar pessoas para jantar, conhecê-las melhor e construir um relacionamento de longo prazo baseado na amizade e fundamentado em valores de reciprocidade.

Em terceiro lugar, o marketing digital não é publicidade. A publicidade tradicional é unidirecional, de cima para baixo. Ela "empurra" um produto, serviço ou oferta para um grupo de potenciais clientes que a empresa acredita ser o *target* (público-alvo) daquela ação. O marketing digital, por sua vez, é em geral baseado no princípio da atração. Ele busca alinhar seus interesses aos interesses do seu público-alvo, criando uma conversa, uma sinergia que beneficie ambas as partes.

É importante registrar que, embora o objetivo da publicidade tradicional seja em sua essência ser vista e ouvida, ela tem o seu valor, em especial para as grandes marcas que precisam alcançar uma miríade de audiências com características demográficas e comportamentais distintas. Ela pode ser utilizada em conjunto com o marketing digital com grande efetividade se for orquestrada corretamente. O marketing digital, por sua vez, assim como em um relacionamento entre duas pessoas, precisa antes conhecer e compreender a outra parte para então passar sua mensagem.

Mas, afinal, o que seria marketing digital? A American Marketing Association define marketing como a atividade, o conjunto de instituições e processos construídos para criar, comunicar, entregar e promover a troca de *valor* para consumidores, clientes, acionistas, associados e a sociedade em geral. Observe com atenção a definição proposta. Ela não se refere diretamente a venda, mas a *valor*. *Valor* é uma percepção. De forma ampla, o marketing digital se baseia na construção de relacionamentos entre consumidores e marcas, de modo a garantir o aumento da percepção de *valor* por parte dos consumidores. Compreender o paradigma da construção de relacionamentos é essencial para uma estratégia de negócios bem-sucedida no ambiente on-line.

O conceito do marketing digital não difere do conceito do marketing tradicional somente pelo ambiente on-line *versus* off-line. Na verdade, trata-se de uma completa mudança de paradigma. A forma e a natureza do engajamento entre o consumidor e uma marca mudaram drasticamente nos últimos anos. Os consumidores não interagem mais com marcas, mensagens e anúncios como costumavam fazer na era pré-internet. Hoje os consumidores são impactados sistematicamente por opiniões e indicações de amigos em redes sociais, em grupos de mensagens, websites de avaliações como Trip Advisor, Reclame Aqui e tantos outros. A publicidade tradicional, que antes conseguia empurrar sua mensagem, hoje encontra a resistência dos comentários e opiniões de outros consumidores. E adivinhe: a opinião deles prepondera sobre a mensagem publicitária.

Recentemente o Facebook reduziu o alcance de posts orgânicos gratuitos para páginas corporativas. Qual sua opinião sobre isso e sobre as mídias sociais em geral? Ainda é preciso investir em mídias digitais?

M.F. — É preciso que se compreenda que as mídias sociais representam a oportunidade da construção de relacionamentos entre consumidores e marcas. A maioria das empresas se limita a responder aos eventuais questionamentos dos usuários. Isso é o mínimo que se espera. O racional nisso é muito simples: as pessoas preferem fazer negócios com quem conhecem e em quem confiam. Outras marcas se resumem a postar unicamente produtos e ofertas. São como aqueles conhecidos que só o procuram para pedir alguma coisa, nunca para oferecer nada. Isso também não é uma conduta apropriada na vida pessoal nem tampouco como estratégia corporativa.

A atuação nas mídias sociais requer o desenho de uma estratégia social, a definição de uma linha editorial apropriada, o estabelecimento de um *branding voice*, a voz da marca, ou a forma mais adequada de falar com os consumidores. Se a estratégia for bem desenhada, a empresa pode se beneficiar das mídias digitais, pois elas representam um importante canal de relacionamento com clientes e consumidores potenciais. Diversos estudos e pesquisas já identificaram que os consumidores confiam mais em seus amigos e conhecidos próximos que nos anúncios tradicionais aos quais já nos acostumamos.

Então os anúncios não valeriam mais nada?

M.F. — Claro que não! Os anúncios exercem um importante papel na disseminação das informações e novidades por diversas redes de relacionamento distintas de modo simultâneo. Anunciar um produto ou serviço é fundamental para que a mensagem atinja grande número diversificado de indivíduos, aos quais não teríamos acesso somente por meio da nossa rede de contatos. As redes sociais prometem ainda que o relacionamento com os consumidores de uma marca se torne mais personalizado e até intimista. As organizações estão descobrindo que esses canais podem vir a representar a obtenção de conhecimento aprofundado dos desejos e anseios dos seus clientes. Podem ainda criar um vínculo mais profundo entre o consumidor e a marca, aumentando com isso a fidelização. Se os dados coletados pelas empresas forem bem administrados e analisados, anteciparão tendências e fornecerão ideias para novos produtos cada vez mais adequados aos seus clientes.

Quando você fala de coleta de dados isso me remete ao Big Data. Qual a relevância do Big Data nesse ambiente on-line?

M.F. — Hoje as nossas atividades, os nossos hábitos, deixam rastros que fornecem um gigantesco volume de informações que, de forma direta ou indireta, podem ser utilizado pelas empresas. Quando utilizamos o Waze, ou o Über, estamos fornecendo aos sistemas dados sobre onde moramos, nossas rotas mais frequentes, nosso raio de convivência. Quando utilizamos nosso cartão de crédito ou o aplicativo do banco, fornecemos informações de como gastamos nosso dinheiro ou, de forma mais gerencial, dizemos ao sistema o que nos interessa. Quando fazemos compras nos supermercados, fornecemos dados de modo granular sobre como nos alimentamos, quais os produtos que compõem nossa cesta de consumo e com que frequência os adquirimos.

Todos esses dados estão espalhados por diferentes bancos de dados. Sistemas tecnológicos baseados em Big Data que dispõem de algoritmos cada vez mais sofisticados são capazes de cruzar as informações espalhadas em todos esses diferentes bancos de dados e compor um perfil extremamente detalhado sobre os hábitos e comportamentos de compra dos consumidores. Não que você seja identificado de forma individual, mas se formam *clusters* (grupos) com perfis similares ao seu que podem, por exemplo, ser acionados por ações publicitárias.

Quem está envolvido com o comércio eletrônico também pode contar com sistemas de precificação dinâmica, capazes de monitorar os preços da concorrência em tempo real, e se autoajustar de acordo com regras pré-determinadas. Já se encontram disponíveis no mercado sistemas ainda mais sofisticados de precificação inteligente capazes de monitorar e precificar centenas ou milhares de produtos de forma automática, com foco não somente nos preços praticados pela concorrência, mas considerando ainda a obtenção do melhor retorno sobre o capital investido (ROI). Esses sistemas oferecem a análise preditiva, pois podem estimar o efeito de uma possível variação dos preços nas vendas. Nem sempre o menor preço gera mais vendas e maior lucro. Calcular o preço ótimo é a chave para o sucesso de um negócio. O preço ótimo não é aquele que necessariamente traz mais vendas, porém, maior lucro. É uma tarefa impensável para ser executada em tempo real por seres humanos. Tudo isso que foi relatado só é possível graças às novas ferramentas tecnológicas, ao aumento do poder computacional, aos sistemas capazes de administrar grandes volumes de dados como o Big Data.

E a publicidade on-line? Onde ela entra nisso?
M.F. — Eu iniciei minha carreira no marketing em meados da década de 1980. Olhando pelo retrovisor, minha percepção acerca daquela época é de que as decisões corporativas eram tomadas em grande medida de forma intuitiva. Claro que algumas marcas se baseavam em pesquisas, assim como hoje, para balizar decisões estratégicas de posicionamento, precificação de produtos, distribuição etc., mas nada que se compare à avalanche de dados que temos hoje ao nosso dispor.

Também a publicidade vem passando por transformações muito profundas. O surgimento das mídias on-line representa uma disrupção total com o modelo de publicidade tradicional. Não somente por possibilitar o alcance para um grupo de consumidores mais preciso e, com efeito, entregar um ROI mais efetivo, mas também pela possibilidade de mensuração efetiva e incontestável.

O usual antes era comprar a atenção dos consumidores por atacado, adquirindo anúncios em revistas, jornais, rádio e TV. É evidente que os profissionais de mídia buscavam segmentar os anúncios de acordo com os públicos de cada veículo. Produtos de limpeza frequentemente eram exibidos em revistas femininas, assim como cosméticos e fraldas. Já bebidas e cigarros — ainda havia a publicidade de cigarros — geralmente eram destinados às publicações tipicamente masculinas. Embora se soubesse, não se levava em conta que muitas mulheres bebiam e fumavam, e muitos homens compravam produtos de limpeza ou fraldas. Não só os hábitos de consumo e os comportamentos vêm mudando, como hoje é possível atingir os consumidores de forma muito mais precisa como nunca antes na história da publicidade.

Naquela época analógica uma campanha pequena que envolvesse duas ou três revistas e um jornal, por exemplo, só poderia ser avaliada ou mensurada de forma geral. Algumas marcas realizavam pesquisas nos pontos de venda para investigar como os consumidores haviam tomado ciência da promoção, o que era altamente impreciso, mas oferecia uma vaga ideia de qual veículo era mais efetivo. Outras marcas dividiam as suas campanhas em épocas diferentes, privilegiando os veículos separadamente de forma a tentar identificar quais seriam os mais efetivos. Essa técnica também se provava imprecisa, pois não considerava o ciclo de vendas dos produtos, o que provocava sobreposição das vendas, ou mesmo eventuais sazonalidades entre uma campanha e outra que contemplavam diferentes veículos.

Hoje é possível saber em tempo real qual palavra-chave digitada no Google é a mais rentável; qual anúncio, entre muitos, gera mais cliques; que canal gera o melhor retorno, seja em termos de tráfego, tempo de permanência no website ou loja, vendas etc. Podemos identificar ainda que tipo de público responde melhor às nossas ofertas ou à nossa mensagem. As novas tecnologias, como o *machine-learning*, ou aprendizado de máquina, possibilitam oferecer o anúncio mais adequado para um público específico, determinado de forma automática por algoritmos cada vez mais sofisticados. De forma simples, se uma campanha conta com meia dúzia de diferentes anúncios, esses são exibidos para diferentes públicos, e o sistema vai "aprendendo" que tipo de público é mais receptivo a cada tipo de anúncio. O sistema identifica os públicos que mais executam a ação desejada, uma venda, por exemplo, e que oferecem o melhor ROI com base na associação de cada anúncio, canal em que está sendo veiculado e centenas de parâmetros demográficos, de preferência e de comportamento do usuário.

Recentemente o Google apresentou ao mercado a ferramenta de *smart-bidding*, licitação inteligente, que oferece a possibilidade de os anunciantes executarem lances automatizados para anúncios em suas propriedades. De forma simples o sistema do Google possibilita ao anunciante otimizar sua verba de forma automatizada. Uma vez definidos os objetivos da campanha, como o ROI desejado, o custo de venda etc., os algoritmos do Google tratam de se ajustar para encontrar o cliente certo para aquela oferta, pelo menor custo.

Mesmo as ferramentas mais sofisticadas de publicidade on-line como o *smart-bidding* e *machine-learning* já estão disponíveis para empresas de qualquer porte, mesmo aquelas com orçamentos mais limitados. Os maiores beneficiários da publicidade on-line são, sem dúvida, as marcas que possuem propriedades on-line e mensuram as suas conversões de forma clara, como os sites de comércio eletrônico.

Um grande desafio para os profissionais de marketing tem sido mensurar ações em que a jornada de compra dos consumidores se estende em multicanais para além do espaço on-line. É o chamado omnichannel de que já tratamos. Anunciar no Facebook e mensurar o resultado no tráfego de uma loja física têm sido um grande desafio que requer, ou requeria, implementações de dispositivos mais sofisticados como os *beacons*.

Atualmente a publicidade on-line vem sendo muito utilizada para divulgar as lojas físicas do varejo e aumentar o fluxo de consumidores. É possível mensurar a efetividade dessa ação?
M.F. — Sim. De fato, recentemente a publicidade on-line também vem sendo utilizada para divulgar o varejo físico. Estão se tornando frequentes as campanhas on-line que buscam levar o consumidor até às lojas físicas. Com a sofisticação das ferramentas de mensuração é possível avaliar um usuário que tenha visualizado um anúncio on-line, e em seguida investigar sua chegada em um ponto de venda de uma marca. Há outras experiências em curso no âmbito da transmissão da TV digital que também prometem monitorar a visualização de um comercial e a consequente visita do consumidor a uma loja física.

Qual o papel das TVs digitais? O comércio televisivo não poderia ser um aliado importante nas atividades do e-commerce?
M.F. — Claro. A TV digital pode ser um aliado importante porque possibilita iniciativas de comércio eletrônico via TV. Essas iniciativas são conhecidas como t-commerce, que, embora atinja um grupo limitado de pessoas, é uma realidade que provavelmente se tornará uma febre. O t-commerce, além de proporcionar a mesma experiência do e-commerce, atinge quem ainda não sabia que precisava do produto, e subitamente se vê diante de uma oportunidade de compra. É um consumidor potencial que está passivamente esperando pela oportunidade. Enquanto no e-commerce, ou no comércio tradicional, em geral é o cliente que vai em busca do que deseja comprar, no t-commerce ocorre o oposto. O t-commerce tem se mostrado o novo passo de inovação que as empresas de vanguarda já estão se preparando para dar. Isso será possível porque a TV digital estará cada vez mais presente no país.

    A publicidade no t-commerce poderá ocorrer de diversas formas, como, por exemplo, a apresentação de produtos ou patrocinadores no intervalo da programação, ou mesmo o uso de *banners* contínuos. Determinado programa poderá oferecer a possibilidade de o telespectador clicar em um anúncio durante a programação e até encomendar o produto. Isso já é realidade para a maioria dos usuários de TV por assinatura. Algumas vezes nem nos damos conta de que já é possível assinar novos canais ou assistir a programas e filmes pagos simplesmente clicando na opção desejada.

De modo semelhante, os conceitos de conectividade, compartilhamento e interatividade, características já assimiladas pelos consumidores nos celulares e tablets, foram levados para o público das smart TV's. Assim como naqueles dois dispositivos, elas também possibilitam o acesso a loja de aplicativos permitindo que marcas e produtos interajam com esse público que não para de crescer no Brasil. Em breve será possível levar a loja virtual existente na web para dentro desse novo ambiente, tornando o conteúdo personalizado de acordo com as preferências do cliente. Será viável explorar os detalhes do produto com vídeos de demonstração, fotos em alta definição e um processo de *check-out* simples e direto. Tudo isso feito pelo controle remoto, em poucos passos.

Internet das Coisas é outro termo que está se tornando muito popular. Como esse conceito pode se encaixar nesse quebra-cabeça e apoiar atividades de e-commerce?
M.F. — O IoT, acrônimo de Internet of Things, que em bom português é a Internet das Coisas, já está presente em muitos lugares. Está se infiltrando de forma transparente em nosso dia a dia prometendo tornar tudo mais inteligente e eficiente. As redes inteligentes, os contadores inteligentes, as geladeiras inteligentes e os carros inteligentes são apenas alguns exemplos.

A IoT possibilita acumular dados do movimento de nossos corpos com uma precisão muito maior do que as informações atuais. Com esses registros, por exemplo, será possível reduzir, otimizar e economizar recursos naturais e energéticos.

Fazendo um rápido exercício, é possível nos lembrarmos dos objetos que utilizamos diariamente para nos conectarmos à internet, como os smartphones, tablets, notebooks, desktops. Mas há outros equipamentos que se conectam à internet para realizar atividades específicas, como as câmeras de segurança, que, estando on-line, permitem que a pessoa monitore uma casa à distância ou vigie uma loja quando o estabelecimento está fechado. Também os videogames de última geração se conectam à internet.

A Internet das Coisas é uma revolução tecnológica que tem como objetivo conectar diferentes itens do nosso cotidiano à internet. Estima-se que até 2020 mais de 50 bilhões de dispositivos estarão conectados. E não apenas objetos como os já citados, mas qualquer coisa com um sensor, como máquinas de café, carros, gado, máquinas em fábricas de produção, motores a jato, brocas petrolíferas, dispositivos portáteis e muito mais. Essa rede se chama Internet das Coisas exatamente porque essas "coisas" podem falar umas com as outras, coletar dados e *insights* de *streaming*, podendo orientar as pessoas sobre a melhor maneira de usá-los em tempo real. A ideia é que cada vez mais o mundo físico e o digital se tornem um só por meio de dispositivos que se comuniquem uns com os outros, os centros de processamento de dados e suas nuvens. Aparelhos vestíveis, como o Google Glass e o i-Watch da Apple, transformam a mobilidade e a presença da internet em diversos objetos numa realidade cada vez mais próxima.

Hoje os relógios inteligentes se conectam aos nossos smartphones, que por sua vez se conectam ao rádio do automóvel, que se conectam à internet. Na verdade, os automóveis que estão no forno já possuem diversos tipos de sensores interconectados. Então imagine a seguinte situação: você está dirigindo na estrada e está sonolento, o que representa um enorme risco para sua segurança. O relógio inteligente percebe que sua pulsação está mais lenta, ou uma câmera detecta que seus olhos não estão abertos o suficiente, então o algoritmo de um sistema embarcado seleciona uma música animada em sua *playlist* e começa a tocá-la em volume mais alto. O mesmo sistema é capaz de detectar que já está na hora de você substituir os pneus, e você recebe um SMS alertando sobre a necessidade de troca, ou é impactado por um anúncio no Facebook que lhe apresenta uma oferta imperdível de pneus pertinho de onde você está. Esse é um exemplo de carro dentro de um ambiente da IoT, com acessórios on-line e agindo de maneira inteligente.

Com as tecnologias e os aplicativos de IoT as possibilidades de negócios são praticamente infinitas. A revolução será maior do que o próprio desenvolvimento do mundo on-line que conhecemos hoje. Em resumo, quando combinamos as possibilidades da IoT com volumes gigantescos de dados armazenados a partir desses sensores, gerenciados por sistemas que lançam mão do Big Data e, ainda, sistemas preditivos de comportamento dos consumidores, podemos concluir que estamos vivendo em uma época muito rica e instigante, de muitas — por que não dizer infinitas — possibilidades para as atividades de e-commerce.

DESCOMPLICANDO A IMPORTAÇÃO DE VINHOS

Plínio Simões Barbosa,
advogado, sócio fundador do Barbosa Müssnich Aragão (BMA)
e produtor de vinhos na região do Douro, Portugal

Introdução

Este texto focaliza a importação de vinhos por empresários que decidam se iniciar no setor sem experiência anterior em importações. Seu objetivo não é esgotar a matéria nem de servir de referência jurídica sobre o assunto. Antes, é o de jogar um pouco de luz sobre um setor reconhecidamente complexo e desafiador, para alguns, ainda um tanto obscuro, em que vigora uma severa e às vezes quase incompreensível tributação que pode deixar desnorteados aqueles que desejam se aventurar na atividade. A ideia é trazer elementos que ajudem o empresário entrante a não desistir da iniciativa e o incentivem a planejar um pouco melhor seus primeiros passos, na busca do que seja, no seu caso particular, a melhor e mais econômica forma de estruturar sua operação.

A importação empresarial de vinhos padece de vários males, enfrentando a um só tempo elementos de protecionismo alfandegário, barreiras não tarifárias, reflexos da guerra fiscal entre Estados, certa sanha arrecadatória, tratados internacionais, burocracia, mecanismos de simplificação de fiscalização e outros. Para enfrentar e superar esses males é fundamental entendê-los e se preparar antecipadamente para cada um deles, sem o que facilmente se perderá qualquer controle de tempo e custo da importação, e às vezes até se colocará em risco a própria carga. Para permitir essa preparação, segue-se uma breve apresentação dos requisitos e aspectos básicos da importação, a fim de familiarizar o candidato a importador com esses aspectos; em seguida, abordam-se a tributação incidente e as alternativas de estrutura disponíveis, indicando questões que podem influenciar na decisão do modelo mais adequado às características do negócio pretendido, seja ele na área de boutiques de vinho, negócios on-line, restaurantes, mercados, distribuição, empresa de eventos ou outras.

Quanto à tributação, é fundamental buscar assessoria especializada de boa qualidade. Mas até para isso é necessário dominar um mínimo de informações que permita uma noção básica dos principais temas que influenciam a busca da tributação mais reduzida possível, nas circunstâncias. E por tributação mais reduzida entenda-se a que resulta no menor valor no somatório de todos os tributos pagos, não se podendo fixar apenas em um tributo ou imposto, sendo necessário sempre considerar o conjunto. O trabalho começa por conhecer e entender, de um lado, os tributos incidentes na operação e, de outro, os principais fatores que podem influenciar na incidência desses tributos, pois os fatores precisam estar alinhados entre si de modo a se obter uma tributação menos adversa.

E é difícil (e caro) promover esse alinhamento depois de iniciada a operação. A consequência é a necessidade de reflexão prévia sobre o tema, construindo-se uma estrutura clara a ser adotada na operação, o que nem sempre é fácil para os novos negócios, muitas vezes moldados à medida que se começa a operar, ao sabor de dificuldades e oportunidades comerciais antes não identificadas. Na área do vinho, como se verá, essa flexibilidade para ajustar o negócio depois de iniciado é sempre problemática e costuma custar caro.

Aspectos gerais

O primeiro ponto de atenção refere-se à pessoa que realizará a importação. A rigor, o importador pode ser mesmo uma pessoa física ou uma Empresa Individual de Responsabilidade Limitada (Eireli). Contudo, o mais recomendável, na maioria dos casos, parece ser a utilização, para esse fim, de uma sociedade que tenha em seu objeto social previsão da atividade de importação (e exportação), com menção expressa a "vinhos e derivados da uva e do vinho", e, se couber, também a "bebidas em geral". Sem referência específica a vinhos e derivados da uva e do vinho, podem ocorrer sérias dificuldades para o registro no MAPA, fundamental para qualquer importador de vinhos.

Igualmente básica é a obtenção do Registro e Rastreamento da Atuação dos Intervenientes Aduaneiros (Radar) para operar o Sistema Integrado de Comércio Exterior (Siscomex) — inclusive no caso de importação por encomenda e por conta e ordem, de que se falará adiante. Há diferentes modalidades, das quais decorrem regras e prazos próprios, interessando, no caso, o Radar Expresso, aplicável a exportadores e importadores, e a Limitado e Ilimitado, aplicáveis apenas a importadores. O primeiro é mais fácil de obter, inclusive por pessoas físicas e pessoas jurídicas de qualquer porte, sem exigência de capital mínimo. Mas ele limita o volume de operações de importação a US$ 50 mil por semestre. Acima desse valor, é necessária a migração para as modalidades Limitada (limitada a US$ 150 mil por semestre) ou Ilimitada (sem limite de operações), que possuem maiores exigências, para demonstrar a capacidade operacional e empresarial do interessado, inclusive de capital social e patrimônio, sendo mais demorado e às vezes mais difícil de obter.

A identificação e os dados do importador, bem como seus números de registro no Siscomex e no MAPA, além de uma série de outros elementos informativos, devem obrigatoriamente constar dos contrarrótulos dos vinhos importados. Como o contrarrótulo original, feito para atender às regras do país de origem, não costuma conter tudo o que se exige no Brasil, e da forma como deve ser apresentado, faz-se necessária a elaboração de um contrarrótulo específico para o país, ou, quando menos, a aposição de rótulo complementar ou etiqueta em português contendo todos os elementos aqui exigidos. A rotulagem deve ser feita na origem, antes do embarque, caso contrário precisará ser feita no Brasil, no porto, antes de internar a carga, havendo casos de contêineres que ficaram retidos no porto, pagando sobrestadia e tarifas portuárias, enquanto são abertas as caixas do vinho e colocadas etiquetas para completar ou corrigir a rotulagem original.

O ideal é definir com antecedência os dizeres necessários e passar pela validação prévia de um despachante aduaneiro experiente, evitando surpresas. O uso de um especialista se justifica, até porque os dizeres não são intuitivos e passam facilmente despercebidos. Quem imaginaria, por exemplo, que o sulfito é tratado pelo MAPA como um "ingrediente" do vinho, e que fosse necessário (ou recomendável) dizer algo como "produzido com uvas e sulfitos"? O mesmo profissional deve rever uma *pro forma* da fatura do exportador, verificando o uso correto dos International Commercial Terms (Incoterms), de que se falará adiante, e outros detalhes importantes para fins aduaneiros, bem como os demais documentos necessários para evitar entraves depois que a fatura está emitida e o vinho embarcado.

Entre os demais documentos, merece destaque o laudo de análise do vinho feito na origem, por laboratório aprovado. Mesmo assim a importação fica sujeita a análise em laboratório brasileiro creditado junto ao MAPA, mediante coleta de amostras na chegada da carga. Durante esse período, a carga fica estacionada no porto, gerando custos. Portanto, quanto mais rápido o intervalo, menores os custos. Completado o processo, porém, não se costuma repetir a coleta de amostras para análise para um mesmo vinho, da mesma safra e lote, durante certo período, normalmente de um ano. Outro documento simples, mas cuja ausência pode paralisar todo o processo de desembaraço da carga, é o certificado internacional de vermifugação da palete de madeira, quando utilizada na importação.

Quanto ao modal, este artigo trata principalmente da importação por via marítima, em contêineres, responsável pelo maior volume das importações brasileiras de vinhos. Mas há também a terrestre, importante para produtos procedentes do Mercosul e do Chile, quase todos já com importadores estabelecidos, o que reduz o espaço para novos entrantes. Já o modal aéreo praticamente não é utilizado em transações empresariais que movimentem volumes consideráveis, pelo elevado custo do transporte, levando-se em conta o peso da carga, sendo certo que o valor do transporte integra a base de incidência dos tributos devidos na importação, tendo impacto relevante no custo final. E sendo a importação por via marítima, normalmente em navios porta-contêineres de longo curso, torna-se de interesse para o importador um sem-número de outras questões, com impacto direto sobre a qualidade e/ou custo do produto, como temperatura, época do ano, escolha do contêiner e consolidação ou não da carga.

Começando pela qualidade, o grande fator a considerar é o das altas temperaturas — e sua oscilação — a que pode ficar exposta a carga dentro do contêiner durante o trajeto. Há controvérsias entre especialistas, uns mais rigorosos que outros, mas em geral concorda-se que a exposição a temperaturas superiores a 23º é prejudicial ao vinho e pode acarretar sua deterioração, comprometer rolhas, oxidação, envelhecimento precoce e outros problemas. Estudo de especialista da Universidade da Califórnia, professor Alexander Pandell, conclui, por exemplo, que um mês de exposição à temperatura de 33º pode provocar um envelhecimento equivalente ao de 18 anos, se guardado a 13º! E esses 33º não são extraordinários para percursos iniciados no Hemisfério Norte e que cruzam a linha do Equador até chegar ao Brasil. Termômetros instalados em contêineres indicam que a temperatura no interior chega a superar os 60º.

Com esse cenário, o importador precisa eliminar ou ao menos mitigar o risco da temperatura. O ideal, sem dúvida, é a utilização de contêineres *reefer*, refrigerados, capazes de manter a temperatura em níveis aceitáveis, com pequenas oscilações durante todo o período. Além de mais caros, esses contêineres em geral só são encontrados no tamanho de 40 pés, o dobro do *standard*, de 20 pés. Curiosamente, no caso de importações para o Brasil, o aluguel do contêiner *reefer* maior não costuma ser tão mais elevado e pode até ser mais barato. A explicação é que cobram frete de retorno, pois os contêineres precisam voltar ao país para serem novamente utilizados na exportação de frangos, carnes e outros alimentos perecíveis. Mas o encarecimento vem de outros fatores, como aumento de frete na origem, marítimo, e no destino, e tarifas portuárias maiores, além da necessidade maior de carga para preencher o contêiner.

Em decorrência disso, alguns importadores acabam optando pelos sistemas de isolamento térmico, como Gori Liner, VinLiner e outros, que criam camadas de isolamento reduzindo significativamente a temperatura a que o vinho fica exposto e sua variação. Para quantidades menores, que não justifiquem um contêiner exclusivo, a temperatura se torna mais difícil de equacionar, uma vez que a consolidação de cargas nem sempre é viável na prática. Há quem tente mitigar o risco realizando as importações no meio do outono ou da primavera, fugindo das temperaturas extremas de inverno e verão, ou negociando o posicionamento do contêiner abaixo da linha d'água, onde as temperaturas costumam ser mais amenas. Essas alternativas, porém, não estão isentas de risco, e no último caso são de controle praticamente impossível.

Em qualquer situação, é fundamental escolher uma boa agência marítima, de preferência com experiência em vinhos, que poderá orientar o importador a encontrar a solução mais adequada à sua operação, ajudando desde a definição do trajeto, escolha de portos de embarque e destino, contratação de transportadores e armador, seguro etc.

Incoterms

Incoterms são regras aprovadas pela International Chamber of Commerce (ICC) com o objetivo de simplificar e dar maior clareza e segurança a todos que participam das operações de comércio internacional, evitando mal-entendidos nessas operações e facilitando para que cada um conheça seus direitos e obrigações nessas operações.

As regras Incoterms são associadas a pequenas siglas que, sempre que utilizadas, incorporam ao contrato as regras correspondentes. Por exemplo, ao se estipular em uma exportação por mar o preço Free on Board (FOB) para uma operação, isso automaticamente significa que será aplicada a regra Incoterms correspondente, que define que correrão por conta do exportador todos os custos até que a mercadoria esteja embarcada no navio, no porto de origem, sem acréscimo de preço. Significa também que o exportador não se responsabiliza pelos custos de frete e seguro, que correm por conta do importador, além do preço contratado.

Caso, porém, o importador deseje retirar a mercadoria na fábrica do exportador e pagar ele próprio todos os custos posteriores, basta que as partes convencionem uma venda Ex Works (EXW). Já se as partes combinarem que o exportador pagará o transporte até o porto de destino e a colocação a bordo do navio (mas não o seguro), elas devem indicar que a venda é Cost and Freight (CFR). Por fim, se o exportador assumir também a responsabilidade pelo seguro, a venda será Cost, Insurance and Freight (CIF).

Essas são provavelmente as regras Incoterms mais utilizadas nas importações de vinho, mas existem muitas outras, como Free Alongside Ship (Faz), Free Carrier (FCA), Carriage Paid (CPT), Carriage and Insurance Paid (CIP), Delivevered at Place (DAP) e outras. Daí a importância da assistência de pessoal especializado na montagem e definição da operação.

As regras dos Incoterms são revistas e atualizadas pelo ICC ao longo do tempo, normalmente a cada 10 anos, embora haja revisões intermediárias. As revisões visam a incorporar novas práticas do comércio internacional e atualizar regras antigas. Por isso a referência aos Incoterms vem normalmente associada a um ano, aquele em que a revisão de regras foi publicada, assim definindo com precisão o conjunto de regras em que as partes se baseiam no contrato. Daí as menções a Incoterms 2010, Incoterms 2006, Incoterms 2000 e assim por diante. A próxima revisão, já em elaboração, é esperada para 2020.

Tributos incidentes na importação de vinhos

Imposto de Importação (II) — Como o nome indica, o II incide na importação de produtos estrangeiros para o Brasil, de acordo com a alíquota indicada pela Tarifa Externa Comum (TEC) para a posição (código) que o produto ocupe na

Nomenclatura Comum do Mercosul (NCM), podendo haver isenções e tratamentos fiscais especiais. No caso do vinho, na prática, a alíquota geral é de 27% para vinhos procedentes da Europa, não havendo recolhimento de II no caso de vinho procedente de países integrantes do Mercosul ou associados, como o Chile. As alíquotas são estabelecidas por tipo de vinho[29] e podem variar, de tempos em tempos, sendo em regra aplicadas sobre o valor aduaneiro do produto importado, abrangendo o valor do produto mais frete e seguro internacionais, calculado o valor do produto pelas regras do Acordo de Valoração Aduaneira e da OMC. Essas regras visam, em essência, evitar distorções no valor de importação para fins de incidência do II, coibindo a prática de valores artificialmente baixos.

Imposto sobre Produtos Industrializados (IPI) — Com a finalidade de equalizar a situação entre produtos manufaturados nacionais, cuja industrialização em geral está sujeita à sua incidência, e produtos estrangeiros, incide o IPI sobre a importação de produtos industrializados estrangeiros. O IPI incide segundo diferentes alíquotas, determinadas pela posição ou pelo código do produto na Tabela do IPI (Tipi). Para o vinho, a alíquota atual pode variar de 10% a 20%,[30] sendo contribuinte o estabelecimento importador, que é equiparado ao industrial para esse efeito. Nas operações de importação e revenda de mercadorias, a incidência ocorre em dois momentos. Primeiro, no desembaraçado aduaneiro do produto importado. Depois, na primeira saída do produto importado do estabelecimento importador, deduzidos os créditos de IPI da entrada. Há inúmeras controvérsias legais sobre a incidência de IPI na importação em geral e em especial em situações como importação por pessoas físicas, por empresas participantes do Sistema Simples e outras.

PIS/Cofins-importação — Essas duas contribuições sociais incidem sobre a importação de bens e serviços do exterior. O objetivo da incidência na importação seria, mais uma vez, equalizar a situação de produtos importados com a dos produtos nacionais cuja produção é normalmente onerada por PIS e Cofins incidentes sobre a receita auferida pelos contribuintes nas diversas etapas de produção,

---

[29] Para alguns tipos de vinho, a alíquota do II está atualmente estabelecida em 20%, como no caso de champanhe, vinhos de sobremesa (ou licorosos) da Madeira, do porto e xerez.

[30] Para alguns tipos de vinho, a alíquota do IPI está atualmente estabelecida em 20%, como é o caso de vinhos de sobremesa (ou licorosos), da Madeira, porto e xerez.

nem sempre sendo recuperáveis nas operações posteriores. O fato é que se aplicam à importação alíquotas ainda maiores que as incidentes em operações internas: 2,1% de PIS-importação e 9,65% de Cofins-importação, totalizando uma alíquota combinada de 11,75%, contra uma alíquota combinada de 3,65% ou 9,25%, a título de PIS e Cofins, para o produto nacional, dependendo do método de tributação pelo imposto de renda de cada contribuinte (isto é, lucro presumido ou lucro real). As alíquotas de PIS-importação e Cofins-importação incidem sobre o valor aduaneiro dos produtos importados.

Imposto sobre Operações Financeiras (IOF) — Segundo a legislação brasileira atual, é isenta a operação de câmbio destinada ao pagamento de bens importados.

Imposto sobre a Circulação de Mercadorias e Serviços (ICMS) — O imposto incide na importação e circulação do vinho importado em dois momentos do tempo e está sujeito a diferentes metodologias de cálculo e recolhimento: a) no desembaraço aduaneiro, de acordo com o método tradicional, mediante aplicação da alíquota sobre a base de cálculo formada pelo valor aduaneiro mais custos e tributos incidentes na importação, incluindo II, IPI, PIS-importação, Cofins--importação, o próprio ICMS e custos e despesas aduaneiras; b) na saída do estabelecimento importador, pelos métodos tradicional em relação ao ICMS próprio e da substituição tributária (ST), em que se estimam e antecipam os valores que seriam devidos nas etapas posteriores de circulação do produto até o consumidor final. Pela importância e complexidade do ICMS, voltaremos adiante a esses dois métodos de arrecadação a que está sujeita a importação e comercialização do vinho no Brasil.

Sendo o ICMS um imposto estadual, sua alíquota na importação e algumas regras de incidência e recolhimento variam de estado para estado, existindo, também, inúmeros incentivos e isenções estaduais, sendo o ICMS o protagonista da chamada guerra fiscal entre as unidades da federação. No estado do Rio de Janeiro, atualmente (2018), a alíquota do ICMS na importação de vinho é de 27%,[31] mas pode cair para percentuais muito inferiores, dependendo da

---

[31] A alíquota nominal aplicável pela legislação fiscal fluminense às operações de importação de bebidas alcoólicas encontra-se estabelecida em 35%, entretanto, há previsão vigente de redução de base de cálculo, de modo que a carga efetiva seja de 25%, adicionado de 2%, a título de Fundo Estadual de Combate à Pobreza (FECP).

estrutura adotada para a operação e/ou mediante o aproveitamento de incentivos dos próprios ou de outros estados nas operações interestaduais. Grande parte desses incentivos fiscais tem legalidade/constitucionalidade duvidosa, por não serem aprovados por convênios entre as secretarias de Fazenda de todos os estados, sendo sua validade frequentemente questionada por outras unidades da federação, via ações diretas de inconstitucionalidade ou simples autuações fiscais, podendo representar contingência expressiva para o importador.

Em agosto de 2017 foi editada a Lei Complementar nº 160,[32] que, entre outras matérias, tentou pôr fim à guerra fiscal instaurada entre as unidades federadas brasileiras, ao permitir que os estados conjuntamente, mediante celebração de Convênio Nacional de Política Fazendária (Confaz), realizem a convalidação, remissão e reinstituição por prazo determinado de incentivos fiscais irregularmente instituídos. Para os incentivos que venham a ser convalidados, a nova lei estabeleceu uma regra de transição com o fim gradativo dos incentivos fiscais estaduais irregulares. Para os incentivos relacionados ao incremento da atividade portuária e aeroportuária, essa transição pode durar até oito anos, enquanto, para aqueles destinados à manutenção e ao fomento das atividades comerciais, a duração prevista é de cinco anos, período em que incentivos ainda continuarão em vigor.[33] De qualquer forma, pela complexidade e importância do ICMS e desses temas (estrutura, incentivos e ST) na importação de vinhos, voltaremos a eles nos itens seguintes.

Em uma importação direta de vinho, sem direito a benefícios ou isenções, a carga tributária acumulada antes das incidências de ICMS, portanto, sem computar o duplo ICMS, no desembaraço e via ST, nem o IPI na primeira saída do produto importado, mas já considerando o chamado Imposto do Sistema Integrado de Comércio Exterior (Siscomex), monta a quase 30% do preço CIF

---

[32] Nem todas as unidades da federação estão de acordo com os termos da convalidação de incentivos fiscais prevista pela Lei Complementar nº 160. Em 26 de fevereiro de 2018, por exemplo, o estado do Amazonas ajuizou a Ação Declaratória de Inconstitucionalidade nº 5.902 perante o Supremo Tribunal Federal (STF), com base sobretudo no preceito constitucional que assegura à Zona Franca de Manaus a prerrogativa de modelo de área de livre comércio, de exportação e importação, e de incentivos fiscais.

[33] Os incentivos que, por qualquer razão, não forem convalidados no âmbito da Lei Complementar nº 160 não permanecerão em vigor durante o período de transição. Sobre esse aspecto, no final de 2017 foi editado o Convênio Confaz nº 190, que condiciona a convalidação dos incentivos fiscais ao cumprimento pelos estados de condições e procedimentos, sob pena de revogação do incentivo até 28 de dezembro de 2018.

da importação. O percentual que representa o custo tributário consolidado sobre o preço CIF da importação sobe ainda mais significativamente quando depois se considera a dupla incidência de ICMS,[34] o IPI na primeira saída do produto importado e o próprio PIS/Cofins sobre a receita de venda obtida na operação interna,[35] mais Imposto de Renda de Pessoa Jurídica e Contribuição Social Sobre o Lucro.

Custos não tributários de importação

Como qualquer importação, além dos impostos e contribuições, a de vinho está também sujeita a uma série de custos não tributários. Tais custos variam de importação a importação, porto a porto, mas são de valor individualmente relevante, aumentando significativamente o custo final do produto importado. São eles, em síntese, Adicional de Frete da Marinha Mercante (AFRMM), capatazia, liberação de B/L, armazenagem portuária, despachante, despesas administrativas, ISS sobre despachante, corretagem, transporte interno, desconsolidação de carga, Siscarga, Courrier, análise laboratorial, tarifa de documento de armazenagem, tarifa de B/L, drop off e outros.

Os custos não tributários não são calculados em função do valor da importação. Alguns são fixos, independentes do volume ou valor envolvido, e outros variam de acordo com fatores específicos de cada importação (por exemplo, valor do frete marítimo, duração da permanência no armazém, tempo até a liberação do contêiner, importação em paletes ou fracionada, consolidada ou não, tamanho do contêiner, peso da carga, local de armazenamento fora do porto etc.). De maneira geral, isso faz com que o peso de tais custos possa ser mais bem diluído na medida do aumento do volume/valor da importação. Mas eles se tornam proporcionalmente mais caros se o volume/valor da importação for pequeno.

---

[34] Esse efeito pode ser minimizado pela fruição de benefícios fiscais comumente concedidos pelos fiscos estaduais. No estado do Rio de Janeiro, por exemplo, é possível valer-se de crédito presumido do imposto nas saídas internas.

[35] Não obstante, vale pontuar que o STF já reconheceu no passado a natureza tributária do AFRMM, classificando-o na espécie "contribuição de intervenção no domínio econômico, CIDE", ADI 447, Rel. min. Octavio Gallotti, voto do min. Carlos Velloso, julgamento em 5 jun. 1991, Plenário, DJ de 5-3-1993.

Por exemplo, o custo de uma pequena importação, com preço CIF de R$ 10 mil, aumenta para cerca de R$ 13 mil após os tributos (antes de ICMS e segundo IPI), mas pode facilmente saltar para R$ 22 mil quando se agregam os custos não tributários. É um aumento, portanto, da ordem de 120%, comparado ao preço CIF, entre tributos e custos não tributários. Já uma importação de valor aduaneiro de R$ 170 mil subiria para cerca de R$ 220 mil, com os tributos, e para algo como R$ 235 mil com os custos não tributários, alcançando um aumento agregado de 38% entre custos tributários e não tributários nessa fase da importação. Quanto maior a tributação, mais esse percentual se aproximará dos 30% representados pelos tributos aduaneiros, fora o ICMS. Ou seja, nesse exercício hipotético, mas usando números próximos à realidade, o aumento poderia cair de 120% para 38% ou menos, dependendo do volume/valor da importação, apenas pelo ganho de escala. Importações muito pequenas, portanto, tendem a se tornar relativamente mais caras.

ICMS tradicional

O ICMS é um imposto estadual, não cumulativo, incidente na importação e em operações de circulação de mercadorias e nas prestações de serviços de transportes interestaduais e intermunicipais e de comunicação. No que diz respeito à circulação de mercadorias, na grande maioria dos casos, o ICMS é devido e recolhido em cada etapa da circulação dos bens pelos diferentes contribuintes que dela participam, incidindo sobre o valor da operação e deduzindo-se do montante a recolher o imposto pago na operação anterior, de aquisição do bem, pelo sistema de débito e crédito.

Assim, em geral, um importador paga ICMS no momento do desembaraço aduaneiro (registrando um crédito do total do imposto pago) e, depois, na saída de seu produto para outro estabelecimento (usando o imposto pago no desembaraço para abater parte do imposto pago na comercialização do produto importado).

Ocorre que, no caso particular do vinho — e em muitos outros bens de consumo —, na maioria dos estados,[36] além dessa modalidade tradicional de

---

[36] Há alguns poucos estados que não utilizam o método da ST na comercialização de vinhos, recolhendo o ICMS de forma tradicional, em todas as etapas da circulação.

incidência, ao dar saída ao vinho para outro contribuinte domiciliado dentro do próprio estado impõe-se uma segunda modalidade de tributação: a do ICMS arrecadado pelo método da substituição tributária. Pela ST, o importador recolhe antecipadamente o ICMS que seria devido nas etapas posteriores da circulação do vinho, até chegar ao consumidor final, literalmente substituindo (e antecipando o recolhimento) todos os demais contribuintes na cadeia de valor. Assim, após o pagamento do ICMS pela ST, as demais operações subsequentes dentro do mesmo estado não são mais oneradas pelo imposto.

Adiante voltaremos a falar da ST, mas, por ora, veja-se que há uma competição entre os estados para atrair as importações, a fim de arrecadar o ICMS por elas gerado. Para atrair a importação (e o ICMS que dela decorre), os estados costumam conceder ao importador uma série de incentivos e vantagens fiscais. Esses incentivos e vantagens podem ser representados por alíquotas menores de ICMS na importação, suspensão ou diferimento do imposto e concessão de créditos presumidos, ou pela combinação desses mecanismos.

Para se habilitar a esses benefícios costuma ser necessário estar estabelecido no estado que os concede. Normalmente não é necessário lá ter a sede social, mas ao menos manter uma filial, que muitas vezes é um armazém ou depósito. Isso explica a quantidade de importadores de vinho estabelecidos em estados com pequeno mercado consumidor local, como Rondônia, Goiás e até Espírito Santo. Mas mesmo estados com grande mercado consumidor, como Rio de Janeiro e Santa Catarina, possuem benefícios fiscais de destaque para a importação. A alternativa para aproveitar tais incentivos e benefícios é realizar a importação por meio de uma *trading* ou sociedade comercial importadora e exportadora estabelecida nos estados que concedem as vantagens, o que é especialmente frequente no Espírito Santo. Mas mesmo *tradings* localizadas em outros estados podem propiciar aproveitamento de situação fiscal mais benéfica.

Em matéria de incentivo fiscal à importação, é fundamental estar atento à legalidade e aos riscos do benefício utilizado, principalmente nos casos envolvendo necessidade de realização de operações interestaduais. Como já foi destacado, há grande controvérsia jurídica sobre a validade de vários desses incentivos e benefícios fiscais à importação, resultando na edição da Lei Complementar nº 160/2017, depois regulamentada pelo Convênio ICMS nº 190/2017, que pretende convalidar benefícios ditos irregulares, tratando o valor do benefício anteriormente obtido como "subvenção para investimento".

ICMS-ST

A substituição tributária (ST) é uma modalidade de cobrança do ICMS idealizada com o fim de antecipar e simplificar para o Estado sua cobrança e fiscalização. A ST é aplicada apenas a alguns produtos de consumo, normalmente de grande volume, como lâmpadas, cervejas, refrigerantes e vinhos. Nessa modalidade, em geral, o primeiro contribuinte a introduzir o produto no mercado (o fabricante ou o importador) torna-se responsável pelo recolhimento do imposto devido sobre a última operação da cadeia que deverá se seguir, até que o produto chegue a seu consumidor final, quando supostamente alcançará seu maior valor. Assim, esse primeiro contribuinte (contribuinte de fato ou substituto tributário) calcula o imposto e o recolhe, antecipadamente, por todos os outros contribuintes que presumidamente participarão da cadeia de comercialização futura. Em teoria, ao vender o produto, o substituto tributário acrescenta ao que seria seu preço normal o valor do imposto que antecipará por conta dos contribuintes seguintes, ressarcindo-se do que recolher a mais. O contribuinte seguinte faria o mesmo, ao revender o produto, e assim sucessivamente, até o consumidor final.

Há, aqui, uma série de presunções, que podem ou não se revelar verdadeiras.

- Para calcular e recolher antecipadamente o ICMS, presume-se o que deve ser o preço do produto na última operação, de venda ao consumidor final. Esse "arbitramento" do que seria o preço final, base para cálculo da ST, no caso de operações com vinhos, costuma se fazer por meio do Índice de Valor Agregado (IVA) ou Média do Valor Agregado (MVA),[37] que cada estado define para o seu território, adiante mais bem explicado. Por isso, inclusive, o preço do vinho costuma variar de estado para estado.
- Para estimar a média do valor agregado ao longo da cadeia é necessário pressupor que a cadeia de comercialização seja sempre igual, pois a agregação de valor será completamente distinta se o importador vender

---

[37] A apuração desse preço parâmetro deve ser feita a princípio por órgão público competente, sendo possível, na ausência de tal fixação, se calcular mediante pauta de valores, obtida a partir da média ponderada dos preços coletados, ainda que por amostragem, desde que os critérios para sua fixação estejam previstos em lei. Essa metodologia alternativa é também chamada de preço médio ponderado a consumidor final (PMPF). Alternativamente, a legislação fiscal faculta aos estados determinar, por meio de lei, a utilização do preço final ao consumidor sugerido pelo fabricante ou importador. Se nenhuma das metodologias mencionadas for adotada pela respectiva unidade federativa, considera-se a MVA.

o vinho, por exemplo, diretamente a um restaurante (que não seja consumidor final do produto), ou se o vender a um atacadista. No primeiro caso — venda direta ao restaurante —, a margem ou valor agregado tende a ser muito inferior, pois o preço da primeira operação já deverá refletir o valor que as operações anteriores costumam agregar. Usar esse preço da venda a restaurante como base de cálculo da ST resulta em ICMS a recolher superior ao correto.

- Presume-se, também, que todas as etapas da cadeia ocorram no mesmo estado, e que portanto o imposto de todas as etapas será devido a ele, podendo ser pago antecipadamente; se não for esse o caso e a mercadoria for comercializada a cliente em outro estado, terá de ser recolhida nova ST, já agora em benefício desse outro estado.
- Outro pressuposto é de que todos os produtos alcançarão o final da cadeia de comercialização, não ocorrendo perdas, roubos de carga, perecimento nem utilização para fins promocionais, sem venda, o que na maioria das vezes não corresponde à realidade.

De fato, essas presunções são muitas vezes equivocadas, acarretando sérias distorções e aumentos de custo imprevistos. Além disso, a ST gera uma forte pressão financeira ao longo de toda a cadeia, pela antecipação do imposto, cujo valor tem de ser incorporado ao preço, pelo substituto tributário, para que possa ser por ele recuperado.

Desde a edição da Lei Federal nº 12.973/2014, o legislador resolveu uma antiga discussão referente aos efeitos do ICMS-ST sobre a receita auferida pelo contribuinte substituto, excluindo expressamente do conceito de receita bruta os tributos não cumulativos cobrados, destacadamente, do comprador pelo vendedor dos bens na condição de mero depositário.

Embora a norma fiscal se refira expressamente ao destaque do imposto, como condição para sua exclusão do cômputo da receita do substituto tributário, a Receita Federal já se manifestou, em sede de Solução de Consulta com efeito normativo, pela possibilidade de exclusão dos valores recolhidos a título de ICMS-ST, mesmo na hipótese em que o contribuinte substituto estiver formalmente impedido de efetuar o destaque de ICMS retido sob o regime de substituição tributária, desde que se possam comprovar a incidência do imposto na operação e a condição do vendedor como mero depositário do tributo estadual retido no regime de substituição. Há ainda outras manifestações recentes da Receita Federal também pela exclusão do ICMS-ST da base de cálculo das contribuições ao PIS e à Cofins.

Embora os potenciais impactos sobre o recolhimento de tributos incidentes sobre a receita oriunda da ST tenham sido neutralizados pela legislação federal, a ST, na prática, ainda acaba por gerar um significativo encarecimento dos produtos a ela sujeitos, sendo agravado em cascata, até o consumidor final. Isso ocorre na medida em que ela eleva sucessivamente a base sobre a qual os participantes da cadeia aplicam seu percentual de *mark up*. É que a ST obriga os participantes do mercado a antecipar impostos, demandando capital e aumentando o valor que cada comerciante investe/arrisca na aquisição da mercadoria, uma vez que o respectivo preço passa a incluir o imposto antecipado. O comerciante, porém, haverá de querer recuperar a quantia investida, com sua margem habitual, que acaba incidindo sobre o tributo antecipado, pouco importando que não haja mais imposto a recolher. E, pelas leis da economia, o encarecimento do produto gera uma inexorável redução do mercado potencial que ele poderia alcançar, dificultando a ampliação do mercado do vinho.

Vejamos agora a questão do IVA ou MVA. Com esse fator, cada estado estabelece a sua expectativa do que seria o ICMS ao longo da cadeia de comercialização, com base no preço por ele praticado, acrescido do valor de frete, seguro e encargos cobrados do destinatário, adicionado da parcela resultante da aplicação do percentual de IVA/MVA instituído pela respectiva unidade da federação ou mediante Convênio e Protocolo ICMS. Simplificadamente, para calcular a ST devida, toma-se o valor do produto na saída do importador (mais frete etc.), acrescenta-se sobre ele o IVA/MVA, e sobre o produto se aplica a alíquota estadual, subtraindo-se deste valor o ICMS devido pela operação própria do contribuinte remetente.

Por trás do IVA/MVA definido pelo estado haverá de estar um modelo teórico do que pode ser a cadeia de circulação do produto e uma estimativa da margem de lucro do participante em cada etapa. Ou seja, é possível, se não provável, que o estado considere uma cadeia hipotética, completa, envolvendo importador--atacadista-distribuidor-loja/restaurante-consumidor e estime qual o valor final que o produto alcança, para determinar seu IVA/MVA.

Para que se tenha um exemplo do funcionamento do IVA/MVA e da ordem de grandeza da ST, veja-se que ela é calculada após a incidência do IPI devido na primeira saída do vinho importado (em 2018, de 10% a 20%), sendo a MVA aplicável a operações no estado do Rio de Janeiro, atualmente (2018) de 62,26%, e a alíquota do ICMS de entrada 4% e 27% de saída. Na prática, isso quer dizer que, para um preço de venda de 100 para o importador, serão devidos no mínimo 10 de IPI e 48,19 de ICMS-ST, totalizando 58,19 entre IPI e ICMS-ST, já que o direito ao crédito relativo à entrada da mercadoria somente pode ser utilizado para abater o ICMS próprio do contribuinte. A esse valor, para calcular a carga fiscal da saída, deve-se ainda computar o PIS/Cofins sobre o preço de venda, fora toda a carga tributária paga no desembaraço aduaneiro do vinho importado. A base de cálculo e a alíquota do ICMS mudam de estado para estado, mas já se pode ter a ordem de grandeza de seu impacto sobre a importação e circulação do vinho.

E, insista-se, a base de cálculo considerada para o cálculo do ICMS-ST, embora conceitualmente pautada na média ponderada dos preços usualmente praticados no mercado, obtidos mediante levantamento real, ainda que por amostragem ou por dados fornecidos por entidades representativas do setor respectivo, não reflete necessariamente os números concretos, praticados na operação. Ela é arbitrada pelo estado, podendo se dissociar da realidade da operação por uma série de fatores. Por exemplo, o importador pode não operar com atacadista nem distribuidor e vender direto para a loja ou restaurante. Nesse caso, o valor do produto na venda será provavelmente superior ao que seria se a venda fosse feita a um atacadista. Isso resultará em ST muito elevada, pois parte do valor agregado considerado (no caso, a margem do atacadista e do distribuidor) já estará embutida no valor da saída, resultando em recolhimento de ST bem superior ao que poderia ser devido se a saída fosse feita para um distribuidor.

Realmente, quanto mais baixo o valor do produto sobre o qual se aplica o IVA para cálculo da ST, menor tende a ser a ST. E não há nova ST ou outra incidência de ICMS nas circulações posteriores do vinho, desde que no mesmo estado. Daí a tendência que parece haver de o importador operar sempre com atacadistas, ainda que do mesmo grupo do importador, desde que respeitando, evidentemente, as normas de preço de transferência aplicáveis, a fim de evitar questionamentos posteriores, por se tratar de operações entre pessoas ligadas. Sendo feita para atacadista, o valor da saída é mais baixo, resultando em ST também um pouco menor, beneficiando toda a cadeia de comercialização.

Haveria uma exceção, porém, na hipótese em que o importador vende direto ao consumidor final que não seja contribuinte do ICMS (por exemplo, pessoas físicas em geral e pessoas jurídicas de prestação de serviços), sem circulação entre outros estabelecimentos. É que em tais situações não ocorre ST, pois não haverá circulações posteriores do vinho, que chegou já a seu consumidor final. Em casos tais, o ICMS deve ser calculado e recolhido de acordo com os procedimentos tradicionais, aplicando-se a alíquota local sobre a base de cálculo da venda, com aproveitamento do crédito do ICMS na entrada. Exemplo de negócio que poderia se organizar utilizando a estrutura do estabelecimento único, importador e comercializador, seriam as plataformas de venda on-line, os sites de vinho. Como a maioria dos clientes costuma ser de pessoas físicas, para essas vendas não haveria ST, mas apenas recolhimento do ICMS tradicional, que já é alto, mas ainda é inferior à ST.

A estrutura poderia funcionar, também, para uma loja monoestabelecimento, em que o estoque fique na própria loja e a clientela seja essencialmente formada por pessoas físicas. Neste último caso, o ICMS seria calculado e recolhido quase sempre pelo método tradicional, havendo ST apenas quando o adquirente fosse contribuinte de ICMS. Há relatos, porém, de questionamento pela fiscalização estadual da condição de não contribuinte do adquirente do vinho, mas isso parece ser um excesso. Convém ao importador, de qualquer forma, agir com cautela, guardando identificação e comprovação da condição de não contribuinte do consumidor final e evitando situações potencialmente dúbias que possam ser questionadas pelo fisco.

Por fim, merece menção a questão da operação interestadual. Caso a operação interestadual ocorra já na primeira saída do vinho promovida pelo próprio importador, não chega a haver dupla incidência, e a ST é calculada de acordo com a alíquota e o preço estabelecidos pelo estado de destino e deve ser recolhida em favor desse estado. Havendo acordo específico por meio de Protocolo ICMS celebrado entre os dois estados, a responsabilidade do recolhimento da ST é do contribuinte remetente do vinho. Não havendo acordo, a responsabilidade se transfere para o contribuinte destinatário da remessa. Portanto, a operação interestadual promovida pelo próprio importador requer atenção a regras de outro estado, para que não haja erros, mas ao menos não se verifica duplicidade de incidência, sendo a ST recolhida para apenas um estado.

Há duplicidade, porém, se o importador já houver promovido a primeira saída do vinho e calculado e recolhido a ST ao estado em que se localiza e a operação interestadual for promovida por outro participante da cadeia de comercialização, como o atacadista ou o distribuidor. Nessa hipótese, nova ST será devida, e a ST original claramente seria excessiva. Mas não há na legislação aplicável previsão de mecanismo para lidar com a situação, seja mediante transferência do valor indevidamente recolhido por um estado ao outro, seja ao menos mediante crédito do valor indevidamente recolhido. A nova ST continua a ter de ser apurada e recolhida pelo remetente, se houver Protocolo ICMS entre os estados, ou pelo destinatário, na hipótese inversa. E restaria ao substituto recorrer aos processos cabíveis para obter a restituição do que tiver sido indevidamente recolhido.

Atualmente, nas operações interestaduais com bens e mercadorias já alcançadas pelo regime da ST, há a possibilidade de o contribuinte pleitear o ressarcimento do imposto retido em operação anterior, de acordo com os procedimentos estabelecidos na legislação da respectiva unidade federada. Ou seja, o substituído tributário poderá ressarcir-se do valor da parcela do imposto indevidamente retido em favor do estado de origem quando promover saída destinada a outro estado.

Diante disso, alguns estados vêm excluindo as bebidas quentes, entre as quais aloca-se o vinho, da sistemática de apuração do ICMS-ST.[38]

Naturalmente, essa é uma situação que deve ser evitada pelo importador, na medida do possível. A melhor forma de fazê-lo seria evitar operações interestaduais promovidas por quem não seja o próprio importador, depois que já se tornar devida a ST. Para tanto, a importação deve ser estruturada desde o início com esse objetivo, se o mercado visado para a comercialização do vinho envolver mais de um estado, sendo praticamente impossível evitar a dupla incidência da ST em caso de operações estaduais realizadas depois de recolhida a ST ao estado de localização do importador.

Vale mencionar ainda que a aplicação das regras relativas à substituição tributária não exclui a eventual necessidade de pagamento de complemento pelo contribuinte substituído nos casos em que o valor da operação ou prestação final com a mercadoria for maior que a base de cálculo da retenção, ou ainda nos casos em que haja superveniente majoração da carga tributária incidente sobre a operação ou prestação final com a mercadoria.

Na modelagem da operação de importação é importante explorar as diferentes estruturas disponíveis, pelos efeitos que podem propiciar, principalmente

---

[38] É o caso, por exemplo, da Bahia e de Goiás.

em matéria tributária, em especial no tocante ao ICMS e seu recolhimento mediante ST.

Principais estruturas de importação

São três as principais estruturas de importação utilizadas no mundo do vinho e no mercado internacional em geral, fora situações específicas que fogem do escopo deste estudo.[39] São elas: a) a da importação direta, realizada pelo próprio interessado, sem intermediários, assumindo o papel e todas as tarefas e responsabilidades do importador; b) importação realizada por meio de terceiros, mediante duas modalidades distintas, que são: a importação por encomenda e a importação por conta e ordem.

A chamada "importação por encomenda" é a operação em que o importador adquire o produto no exterior e o importa, em seu próprio nome e com seus próprios recursos, promovendo todo o processo de desembaraço da mercadoria, para depois revendê-la internamente ao encomendante. Existem, portanto, duas operações distintas de compra e venda, sendo uma entre o exportador no exterior e o importador no país e outra entre o importador e aquele que encomenda, conforme previsto no contrato que entre elas terá sido celebrado antes da importação. Essa modalidade é expressamente prevista em lei (Lei nº 11.281/2006) e regulamentada pela Receita Federal, por meio da Instrução Normativa nº 634/2006, o que lhe dá previsibilidade e segurança. Essa é a modalidade mais comum de operação, quando a importação é feita através de *trading companies*. Ela tem a vantagem de permitir a utilização de uma *trading company* efetivamente localizada e estabelecida em estado em que vigore tributação de ICMS em bases mais favoráveis. Para importadores sem experiência anterior e com cargas de pequeno porte, a importação por encomenda via *trading* permite o aproveitamento da experiência da *trading* e até de sua estrutura física, como armazéns e sistemas de logística.

Na importação por encomenda, porém, é de essência que o desembaraço aduaneiro e o próprio contrato de câmbio estejam em nome do importador e que não haja adiantamento de recursos daquele que encomenda para o importador.

---

[39] Exemplo de situação específica, mas razoavelmente utilizada no mundo dos vinhos, é a da importação para determinados eventos, que segue regras próprias, contando com diversos benefícios fiscais.

Dessa forma, o importador deve utilizar os próprios recursos financeiros para a operação, sob pena de descaracterizar a modalidade, passando a ser tratada como "importação por conta e ordem", que apresenta características e requisitos próprios que poderão não estar presentes, eventualmente acarretando a imposição de sérias penalidades. Naturalmente, além do próprio custo da operação, a *trading* costuma cobrar custos financeiros na importação por encomenda, na medida em que ela embute um financiamento, até a total liquidação da operação interna de venda àquele que encomenda. A liquidação pode se dar no instante seguinte ao desembaraço, com a revenda total da carga importada, ou se postergar no tempo, com vendas progressivas da carga. De fato, é relativamente comum no mercado de vinhos estrangeiros que a importação seja feita pela *trading* e permaneça nos próprios armazéns, sendo entregue àquele que encomenda em cargas menores, à medida de suas necessidades.

Já na "importação por conta e ordem" há apenas prestação de serviços por parte de uma sociedade importadora ao interessado na importação. A importadora, que pode novamente ser uma *trading* ou uma simples sociedade comercial importadora, realiza em seu nome a importação, mas atuando por conta e ordem do real adquirente, utilizando-se de recursos financeiros da adquirente, apenas lhe prestando serviços. Na prática do mercado, a adquirente costuma, ela própria, identificar o produtor dos vinhos no exterior e com ele negociar todas as condições comerciais necessárias, apenas depois disso contratando a sociedade que atuará como importadora. Acrescente-se que, tanto para efetuar a "importação por conta e ordem" quanto a "importação por encomenda", o real adquirente precisa estar registrado no Radar e cadastrado no MAPA.

Do ponto de vista fiscal, mais especificamente de ICMS, na importação por encomenda por uma sociedade comercial importadora ou uma *trading company*, o ICMS da importação seria em princípio devido no local do importador, independentemente da existência de estabelecimento daquele que encomenda no estado em questão. E a ST seria depois apurada e recolhida de acordo com o já esclarecido para operações interestaduais. O mesmo não ocorreria na operação por conta e ordem, em que o ICMS do desembaraço aduaneiro seria devido no estado da situação do adquirente do vinho.

Exemplo de carga em importação direta

Para que se possa dimensionar melhor os custos envolvidos na importação e comercialização de vinhos, preparamos uma tabela decompondo o valor total da nota fiscal emitida pelo importador entre os diversos custos que devem ser cobertos pela receita de venda. No exemplo considerado, tem-se uma importação de cinco rótulos de vinho tranquilo de mesa europeu, perfazendo 10 mil garrafas, com preço médio FOB de € 12, importados pela modalidade importação direta, e todo o vinho comercializado em lojas e restaurantes. O porto de desembaraço é o do Rio de Janeiro, e a comercialização também feita integralmente no estado do Rio de Janeiro. Usou-se a cotação de câmbio de euro para reais de 4,42.

Decomposição do valor da nota		
Valor da NF	R$ 2.692.640,90	
Mercadoria	R$ 530.400,00	19,70%
Custos de importação	R$ 14.365,00	0,53%
Despesas de importação	R$ 14.001,50	0,52%
Tributos e desembaraço	R$ 302.072,19	11,22%
Tributos na 1ª saída	R$ 1.384.200,77	51,41%
Créditos Impostos	−R$ 154.985,64	−5,76%
Total de tributos	**R$ 1.531.287,32**	**56,87%**
Margem bruta importação	602.587,08	22,38%

Esses valores podem ser significativamente alterados e reduzidos, como já se viu, dependendo de como for estruturada a importação, do porto utilizado, do cliente-alvo, da forma de comercialização do vinho, da margem do importador e de um sem-número de outros fatores. Mas verifica-se que o custo de aquisição do vinho importado pode corresponder a menos de 20% do valor final da venda, e que a maior parcela desse valor final, cerca de 57%, corresponde aos tributos incidentes na cadeia, ao menos para vinhos que não sejam nacionais nem originários de Mercosul ou Chile, por estes contarem com benefícios fiscais.

Percebe-se também que um vinho importado sempre custará muito mais caro no Brasil que no país de origem (novamente ressalvados vinhos provenientes de Mercosul e Chile). No exemplo, um vinho que na Europa sai do produtor a € 12 antes do IVA chegará na prateleira de uma loja especializada por algo em torno de € 20, imaginando um *mark up* de 50% pela loja, sendo certo que há lojas na Europa que marcam mais do que isso. No Brasil, a julgar pelos números acima, nessa forma de comercialização o mesmo vinho não sairia por menos de R$ 340 a garrafa, na loja, quando se acrescenta a margem do comerciante.

Conclusão

No planejamento da operação, inúmeros fatores precisam ser considerados para assegurar-se de que eles estejam alinhados ao modelo de importação escolhido, principalmente por poderem influenciar a tributação de forma irreversível. Ao menos irreversível de imediato, para aquele período ou operação cujos custos ficam definitivamente impactados. A maioria desses fatores refere-se ao próprio importador e seu foco e estratégia mercadológica inicial, mesmo sabendo-se que foco e estratégia podem depois sofrer alterações, variando no tempo, ao sabor dos constrangimentos e das oportunidades de negócio.

Entre os principais fatores destacam-se os que afetam o ICMS, no desembaraço e via ST, modalidade de importação, local do importador, mercado visado e, dentro dele, público-alvo. Cada um deles influencia diretamente o valor a ser recolhido pelo importador, no desembaraço ou em suas vendas, de acordo com o regime de substituição tributária de ICMS, aplicável na comercialização de vinhos nacionais ou importados. E a ST representa hoje o maior e mais perigoso custo fiscal da importação e comercialização de vinhos, merecendo toda atenção do interessado.

Importação e comercialização de vinhos não é área fácil, que possa ser rapidamente entendida e dominada por empresários novos no setor, sem experiência prévia. Para evitar tropeços que podem ser muito caros, recomenda-se o uso de prestadores de serviço profissionais especializados em comércio exterior, incluindo agência marítima, despachante aduaneiro e tributaristas. O uso de *trading companies* e sociedades comerciais importadoras pode ser uma forma segura de se iniciar no setor.

3.
Um breve resumo do ano de 2018

Valdiney C. Ferreira

A maioria das análises do mercado brasileiro apresentadas no capítulo inicial deste volume considerou os dados do final do ano de 2017. Em razão da defasagem natural de tempo entre a conclusão do livro e sua publicação, consideramos importante acrescentar um breve resumo do que ocorreu em 2018 para verificar se os grandes números e as principais tendências mantiveram o mesmo direcionamento. Cabe destacar a manutenção da liderança brasileira, com 66,1% de participação na comercialização total de vinhos, a continuidade do crescimento dos vinhos espumantes do Brasil, que alcançaram 5,7% do mercado total, e a terceira redução das importações em 15 anos, possivelmente decorrente de um "freio de arrumação" para ajuste dos estoques dos importadores.

A análise dos números de 2018 nos permitiu concluir que as maiores tendências do mercado brasileiro de vinhos se mantiveram praticamente inalteradas.

O cenário político-econômico do Brasil

Ao longo de 2018 vários acontecimentos influenciaram de forma negativa a economia brasileira e o mercado de vinhos. Alguns já estavam programados, mas no caso específico desse mercado se somaram os estoques altos oriundos das elevadas importações do último trimestre de 2017. Provavelmente por isso a previsão inicial do mercado era pouco otimista em relação às importações. Entretanto, no fechamento do ano, os números totais de comercialização, que incluem todos os tipos de vinhos brasileiros, mais as importações, não decepcionaram, aumentando em 3,2% em relação a 2017.

Entre os acontecimentos mais significativos de 2018 é possível destacar os que certamente influenciaram fortemente os números do mercado de vinhos.

- Copa do Mundo de futebol, ocasião em que tradicionalmente aumenta o consumo de outras bebidas, em particular as cervejas, não raro influenciando negativamente o consumo de vinhos. Quem aparentemente aproveitou o evento foram os vinhos espumantes, que aumentaram sua comercialização em 12,1%. Contudo, esse tipo de vinho tem consumo pequeno em relação ao tamanho do mercado total de vinhos, não sendo suficiente para alterar a tendência geral.
- Eleições no Brasil, com polarização política muito forte e muitas tensões na sociedade. As dúvidas sobre que grupo político ganharia nas urnas colocou toda a economia em compasso de espera, adiando investimentos e projetos, o que afetou bastante a economia do país e consequentemente o bolso dos consumidores. Nesse quadro as despesas não fundamentais com lazer costumam ser reduzidas ou cortadas.
- Greve dos caminhoneiros no mês de maio, com duração de 10 dias, agravando ainda mais as condições econômicas que já não iam nada bem. A escalada do preço do barril de petróleo e a alta do dólar escancararam uma série de gargalos econômicos e problemas setoriais, catalisando a greve, que foi duríssima para todos os setores da economia.
- Desvalorização cambial ao redor de 15%, provavelmente um dos fatores que contribuíram para a redução de 1,8% na importação de vinhos. Vale notar que nos últimos 15 anos esta foi a terceira ocasião em que as importações se reduziram. As outras duas foram em 2008 (−4,9%), no auge da crise econômica mundial, e em 2013 (−9,2%), quando Dilma Rousseff foi reeleita. É importante assinalar que nesses dois anos as desvalorizações médias do real foram respectivamente 35,3% e 10,3%, confirmando que o câmbio, apesar de não ser o fator determinante exclusivo, influencia o comportamento das importações.

Os números de 2018 e a variação em relação a 2017

- O total de vinhos brasileiros comercializados, acrescidos das importações aumentou 3,2%, ou cerca de 11 milhões de litros, passando dos 332,6 milhões de litros (2017) para 343,5 milhões de litros (2018).
- A comercialização total de vinhos brasileiros cresceu 9,8%, ou 10,2 milhões de litros, passando de 206,7 milhões litros (2017) para 226,9 milhões de litros (2018).
- As importações de vinhos, em termos de volume, se reduziram 1,8%, ou pouco mais de 2 milhões de litros, ao passar de 118,7 milhões de litros (2017) para 116,6 milhões de litros (2018). Os espumantes foram o único tipo de vinho que aumentaram suas importações (+6,8%) passando de 5,13 milhões de litros (2017) para 5,48 milhões de litros (2018).

Gráfico 16
Comercialização de brasileiros e importados
(milhões de litros)

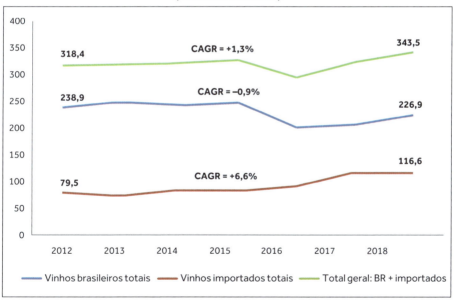

Fonte: MDIC/Ibravin.

- Os vinhos brasileiros aumentaram sua liderança de mercado, com participação de 66,1%, atingindo 226,9 milhões de litros sobre o total geral de 343,5 milhões de litros.

Gráfico 17
Participação de mercado de brasileiros e importados

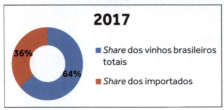
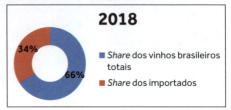

Fonte: MDIC/Ibravin.

- A comercialização de vinhos brasileiros totais de uvas viníferas (finos) cresceu 5,7%, aumentando de 33,0 milhões de litros em 2017 para 34,9 milhões de litros em 2018. Com isso a participação total dos finos brasileiros (tranquilos + espumantes) aumentou ligeiramente, passando de 9,9% para 10,2% no mercado total de vinhos.

Gráfico 18
Participação de mercado dos diferentes tipos de vinho

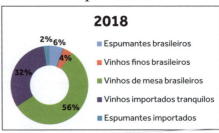

Fonte: MDIC/Ibravin.

- O aumento de 12,1% na comercialização de espumantes passando de 17,4 milhões de litros em 2017 para 19,5 milhões de litros em 2018, aumentou sua participação no mercado total de 5,2% para 5,7% e foi fundamental para o crescimento dos vinhos finos brasileiros (tranquilos + espumantes).

- A comercialização de vinhos finos tranquilos se reduziu 1,4%, mantendo a trajetória de queda ao passar dos 15,6 milhões de litros em 2017 para 15,4 milhões de litros em 2018. Sua participação no mercado total se reduziu de 4,7% para 4,5%.

Os números apresentados evidenciam que 2018 não foi um ano auspicioso para o mercado de vinhos no Brasil. Contudo, diante dos desafios da economia, pode-se afirmar que foi um ano aceitável, talvez de sobrevivência. Como se viu no capítulo I, para que o crescimento do mercado de vinhos corresponda às expectativas, além do contínuo trabalho eficiente de todos os elos da cadeia de negócios, será preciso que a economia e a renda dos brasileiros cresçam e que se corrijam importantes distorções da política fiscal.

Importação de vinhos vira moeda de troca nas negociações do Acordo Bilateral Mercosul – União Europeia

Nas vésperas da entrada deste livro em gráfica, uma notícia movimentou o mercado do vinho no Brasil. Para destravar o acordo de livre-comércio entre o Mercosul e a União Europeia (UE), o Ministério da Economia brasileiro aceitou algumas demandas da UE. Entre elas consta uma velha reinvidicação de Bruxelas para liberar a tarifa de importação de 27% dos vinhos europeus para os países do Mercosul. No governo de Michel Temer o bloco sul-americano propôs a entrada de 15 milhões de litros anuais que ficariam isentos do imposto. No governo de Bolsonaro o Ministro da Economia deu o aval para se levar à mesa de negociações uma proposta mais generosa de isenção para 30 milhões de litros por ano. Considerando que em 2018, segundo os dados do MDIC, entraram no Brasil 37,5 milhões de litros de vinhos europeus, a oferta significaria isentar mais de 70% dos vinhos importados do velho continente.

Os riscos

Sem compensações que reduzam a carga fiscal que incide sobre os vinhos brasileiros, o impacto sobre a indústria pode ser fortemente negativo afetando principalmente a economia da Serra Gaúcha de onde sai 90% da produção do Brasil.

Não estaria descartada a isenção sem cota limite, reivindicação dos europeus, se o tema colocar em risco o acordo. O Ministério da Agricultura vem buscando alternativas, mas defende as concessões para não inviabilizá-lo.

Se a negociação seguir com as concessões conforme anunciado, a indústria do vinho do Brasil terá mais um grande desafio para competir com os importados e aumentar sua participação no mercado brasileiro de vinhos.